In Full Swing 2de

B1 ▸ B2

Guide pédagogique

Annie Coghlan
Professeur
Université Paris Nanterre

Bernard Moro
Professeur
Académie de Grenoble

Frédéric Cadilhac
Professeur, formateur
Académie de Montpellier

Marta Lesinski
Professeur
Toronto

James Walters
Professeur
Académie de Besançon

Mélanie Herment
Professeur, formatrice
Académie de Paris

Mark Wallace
Professeur
Académie de Paris

Amélie Silvert
Professeur, formatrice
Académie de Lille

Cadrage pédagogique
Mélanie Herment

didier

Références iconographiques

Couv Clash_Gene/Shutterstock - Banana Republic images/Shutterstock - Ollyy/Shutterstock - AVN Photo Lab/Shutterstock - **13** Dave King/DK Images - **15** OpenClipart-Vectors/Pixabay - **16 a** The Print Collector/Alamy Stock Photo - **16 b** Granger Historical Picture Archive/Alamy Stock Photo - **16 c** Granger Historical Picture Archive/Alamy Stock Photo - **18** © National Trust, Petworth House; Supplied by The Public Catalogue Foundation - **28 b** cherriesjd/Despositphotos - **32 et 33** David Horsey/The Permissions Group - **76** "Sydney Boys High School Gender Equality Project", highresolves, 02/02/2011 - **84** Dina Goldstein - **87** Buyenlarge/Archive Photos/Gettyimages - **91 et 92** © 2016 Timbuktu Labs, Inc. from the book GOOD NIGHT STORIES FOR REBEL GIRLS by Elena Favilli and Francesca Cavallo published by Timbuktu. Printed by permission. - **103** 2019, 350. org, The Pacific Climate Warriors/Photo by Fenton Lutunatabua - **122** Chase Stone - **127** "Research and text: Cagri Ozdemir, Sources and images: NASA, ESA, Flickr Creative Commons, Design: @ konstantinosant, Production: @ AJlabs/Aljazeera" - **128** Nasa - **132** "The Martian", Réalisateur Ridley Scott avec Matt Damon/Collection Christophel © Twentieth century Fox Film Corporation - **133** Inverse.com - **153** PictureLux/The Hollywood Archive/Alamy Stock Photo - **178** finwal89/Shutterstock - **178** Bakai / Shutterstock - **178** WaiveFamisoCZ / Shutterstock - **178** Guenter Albers/Shutterstock - **178** I.Friedrich/ Shutterstock - **178** Colin Majury/Shutterstock - **181** "Derry Girls, 2017, créateur Lisa Mcgee, Saoirse-Monica Jackson, Louisa Harland, Nicola Coughlan. COLLECTION CHRISTOPHEL © Hat Trick Productions" - **186** Hazelwood Integrated College - **192 b** "'Taking Belfast's peace walls down solves nothing. They should be higher': Protestants and Catholics agree time is not right to dismantle barriers" by David McKittrick, The Independent, 06/05/2013 - **200** Gerry McLaughlin/Alamy Stock Photo - **210** Marta Lesinski - **270** guruXOX/Shutterstock - **292** From « The Amazing Story Generator » © 2012 by Jason Sacher and Chronicle Books. Used with permission of Chronicle Books LLC, San Francisco. Visit ChronicleBooks.com - **296** Incroyable destin d'Harold Crick/Stranger than fiction. 2007. Real : Marc Foster. Will Ferrell. COLLECTION CHRISTOPHEL © Columbia Pictures - **299** studiostoks/Adobe Stock - **301** lucky1984/Adobe Stock - **314 g** "© Guy Tillim/Independent Contributors/Africa Media Online" - **314 d** Romano Cagnoni/Getty Images - **318** AlexandrBognat/Shutterstock - **320 m** PASCAL LE SEGRETAIN/GETTY IMAGES EUROPE/Getty Images/AFP - **320 g** picture alliance/Sven Simon - **320 d** Esther Smith/Alamy Stock Photo - **322** LEON NEAL/GETTY IMAGES EUROPE/Getty Images/AFP - **325** NASA/Bill Anders - **330 g** Cathy Yeulet/123RF - **330 d** WavebreakMediaMicro/AdobeStock - **332 d** Stephen Barnes/Northern Ireland/Alamy Stock Photo - **332 g** "'Taking Belfast's peace walls down solves nothing. They should be higher': Protestants and Catholics agree time is not right to dismantle barriers" by David McKittrick, The Independent, 06/05/2013 - **333** Russell Pritchard/Presseye - **335 bd** Russell Pritchard/Presseye - **335 hd** "Derry Girls, 2017, créateur Lisa Mcgee, Saoirse-Monica Jackson, Louisa Harland, Nicola Coughlan. COLLECTION CHRISTOPHEL © Hat Trick Productions" - **335 g** Colin Majury/Shutterstock - **335 g** I.Friedrich/Shutterstock - **335 g** Guenter Albers/Shutterstock - **335 g** WaiveFamisoCZ/Shutterstock - **335 g** Bakai/Shutterstock - **335 g** finwal89/Shutterstock - **342 d** CBS Photo Archive/Getty Images - **344** The New Yorker, December 2017 issue. Illustration by Martin Schoeller

Références textes

35 HuffPost Business. ©2019 - **84** © Dina Goldstein Photography - **96** © 2019 The Culture Trip Ltd, https://theculturetrip.com/europe/united-kingdom/england/london/articles/what-billy-elliot-taught-us-about-british-history/ - **108** #StopAdani - **111** The Guardian - **122** Copyright ©2008-2019 ushistory.org - **131** imdb.com - **134** Wikipedia - **184** The Guardian - **234** BBC Sport - **234** NBC Sports ©2019 Comcast SportsNet California, LLC - **275** © 2019 Goodreads, Inc - **312** https://riskology.co/ - **315** © 2016 by Trevor Noah. Used by permission of Spiegel & Grau, an imprint of Random House, a divsion of Penguin Random House LLC. All rights reserved. - **319** James Howe, Totally Joe © 2019 Simon & Schuster, Inc - **325** Daniel Keane © 2019 ABC - **326** M.F.W. Curran, Sandcastles on the Moon, 2013, Paper Planes - **333** © Belfast Telegraph - **339** © Simon Fraser University - **355** "The Tower of London's Ravenmaster", BBC, 30/05/2017, - **356** "The Crown Jewels" by Play & Tour, http://www.playandtour.com/ - **357** "Harvard Commencement Speech" by JK Rowling, 2008, The Blair Partnership - **358** "'President Obama's Message for America's Students', 08/09/2009, The White House" - **360** "Elena Favilli: 'We wanted to show children that it's important to be imperfect'" by Steve Wright in the Afternoon, BBC, 21/12/2017 - **361** https://www.bbc.com/news/uk-38077419 - **362** "Humanity needs a new home – Stephen Hawking at Starmus", RT America, 21/06/2017. Reproduced with the permission of Ruptly TV. - **363** "Buzz Aldrin Is Obsessed With Mars. His Son Is Helping Get Humans There." by Brendan Byrne, www.wmfe.org, 22/06/2017 - **369** "'Americanah' Author Explains 'Learning' To Be Black In The U.S." host by David Bianculli for National Public Radio, 07/03/2014. All rights reserved. - **370** "Interview with careers advisor, Pat Carmody", James Whittaker for Inspiring the Future, 06/02/2014 - **373** "Sydney Boys High School Gender Equality Project" by Sydney Boys High School, highresolves, 02/02/2011 - **373** "Feminism is important to us" by Prefects of Sydney High, Facebook, Mars 2017 - **374** "The Fast Draw: Why Boys Wear Blue and Girls Wear Pink", The Sunday Morning © CBS News - **375** "350 Pacific Climate Warriors: Canoe Blockade", 350 Pacific, 05/05/2015 - **375** "Departing Space Station Commander Provides Tour of Orbital Laboratory", NASA, 19/11/2012. - **377** The Mars Generation"" director Michael Barnett, Writers: Michael Barnett, Michael Mahaffie, 2017 © Netflix - **377** "Mission To MARS! 15-Year-Old Alyssa Carson Could Be The First Human On Mars", UPROXX, 28/10/2016 - **378** "In peace appart - Teaching divided stories", The Nerve Center, 15/12/2014 - **379** Hat Trick International © Netflix, 2018 - **379** "Twelfth in Northern Ireland", BBC, 2013. - **379** "Ross Visits Northern Ireland's 'Peace Walls' I Ross Kemp Extreme World", Ross Kemp Extreme World, 12/02/2015 - **380** © ALL RIGHTS RESERVD KIM I PRODUCTIONS INC. 2016 - **380** "Colin Kaepernick Takes a Knee for National Anthem", ABC News, 02/09/2016 - **381** Colin Kaepernick wins Amnesty International top award I Al Jazeera English - **381** "Muhammad Ali - Boxer I Mini Bio I BIO", Biography, 09/01/2012 - **382** "Trevor Noah Talks Tomi Lahren, Donald Trump, Racism In America & More", Breakfast Club Power 105.1 FM, 07/12/2016 - **382** "Launch of Inspiring the Future with Nick Clegg and Joanna Lumley", EducationEmployers, 27/03/2015. With the courtesy of Education Employers. - **383** "Summer Writing Club: Characters", Storybird, 01/07/2015. Used by permission of Storybird. All rights reserved. - **384** "The Gunfighter", 2014, directed by Eric Kissack, written by Kevin Tenglin.

PAPIER À BASE DE FIBRES CERTIFIÉES

éditions didier s'engagent pour l'environnement en réduisant l'empreinte carbone de leurs livre Celle de cet exemplaire est de :
2 kg éq. CO_2
Rendez-vous sur www.editionsdidier-durable.fr

Achevé d'imprimer en décembre 2019 en France par Dupliprint (Domont)
N° d'impression : 2019113589

Sommaire

1 TRAPPED IN THE TOWER OF LONDON

Escape game

Axe : LE PASSÉ DANS LE PRÉSENT

Thème : Découverte de la Tour de Londres, de son histoire, des figures historiques qui y ont séjourné, et de son statut actuel de lieu de mémoire

Problématique :

Can history come alive?

Ancrage culturel :
Aperçu de l'histoire culturelle du Royaume-Uni à travers un monument-musée emblématique

Grammaire :
- Présent simple, présent *BE -ing*
- Prétérit simple
- Les nombres ordinaux
- Les dates

Introduction

En vous proposant une découverte des secrets et des trésors de la Tour de Londres sous la forme d'un *escape game*, ce chapitre vous invite, avec vos élèves, à entrer dans l'année scolaire de manière originale et stimulante. Vous serez guidés pas à pas dans cette aventure au fil des enregistrements et des fiches disponibles sur le site e-didier.fr et dans la banque de ressources Didier-Prof. En tant que « maître du jeu », votre rôle consistera à valider la réussite des défis lancés aux élèves afin qu'ils poursuivent leurs recherches, mais aussi à les aider au fil des énigmes. C'est une belle occasion d'observer vos nouveaux élèves à la tâche, de les voir s'engager, nouer des liens, résoudre des énigmes en sollicitant et en partageant leurs connaissances.

Le jeu pourra se décliner sur une ou plusieurs séances selon vos préférences et votre appétit du jeu.

Petite visite guidée…

Ouverture :
– une **illustration** pour plonger dans l'ambiance inquiétante de la Tour de Londres
– un **document audio** pour lancer le défi
– une **fiche** pour former les équipes et répartir les rôles

Challenge 1 – Découvrir la forteresse
Mission : identifier les bâtiments et trouver le mot de passe exigé par le garde
Indices : un plan, un audio et des textes

Challenge 2 – Aider le *ravenmaster*

Mission : créer un *Wanted poster* pour retrouver le corbeau du *ravenmaster*
Indices : Deux interviews et des textes

Challenge 3 – Identifier la bonne couronne

Mission : récupérer la couronne que doit porter la reine lors d'une cérémonie officielle
Indices : un audioguide et une illustration

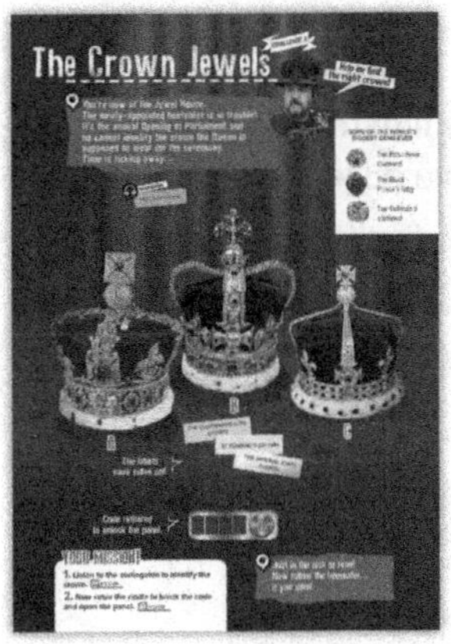

Challenge 4 – S'échapper de la Tour !

Mission : acheter les faveurs du garde pour s'évader
Indices : tableaux, textes, chronologie et un audio

Final Challenge: jouer la cérémonie des clés
Indice : un audio

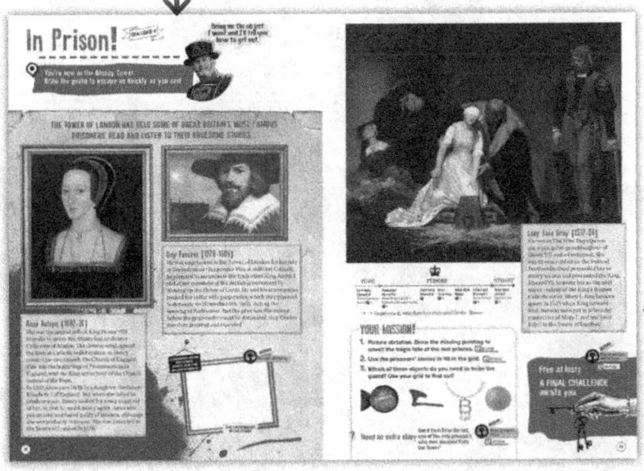

Évaluations au choix :

– Listening
– Speaking

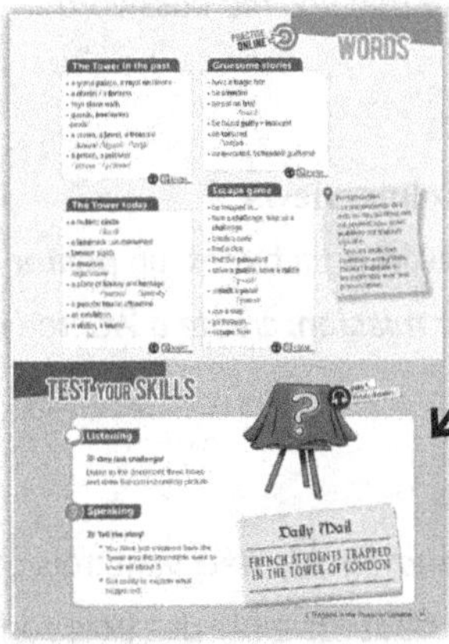

A word from the authors...

"I remember reading *Teaching like a pirate* during the summer holidays a few years ago. I was struck by the sheer genius of the Social Studies teacher, Dave Burgess, who had been able to reenact the 1969 landing on the Moon in his class with only a few props and accessories. It suddenly hit me that students would certainly be more willing to learn if they were to experience some kind of immersion.

It has always seemed a daunting task to teach students what life was like in the old days. What better idea than going back in time and pretending that we are prisoners of a dismal and frightening prison where we can only count on each other's skills to escape?

This is what "Trapped in the Tower of London" is all about. A unique opportunity to engage our students in challenging activities that will require collaboration, interaction and intuition right from the beginning of the year."

Amélie Silvert

Un chapitre, plusieurs séquences possibles...

SÉQUENCE #1 A2+ / B1 • 2 à 3 séances

Pour démarrer :

p. 12-13

- **Ouverture :** une **illustration** pour anticiper le thème du jeu
- Une **fiche** pour constituer les équipes
- Un **audio** pour lancer le jeu

Pour accomplir les missions :

p. 14-15

- Un **plan** de la Tour de Londres
- Un **extrait de roman** et un **témoignage**
- ***Your mission:*** *complete the map of the tower and find the password*

p. 16

- Deux **interviews**
- Un **article**, un **tweet**, un **poster**
- ***Your mission:*** *create a Wanted poster*

OU au choix du professeur :

p. 17

- Un **audioguide** décrivant trois couronnes
- Une **photographie** des trois couronnes
- ***Your mission:*** *Identify the crown*

OU

Dernier défi :

p. 19 ***The ceremony of the keys***

- *Fill in the guard's log journal, then act out the ceremony of the keys with a friend. If you do it properly, you will be free at last!*

Évaluations p. 21

- Dispositif complet d'évaluation dans la banque de ressources Didier-Prof

SÉQUENCE # 2 B1 • 3 à 4 séances

Pour démarrer :

p. 12-13

- **Ouverture :** une **illustration** pour anticiper le thème du jeu
- Une **fiche** pour constituer les équipes
- Un **audio** pour lancer le jeu

Pour accomplir les missions :

p. 14-15

- Un **plan** de la Tour de Londres
- Un **extrait de roman** et un **témoignage**
- ***Your mission:*** *complete the map of the tower and find the password*

p. 16

- Deux **interviews**
- Un **article**, un **tweet**, un **poster**
- ***Your mission:*** *create a Wanted poster*

p. 18-19

- Trois **portraits** de prisonniers célèbres
- Une **frise chronologique**
- Un **audio** *Picture dictation*
- ***Your missions:***

– Picture dictation
– Find the object you need to bribe the guard

Dernier défi :

p. 19 ***The ceremony of the keys***

- *Fill in the guard's log journal, then act out the ceremony of the keys with a friend. If you do it properly, you will be free at last!*

Évaluations p. 21

- Dispositif complet d'évaluation dans la banque de ressources **Didier-Prof**

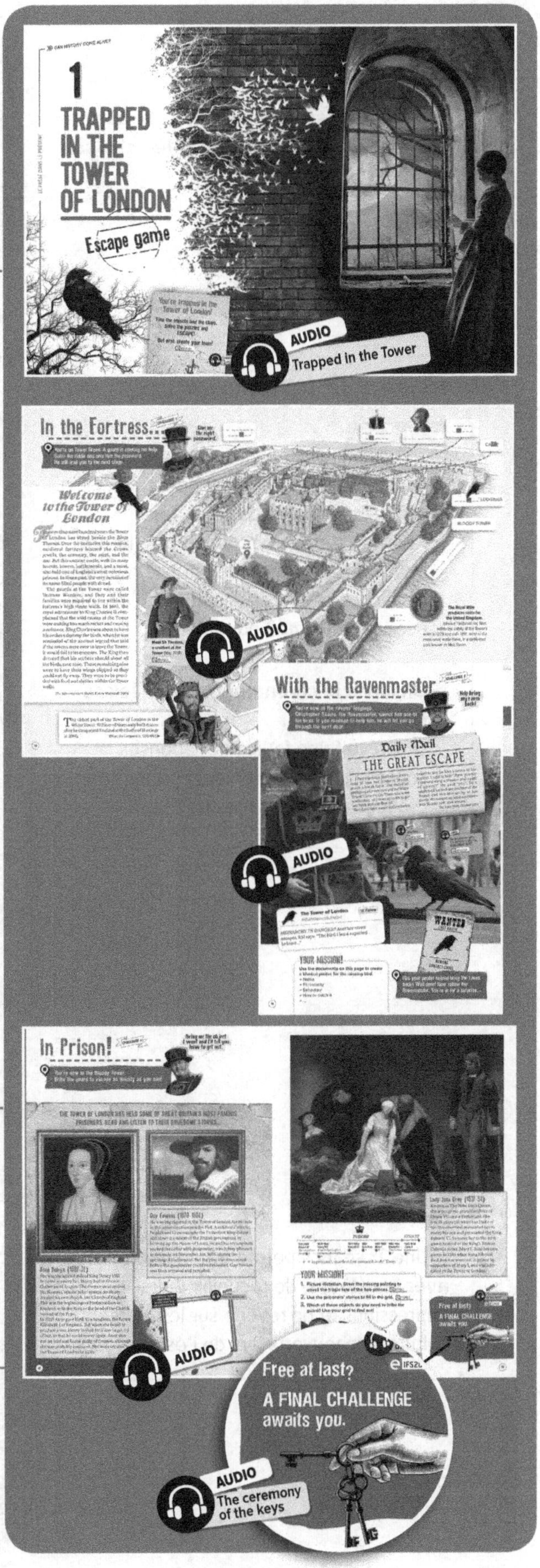

SÉQUENCE # 3 A2+ / B1 • 2 séances

En cas de classes alignées, on pourra organiser une compétition inter-classes en temps réel.

Pour accomplir les missions :

p. 12-19

▶ **On donne tous les documents aux groupes et on les défie de faire l'*escape game* en moins d'une heure.** Pour cela, les élèves devront se répartir les tâches et avoir des stations d'écoute avec lecteurs mp3 ou tablettes.

▶ **On lance le chronomètre et on laisse faire les élèves.** On prévoit une feuille de réponses collectives pour noter les réponses des groupes au fur et à mesure.

Mise en commun :

▶ Une 2e séance permettra de **débriefer avec les élèves**, de recueillir leurs impressions et de revenir sur les éléments culturels découverts lors de l'*escape game*.

L'*escape game* pédagogique

• Un *escape game*, ou « défi d'évasion », consiste à simuler l'enfermement d'un groupe de personnes en leur donnant comme objectif de trouver une clef ou un code qui ouvre la porte et permettra de retrouver la liberté. Créé pour des besoins récréatifs, des professeurs ont vu tout l'intérêt de ce type d'activités pour augmenter la motivation et le travail d'équipe en classe.

• Pour que le défi d'évasion soit une réussite, il ne faut pas trop aider les élèves, même s'ils insistent. C'est dans les moments où ils cherchent, s'entraident, que le professeur peut voir comment les équipes se forment, fonctionnent et s'organisent pour travailler. C'est d'ailleurs l'un des objectifs de ce jeu que de donner aux élèves l'habitude de travailler en groupe de manière constructive : ils ont pour consigne de résoudre les énigmes ensemble.

• On prévoira une planche-clip avec une feuille pour prendre des notes sur les élèves. Le travail en groupe ne va en effet pas de soi, et c'est pourquoi, à l'issue ou au début de chaque séance de jeu, on pourra inviter les élèves à analyser leur participation au jeu afin qu'ils identifient les attitudes et les gestes constructifs. Ce travail en groupes, s'il est facilité, permettra une bonne cohésion de la classe et donc un gain de temps par la suite.

OUVERTURE – p. 12-13

PRÉSENTATION DES DOCUMENTS

L'illustration et le document audio *Trapped in the tower*

Leur objectif est double :

– Plonger les élèves dans une ambiance mystérieuse et inquiétante,

– Leur présenter le scénario (*voyage scolaire à la Tour de Londres, le professeur de la classe a disparu, la nuit tombe…*) et lancer le jeu : les bruits d'ambiance, le ton de la narratrice et les pauses fréquentes devraient aider les élèves à comprendre.

La fiche *Create your team*

Elle sera utile aux élèves pour organiser leurs équipes et définir les rôles de chacun au sein du groupe. Les élèves sont invités à procéder en plusieurs étapes :

– **Faire connaissance :** les membres du groupe sont invités à se présenter les uns aux autres – surtout si le jeu est commencé ou mené lors de la toute première séance de l'année ;

– **Réfléchir à leurs qualités :** chaque élève est invité à réfléchir à ses forces, à ce qu'il sait faire qui puisse être utile au groupe, et à en faire part aux autres. Nous avons volontairement mêlé qualités linguistiques (*speaking, writing…*) et non-linguistiques (*ever played an escape game?*). Les élèves pourront mettre en avant leur sens logique, ou leur rapidité d'exécution, ou bien encore leur capacité à travailler en équipe.

– **Créer l'équipe :** il s'agira de trouver un nom et un logo ou une mascotte. L'idée est là encore de créer de la cohésion entre les élèves.

– **Répartir les rôles :** nous proposons des rôles qui confèrent à chacun une raison d'être dans le groupe, sans quoi, on le sait bien, certains prennent beaucoup de place quand d'autres se font tout petits. Toutefois, il faudra bien expliquer aux élèves que si chacun se trouve avec un domaine d'expertise, tout le monde travaille à la résolution des énigmes.

Si les élèves souhaitent changer de rôle au cours du jeu, pour commencer une nouvelle étape par exemple, on les laissera faire évidemment, l'essentiel étant qu'ils apprennent à fonctionner en groupes.

Cette fiche est fournie dans :
→ la banque de ressources Didier-Prof
→ le site e IFS2003
→ le manuel numérique

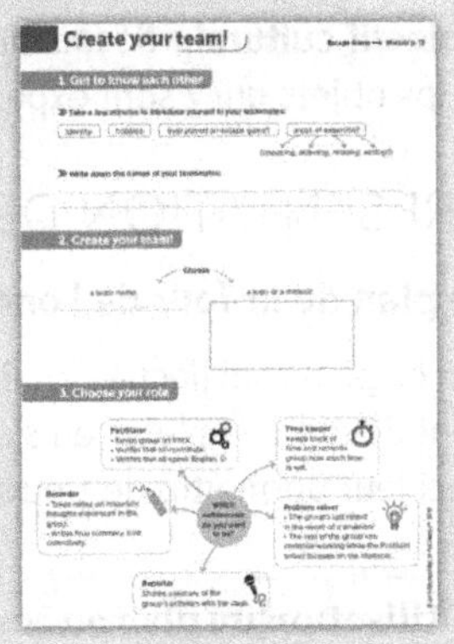

SUGGESTIONS DE MISE EN ŒUVRE

1 | Constitution des équipes

Les élèves vont devoir s'organiser de manière à être le plus efficace possible dans la collecte des indices et l'accomplissement de leurs missions. On pourra les inviter à se regrouper avec les camarades de leur choix, ou bien constituer soi-même les équipes si les élèves nouveaux dans l'établissement sont nombreux. Il semble judicieux d'envisager des équipes constituées de 4 à 6 élèves maximum.

La fiche *Create your team* leur permettra de faire connaissance. Cette étape pourrait donc être menée :

– en début de 1re séance de jeu,

– préalablement (par exemple lors de la toute première séance, après les présentations et recommandations pour l'année). Si tel était le cas, on pourrait inviter les élèves à venir à la séance d'*escape game* équipés du logo choisi pour leur équipe, ou d'une tenue vestimentaire avec un code couleur qui rappelle ce dernier, bref tout type de mise en scène modeste qui les motivera.

2 | Lancement de l'audio

On invitera les équipes à se tenir prêtes et on essaiera autant que possible de jouer l'effet de surprise. Nous vous suggérons donc d'éteindre les lumières pour commencer, de projeter l'image d'ouverture du chapitre et de lancer l'audio sans presque aucune consigne. Le jeu fonctionnera mieux si le professeur s'y prête aussi et donc, s'efface relativement (n'oubliez pas que dans le scénario, le professeur de la classe a disparu !).

Une fois l'audio *Trapped in the Tower* écouté, on remettra aux élèves le matériel pour avancer.

Pour chacun des 4 « challenges » qui jalonnent le jeu, le professeur jouera le rôle du *guard* qui énonce le défi à relever et laisse le passage pour l'activité suivante (en haut à gauche des pages du manuel).

Photo fournie dans :
→ la banque de ressources Didier-Prof
→ le manuel numérique

In the Fortress – p. 14-15 *CHALLENGE 1*

Objectif culturel : découvrir la Tour de Londres, ses bâtiments, son histoire, et les objets qui y sont exposés.

PRÉSENTATION DES DOCUMENTS

Le plan de la Tour de Londres

Sur ce plan sont fléchés les lieux principaux, avec des légendes que les élèves vont devoir compléter en s'aidant des informations fournies dans le manuel. Ceci leur permettra de trouver le mot de passe à transmettre au garde.

Utilisation du plan au cours du jeu

Ce plan servira de référence tout au long du jeu, les élèves progressant dans la Tour au fil des missions. Étant donné que chaque défi commence par une indication de l'endroit où ils se trouvent (*"You're on Tower Green"* / *"You're now at the ravens' lodgings."*, etc.), on pourra projeter ce plan et y renvoyer les élèves au début de chaque défi. Ceci les aidera à se projeter plus concrètement dans les lieux, et à constater qu'ils se rapprochent progressivement de la sortie !

Plan fourni dans :
→ la banque de ressources Didier-Prof
→ le manuel numérique
→ le site e IFS2005

Les informations fournies

– Le **préambule du roman** *The Ravenmaster's Secret*, d'Elvira Woodruff (2003), dont voici par ailleurs l'intrigue :

> **The Ravenmaster's Secret**
> The year is 1735. 11-year-old Forrest lives at the Tower of London prison, where his father tends the Tower ravens and guards inmates. Forrest's only friends are his pet raven, his father's prisoners (who all end up dead), and Ned, the young rat catcher. Soon Forrest's father gets a new prisoner: Maddie, the beautiful daughter of a Scottish spy. Immediately Forrest and Maddie become friends. But when she is slated for execution, Forrest must make some painful choices: Should he commit treason to help her escape, or obey the law and let his innocent friend be hung?

L'extrait choisi présente la fameuse légende des corbeaux et la raison pour laquelle leur présence dans la Tour est si protégée*. Les élèves retrouveront les corbeaux lors du défi suivant, et feront même connaissance avec l'actuel *Ravenmaster* !

** Le texte mentionne neuf corbeaux, mais la règle a évolué depuis ce premier décret (1861) puisqu'il y en a aujourd'hui sept, comme on l'apprend dans l'audio IFS2008 p. 16.*

– De **brèves informations historiques** en complément, sur la construction de la Tour de Londres et son rôle dans la création de la monnaie.

Le document audio

Il s'agit d'une **interview** de Sir Thomas, un résident historique de la Tour de Londres. Cet entretien a été réalisé par l'un des auteurs de ce manuel lors d'une visite de la Tour de Londres avec ses élèves. Le comédien qui joue Sir Thomas s'est prêté de bonne grâce au jeu de l'interview et répond avec un grand naturel aux questions concernant le mode de vie des prisonniers.

Au détour de ce document, les élèves pourront donc apprendre que :
– **la Tour de Londres abritait surtout des prisonniers riches ;** à ce titre, ils bénéficiaient d'un certain nombre de privilèges : pouvoir se promener librement dans la Tour, disposer de leurs propres appartements, recevoir la visite de leur famille quand ils le désiraient ;
– **Les pauvres**, eux, étaient incarcérés à Newgate ou Bridewell, de vrais donjons ;
– **Un des autres privilèges des prisonniers riches était la nourriture :** Sir Thomas précise qu'à condition de payer, il peut manger de la viande très fréquemment. Cette précision est intéressante car elle permettra aux élèves d'apprendre qu'à l'époque, la viande était un luxe. C'est d'ailleurs pour cela que les viandes portent des noms dérivés du français (*mutton, beef, pork*...) puisque les nobles ont longtemps été français (suite à l'invasion de l'Angleterre par Guillaume Le Conquérant en 1066) ;
– **La Tour est beaucoup de choses à la fois,** et sa fonction a évolué au cours des siècles : c'est à la fois une prison, une forteresse militaire, un palais royal, une ménagerie, le lieu qui abrite les joyaux de la Couronne et une armurerie.

On entend nettement les croassements des corbeaux dans l'enregistrement. À notre invitation, Sir Thomas explique ce qu'ils font là et raconte la légende qui les entoure.

SUGGESTIONS DE MISE EN ŒUVRE

1 | La mission

Les élèves seront placés en îlots ou par équipes de 4 à 6 (maximum).
Ils auront à disposition le plan de la Tour de Londres ainsi que du papier et des stylos pour écrire ou dessiner. Leur objectif est de faire le lien entre les éléments fléchés sur le plan et les informations fournies par ailleurs, afin de compléter les légendes du plan.

→ **Idéalement**, on laissera les équipes s'emparer librement des différents documents à disposition sur ces pages. Ceci suppose que chaque équipe soit équipée de lecteurs mp3 ou de smartphones leur permettant d'accéder au document audio p. 14 du manuel.

→ **À défaut**, on commencera par laisser les élèves lire l'extrait de *The Ravenmaster's Secret*, dans lequel ils pourront relever une bonne partie des lieux à légender sur le plan. Puis au moment où il le souhaite, le professeur lancera l'audio de Sir Thomas et encouragera les élèves à organiser la prise de notes.

Si vous sentez les élèves un peu décontenancés ou perdus, ce qui peut être le cas au début et la première fois, vous pouvez proposer de repasser l'enregistrement de Sir Thomas comme une faveur particulière, ou choisir de continuer à jouer le garde inflexible – c'est un bon entraînement pour les pousser à l'autonomie !
Le professeur est là pour observer et guider si absolument nécessaire. Il est conseillé de prendre des notes et d'évaluer le comportement des élèves tout au long du jeu.

OUTILS LINGUISTIQUES

• Dates et nombres
Beaucoup de dates et de nombres ordinaux (*King Charles II, Edward I…*) tout au long de ce chapitre : une excellente occasion de revoir, dès le début de l'année, ce point qui pose souvent problème aux élèves.
→ Voir *Grammar* p. 20 et exercices d'entraînement dans le manuel numérique ou sur la banque de ressources Didier-Prof.

2 | La solution

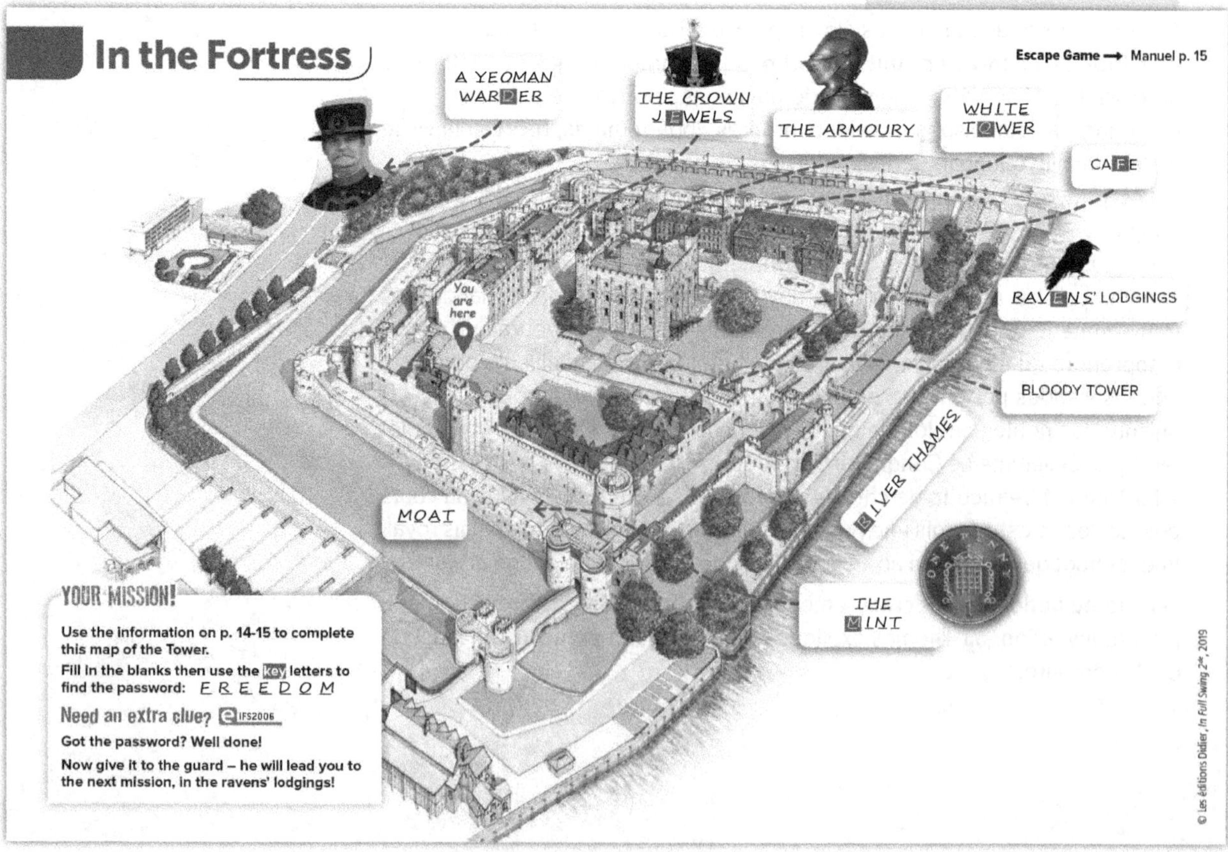

Le mot de passe à trouver est : FREEDOM. Le rapporteur du groupe doit le présenter au professeur en toute confidentialité. L'équipe victorieuse de cette première partie pourra alors passer à la mission 2.

Need an extra clue?

Sir Thomas is imprisoned in the Tower of London and like the ravens, must stay there.
He certainly misses it!

DIFFÉRENCIATION PÉDAGOGIQUE

Si vous sentez qu'un groupe a besoin d'aide, vous pourrez leur proposer un coup de pouce supplémentaire. Il viendra de Sir Thomas, le *'it'* de la dernière phrase renvoyant à la liberté dont le jeune homme est privé !

Cette aide est fournie dans :

→ la banque de ressources Didier-Prof

→ le site IFS2006

With the Ravenmaster – p. 16 — *CHALLENGE 2*

Cette fois-ci, le professeur est le *Beefeater* responsable des corbeaux. Ces derniers sont l'une des attractions favorites de la Tour, et leur rôle est loin d'être anecdotique : comme les élèves l'ont appris lors du précédent défi, de leur présence dans la Tour dépendrait la stabilité de la monarchie britannique...
Comme lors de la première mission, on encouragera les élèves à prendre des notes. On peut à cette occasion changer les rôles dans les îlots.

PRÉSENTATION DES DOCUMENTS

Les audios

Il s'agit de deux **extraits d'interview** de Christopher Skaife, le sympathique *Ravenmaster* actuel, par une journaliste de la BBC qui semble bien s'amuser à découvrir les relations du Maître avec ses oiseaux :
– L'audio IFS2008 rappelle l'origine de la présence des corbeaux dans la Tour, les catastrophes qui s'abattraient sur le royaume si l'un d'eux venait à s'échapper, et décrit le rôle du *Ravenmaster*.
– Dans l'audio IFS2007, Christopher Skaife décrit son corbeau préféré, Merlina, les traits de caractère de ce volatile un peu particulier, ses habitudes, les petites farces qu'elle joue aux touristes et les relations très spéciales que tous deux entretiennent.

L'article de journal

Il s'agit d'un extrait d'un article du *Daily Mail* de 2013 qui relate l'évasion de Munin, l'un des corbeaux de la Tour de Londres.

Le tweet

Il annonce une nouvelle évasion de corbeau. Cette amorce de tweet a été fabriquée par nos soins pour les besoins du jeu, contrairement aux autres documents du chapitre qui sont tous authentiques.

OUTILS LINGUISTIQUES ET MÉTHODOLOGIQUES

• Prononciation

L'accentuation des mots-clés, particulièrement marquée dans cette interview, aidera les élèves à en comprendre le sens.
La rubrique de méthodologie *How to...* p. 22-23 revient sur ce phénomène en prenant appui précisément sur ce document.

• Inférence

Ce document sert aussi d'exemple pour l'entraînement à une compétence essentielle : l'inférence
→ voir *How to...* p. 23.

SUGGESTIONS DE MISE EN ŒUVRE

1 | La mission

Elle consiste à extraire des quatre documents listés ci-dessus toutes les informations utiles à la réalisation du *Wanted poster* demandé. Ce dernier devra décrire de manière précise :

– les caractéristiques de l'oiseau échappé (nom, personnalité, comportement),
– la manière de l'attraper.

La difficulté pour les élèves (qui constitue aussi un défi stimulant !) réside dans :

– le nombre de documents, donnés « en vrac ». Il s'agit de faire le tri entre les informations directement utiles à la réalisation de la mission et celles qui sont accessoires et qu'il faut laisser de côté ;
– les liens à établir entre les documents, et les déductions logiques à faire.

Documents	**Contenu**	**Éléments utiles pour la rédaction du poster**
1. AUDIO IFS2008 *An interview with Christopher Skaife*	→ Cet audio contient : • Un bref rappel de la superstition liée aux corbeaux de la Tour. • Une première rencontre avec Christopher Skaife. Ce document, qui permet d'introduire le contexte, peut à première vue sembler sans utilité directe pour la rédaction du poster. Il permettra en réalité dans un second temps, et une fois identifié le corbeau en fuite, de relever des termes utiles pour décrire la personnalité et le comportement des corbeaux.	**1/ Termes utilisés pour décrire la personnalité des corbeaux :** *"Some of them are nice and quiet, some of them will be angry, some of them will be funny, playful, naughty... so they are indeed very very intelligent animals."* **2/ Termes utilisés pour décrire leur comportement :** *"They steal stuff, they chase the visitors [...] trying to get hold of their sandwiches.»* *"I get nipped very frequently [...] It hurts an awful lot. I have several scars from the ravens."*
2. AUDIO IFS2007 *Merlina*	→ Cet audio est la suite de l'interview de Christopher Skaife. Ce dernier y évoque Merlina, un corbeau avec lequel il entretient une relation privilégiée.	**1/ Relation avec le *Ravenmaster*** *"She's very special to Chris"* **2/ Personnalité & comportement** *naughty, strong personality, "will nip your fingers if she can."*
3. Article du Daily Mail *The Great Escape*	→ Cet article authentique tend un petit piège aux élèves, qui peuvent être tentés de penser qu'on leur demande de rédiger le *Wanted poster* pour le corbeau dont il est question ici. C'est la lecture du tweet qui les remettra sur la bonne voie.	**Comment attraper un corbeau ?** *"Have you got a chicken wing, a blanket and a pair of gloves?"*
4. Tweet	Ce court document, fabriqué pour les besoins du jeu, contient deux éléments essentiels pour identifier le corbeau en fuite.	**1/ "Another** raven escapes..." → Ce n'est a priori pas Munin. **2/** *"R.M. says: 'The bird I least expected to leave...' "* → C'est très probablement Merlina, dont on sait que le *Ravenmaster* (R.M.) est particulièrement proche.

DIFFÉRENCIATION PÉDAGOGIQUE

• Avec des élèves autonomes :
On les laissera s'emparer librement des documents, tâtonner, faire des liens et établir seuls la liste d'éléments requis pour la réalisation du poster.

• Avec des élèves qui ont besoin de plus d'accompagnement :
On pourra les aider à procéder méthodiquement :
– les inviter à rappeler rapidement ce qu'ils ont appris sur les corbeaux de la Tour de Londres lors du défi précédent.
– Leur demander de faire des hypothèses sur le sens du mot « *ravenmaster* » (mot composé → on peut s'appuyer sur sa construction).
– Leur conseiller de consulter les documents dans l'ordre ci-contre, pour y revenir ensuite dans l'ordre souhaité.

2 | La solution

Voici un exemple possible de ce que les élèves devront compléter et vous remettre pour valider la finalisation du volet 1 de ce défi d'évasion. Cet exemple reprend bien les éléments attendus (*name, personality & behaviour, how to catch it*), à partir de formulations prélevées dans les documents fournis (audios + article).

Responds to the name of MERLINA.
Beware! Can be naughty, will nip your fingers if she can.
Very intelligent bird, not easy to catch, but will try to get hold of food.

TO CATCH IT:
- Make sure you wear a pair of gloves
- Use a chicken wing to attract the raven
- Use a blanket to catch it and carry it

The Crown Jewels – p. 7 CHALLENGE 3

Nous voici maintenant devant les fameux joyaux de la Couronne ! Ils ont fait l'objet de nombreuses tentatives de vol, et c'est l'une des fonctions majeures de la Tour que de garder en sécurité ces bijoux exceptionnels, toujours portés par la Reine aujourd'hui.
Vous êtes le nouveau garde en charge de ce trésor inestimable, et devez rapidement remettre à Sa Majesté la couronne qu'elle doit porter lors de la cérémonie d'ouverture de la session parlementaire. C'est la panique, car les étiquettes ont été déplacées, et vous ne savez plus quelle couronne correspond à cette cérémonie. Vous hésitez entre trois d'entre elles... Vous demandez de l'aide aux élèves. Quelle équipe parviendra la première à vous remettre la bonne couronne ?

PRÉSENTATION DES DOCUMENTS

– Une photo montrant **trois couronnes** portées par la reine pour diverses occasions,
– Un petit encart présentant **trois pierres précieuses** qui ornent ces couronnes,
– Un **audioguide** (IFS2009) dans lequel sont décrites les trois couronnes, et en particulier celle portée par la reine à l'occasion de la session d'ouverture du Parlement,
– Une **serrure à code** qu'il va s'agir de déverrouiller en composant le bon code. Ce code sera obtenu en complétant la fiche ci-après (voir p. 17).

SUGGESTIONS DE MISE EN ŒUVRE

1 | La mission

Le défi est double : 1/ identifier la bonne couronne ; 2/ trouver le code permettant d'ouvrir la vitrine.

Comme pour les précédents défis, tout repose sur la capacité des élèves à identifier rapidement, dans chaque document, les éléments qui vont leur être utiles (et donc à laisser de côté le reste), et à mettre ces éléments en relation avec d'autres informations fournies par ailleurs.

Ce défi est relativement simple, et nous vous conseillons de laisser les élèves le mener en toute autonomie. Voici les éléments sur lesquels ils devront s'appuyer :

Document	Contenu utile	Déductions possibles
Présentation de la mission dans le manuel	On y apprend qu'on doit identifier "*the crown the Queen is supposed to wear for the annual Opening of Parliament*"	Il va s'agir de repérer dans l'audioguide laquelle de ces trois couronnes est portée par la Reine pour cette cérémonie.
Audioguide IFS2009 ET Encart présentant les trois pierres précieuses	"*Firstly, **the crown of Queen Elizabeth the Queen Mother,** ornamented with the famous diamond called Koh-i-Noor.*"	→ A priori il s'agit de la couronne C, car on y reconnaît le diamant rond présenté dans l'encart à droite comme le Koh-i-Noor (mais à ce stade rien de certain, le diamant The Cullinan II lui ressemble aussi beaucoup...).
	"*Secondly, **the crown of St Edward,** which is the crown used for the Coronation ceremony.*"	→ Ce n'est pas celle qui nous intéresse, puisqu'il s'agit ici de la couronne portée pour la cérémonie du couronnement.
	"[...] ***the Imperial crown of Great Britain** [...] still worn today by Queen Elizabeth II in official ceremonies such as the Opening of Parliament. [...] featuring on the front part two large gems, the Black Prince's ruby and the Culinan II diamond.*"	→ C'est bien cette couronne que l'on recherche, et l'encart présentant les pierres précieuses nous permet de reconnaître sans ambiguïté sur la couronne A les deux joyaux dont il est question.

2 | La solution

a. La couronne

NB : Les élèves ne sont pas tenus d'identifier les autres couronnes, mais seront sans doute tentés de le faire. Voici les réponses :

portée par la Reine lors de la cérémonie d'ouverture de la session parlementaire. C'est la couronne que l'on cherche !

portée par les monarques britanniques lors de la cérémonie du couronnement.

b. Le code secret

On le trouve en remplissant la fiche IFS2010 :

Cette fiche est fournie dans :
→ la banque de ressources Didier-Prof
→ le site e IFS2010
→ le manuel numérique

YOUR MISSION!

• You'll be able to break the code if you listen to the description of the Imperial State Crown carefully. Don't lose your head! e IFS2009

Date of creation	1838
Number of diamonds	2000
Number of pearls	300
Number of large gems	2

• Add these numbers up to find out the code required to unlock the panel:

Chaque équipe doit vous remettre trois informations :
– Le code secret
– Le nom de la couronne
– La lettre correspondant à la photo de cette couronne

Mission accomplie ? Vous êtes soulagé(e), vous avez pu ouvrir la vitrine et apporter la couronne à la Reine en temps voulu. Vous conduisez les élèves vers un autre endroit de la Tour pour un nouveau défi…

In prison! – p. 18-19 *CHALLENGE 4*

PRÉSENTATION DES DOCUMENTS

Les tableaux

Ils représentent cinq des plus célèbres prisonniers de la Tour :

• **Anne Boleyn**, deuxième épouse du roi Henri VIII :
– Copie de la fin du 16e siècle d'un portrait de 1533, exposée à la *National Portrait Gallery* de Londres.

> Un mystère entoure ce célèbre portrait : des chercheurs ont récemment mis en doute le fait qu'il représente réellement le visage d'Anne Boleyn. En effet, lorsque cette dernière a été exécutée, la plupart des tableaux la représentant ont été détruits. Mais quand sa fille, Elizabeth I, est devenue reine, il est redevenu de bon ton d'exposer le visage de la seconde épouse d'Henry VIII. Les chercheurs, qui se sont appuyés sur des tests algorithmiques pour parvenir à ces conclusions, pensent que ce portrait représente peut-être en réalité celui d'une femme de la noblesse de l'époque.

– Courte biographie

• **Guy Fawkes**, principal comploteur lors de l'attentat manqué contre le roi James I, au tout début du XVIIe siècle :
– Portrait, auteur inconnu,
– Informations sur la conspiration des poudres, ou *Gunpowder plot.*

AILLEURS DANS LE MANUEL
On pourra faire remarquer aux élèves que cette conspiration a eu lieu lors de la session d'ouverture du Parlement, cérémonie dont ils viennent d'entendre parler lors du défi précédent p. 17 du manuel.

- **Lady Jane Grey**, exécutée à l'âge de 15 ans après avoir régné 9 jours :
  – Tableau *Le Supplice de Jane Grey* (*The Execution of Lady Jane Grey* en anglais), peint en 1833 par le Français Paul Delaroche.

> Ce tableau, exposé à la National Gallery de Londres, représente le moment où Jane Grey, les yeux bandés par un foulard blanc, est invitée à se mettre en position pour la décapitation. L'homme qui l'assiste est supposé être John Brydges, 1er Baron Chandos, qui était un lieutenant de la Tour de Londres à l'époque. Les femmes qui l'entourent sont les dames d'honneur de la jeune reine. L'exécution est ici représentée en intérieur, alors qu'en réalité elle a eu lieu, comme toutes les autres, en extérieur. La blancheur de la robe de Lady Jane Grey et du foulard qui l'aveugle symbolise son innocence et contraste singulièrement avec le reste du tableau.

– Courte biographie.

- **The two princes in the tower :**
  – un cadre vide, dont les élèves devront dessiner le contenu à partir de l'audioguide fourni ;
  – un audioguide intitulé « *Picture Dictation* » (IFS2011) dans lequel les élèves pourront entendre une description du tableau ci-contre.

Murder of the princes in the Tower, by James Northcote, 1786

Reproduction de ce tableau fournie dans la banque de ressources Didier-Prof

> **"The princes in the Tower"**
> L'expression est fréquemment employée pour désigner Édouard V, roi d'Angleterre, et Richard de Shrewsbury, duc d'York. Les deux frères sont les seuls fils du roi Édouard IV encore vivants à la mort de leur père en 1483. Alors qu'ils sont âgés respectivement de douze et neuf ans, ils sont logés dans la Tour de Londres par celui qui est choisi pour prendre en charge leur éducation : leur oncle Richard, Lord Protecteur et duc de Gloucester. Le déplacement des princes à la Tour doit précéder le futur couronnement d'Édouard V comme roi d'Angleterre. Cependant, Richard de Gloucester se saisit du trône (devenant Richard III) et les deux garçons disparaissent par la suite mystérieusement.
> On ignore ce qu'il est advenu des princes après leur disparition de la Tour. Il est généralement admis qu'ils ont été assassinés au cours de l'année 1483 sur ordre de Richard pour permettre à ce dernier de conserver sa mainmise sur le trône.
> En 1674, des ouvriers à la Tour de Londres extraient une caisse en bois contenant deux petits cadavres humains. Les os sont découverts dans la caisse, située sous les escaliers de la Tour. Les ossements sont généralement considérés comme ceux des princes, mais leur identité n'a jamais été prouvée. Le roi Charles II ordonne pourtant que les dépouilles soient inhumées en l'abbaye de Westminster, où elles sont depuis situées.

La chronologie

Elle permettra aux élèves de situer les cinq prisonniers dans l'histoire, et relativement aux règnes des monarques concernés.

SUGGESTIONS DE MISE EN ŒUVRE

1 | La mission

Comme pour les missions précédentes, les élèves devront commencer par balayer rapidement la page afin de découvrir les défis qui leur sont lancés. Il est important qu'ils les relèvent dans l'ordre indiqué dans la rubrique « *Your mission* », l'histoire des deux petits princes devant être connue pour pouvoir compléter la grille fournie sur le site IFS2012 (la grille permettant ensuite de découvrir l'objet convoité).

Les élèves devront vous remettre deux choses :
– le dessin qu'ils auront fait en écoutant l'enregistrement *Picture Dictation*,
– l'objet que vous convoitez.
Vous pouvez exiger d'eux qu'ils vous remettent ces éléments en deux temps, seul un dessin « juste » les autorisant à passer à l'étape suivante.

2 | La solution

YOUR MISSION!

• **Use the prisoners' stories to complete the crosswords.**

Clues

1. She lost her head.
2. Wife and mother of famous king and queen. Favourite sentence: "Let who will complain" or in French "*Ainsi sera, groigne qui groigne*".
3. Had an explosive character.
4. Two innocent victims.

• **Use the key letters to find the object you need to bribe the guard:**

O R A N G E

Une fois qu'un représentant d'une équipe vous aura donné le mot code « *orange* », un dernier défi attend les élèves avant de pouvoir quitter la Tour de Londres sains et saufs…

Cette fiche est fournie dans :
→ la banque de ressources Didier-Prof
→ le site e IFS2012
→ le manuel numérique

DIFFÉRENCIATION PÉDAGOGIQUE

Si vous sentez qu'un groupe a besoin d'aide, ou simplement pour l'intérêt de l'anecdote, vous pourrez leur proposer un coup de pouce supplémentaire : l'audio IFS2013, *Friar Gerard's story*.

Ce document relate l'histoire de Friar Gerard, enfermé à la Tour pour trahison en 1597, et l'un des seuls prisonniers ayant réussi à s'en échapper. Il a accompli cet exploit grâce aux messages écrits à l'encre invisible qu'il faisait passer à ses proches. L'encre utilisée était simplement du jus d'orange, qui devient visible lorsqu'on approche la feuille d'une source de chaleur. Les élèves pourront s'amuser à essayer !

Final challenge – p. 19

Lors de ce tout dernier défi, les élèves vont prendre part à la cérémonie très particulière de remise des clefs qui se déroule chaque nuit à la Tour de Londres.

PRÉSENTATION DES DOCUMENTS

Le document audio (IFS2014)

On y entend l'actuel chef *Yeoman Warder* présenter brièvement la cérémonie, puis on entend l'échange ritualisé qu'il a chaque soir avec la sentinelle de garde (vers Traitors Gate).

The Ceremony of the Keys

Tous les soirs à la Tour de Londres, pour protéger le fabuleux trésor qu'elle abrite, les *Yeoman Warders* ou *Beefeaters*, gardiens de la Tour, effectuent ce rituel immuable depuis plus de sept siècles. Cette cérémonie correspond à la fermeture officielle de toutes les portes de la Tour.

SUGGESTIONS DE MISE EN ŒUVRE

1 | La mission

Elle est double :
– Compléter l'extrait du *log journal* du garde.
– Jouer ensuite la cérémonie de remise des clefs avec un camarade, en s'aidant de cette transcription et bien sûr de l'enregistrement audio.

2 | La “solution”

FINAL CHALLENGE

• Listen to the recording and fill in the guard's log journal. IFS2014
If you do it properly, you will be free at last!

Event: *Ceremony of the keys*
Time: *21 h 50*
Tradition which dates back to: *the 14 th century*

Sentry: “*Halt* ! *Who* comes *here* ?”
Chief Warder: “The *keys* .”
Sentry: “*Whose* keys?”
Chief Warder: “*Queen Elisabeth*'s keys.”
Sentry: “*Pass queen Elisabeth*'s *keys and all*'s well.”

Le document à compléter est fourni dans :
→ la banque de ressources Didier-Prof
→ le site IFS2014
→ le manuel numérique

Pour clore cet *escape game*, quoi de plus logique que la cérémonie des clefs permettant d'en sortir ? Nous vous proposons de procéder ainsi :
– Deux élèves, membres d'une même équipe, viennent jouer devant vous l'échange rituel, puis vous remettent l'extrait de journal de bord du *Yeoman Warder*,
– Les représentants de chaque équipe se succèdent ainsi, obtenant, selon leur performance, le droit de quitter la Tour… ou l'obligation de revoir leur travail !
Cette dernière activité pourra être menée soit à l'issue du jeu, en conclusion de séance, soit dans une séance suivante. Auquel cas, on pourra demander aux élèves de s'y préparer en réécoutant bien l'enregistrement de la cérémonie et en relisant leur script, mais sans leur dire qu'ils devront le jouer, afin de ménager un peu de suspense. De retour en classe, la tâche leur sera annoncée et on leur donnera 5 minutes pour s'y préparer (répéter le texte et imaginer la mise en scène).

DEBRIEFING

Cet *escape game*, qui ouvre l'année de seconde, est riche d'enseignements de toutes sortes. Il est important de prendre le temps avec les élèves de partager les expériences de chacun et d'en tirer des conclusions utiles pour la suite de l'année scolaire.
À l'issue de ce jeu, on procédera donc à un bilan de ce qu'on a aimé / pas aimé / appris dans les domaines suivants :
– Travail en groupes
– Méthodes de travail
– Connaissances historiques
– Compétences linguistiques
– …

Par exemple :

→ Faire le tri entre les éléments dont on a besoin pour mener le travail demandé, et ceux qui sont accessoires ;

→ Lors du travail en groupe, tirer parti des compétences de chacun ;

→ Ne pas se décourager quand on ne connaît pas un mot, à l'oral ou à l'écrit : il y a souvent d'autres mots connus sur lesquels on peut s'appuyer pour comprendre ;

→ S'appuyer, en compréhension de l'oral, sur les mots qu'on entend le mieux.

→ …

GRAMMAR – p. 20

Exercices autocorrectifs fournis dans :

→ la banque de ressources Didier-Prof

→ le manuel numérique

WORDS – p. 21

Exercices autocorrectifs fournis dans :

→ la plateforme d'entraînement réussirenlangues.fr/IFS2de PRACTISE ONLINE

TEST YOUR SKILLS – p. 21

Tous les supports et les grilles d'évaluation sont fournis dans la banque de ressources Didier-Prof

Listening

L'image décrite dans la *picture dictation* est la suivante. Elle représente Guy Fawkes au moment de son arrestation, dans une cave sous la Chambre des Lords. Pour mémoire, les élèves ont découvert Guy Fawkes lors du défi 4, p. 18 de leur manuel.

Arrest of Guy Fawkes in the cellars of Parliament, a 19th century wood engraving in black and white.

Speaking

Fiche support photocopiable fournie dans ce guide pédagogique p. 308

2 FROM A FLOP TO THE TOP

Axe : LES UNIVERS PROFESSIONNELS, LE MONDE DU TRAVAIL

Thème : L'échec est-il le tremplin du succès ?

Problématique :
Can failure be a part of a successful career?

Ancrage culturel :
- *The American Dream*
- La valorisation de la prise de risque dans la culture américaine

Grammaire :
- Le superlatif
- La concession

Introduction

Ce chapitre s'inscrit dans l'axe « les univers professionnels, le monde du travail ». Étudié au début de l'année scolaire, il vise à encourager, conforter, rassurer tous les élèves de la classe – et notamment ceux qui ont connu des revers ou des échecs. En effet, l'idée que l'échec fait partie intégrante du parcours de tous ceux qui ont réussi est une notion typiquement américaine. Baignés dans la culture de l'entrepreneuriat, les Américains voient souvent l'échec comme une expérience essentielle inhérente à la prise de risque et tout problème comme un défi potentiel.

Les exemples de compatriotes qui, par leur travail, leur prise de risque, leur courage et leur détermination, ont surmonté les obstacles et conquis l'adversité pour arriver au sommet sont étudiés par les élèves américains dès leur plus jeune âge. C'est leur premier contact avec *the American Dream*.

Ce chapitre permettra aux élèves de découvrir un certain nombre de ces « *famous failures* » du monde anglophone mais également quelques échecs célèbres qui ont donné naissance à des découvertes prodigieuses telles que la pénicilline, le velcro ou... les post-it.

En résumé, l'étude de ce chapitre « *feel good* » devrait permettre à vos élèves – et à vous ! – d'aborder l'année scolaire avec enthousiasme et optimisme, autrement dit « *in full swing* » !

Petite visite guidée...

Ouverture : de l'échec à la réussite
deux illustrations simples, graphiques et symboliques, et un audio pour déclencher la parole et amorcer la réflexion

La vie d'Abraham Lincoln : une série d'échecs avant de devenir un président incomparable

Une biographie de Lincoln et une chronologie illustrées d'une photo du Lincoln Memorial

Lincoln, Martin Luther King, Obama : étude de personnalités politiques au service des droits civiques de leur peuple

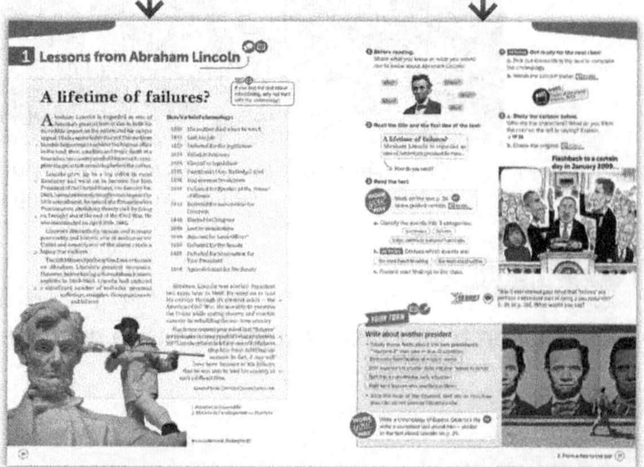

L'échec, un passage obligatoire ?

Découvrir 6 personnalités mythiques qui ont connu eux aussi des revers dans leur parcours

Un quiz pour tester son audace et sa détermination à entreprendre de nouvelles choses !

La vertu de l'échec

J.K. Rowling : le discours exemplaire de l'auteure écossaise à Harvard sur l'importance de l'échec

Une entreprise aide ses employés à se nourrir de leurs échecs

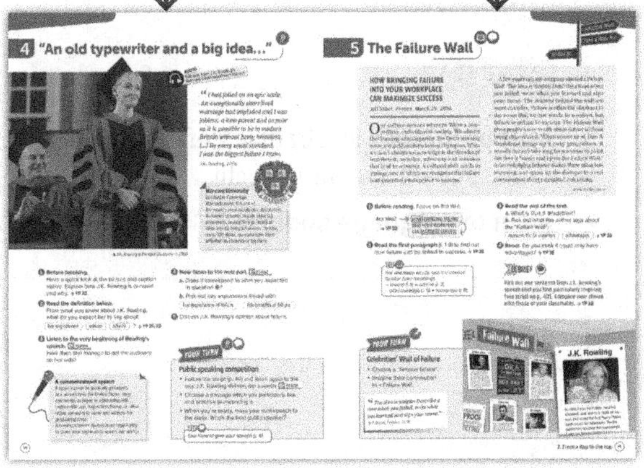

Ces revers, accidents, échecs à l'origine de découvertes mondialement reconnues
La pénicilline, les post-it, le velcro : des inventions très utiles qui sont nées d'accidents ou d'échecs

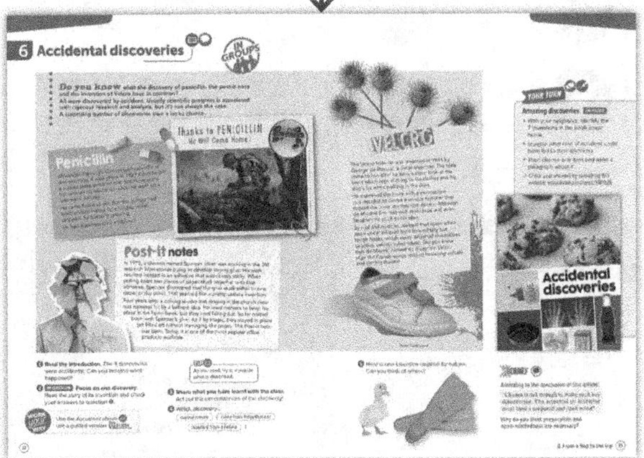

Un débat : faut-il gagner à tout prix ?

2 tâches finales au choix :
– Écrire et prononcer un discours inspirant adressé aux étudiants de Harvard
– Écrire ses propres échecs sur un *Failure Wall* et réagir aux échecs des autres

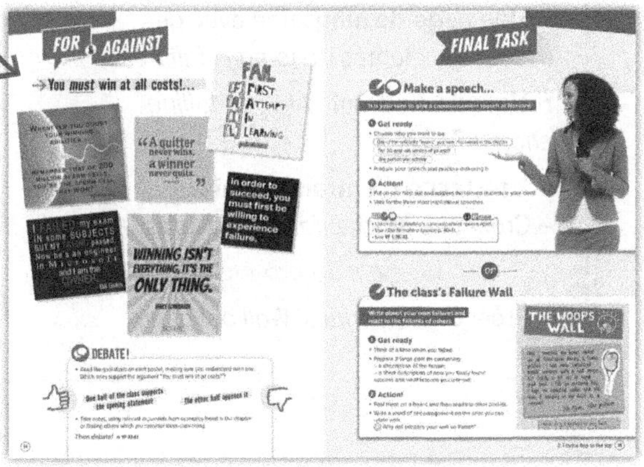

Méthode : écrire et prononcer un discours

Évaluations au choix :
– *Listening & writing* type Bac
– *Speaking*
– *Reading*
– *Writing*

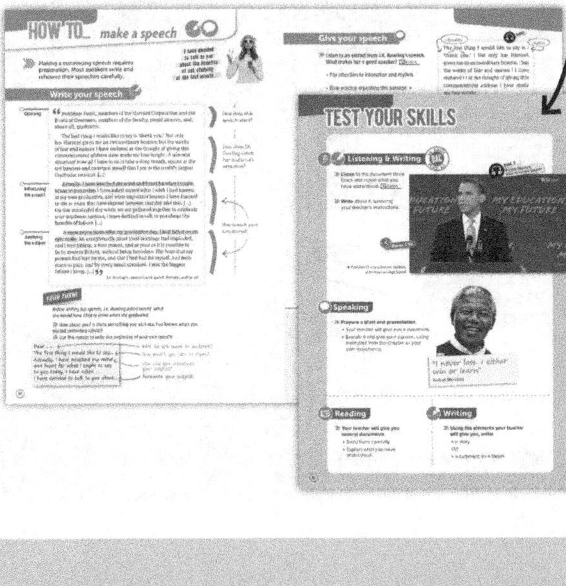

A word from the authors...

“Our nation was founded by risk-takers who dared to take on a challenge without any guarantee of success. They failed, time and again, but somehow found the courage to pick themselves up, dust themselves off and get right back into the fight.”
These words from Neal Asbury, American writer and entrepreneur, sum up one particular aspect of American culture — the idea that the courage to take risks and never to be daunted by recurrent failure is the way in which many highly-respected compatriots achieved the American Dream. Thanks to this approach to life, Americans believe that anyone can succeed, whatever their origin, through sacrifice, risk-taking and hard work.

James Walters

Un chapitre, plusieurs séquences possibles...

SÉQUENCE #1 A2 / B1 • 4 à 6 séances

Pour démarrer :

p. 24-25

- **Deux images** illustrant le défi, le parcours vers un objectif
- **Un témoignage audio**

Pour découvrir et s'entraîner :

p. 28-29 **p. 31**

- **Une page de magazine** avec des exemples célèbres de *famous failures*
- **Un quiz** motivant : *Are you failing enough?*
- **Une tâche d'entraînement :**

– Créer une affiche *famous failures*

OU au choix du professeur :

– Créer un *Celebrities' Wall of Failure*

Une tâche finale :

p. 35

- *The class's Failure Wall*

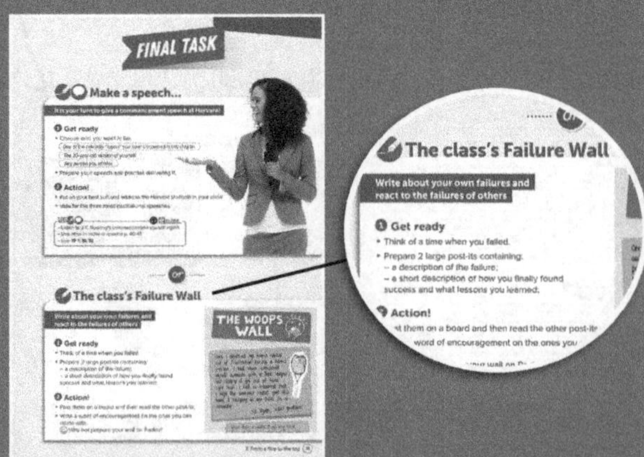

Évaluations p. 42

- Dispositif complet d'évaluation dans la banque de ressources **Didier-Prof**

SÉQUENCE # 2 B1 • 5 à 7 séances

Pour démarrer :

p. 24-25

- **Deux images** illustrant le défi, le parcours vers un objectif
- **Un témoignage audio**

Pour découvrir et s'entraîner :

p. 26-27

- **Une biographie** d'Abraham Lincoln et sa chronologie
- **Un cartoon**
- **Une tâche d'entraînement :** *Write about another president*

p. 31

- **Un extrait d'article** sur l'échec et le succès en entreprise
- **Une tâche d'entraînement :** *Celebrities' Wall of Failure*

Une tâche finale :

p. 35

- *The class's Failure Wall*

Évaluations p. 42

- Dispositif complet d'évaluation dans la banque de ressources Didier-Prof

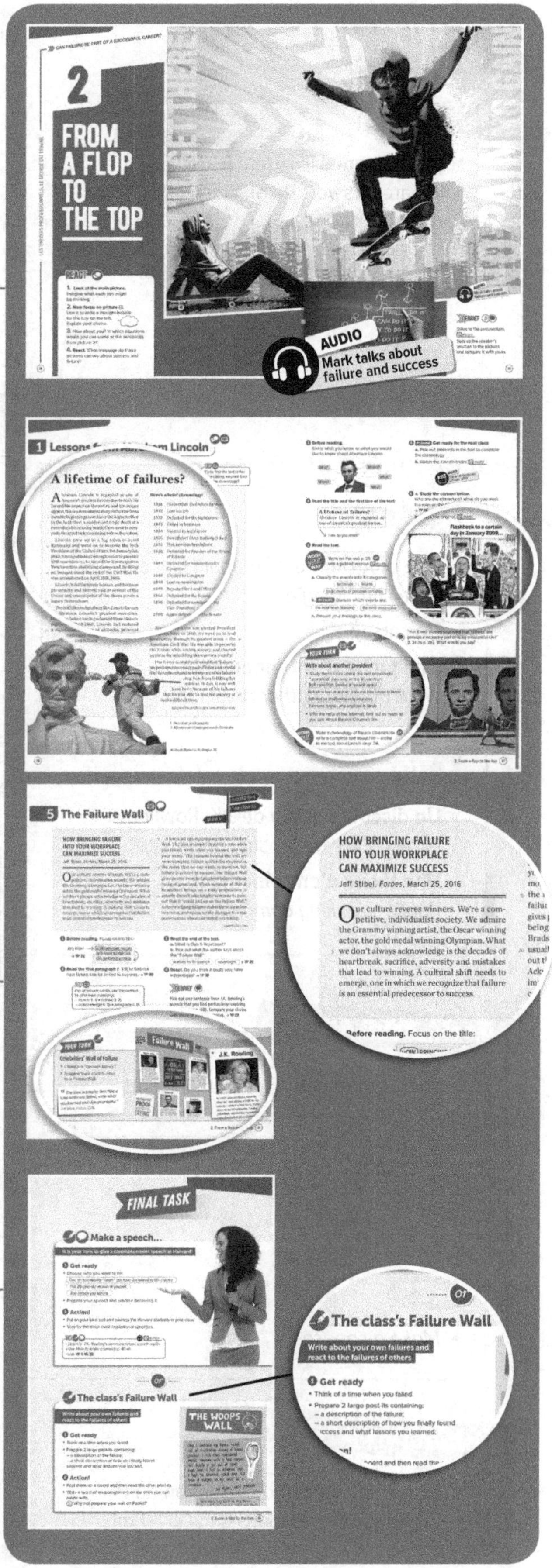

SÉQUENCE # 3 B1 / B1+ • 7 à 8 séances

Pour démarrer :

p. 24-25

- **Deux images** illustrant le défi, le parcours vers un objectif
- **Un témoignage audio**

Pour découvrir et s'entraîner :

p. 26-27

- **Une biographie** d'Abraham Lincoln et sa chronologie
- **Un cartoon**
- **Une tâche d'entraînement :** *Write about another president*

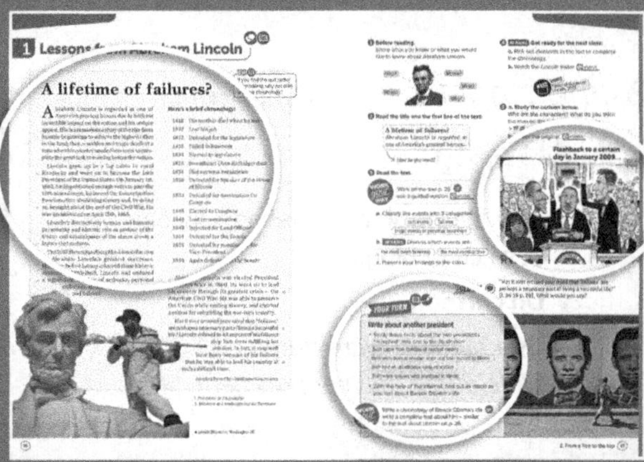

p. 30

- **Un discours audio** de J.K. Rowling et de courts textes sur l'université
- **Une tâche d'entraînement :** *Public speaking competition*

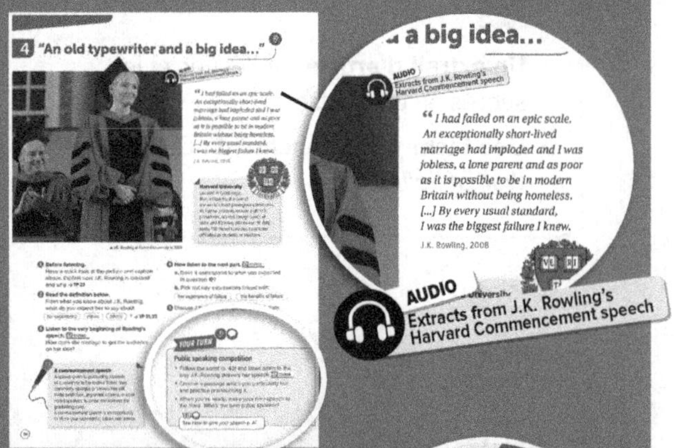

Méthode p. 40-41

- Pour se préparer à faire un discours

Une tâche finale :

p. 35

- *Make a speech...*

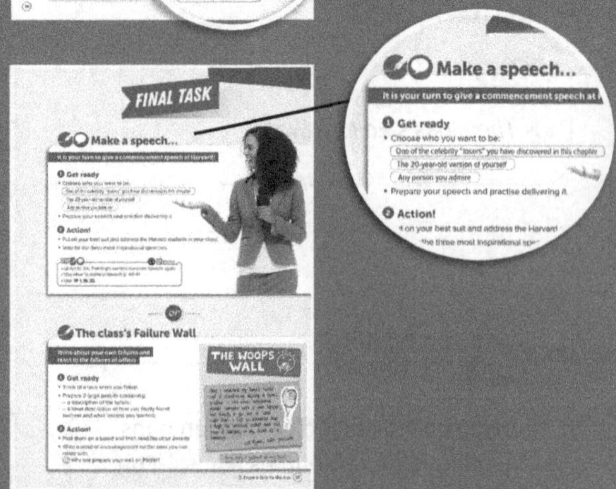

Évaluations p. 42

- Dispositif complet d'évaluation dans la banque de ressources Didier-Prof

SÉQUENCE # 4 B1 • 4 à 6 séances

Pour démarrer :

p. 32-33

IN GROUPS

▶ **Une infographie** sur les découvertes accidentelles

Pour découvrir et s'entraîner :

p. 29

▶ **Un quiz :** *Are you failing enough?*

▶ **Une info culturelle** sur l'*American Dream* et l'attitude des Américains vis à vis de l'échec

p. 28

▶ **Une page de magazine** avec des exemples célèbres de *famous failures*

Une tâche finale :

p. 29

▶ *Design a Famous Failures poster*

Évaluations p. 42

▶ Dispositif complet d'évaluation dans la banque de ressources Didier-Prof

OUVERTURE – p. 24-25

PRÉSENTATION DES DOCUMENTS

Image principale

Il s'agit d'une composition stylisée et dynamique mettant en scène deux* pratiquants de *skateboard*. Elle a été choisie afin de présenter de manière graphique le processus entre la tentative et l'échec, jusqu'à la réussite. Les élèves, dont la plupart ont certainement essayé de faire du *skateboard*, comprendront facilement les efforts nécessaires pour passer…

…de l'étape de gauche (*failure, frustration, discouragement… but also determination*)

…à l'étape de droite (*determination, skill, confidence… and finally success*)

* On peut aussi imaginer qu'il s'agit d'une seule et même personne :
→ *Maybe this illustration shows two different stages in the process of learning how to skateboard.*

Seconde image

Il s'agit d'un dessin à la craie (*chalk drawing*) représentant un escalier et des personnages schématisés ("*matchstick men*") accompagnés de petites phrases, qui illustrent d'une autre façon ces différentes étapes.

Document audio

Il s'agit d'un commentaire de l'image d'ouverture par Mark, qui est Américain. Il fait le lien entre les notions d'échec et de succès évoquées par l'image, et l'ancrage culturel du chapitre, à savoir la valorisation de l'échec et de la prise de risque dans la culture américaine. Il introduit déjà certains noms de *famous failures* célèbres, ce qui éveillera la curiosité des élèves et amorcera la suite du chapitre.

SUGGESTIONS DE MISE EN ŒUVRE

1 | Projection de l'illustration principale

On laissera les élèves réagir librement, guidés par la question 1 du manuel p. 24.
Pour prendre la parole, les élèves pourront s'appuyer sur :
– le contraste entre les attitudes des deux garçons ;
– éventuellement leur propre expérience du *skateboard*.

Cette première étape sera menée rapidement, car le recours à l'illustration 2 lors de l'étape suivante permettra aux élèves d'enrichir leurs productions.

Les deux images sont fournies dans :
→ la banque de ressources Didier-Prof
→ le manuel numérique

2 | Projection de la seconde illustration

• Il s'agit ici de choisir, parmi les phrases fournies dans l'illustration 2, celle qui nous semble correspondre le mieux à l'attitude du garçon à gauche dans l'illustration principale.

• Il n'y a bien entendu pas de « bonne réponse », et les différents choix effectués par les élèves (*I won't do it // I want to do it // I will do it*... etc.) pour une même situation seront d'ailleurs intéressants à analyser, car potentiellement révélateurs de leur propre rapport à la prise de risque et à l'échec.

• Avant de répondre aux questions 2 et 3, si l'on en ressent le besoin, on pourra proposer aux élèves l'exercice ci-dessous, qui permet un travail préparatoire sur :
– le lien entre les attitudes des *matchstick men* et les petites phrases (→ *They trace a character's path from a "flop" to the "top".*) ;
– la progression de plus en plus optimiste de ces phrases ;
– la structure symétrique de ces phrases (*I won't do it → I will do it, I can't do it → I can do it*...) articulées autour de la question *"How do I do it?"*

Fiche fournie dans la banque de ressources Didier-Prof

DIFFÉRENCIATION PÉDAGOGIQUE

Selon les élèves, les réponses à la question 2 p. 24 pourront être plus ou moins enrichies :
– *I can't do it.*
– *I can't do it. It's too difficult.*
– *I can't do this trick, it's way too difficult!*

OUTILS LINGUISTIQUES

Grammaire

La progression de ces phrases (*won't – can't – can – will*) est l'occasion de réviser la modalité.

3 | Expérience personnelle des élèves

On laissera les élèves prendre la parole librement pour faire part de leur propre rapport à l'échec, à l'effort, à la difficulté, à la prise de risque, etc.
Si besoin, pour stimuler la parole, on pourra leur suggérer divers domaines :

SPORTS COOKING SCHOOL MUSIC GAMES ....

AILLEURS DANS LE MANUEL

Le quiz *"Are you failing enough?"* (manuel p. 29) permettra aux élèves de s'interroger de façon plus approfondie sur leur propre rapport à l'échec.

4 | *React*

On pourra faire ressortir, en les inscrivant au tableau par exemple, les réactions qui soulignent l'idée que la réussite n'est pas le fruit du hasard mais plutôt le résultat du travail et de la détermination. Si certains élèves expriment d'ores et déjà l'idée que l'échec fait partie intégrante d'un parcours réussi, bien évidemment il faudrait mettre cette idée en exergue.

DEBRIEF – p. 25

Pour faire le bilan de cette double page, les élèves sont maintenant invités à écouter le commentaire de Mark dans le document audio, et à le comparer avec leurs propres remarques et réactions.
Ce document, très clair et très abordable en début de seconde, présente un double intérêt :
• Sur le plan culturel, on perçoit clairement la place spécifique, très valorisée, de la prise de risque et de l'échec dans la culture américaine. Par exemple :

> • "In American culture, we always say it's not how many times you fall, it's how many times you get back up."
> • "The spirit in America is this idea that if you believe it you can do it and that failure is just part of the experience."
> • "We have that phrase : No pain, no gain."
> • "There was one word that was key for us in sports, which was YET. Anytime we said we couldn't do something, the coach would always say : YET. You can't do it YET. And that was a big thing for us."

• D'un point de vue linguistique, il contient de nombreuses expressions qui seront utiles aux élèves dans la suite du chapitre. Par exemple :

> • That attitude of "I'll get there"
> • An important step on the way is failure.
> • Eventually he'll climb up to success.
> • That going back down can be discouraging.

1. Lessons from Abraham Lincoln – p. 26-27

PRÉSENTATION DES DOCUMENTS

La photographie

Elle montre le nettoyage de la statue du président Abraham Lincoln au Lincoln Memorial à Washington DC. Sa taille géante, mise en perspective par la présence de l'agent d'entretien, souligne l'importance des exploits de Lincoln (fin de l'esclavage, union du pays après la Guerre de Sécession…).

Un « dézoom » de cette image, permettant de voir la statue dans son intégralité et dans son contexte (enceinte du Lincoln Memorial), est fournie dans la banque de ressources Didier-Prof

Le texte *A Lifetime of failures?*

Il provient d'un site américain dédié aux jeunes demandeurs d'emploi. L'objectif de l'article est d'encourager les lecteurs qui ont connu des échecs à suivre l'exemple du seizième président des États-Unis – une *"rags-to-riches story"* qui fournit également une brève chronologie des épreuves qui ont jalonné la vie de Lincoln. La question-clé qui résume l'objectif de l'article se trouve dans le dernier paragraphe :
"Has it ever crossed your mind that 'failures' are perhaps a necessary part of living a successful life?".

La bande annonce du film *Lincoln*

Il s'agit d'un film historique américain produit et réalisé par Steven Spielberg, sorti en 2012.
Le film raconte les derniers mois de la vie d'Abraham Lincoln, 16e président des États-Unis, assassiné en 1865, et surtout son combat pour faire passer

le XIIIe amendement de la Constitution, qui mit fin à l'esclavage dans tout le pays, avant la fin de la guerre de Sécession.
L'interprétation du rôle de Lincoln a valu à Daniel Day-Lewis l'Oscar du meilleur acteur.

Le cartoon *Flashback to a certain day...*

Ce dessin de David Horsey, publié à la suite de la réélection de Barack Obama en 2013, a pour objectif d'aider les élèves à mieux apprécier l'importance du rôle de Lincoln dans la lutte pour l'égalité raciale aux États-Unis. Y sont réunis trois personnages politiques d'une importance capitale dans l'histoire des deux derniers siècles aux États-Unis :
– Lincoln qui a aboli l'esclavage ;
– Martin Luther King qui a mené la lutte pour les droits civiques ;
– Barack Obama, premier président africain-américain.
Les références à King et à Obama, renforcées dans le "*morphing*" des visages de Lincoln et Obama sur une affiche murale (→ *Your Turn* p. 27), soulignent l'idée suivante : sans l'abolition de l'esclavage, que l'on doit en grande partie à Lincoln à la fin de la Guerre de Sécession, l'accession d'un Africain-Américain au sommet de l'État n'aurait jamais été possible.

The Lincoln Memorial
It was built to honor the 16th President of the United States, Abraham Lincoln. It is located on the National Mall in Washington, D.C.
The memorial has been the site of many famous speeches, including Martin Luther King Jr.'s "I Have a Dream" speech, delivered on August 28, 1963, during the March on Washington for Jobs and Freedom.

SUGGESTIONS DE MISE EN ŒUVRE

1 | Anticipation

• Avant toute chose, on veillera à établir la bonne prononciation du nom du personnage auprès des élèves !
Abraham Lincoln
/ˈeɪbrəhæm ˈlɪŋkən/
• La photo de la page 26 ainsi que sa version « dézoomée » proposée dans la banque de ressources Didier-Prof peuvent être projetées au moment de traiter la question 1 :
→ *What's a memorial? Who is this one for? What can you say about it? What does this reveal about Lincoln?*
La statue géante souligne l'importance des exploits de Lincoln – fin de l'esclavage, union du pays après la Guerre de Sécession... Peu importe si les élèves n'ont que très peu, voire pas de connaissances sur le personnage ; ce travail préalable vise surtout à susciter le questionnement et la formulation d'hypothèses, afin de favoriser une lecture active du texte. Cela vous permettra aussi de préparer le terrain pour le dessin de la page 27 – Lincoln, King et Obama à la cérémonie d'inauguration d'Obama en janvier 2009.

2 | Lecture du titre et de la première ligne du texte

Les élèves devraient relever sans difficulté la contradiction entre ces deux éléments
(→ "*The title and the first sentence are in complete contradiction.*")

3 | Lecture du texte

• Ce texte contient une brève chronologie introduite par les lignes 23 à 27 :
"[...] *before having achieved those historic exploits, Lincoln had endured a significant number of setbacks, personal sufferings, struggles* [...] *and failures.*"
– chronologie qui s'attache donc principalement aux accidents et difficultés de parcours de Lincoln.

DIFFÉRENCIATION PÉDAGOGIQUE

Work your way
Selon leur degré d'autonomie, les élèves pourront choisir de travailler sur la version « brute » du texte p. 26 du manuel, ou sur l'une des versions guidées proposée dans :
→ la banque de ressources Didier-Prof
→ le site e IFS2051
→ le manuel numérique

Comme suggéré dans le *tip* p. 26, et dans la mesure où un texte de cette longueur peut être intimidant en début de 2de, on pourra inviter les élèves à démarrer la lecture du texte par cette brève chronologie, et à repérer ce qui relève de :

failures	*tragic events or personal hardships*
→ introduit par des verbes comme *lost, defeated, failed, rejected...*	→ *early deaths of his mother and of his sweetheart ; nervous breakdown*

(cf question 3a p. 27)

• On pourra alors se lancer dans la lecture du texte lui-même, en recherchant les raisons pour lesquelles Lincoln est considéré, comme on l'a vu dans la question 2, comme "*one of America's greatest heroes*". Ceci permettra de compléter la réponse à la question 3a (*successes*).
• Le petit travail en binôme proposé en question b donnera sans doute lieu à une discussion intéressante sur ce qui peut être considéré comme "*constructive*". Certains élèves se concentreront sans doute sur les exemples de « succès » rencontrés par Lincoln, mais d'autres mentionneront peut-être aussi les échecs (→ "*We learn from them how to do better the next time." / "We become stronger, as we gain experience and confidence*"...). Ceci pourra nourrir ensuite la réflexion proposée dans le DEBRIEF p. 27.

4 | *At home*

a. Cette petite activité de production écrite permettra aux élèves de compléter la chronologie p. 26 du manuel avec des dates et événements prélevés dans le texte – tous ultérieurs à 1858, la dernière date figurant dans la chronologie, et tous positifs.
b. Le trailer du film Lincoln, et pourquoi pas le visionnage du film lui-même, permettra aux élèves de mieux se représenter les grands combats de Lincoln (fin de la guerre civile, abolition de l'esclavage). On perçoit aussi la détermination et le courage moral exceptionnels du personnage.

5 | Décryptage du cartoon

Le travail sur l'image peut se dérouler en plusieurs étapes :

a. Identification des personnages :

Abraham Lincoln, identifiable grâce aux images déjà vues p. 26-27

Martin Luther King (plus difficile, on pourra donc donner des indices : *He gave the speech "I Have a Dream", he was a pastor, and in this illustration he is holding a bible*).

Barack Obama, mais aussi son épouse, Michelle Obama, et son vice-président, candidat aux élections présidentielles de 2020, Joe Biden.

b. Identification de la situation

• On pourra poser la question : *What could that "certain day in January 2009" be?*

Les élèves devraient identifier sans difficulté l'événement historique auquel cette image renvoie : l'élection de Barack Obama comme président des États-Unis.

• On pourra ensuite préciser les choses :

→ *He was nominated for president in 2008 and was inaugurated on January 20, 2009.*

On le voit donc dans ce cartoon au moment de son investiture, en train de prononcer le serment d'allégence (jurer fidélité à son pays et à la constitution).

→ *Barack Obama is taking the oath of office as the 44th President of the United States.*

c. Hypothèses sur les paroles prononcées par Barack Obama

On pourra valoriser les réponses des élèves qui évoquent l'idée de gratitude ou de remerciement et, surtout, ceux qui soulignent le rôle joué par Lincoln et King dans la lutte contre l'injustice raciale.

d. Vérification à l'aide du cartoon complet

Il pourra être intéressant, à l'issue de cette activité, de projeter une photo de l'événement lui-même, en précisant aux élèves que Barack Obama a réellement multiplié les hommages à Abraham Lincoln en particulier, mais aussi à Martin Luther King, lors de son investiture.

First Presidential Inauguration of Barack Obama

The first inauguration of Barack Obama as the 44th President of the United States took place on January 20, 2009. The inauguration, which set a record attendance for any event held in Washington, D.C., marked the commencement of the first term of Barack Obama as President and Joe Biden as Vice President.

In his speeches to the crowds, Obama referred to ideals expressed by Abraham Lincoln about renewal, continuity and national unity.

Obama paid homage to Lincoln as well as to Martin Luther King during several of the inaugural events held in Washington from January 18 to 21, 2009.

La version complète de ce cartoon est disponible dans :

→ la banque de ressources Didier-Prof

→ le site e IFS2053

→ le manuel numérique

OUTILS LINGUISTIQUES

Grammaire

Cette activité peut être l'occasion de réviser le conditionnel au passé. On peut proposer des amorces :

→ ***Obama wouldn't have become president, if Lincoln... (hadn't abolished slavery).***

→ ***Obama wouldn't have become president, if King... (hadn't fought for civil rights).***

→ ***If Lincoln hadn't abolished slavery, Obama... (wouldn't have become president).***

→ ***If King hadn't fought for civil rights, Obama... (wouldn't have been elected).***

DEBRIEF – p. 27

"*Has it ever crossed your mind that 'failures' are perhaps a necessary part of living a successful life?*" (l. 34-36, p. 26)

• À partir de cette citation-clé du texte sur les "échecs" de Lincoln, les élèves seront invités à exprimer oralement leur propre point de vue sur l'idée, paradoxale, que réussite et échec sont intimement liés.

• Afin que la discussion reste concrète, on pourra proposer un certain nombre de domaines quotidiens dans lesquels les élèves (ou leurs proches) ont pu rencontrer des revers ou des difficultés :

a school exam	*a driving lesson*
a sports meeting	*a public performance (singing, acting...)*
a summer job	*learning a particular skill (skateboard, swimming, windsurfing, climbing...)*

• On encouragera les élèves à trouver et à expliquer les éléments positifs qu'ils ont pu tirer de ces échecs – ou, au contraire, à contester l'idée que l'échec puisse être positif.

YOUR TURN – p. 27

Write about another president

• L'élection de Barack Obama en novembre 2008 (prise de fonction en janvier 2009) et sa réélection pour quatre ans en 2012 ont réjoui en particulier les Américains qui soutiennent les minorités ethniques et qui luttent pour l'égalité raciale.

Les supporters d'Obama ont immédiatement souligné les ressemblances entre leur candidat et Abraham Lincoln (origine modeste, avocat de profession, installation professionnelle dans l'État d'Illinois...) ; le "morphing" en bas de la page 27 illustre symboliquement cette ressemblance.

Les élèves pourront consulter plusieurs sites qui évoquent les similarités et les différences entre les deux hommes avant de réaliser cet exercice de production écrite biographique.

• Afin d'aider les élèves qui optent pour l'élaboration d'un texte complet, on pourrait proposer le schéma suivant qui résume en peu de mots la structure du texte-modèle et le contenu de chaque paragraphe :

1. Global importance and impact
2. Brief life story
3. Legacy
4. Examples of successes — but also failures
5. Time-line with dates
6. Conclusion of time-line with his main accomplishments
7. Moral of the story — failure is perhaps necessary for success

DIFFÉRENCIATION PÉDAGOGIQUE

Work your way

Les élèves qui éprouvent certaines difficultés à l'écrit pourront se contenter de réaliser une "*timeline*", autrement dit une brève chronologie du parcours de Barack Obama, comme celle qui se trouve à la page 26.

2. "You have no future!"... – p. 28-29

L'affiche *Famous Failures*

Ce document, qui présente Einstein, Disney et d'autres personnalités mondialement connues, provient du site de *Foundr magazine*. Cette entreprise numérique, en partant de rien, a connu une réussite rapide digne de tous ceux qui figurent sur cette page. Voici sa *rags-to-riches story* :

> It's something many of us imagine doing, but few actually accomplish. Start with nearly nothing and – through sheer force of will – build something special.
> That's what Nathan Chan has done with Foundr, a fast-growth digital media company that was founded in March 2013 and now stands as a multi-million dollar success story. Foundr Magazine is phenomenal publication & educational platform that provides valuable content that teaches entrepreneurs how to succeed. A digital magazine for young entrepreneurs, by young entrepreneurs, Foundr has amassed an incredible email list of more than 250,000 subscribers and an Instagram following of more than 800,000 followers in just two-and-a-half years. In fact, only a year into his endeavor, Chan was able to quit his full-time job and live off Foundr's revenue.
>
> Huffpost, November 4, 2017

L'encart *Failure and the American Dream*

Ce court texte montre à quel point la prise de risque (et son corollaire, l'acceptation de l'échec) sont profondément ancrés dans la culture américaine.

SUGGESTIONS DE MISE EN ŒUVRE

1 | Recueil des premières réactions

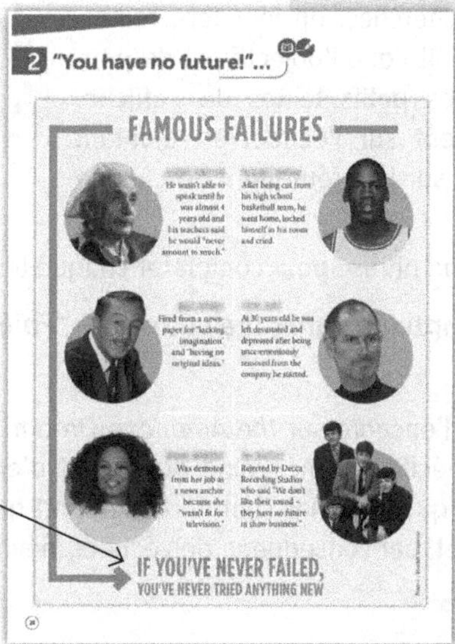

- Les élèves, qui devraient identifier d'emblée au moins l'une des célébrités présentées dans ce document, ne manqueront pas de relever la contradiction apparente entre le titre *Famous Failures* et le parcours remarquable et « réussi » du personnage en question.
- Dans un second temps, ils devraient remarquer le sous-titre en bas de page.

On peut alors s'attendre à des réactions du type :

→ *These people accepted to "try something new", and therefore to take risks.*

→ *They're called "failures" here because they accepted failure as a possibility and probably failed at some stage.*

- On pourra, soit à cette occasion, soit à l'issue de l'étude du document, interpeler les élèves sur la question du choix de ce titre par le journaliste.

→ *They chose this title to catch the reader's attention. It's provocative*. etc.

2 | Exercice d'appariement

La version de l'affiche présentée dans le manuel p. 28 est floutée afin que les élèves puissent deviner l'identité des personnalités qui y figurent. Nous suggérons la démarche suivante :

a. Projection de l'affiche dans sa version « floutée »

b. Tentative d'identification des personnages manuels fermés (donc sans l'aide des noms fournis à la question 2a). Un élève pourra venir au tableau et noter les suggestions de la classe autour de l'affiche :

- Noms / type de profession suggérés pour chaque personnage
- Justification des propositions (→ "*because I recognize him/her/them*") et surlignage des éventuels indices présents dans les textes ("*his high school basketball team*", "*the company he started*", "*her job as a news anchor* [...] *wasn't fit for TV*", "*Recording Studios* [...] *don't like their sound* [...] *show business*")

c. Identification, en fournissant d'abord les noms dans le désordre (question 2a) puis en projetant l'affiche originale.

d. Lecture de l'affiche originale et recherche du dénominateur commun : l'échec au cours de l'enfance ou en début de carrière, suivi d'un succès retentissant.

3 | Production écrite

Cette activité pourra être proposée en travail à la maison, ou en travail en binôme en classe. On pourra proposer aux élèves de se concentrer sur un ou deux personnages, avec bien sûr une mise en commun à la séance suivante.

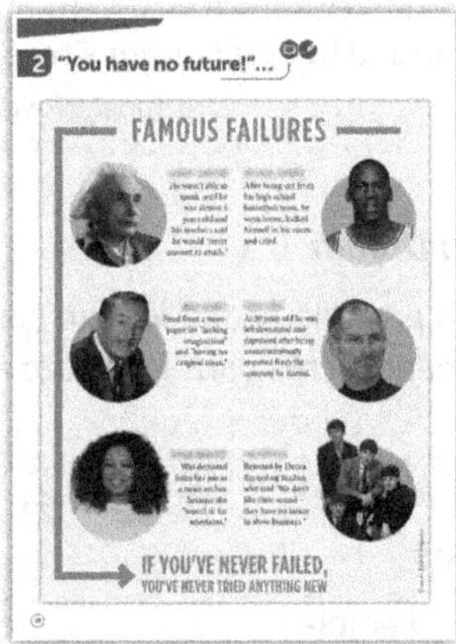

a. Recherche d'informations complémentaires sur internet, notamment pour les personnalités les moins connues. Pour aider les élèves à orienter leurs recherches, on leur fera remarquer (cf question 3b) que l'objectif est de pouvoir compléter les petits textes de l'affiche, qui se concentrent sur l'échec, en ajoutant des informations sur la « réussite » de chaque personnage.

b. Rédaction d'une phrase pour compléter chaque texte.

4 | Prise en compte de l'ancrage culturel – "*Failure and the American Dream*"

La question 4 et l'encadré sur *the American Dream* permettront aux élèves d'apprécier la spécificité américaine de l'esprit d'entreprise (comme dans la Silicon Valley, qu'ils connaissent certainement) qui comporte d'énormes prises de risque et, par conséquent, des échecs inévitables.

L'affiche originale est fournie dans :

- → la banque de ressources **Didier-Prof**
- → le site **e** IFS2054
- → le manuel numérique

OUTILS LINGUISTIQUES

Grammaire

En faisant ressortir le paradoxe (apparent !) du parcours de chaque personnage, les élèves auront très naturellement recours à l'expression de la concession.

→ Grammar p. 38

3. QUIZ – p. 29

PRÉSENTATION DU DOCUMENT

Ce quiz est une adaptation du quiz extrait du livre *Life re-imagined: Discovering Your New Life Possibilities* de Richard J. Leider et Alan M. Webber (Berrett-Koehler, 2013).

Il permet de revenir vers l'élève et de l'amener à réfléchir, de façon ludique et motivante, à son propre rapport à l'échec. Chacun pourra ainsi vérifier si son profil correspond à l'idéal américain (dynamique, ambitieux, intrépide, prêt à prendre des risques... y compris celui d'échouer !) ou à une approche plus prudente.

SUGGESTIONS DE MISE EN ŒUVRE

1 | Quiz suivi d'une discussion en classe

a. Projection du quiz et réponses individuelles, par écrit.
Chaque élève notera ainsi par exemple sur une feuille :

1. Always
2. Seldom
3. …

b. Mise en commun à l'oral. Un élève pourra consigner au tableau le nombre de réponses pour chaque item, ce qui permettra ensuite d'établir le profil de la classe → plutôt audacieux ou plutôt prudent ?

c. Commentaire des réponses apportées. On pourra demander aux élèves, à la suite de chaque question, de fournir des exemples concrets des situations évoquées – par exemple :

• Question 2 – "*Yes, I never volunteer to speak in public and I would be too shy to take part in a school play*".

• Question 4 – "*I don't worry about making mistakes. Falling off my skateboard or ending up in a snow-drift when I go skiing, they're just part of the learning process as far as I'm concerned*".

d. Projection du calcul du score
Chaque élève calcule son score.

e. Projection des profils correspondants
Recueil des réactions des élèves.

2 | Contre-arguments

Afin de nourrir la réflexion des élèves et ne pas accepter sans opposition les thèses soutenues par les documents de cette double page (*Famous failures, Failure and the American Dream, Are you failing enough?*), on pourra proposer des contre-arguments à l'idée que la prise de risque "à l'américaine" est forcément une bonne chose :

– *What about the "precautionary principle" which is meant to prevent catastrophes from happening?*
– *I know someone who failed their driving test six times and just ended up feeling depressed and incapable…*
– *The "famous failures" are just exceptions. Most people who fail badly when they're young never make it to the top.*

Quiz complet, calcul du score et profils correspondants fournis dans :
→ la banque de ressources Didier-Prof
→ le site e IFS2055
→ le manuel numérique

YOUR PROFILE

If you have…

21 to 25 points: You are dynamic, ambitious and ready to take risks. You may sometimes fail, but, with a bit of luck, you could definitely reach the top of the tree!

16 to 20 points: You are certainly methodical and, although slightly cautious, you are often ready to try new things. You seem to have enough self-confidence to tackle most problems. With a little more determination and faith in your abilities, you could probably make it to the top!

11 to 15 points: You seem to be a little too careful and not quite confident enough to try out new projects and ventures. Don't hesitate so much, just do it!

5 to 10 points: You seem to be so afraid of failing that you never try anything new. Be more determined, ambitious and self-confident and — who knows? — you could avoid becoming a flop and go right to the top!

DEBRIEF – p. 29

"If you've never failed, you've never tried anything new". Do you agree?

• Dans cet exercice de production orale, pour lequel les situations, les arguments et les contre-arguments du quiz seront utiles (voir ci-dessus), les élèves sont invités à défendre ou à réfuter, si nécessaire, le slogan du document *Famous failures*.

• Exemples d'arguments possibles :
→ *Three of the "famous failures" didn't really try anything new: Michael Jordan was, like thousands of other boys of his age, a basketball player; Oprah Winfrey wasn't the only one to present the news on TV; and The Beatles were a pop group who, like many others in the 1960s, wanted to have an album released by a recording company.*
→ *You mustn't forget "child prodigies" who were brilliant when they were young, never really failed and are recognized as geniuses today: Mozart first composed when he was six, Picasso did his first paintings at the age of eight and Blaise Pascal wrote a mathematical treatise at the age of nine!*

YOUR TURN – p. 29

Design a famous failures poster

Cette activité de production écrite peut être proposée comme devoir à la maison, en travail individuel ou en groupe.

Voici quelques extraits des biographies des quatre personnalités de la page 29, mais il faudrait que les productions des élèves se limitent à 5 ou 6 lignes, comme sur l'affiche originale.

> Born and raised in central Argentina, Lionel Messi was diagnosed with a growth hormone deficiency as a child. At age 13, he relocated to Spain to join Barcelona, who agreed to pay for his medical treatment. After a fast progression through Barcelona's youth academy, Messi made his competitive debut aged 17 in October 2004. ... [He is] often considered the best player in the world and widely regarded as one of the greatest players of all time.

> Eminem spent much of his youth in a working-class, Detroit neighbourhood. He was often bullied at school and beaten up several times.
> Eminem's home life was seldom stable; he frequently fought with his mother, whom a social worker described as having a "very suspicious, almost paranoid personality". After spending three years in ninth grade due to truancy and poor grades, he dropped out of Lincoln High School at age 17. Although he was interested in English, he never explored literature (preferring comic books) and disliked maths and social studies. Eminem worked at several jobs to help his mother pay the bills, later maintaining that she often threw him out of the house anyway, often after taking most of his pay check. When she left to play bingo, he would blast the stereo and write songs.

DIFFÉRENCIATION PÉDAGOGIQUE

Work your way

Pour les élèves ayant besoin de plus de guidage, on peut proposer un travail sur les vies d'Abraham Lincoln et de Barack Obama (déjà étudiées sur les pages précédentes).

Thomas Edison developed hearing problems at an early age. However, as one of the most recognizable names in inventive history, Edison's numerous innovative ideas and creations are legendary. He held more than 1,000 patents, a record only broken very recently and developed ground-breaking technologies like the electric light bulb, phonograph, batteries, and so much more. But despite his outstanding success, Edison failed frequently. In fact, it sometimes took thousands of attempts – literally – to perfect his experimentation.

Starting out, Dr Seuss drew political cartoons for a newspaper based in New York and also created some short films for the United States Army. Once World War II was over, he focused mainly on children's books. He wrote *And to Think That I Saw It on Mulberry Street* which is where all those familiar rhyming lines began. It also was rejected a whole 27 times. We may have never heard of Dr. Seuss if a friend of his, an editor at a publishing house, hadn't bumped into him on the street as he was walking back from reading yet another rejection letter. His friend pushed the book through production and it received rave reviews and the rest is history as we know it. Sometimes, you need a little help from your contacts to survive rejection and find success!

4. "An old typewriter and a big idea..."... – p. 30-31

PRÉSENTATION DES DOCUMENTS

Le principal objectif méthodologique de ce chapitre est d'amener les élèves à construire et à prononcer un discours : cf *Final Task* 1 p. 35. Le sujet du chapitre — une réussite éblouissante à la suite d'une série d'échecs — se prête particulièrement bien à cet objectif.

Le discours choisi comme modèle pour les élèves est le "*commencement speech*" (conseils d'une personnalité éminente aux nouveaux diplômés d'une université américaine) prononcé par J. K. Rowling, auteure de la série *Harry Potter*, aux étudiants de Harvard en 2008. Ce discours est considéré comme un modèle du genre, à la fois pour sa structure et pour son contenu.

Le discours est proposé dans le manuel de la façon suivante :

1. Transcription écrite d'une citation extraite de ce discours : "*I had failed...*" p. 30.
2. En document audio, deux courts extraits (question 3 : IFS2056 et question 4 : IFS2057) et un extrait plus long du discours (*Your turn* - IFS2058).
3. Transcription d'une vingtaine de lignes qui font l'objet d'un travail méthodologique (*How to... make a speech* p. 40).
4. En document vidéo, le discours entier proposé page 41 (IFS2071).

OUTILS MÉTHODOLOGIQUES

→ *How to make a speech, p. 40 du manuel.*

SUGGESTIONS DE MISE EN ŒUVRE

1 | Anticipation à partir de la photo

• Analyse de la photo de J.K. Rowling (habits, chapeau, applaudissements...) et de la légende pour définir le contexte.

• "Harvard University" : hypothèses des élèves et lecture de l'encadré p. 30 pour confirmer ou infirmer.

2 | Anticipation à partir du titre et de la définition

• Lecture du titre *"An old typewriter and a big idea..."* et de la définition de *"commencement speech"*, puis formulation d'hypothèses sur le contenu du discours.

Relances possibles auprès des élèves :

→ *What does "an old typewriter and a big idea" suggest as far as J.K. Rowling is concerned?*

→ *What was her "big idea"?*

→ *According to the definition, "A commencement speech is an opportunity to share your experience, values and advice.". What do you expect Rowling to have shared with the students about these?*

• Cette étape, qui vise simplement à encourager les élèves à avoir une écoute active du document, devra être menée rapidement.

3 | Écoute de l'introduction du discours

Les élèves remarqueront d'emblée les réactions de l'audience (*They burst out laughing*).

L'objectif est de comprendre ce qui, dans le discours de J.K. Rowling, provoque ces rires.

4 | Écoute de la suite du discours

Vérification des hypothèses émises en question 2, et relevé d'expressions clés liées à :

her experience of failure	the benefits of failure
I had failed on an epic scale An exceptionally short-lived marriage had imploded I was jobless, a lone parent and as poor as it is possible to be in modern Britain without being homeless. By every usual standard, I was the biggest failure I knew.	Failure meant a stripping away of the inessential. I stopped pretending to myself that I was anything other than what I was. I began to direct all my energy into finishing the only work that mattered to me. Failure taught me things about myself that I could have learnt no other way. I discovered that I had a strong will, and more discipline than I had suspected. Etc...

5 | Discussion

Pour alimenter la discussion, on pourra s'appuyer sur les phrases-clés qui résument l'avis de l'écrivain, notées au tableau lors de la question précédente :

the benefits of failure
- failure = stripping away of the inessential
- taught me things about myself that I could have learnt no other way
- ...

OUTILS MÉTHODOLOGIQUES

En vue de la tâche finale 1 (prononcer un discours), on pourra faire remarquer aux élèves les procédés utilisés par J.K. Rowling pour gagner la sympathie du public et prendre confiance en elle dans cette situation intimidante :

– Pratiquer l'auto-dérision et avouer son trac – un bon moyen de le tenir à distance.

– Établir une connivence avec le public (allusions à l'univers de Harry Potter)

YOUR TURN – p. 30

Public speaking competition

Pour cette tâche intermédiaire, qui vise à entraîner les élèves en vue de la tâche finale 1 p. 35, les élèves sont invités à choisir leur passage préféré du discours et à le prononcer.
• Lecture et écoute de l'extrait reproduit page 40 ("*How to make a speech*").
• Choix du passage préféré de l'élève.
• Prononciation de ce mini-discours devant la classe.

5. The failure wall – p. 31

PRÉSENTATION DES DOCUMENTS

The Failure Wall

Cet article de Jeff Stibel, paru dans le magazine du monde des affaires Forbes, présente une expérience originale menée en entreprise pour « accueillir l'échec », au lieu de le stigmatiser comme on a souvent tendance à le faire. L'article souligne l'idée suivante, qui peut sembler paradoxale : le fait de reconnaître l'échec individuel au sein d'une entreprise est une manière de stimuler la réussite collective.

SUGGESTIONS DE MISE EN ŒUVRE

1 | Anticipation

• Puisque le titre de l'article contient le paradoxe "*bringing failure*" / "*maximize success*", on peut solliciter des réponses des élèves à partir du premier mot "*How*".

• Ceci suppose de réfléchir préalablement au sens de "*bringing failure into your workplace*":
→ *What could this mean? How do you "bring failure into your workplace"?*
Certains élèves partiront peut-être d'emblée sur la bonne voie :
"Bringing failure into your workplace"probably means accepting failure at work,

mais on peut imaginer aussi des réponses du type :

Maybe it means that you deliberately cause projects to fail? But then why would you do that?

On acceptera bien sûr toutes les propositions, l'objectif étant de mener rapidement cette petite anticipation pour aborder ensuite activement, avec en tête des questions et l'envie de comprendre, la lecture du texte.

2 | Lecture du premier paragraphe

a. Vérification des hypothèses

La lecture de ce premier paragraphe permettra d'avoir une première réponse partielle à la question posée en anticipation :
"Bringing failure into your workplace" means accepting failure, and recognizing "that failure is an essential predecessor to success". (l. 8-9)

b. Inférence des mots inconnus

Suivre les conseils du *Tip* p. 31. Il nous paraît essentiel, en ce début de seconde, d'insister auprès des élèves sur l'importance de ne pas se décourager lorsqu'on ne comprend pas un mot, mais au contraire de s'appuyer sur le contexte ou l'origine de ce mot pour essayer d'en comprendre le sens. Cela ne marche pas « à tous les coups », mais quand même dans la plupart des cas.

Outre les mots donnés en exemple dans le *Tip*, on pourra aussi inférer le sens des mots suivants :

• "*shift*" : on comprend d'après le contexte ("*a cultural shift needs to emerge*", précédé et suivi de la description de deux attitudes radicalement différentes, que "*shift*" signifie "*change*").

• On peut aussi deviner, en pensant à des mots semblables, les domaines évoqués aux lignes 3-4 :
– *"Olympian" → "Olympic Games" → "sports"*
– *"Grammy" → "gramophone" → "music"*

c. *Win win*

On pourra faire remarquer la récurrence des déclinaisons du verbe "*win*" (5 exemples de "*winners*" et "*winning*"). Cela permettra d'insister sur l'importance de "la gagne" dans la culture américaine.

Et afin de souligner cette spécificité culturelle, évoquée dans la première phrase de l'article, "*Our culture reveres winners*", on peut proposer ces phrases extraites d'un discours électoral de Donald Trump en 2016 :

> " We're going to win. We're going to win so much. We're going to win at trade, we're going to win at the border. We're going to win so much, you're going to be so sick and tired of winning, you're going to come to me and go, 'Please, please, we can't win any more.' And I'm gonna say, 'No, we have to make America great again.' You're gonna say, 'Please'. I'll say 'Nope, nope. We're gonna keep winning'".

3 | Lecture de la suite du texte

Cette lecture permettra de découvrir une proposition concrète pour mieux faire accepter l'échec dans le monde du travail.
Afin de faire comprendre que le sujet est habituellement tabou dans les entreprises, le journaliste utilise l'expression "*the elephant in the room*" (l. 14-15) = *an obvious problem that people try to avoid talking about.*

a. Dun & Bradstreet (l. 18-19)

Ici encore, s'appuyer sur le contexte permet de comprendre qu'il s'agit de l'entreprise de l'auteur de l'article (cf l. 10 : "*... my company started a failure wall*").

b. The "*Failure Wall*"

Reasons for its creation	Advantages
Failure is often the elephant in the room that no one wants to mention, but failure is critical to success. (l. 14-16)	• The Failure Wall gives people a way to talk about failure without being stigmatized. • Acknowledging failures makes these ideas less imposing, and opens up the dialogue to a real conversation about calculated risk taking.

OUTILS MÉTHODOLOGIQUES

Comme suggéré dans le *Tip* p. 31, ce paragraphe offre une bonne occasion d'exercer une compétence essentielle : l'inférence.
• Si l'origine latine et la parenté avec le français du mot *revere* (l. 1) ne suffit pas aux élèves pour le comprendre, l'idée est reformulée dès la ligne 2 par un équivalent transparent : *admire*.
• Il en va de même pour *acknowledge* (l. 5), dont le sens est reformulé l. 8 au moyen d'un synonyme transparent : *recognize*.

4 | Réactions

Les élèves sont invités à prendre du recul, et à imaginer les éventuels inconvénients du "*Failure Wall*". On pourra ajouter une colonne au tableau ci-dessus, et noter au tableau les propositions. Exemples :

Possible drawbacks
• Employees who fail regularly could be victimized. • Conflicts between colleagues could become more frequent. • Focusing on failure might prevent some employees from aiming for success. • Internal promotion could go exclusively

DEBRIEF – p. 31

Pick out one sentence from J.K. Rowling's speech that you find particularly inspiring (see script on p. 40). Compare your choice with those of your classmates.

On peut proposer aux élèves d'y réfléchir à la maison, en se préparant à expliquer leur choix par oral à la classe en vue de la séance suivante.

YOUR TURN – p. 31

Celebrities' wall of failure

Dans ce *Your Turn*, qui vise à préparer la tâche finale 2 p. 35, les élèves sont invités à choisir une célébrité, puis à imaginer et rédiger sa contribution à un *Failure Wall*.

• Pour ce faire, les élèves peuvent prendre appui sur :
– La citation extraite de l'article de Forbes en bas de la page 31, et qui donne la structure d'une contribution →

> *"The idea is simple: Describe a time when you failed, write what you learned and sign your name."*
> Jeff Stibel, *Forbes*, 2016

– L'amorce de ce qu'aurait pu écrire J.K. Rowling, fournie p. 31 à titre d'exemple.

• Les élèves sont libres de choisir leur « *famous failure* » parmi celles rencontrées précédemment dans le chapitre (p. 26-29) ou d'opter pour une autre célébrité de leur choix.

DIFFÉRENCIATION PÉDAGOGIQUE

• Pour choisir une citation qui leur semble particulièrement inspirante, les élèves peuvent se fonder, au choix :
– sur l'extrait transcrit p. 40,
– sur l'extrait audio proposé dans le *Your turn* p. 30 (e IFS2058)
– sur le discours en entier, sous forme de vidéo, proposé p. 41 (e IFS2071)
• On peut aussi proposer aux élèves de choisir parmi les citations déjà relevées lors de la question 4b p. 30

6. Accidental discoveries – p. 32-33

PRÉSENTATION DES DOCUMENTS

Le document principal

Il vise à faire prendre conscience que le mot "*flop*" ne s'applique pas uniquement aux personnes, mais peut également décrire les expériences « ratées » ou les accidents de parcours, les revers. Dans certains cas, ces revers, grâce à l'intelligence de l'être humain, ont été transformés en réussite... parfois mondialement reconnue. Autrement dit, dans le monde de la médecine, de la science ou de l'invention, un "*flop*" peut parvenir au "*top*"...

Trois exemples particulièrement marquants du site Xperimania.com ont été choisis – la pénicilline, le post-it et le velcro – mais, comme on le voit dans l'activité *Your turn* page 33, les "découvertes accidentelles" sont nombreuses.

Les images secondaires

On y voit d'autres exemples de découvertes « accidentelles », ou qui ne sont pas le fruit d'une démarche scientifique « classique ».

SUGGESTIONS DE MISE EN ŒUVRE

1 | Anticipation

• Le post-it et le velcro sont bien connus des élèves. Il faudra sans doute s'assurer que c'est le cas pour la pénicilline ; l'illustration associée et son « accroche » pourront les mettre sur la voie.

• Les élèves s'appuieront sur l'introduction ("*All were dicovered by accident* [...]" ; *No "rigorous research or analysis" involved* ; *"owe a lot to chance"*) pour imaginer comment ces substances ou ces objets ont été découverts.

• L'image des chardons (ou bardanes) page 33 donne une idée assez précise de ce qui a pu inspirer l'invention du velcro. Pour les autres découvertes, il faut compter sur l'imagination de chacun ! On acceptera les propositions les plus farfelues, l'idée étant d'aborder la lecture du document de façon active, en cherchant une réponse ou une confirmation aux idées émises par la classe.

2 | Travail de groupe

• Chaque groupe travaillera sur l'une des trois inventions. Bien que très courts, ces articles peuvent présenter des difficultés. On pourra proposer aux groupes les moins à l'aise de travailler à partir de la version « guidée » de l'article dont ils ont la charge.

• Ce travail de groupe a pour objet de :
– vérifier les hypothèses émises lors de la question 1,
– établir les faits : comment la découverte a-t-elle eu lieu ?
– se préparer à en rendre compte à la classe, en tenant compte de la forme proposée en question 3 : **jouer la scène de la découverte**. D'où le *tip* proposé p. 32 : lire le texte en s'efforçant de visualiser le récit de cette découverte.

• On pourra inciter les élèves à se répartir les rôles au sein du groupe en vue de la restitution orale. Dans le cas de la pénicilline et du velcro, un acteur principal ; dans le cas du post-it, deux. Mais les autres membres du groupe peuvent aussi jouer un rôle dans la petite saynète présentée à la classe : faire une brève introduction/conclusion orale ; commenter en « voix off » la scène jouée par le ou la camarade ; jouer un rôle secondaire (collègue qui pose des questions...).

Penicillin
It is a common antibiotic, used to treat bacterial infections. It was discovered by Scottish scientist Sir Alexander Fleming in 1928, but it was not mass-produced until the 1940s. It was first used widely during World War II.

DIFFÉRENCIATION PÉDAGOGIQUE

Work your way
Une version guidée de chacun des trois articles est proposée dans :
→ la banque de ressources Didier-Prof
→ le site edidier
e IFS2059
→ le manuel numérique

3 | Restitution en classe entière

"Mise en scène" de la découverte en prêtant une attention particulière aux gestes, aux expressions et aux talents de "mime" de chaque acteur... Et en ayant bien en tête que la saynète doit permettre aux élèves qui n'ont pas lu le même texte de comprendre les circonstances de la découverte mimée.

4 | Conclusion

Il s'agit de classer ces découvertes en trois catégories :

Copied nature	Came from forgetfulness	Resulted from a failure
To discover "velcro", the inventor copied nature.	The discovery of penicillin resulted from the forgetfulness of Alexander Fleming.	The post-it note was discovered when a chemist failed to invent a strong glue. His less sticky glue was perfect for the post-it.

On prendra soin d'insister sur le fait que si le hasard est bien intervenu dans chacune de ces découvertes, l'imagination, la réflexion et le travail ont joué un rôle capital. Ceci permettra d'amorcer la réflexion sur la question proposée dans le *Debrief* de la page 33.

5 | Autres inventions

Cette activité pourra être proposée en travail à la maison. La consigne cible spécifiquement les inventions inspirées par la nature, dont voici quelques exemples, mais on accueillera bien entendu les exemples d'inventions relevant des deux autres catégories (par exemple la fameuse tarte Tatin, résultant d'un « échec »).

Discoveries which copied nature		
Flippers (or fins) → Ducks swim in water with the help of webbed feet. Studying the ducks' webbed feet, inventors were able to come up with the idea of flippers. Divers use flippers to push themselves to move forward.	**Flight** → Inventors studied the flight of birds with a desire to fly like them up in the sky and travel long distances over oceans, mountains, plains and deserts.	**Submarine** → Studying the whales, scientists came up with an idea to invent the submarine, so as to sail under the vast oceans. The design of the submarines is based on the shape of whales.

DEBRIEF – p. 33

According to the conclusion of this article:
"Chance is not enough to make such key discoveries. The scientist or inventor must have a prepared and open mind".
Why do you think preparation and open-mindedness are necessary?

Cette question (place relative du hasard, importance de l'ouverture d'esprit et d'un travail de réflexion dans le processus de découverte ou d'invention) a été abordée lors de la question 4 ci-dessus. Les élèves pourront reprendre chacun des trois articles p. 32-33 et prélever des exemples qui illustrent cette idée.

→ Ainsi pour l'invention du Velcro, George de Mestral a fait preuve des qualités suivantes :

– ***curiosity and open-mindedness*** *("He took a close look at the burrs which kept sticking to his clothes…"),*
– ***determination*** *("Although de Mestral first met with resistance and even laughter, he stuck to his idea."),*
– ***method*** *("By trial and error, he realised that…."),*

YOUR TURN – p. 33

Amazing discoveries

a. Réalisation de la tâche

Cette activité, réalisée en binôme, comprend deux phases :
1. Interaction orale : les élèves imaginent les circonstances qui ont mené à la découverte de l'invention choisie. Ils pourront laisser libre cours à leur imagination, tout en faisant une proposition crédible.
2. Production écrite, en s'inspirant de la structure des petits textes p. 32-33 :
– « Accident » de départ
– Réflexion / démarche constructive
– Conclusion → possible de terminer sur une question interpelant le lecteur, comme dans l'article sur le velcro, ou sur la place de cette invention dans la vie de tous les jours, comme pour le Post-it.

b. Vérification des réponses

Comme indiqué dans le manuel, on pourra consulter le site suivant : www.dawn.com/news/1181935.

FOR & AGAINST – p. 34

"You must win at all costs!"

a. On commencera par une lecture des citations présentées sur la page, lecture pilotée par la petite activité de classement proposée* :

Illustre la motion du débat 'You must win at all costs!"	Illustre l'idée contraire (vertus de l'échec)
Les deux citations centrales : *"A quitter never wins, a winner never quits"* *"Winning isn't everything, it's the only thing"*	Les trois autres citations

* La citation "*Whenever you doubt…*" est plus anecdotique, et ne relève pas spécifiquement de l'une ou l'autre catégorie.

Ceci permettra de « s'échauffer » avant le débat proposé, pour lequel la classe sera divisée en deux équipes, qui se verront imposer un parti qu'elles devront défendre de façon convaincante !

b. Travail de préparation en équipe, en s'appuyant pour l'équipe B (qui conteste la motion et défend les vertus de l'échec) sur les exemples rencontrés dans le chapitre.
On rappellera aux équipes l'importance de préparer à la fois ses propres arguments, mais aussi d'anticiper ceux de l'équipe adverse.

c. Débat.

FINAL TASK – p. 35

Selon le parcours mené au sein de ce chapitre (→ voir : « Un chapitre, plusieurs séquences possibles » p. 24-27 de ce guide), on choisira l'une ou l'autre des deux tâches finales proposées.

Make a speech

• Comme indiqué dans le *tip*, les élèves ont été bien entraînés à cette prise de parole, pour le fond comme pour la forme, grâce à l'exemple de discours de J.K. Rowling et à la page *How to make a speach*.

• Nous avons volontairement laissé la possibilité aux élèves, selon leur sensibilité, de choisir un rôle plus ou moins « distancié » par rapport à eux-mêmes.

The class's Failure Wall

• Les élèves ont été bien entraînés au type de production écrite demandé lors du travail mené en page 31. Par ailleurs un exemple (authentique) de contribution est fourni en illustration de cette tâche.

• Il est important de « jouer le jeu » et de partir d'un exemple réellement vécu, en revanche on pourra préciser aux élèves :
– qu'ils doivent choisir un exemple qu'ils sont prêts à partager avec la classe ;
– que la phase de « retour » sur les contributions de chacun proposée dans le manuel doit être bienveillante (“*Write a word of encouragement on the ones you can relate with.*”).

WORDS – p. 37 Corrigés des exercices

1 a.
1. self-conscious
2. adventurous
3. give up
4. breakthrough
b. *Exemples de productions possibles :*
1. He was so shy and **self-conscious** that he didn't dare to speak in front of the class.
2. She found a safe path and took no risks but her sister was much more **adventurous** and went into the jungle.
3. After failing the driving test four times, most people **give up** – but not John who passed at his fifth attempt.
4. Fleming's discovery of penicillin was a great **breakthrough** for medical science.

2 1. Lincoln was able to **achieve** success because he was willing to **struggle** against his handicaps.
2. He suffered many **setbacks** and yet he finished at the top of the tree.
3. Although J.K. Rowling had touched **rock bottom**, she decided to take up the challenge of writing.
4. To **improve** your chances in life, don't be self-**conscious** but try to be self-**confident**.
5. In order to pass your exam, you must **practise (strive)** every day and be **determined** to succeed.

3 1. Although Einstein couldn't speak until he was 4, he... **c.** ...**became a scientific genius**.
2. Steve Jobs became world-famous despite being... **e.** ...**devastated when he was fired at 30**.
3. The fact that most writers are failures... **a.** ...**did not deter J.K. Rowling**.
4. Thanks to his forgetfulness, Fleming... **b.** ...**made a discovery that transformed medical treatment**.
5. Serendipity is a happy accident that... **d.** ...**could have amazing results**.

4 b. Flop setback, shame, misfortune, disappointment, shortcomings, breakdown, suffering
Top benefit, exploit, challenge, rebuild, progress, appeal, winner
c. *Exemple de production possible :*
Jack's schooldays were a real **disappointment** for his parents who said he had refused to **benefit** from

their help and support. As a teenager, he failed every exam he sat. In fact, his **shortcomings** and setbacks were such a source of suffering for him that he ended up by having a nervous **breakdown**.
Overwhelmed by **shame** at all these failures, at the age of 20 he decided to **rebuild** his life by taking evening classes to become a plumber. He took up the **challenge** with such enthusiasm that he made rapid **progress** and very soon was able to set up his own business. In a few years, his **misfortunes** were forgotten — Jack had become a real winner — in fact, he had achieved the **exploit** of becoming a millionaire! Jack's story, I am sure, will **appeal** to all those who are considered as dunces at school.

❺ **a.** *Production libre*
b. *Exemple de production possible :*
Alexander Fleming had spent years doing scientific **research** and a detailed **analysis** of materials which might be used to fight bacteria. One day in 1928 when he left his lab to go on holiday, he forgot to tidy his lab and, by **accident**, left a plate containing bacteria. Two weeks later, he found the plate covered with fungus which had stopped the development of the bacteria. He had invented a substance meant to destroy bacteria — the anti-biotic penicillin!

GRAMMAR – p. 39 Corrigés des exercices

❶

★ 5/10 Sorkin chose to exaggerate some of the **most eccentric** aspects of Jobs' character, portraying him in a disrespectful and unflattering light.

★ 3/10 This is quite likely the **most boring** film I have seen in years. Good acting, but poor script.

★ 7/10 One of the **most impressive** things this movie does is compress so many elements of Jobs' life and character into its runtime.

★ 3/10 The **worst** movie of all time! Michael Fassbender tries his **best** but it's difficult as you don't feel any warmth for the character.

★ 8/10 A good biographical film about some of the **most important / most influential** moments in Apple and Steve Jobs' history.

★ 5/10 How could such a poor actor as Ashton Kutcher ever accurately portray one of the **most important / most influential** figures in the history of technology.

❷ **1.** Lincoln had many setbacks, but he finally reached the **highest** office in the land.
2. Despite his childhood difficulties, Einstein became the **most famous** scientist the world has ever known.
3. Silicon Valley is the world's **biggest** concentration of start-ups and high-tech firms.
4. If you're looking for the **least expensive** products, you should go to a low-cost supermarket.
5. The country which is the **furthest / farthest** away from England is New Zealand.

❸ **a.**
1. She was a jobless, poor single mother **and yet** she is now the richest and most popular author of children's books.
2. **Despite being** originally made with a glue which wasn't sticky enough, today it is one of the world's most useful office products.
3. He was fired from a newspaper for lacking imagination. **Nevertheless / And yet**, he became one of the world's best-known cartoon and film producers.
4. **Although** he couldn't speak until he was almost four / **Despite being unable** to speak until he was four, he is now considered as the 20th century's greatest scientist.

b. 1. J.K. Rowling – **2.** the Post-it – **3.** Walt Disney – **4.** Albert Einstein

❺ **Pronunciation**

/d/	/t/	/ɪd/
obtained	practised	needed
achieved	worked	invented
endured	noticed	

TEST YOUR SKILLS – p. 42

Listening & Writing

- Audio *Barack Obama's back-to-school speech* (EVAL 2) fourni dans :
→ le coffret classe

- Grille d'évaluation de la compréhension de l'oral et fiche support photocopiable *Writing* fournies dans :
→ ce guide pédagogique p. 309 et 310

Speaking

Fiche support photocopiable fournie dans :
→ ce guide pédagogique p. 311

Reading

Fiche support photocopiable fournie dans :
→ ce guide pédagogique p. 312

Writing

Fiche support photocopiable fournie dans :
→ ce guide pédagogique p. 313

3 BORN A CRIME

CHAPITRE FLASH

Axe : LE PASSÉ DANS LE PRÉSENT

Thème : Grandir en Afrique du Sud pendant l'apartheid

Problématique :

How can individuals contribute to collective memory?

Ancrage culturel :
L'Afrique du Sud et l'apartheid

Grammaire :
- Possibilité, permission, obligation
- La voix passive

Introduction

Dans ce chapitre consacré au récit autobiographique de l'animateur et comédien Trevor Noah, nous nous intéressons à son enfance en Afrique du Sud durant l'apartheid et à l'importance de son témoignage pour la mémoire collective. Quel est le rôle de l'autobiographie dans la transmission du passé ? Comment aller de l'avant sans oublier son histoire ?

L'écrivain japonais Haruki Murakami, auteur de *Kafka sur le rivage* (2002), a dit "*if our collective memory is taken from us – is rewritten – we lose the ability to sustain our true selves.*" Le devoir de mémoire repose en grande partie sur les récits des individus qui ont vécu les réalités dont rend compte l'Histoire. Les anecdotes de Trevor Noah, vécues par l'enfant et relatées par l'auteur adulte, confèrent à l'ouvrage une dimension à la fois drôle et émouvante. Elles permettent d'incarner et de transmettre les conclusions auxquelles il parvient. Le récit de Trevor Noah amène les élèves à comprendre la réalité quotidienne des individus qui ont subi la ségrégation raciale en Afrique du Sud.

Les extraits que nous avons sélectionnés sont issus du début du livre. Il a été difficile de faire des choix car l'ensemble de l'œuvre est une merveille. De plus, elle est écrite dans une langue très simple et teintée de l'humour de l'animateur du *Daily Show*, ce qui est très facilitateur pour les élèves. Ces derniers découvriront d'autres anecdotes dans l'interview de Trevor Noah par Whoopi Goldberg et dans l'extrait supplémentaire proposé en évaluation de compréhension de l'écrit.

Petite visite guidée…

Ouverture : la couverture du livre *Born a Crime* de Trevor Noah, pour anticiper la lecture de l'extrait

Born a Crime : un extrait accompagné de photographies et documents

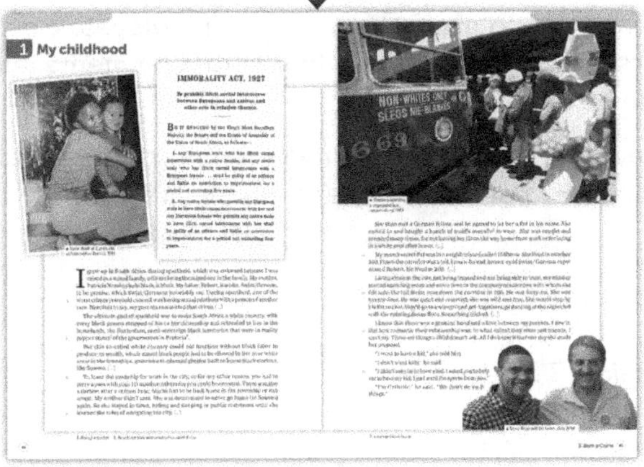

Born a Crime : suite de l'extrait, accompagné de photographies et d'une mini-biographie

L'apartheid dans la vie quotidienne

2 témoignages :
– Trevor Noah, animateur et comédien
– Lu Chase, chanteuse

Une tâche finale :
écriture créative à partir d'une photo de Trevor Noah enfant

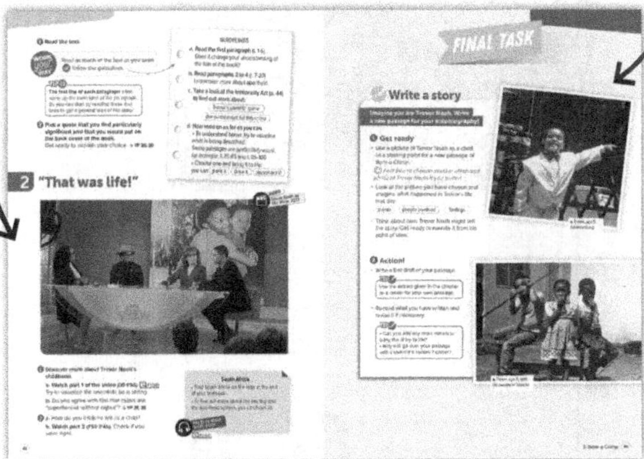

Évaluations au choix :
– *speaking*
– *reading & writing* type bac

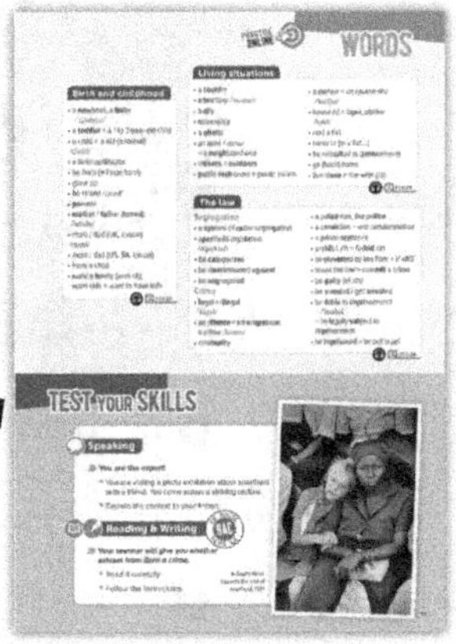

A word from the authors...

“ Annie and I often discussed how much we wanted to give our ESL students a fair glimpse of South Africa but often found ourselves at a loss to find a satisfying way to do so, what with the complex history of the country and its current aftermath.
When we read the incipit of *Born a Crime,* we were instantly hooked. The gravity of what Trevor Noah was telling, combined with his wit and optimism, won us over. His text had the same effect on our students. We had all our *lycée* classes read it –from Seconde to Terminale– because we wanted to make sure all of them would benefit from it. We chose to never force them to read: so we gave them the incipit, and once they were done reading, we would debrief what everyone had understood. Then, if they wanted more, they just needed to ask and we would give them what followed. And so on. Of course, since we cut the extracts so they would end on cliffhangers or be particularly powerful, *all* the students wanted to read more! Some of them even bought the book and read it in full.
The students also loved writing another episode of Trevor Noah's life – based on a picture of him as a young child. An example of their brilliant texts can be read on p. 63 in this teachers' book.

Mélanie Herment & Annie Coghlan

Un chapitre, plusieurs séquences possibles…

Nous vous proposons 3 parcours différents pour permettre aux élèves de découvrir le texte magnifique de Trevor Noah, soit partiellement (séquences #1 et #2) soit dans son intégralité (séquence #3).

Le texte est abordable mais sa longueur pourrait effrayer certains élèves, c'est pourquoi on peut envisager les séquences #1 ou #2 mais inviter tout de même les élèves qui le souhaiteraient à lire le texte en entier.

Par ailleurs, les photos que nous avons choisies serviront d'appui aux élèves qui pourraient ainsi être invités à commencer par les regarder avant de lire le texte.

Un texte en 6 extraits :

❶ *Introduction* (l. 1-6) + *Immorality Act*

❷ *Life in South Africa during the apartheid* (l. 7-27)

❸ *Trevor Noah's parents meet* (l. 28-48)

❹ *Trevor's birth* (l. 49-67)

❺ *Trevor and his father* (l. 68-85)

❻ *Trevor and his mother* (l. 86 à la fin)

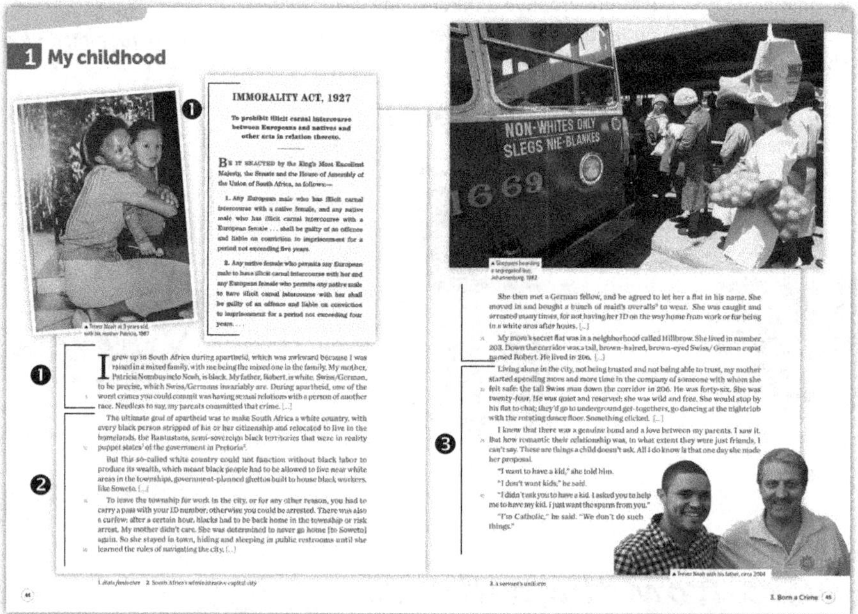

SÉQUENCE #1 A2+ / B1 • 5 à 6 séances

Pour démarrer :

p. 43

- **Couverture** de *Born a Crime* : anticiper le contenu du livre

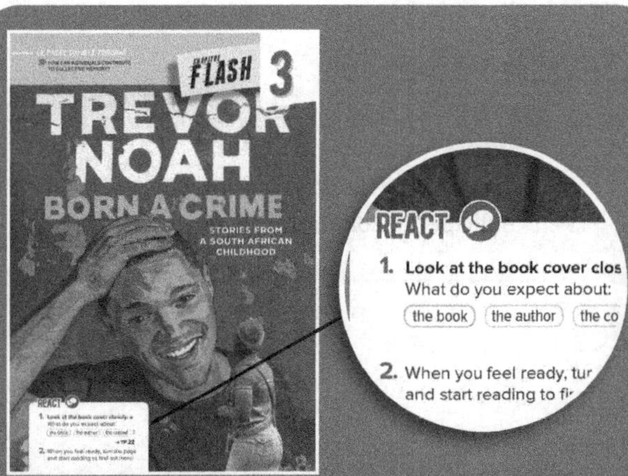

Pour découvrir et s'entraîner :

p. 44-47

- **Extrait ❶** : identifier le « crime »
- Un **témoignage audio** de Lu Chase : *Key facts about South Africa*
- **Extrait ❷** : comprendre ce qu'était l'apartheid
- **Extrait ❺** : l'apartheid dans la vie quotidienne

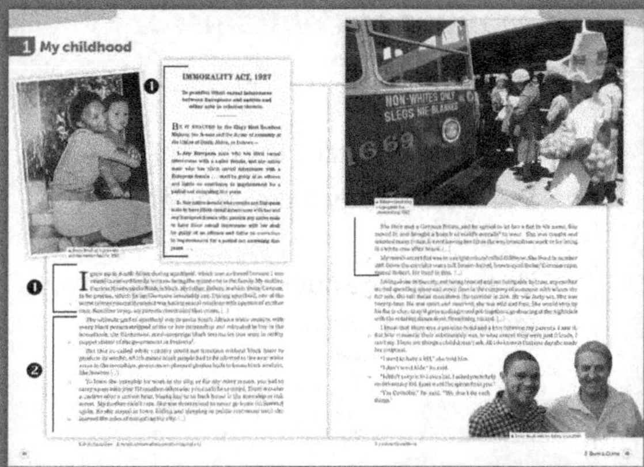

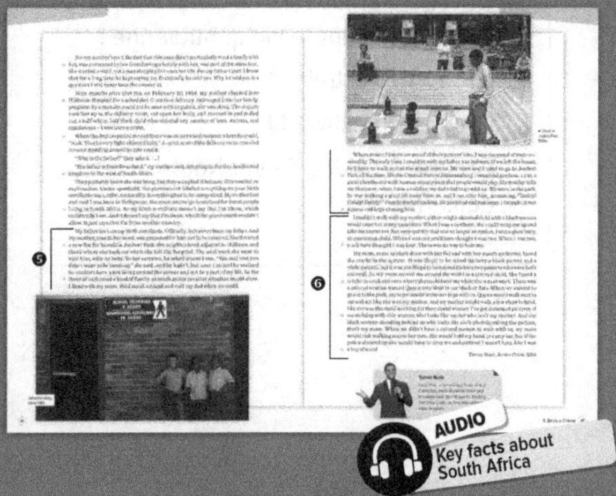

Une tâche finale :

p. 49

- *Imagine you are Trevor Noah. Write a new passage for your autobiography!*

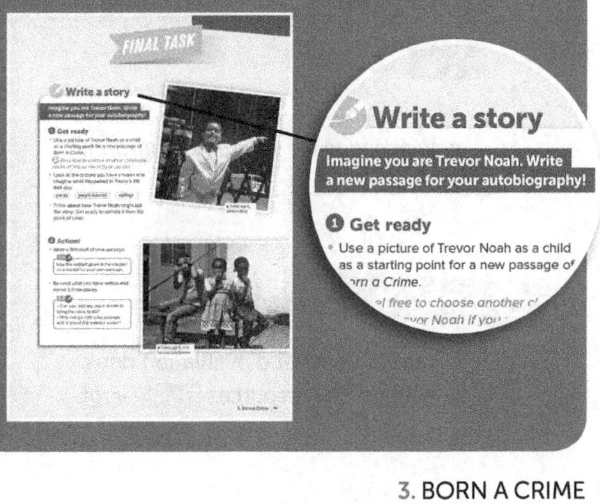

Évaluations p. 51

- Dispositif complet d'évaluation dans la banque de ressources **Didier-Prof**

SÉQUENCE # 2 B1 / B1+ • 6 à 7 séances

Pour démarrer :

p. 43

- **Couverture** de *Born a Crime* : anticiper le contenu du livre

Pour découvrir et s'entraîner :

p. 44-45

- **Extrait ❶** : identifier le « crime »
- **Extrait ❷** : comprendre ce qu'était l'apartheid
- Un **témoignage audio** de Lu Chase : *Key facts about South Africa*

p. 46-47 IN GROUPS

- Travail de groupe autour de la réalité de l'apartheid dans la vie quotidienne :

Groupe 1 : extrait ❺

Groupe 2 : extrait ❻

Groupe 3 : vidéo Trevor Noah dans *The View*

Une tâche finale :

p. 49

- *Imagine you are Trevor Noah. Write a new passage for your autobiography!*

Évaluations p. 51

- Dispositif complet d'évaluation dans la banque de ressources Didier-Prof

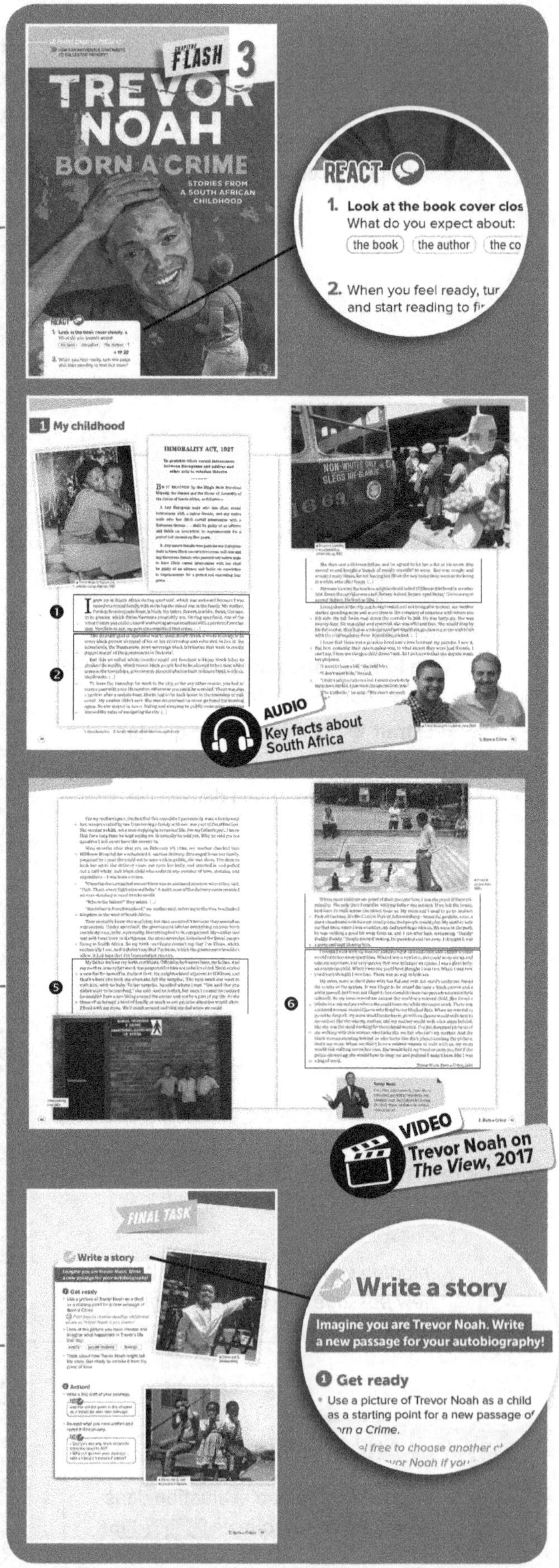

SÉQUENCE # 3 B1+ • 4 à 5 séances

Pour démarrer :

p. 43

- **Couverture** de *Born a Crime* : anticiper le contenu du livre

Pour découvrir et s'entraîner : IN GROUPS

p. 44-45

- **Extrait ❶** : identifier le « crime »
- Travail en groupes pour découvrir ce qu'était l'apartheid :

  Groupe 1 : extrait ❷

  Groupe 2 : témoignage audio de Lu Chase : *Key facts about South Africa*

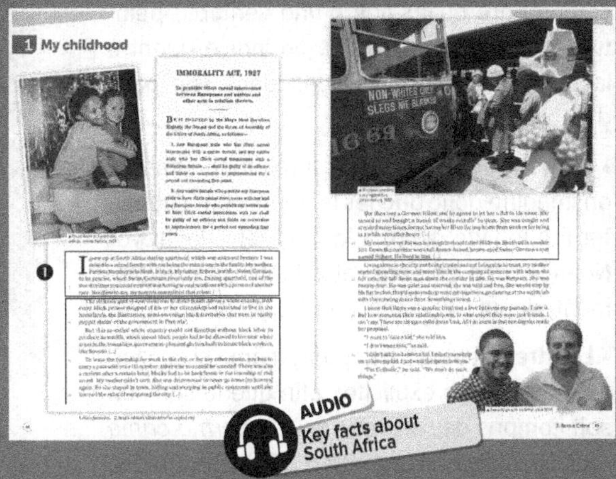

p. 45-47

- Travail en groupe sur des extraits différents :

  Groupe 1 : extrait ❸

  Groupe 2 : extrait ❹

  Groupe 3 : extrait ❺

  Groupe 4 : extrait ❻

  Groupe 5 : vidéo Trevor Noah dans *The View*
- Mise en commun du travail en groupe

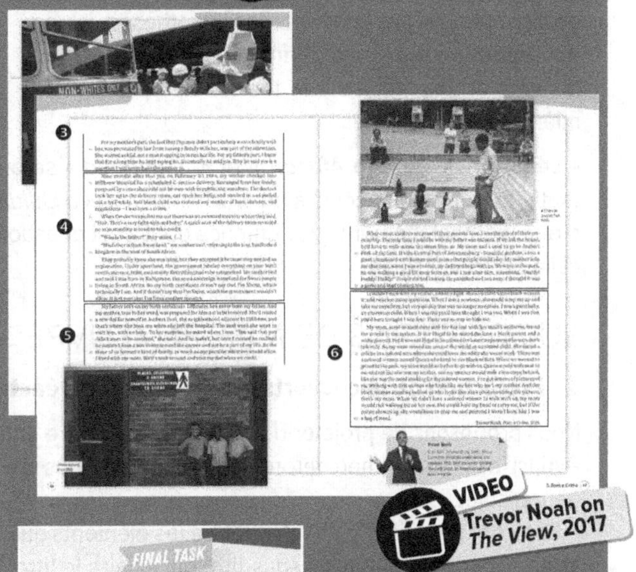

Une tâche finale :

p. 49

- *Imagine you are Trevor Noah. Write a new passage for your autobiography!*

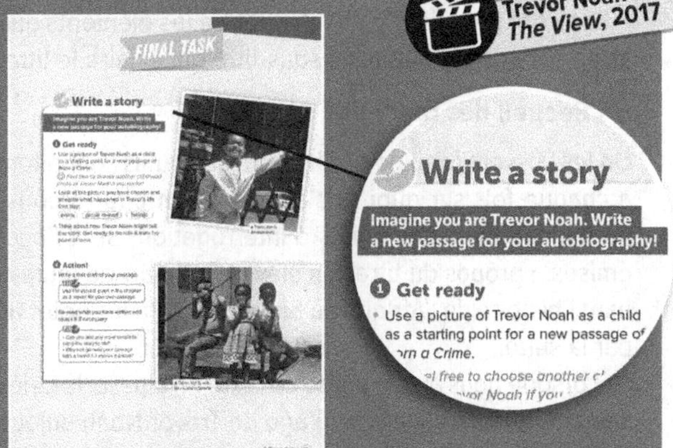

Évaluations p. 51

- Dispositif complet d'évaluation dans la banque de ressources Didier-Prof

OUVERTURE – p. 43

PRÉSENTATION DU DOCUMENT

L'image d'ouverture

Il s'agit de **la couverture de l'autobiographie** de Trevor Noah, publiée en 2016. Elle contient un portrait du comédien et animateur du *Daily Show*, une émission diffusée sur Comedy Central, chaîne de télévision américaine axée sur l'humour et le rire.

AILLEURS DANS LE MANUEL
Les élèves retrouveront Trevor Noah dans une autre interview, au sujet du racisme, plus loin dans le manuel.
→ Chapitre *Cliché!* p. 154 du manuel

• Ce portrait est une **peinture murale** réalisée en Afrique du Sud. La présence d'une femme et la peinture écaillée du mur permettent de comprendre qu'il s'agit d'une véritable peinture murale, ce qui donne un indice quant à la notoriété de Trevor Noah dans son pays d'origine.

• **Le nom de l'animateur** surplombe l'image, on imagine donc que les lecteurs vont souhaiter lire le livre grâce à la notoriété de Trevor Noah – très célèbre, aux États-Unis également, depuis qu'il anime le *Daily Show*.

• **Le titre est assez frappant**, même si sa syntaxe devra être explicitée afin que le sens en soit compris des élèves (*he was born a crime / his birth was considered a crime*). Toutefois, on veillera à ne pas confirmer les hypothèses des élèves tout de suite, afin qu'ils puissent vérifier eux-mêmes à la lecture des premières lignes du texte.

• **Les termes « *South African* » et « *childhood* »** seront des indices importants. Toutefois, le recours à un article indéfini (« *a childhood* ») pourra laisser croire momentanément que l'enfance dont il est question n'est pas forcément celle de Trevor Noah.

SUGGESTIONS DE MISE EN ŒUVRE

1 | Projection de la couverture et recueil des réactions des élèves

Nous proposons de projeter d'emblée la couverture entière :
– Ainsi les élèves y chercheront des indices à propos de l'œuvre : auteur, titre, genre, sujet…
– Ils feront des mises en relation entre les éléments qui composent la couverture : l'image et l'auteur, le sous-titre qui éclaire le titre…

Photo fournie dans :
→ la banque de ressources Didier-Prof
→ le manuel numérique

2 | Recueil des réactions des élèves

On les laissera formuler les hypothèses qu'ils souhaitent – en leur demandant à chaque fois sur quoi ils s'appuient. On pourra consigner les propositions au tableau avec des points d'interrogation. Si, à l'occasion des hypothèses émises à propos du titre, les élèves font part de leurs connaissances concernant l'histoire de l'Afrique du Sud, on pourra les noter aussi et les faire vérifier par la suite.

→ Lorsque nous avons utilisé ce texte en classe, les élèves ont assez judicieusement demandé à vérifier l'âge de Trevor Noah aujourd'hui pour essayer de déterminer si son enfance avait pu avoir lieu pendant l'apartheid.

OUTILS LINGUISTIQUES

Grammaire
L'évocation de l'histoire de l'Afrique du Sud et du régime de l'apartheid occasionnera naturellement le recours à des outils permettant d'exprimer l'obligation et l'interdiction.
→ *Grammar* p. 50

Les connaissances des élèves à propos de ce régime ségrégatif étaient assez limitées mais beaucoup l'associaient spontanément à l'Afrique du Sud.
Le titre « *Born a crime* » a suscité de nombreuses hypothèses :
→ *He was the son of a criminal.*
→ *He was born at a time when having children was forbidden.*
→ *He was born in prison.*
→ *He was born black so this was forbidden...*
La découverte progressive ou partielle du premier paragraphe permettra d'invalider ces hypothèses.

LE CHAPITRE – p. 44-48

Pour ce chapitre en lecture continue, nous présentons d'emblée tous les documents.

PRÉSENTATION DES DOCUMENTS

Le texte

• Dans cet extrait des premiers chapitres de *Born a Crime*, Trevor Noah évoque :
– les lois en vigueur à l'époque de l'apartheid ;
– la rencontre de ses parents ;
– sa naissance et la manière dont elle a été perçue par les médecins ;
– plusieurs anecdotes du quotidien compliqué de sa famille.

• Nous avons fait figurer quelques notes de bas de texte, pour des éléments qui nous semblaient difficiles à inférer et afin de permettre aux élèves de ne pas trop interrompre leur lecture pour chercher du lexique.

• Le témoignage de Trevor Noah est important car il permet de mieux comprendre les réalités de l'apartheid et de ne pas oublier. Le devoir de mémoire incombe à chaque individu, et particulièrement à ceux à qui la notoriété donne de la voix.

OUTILS MÉTHODOLOGIQUES

Stratégies de lecture

Comme nous l'avons indiqué dans le *Tip* p. 48, la structure du texte est facilitatrice puisque la première phrase de chaque paragraphe en résume le contenu.
Ainsi, les élèves que la longueur du texte effraie peuvent, au choix :
→ lire paragraphe par paragraphe, et s'arrêter quand ils fatiguent ;
→ lire le paragraphe d'introduction puis lire seulement la première phrase de chaque paragraphe pour avoir une idée globale du texte.

Le document *Immorality Act*

• Ce document figure dans le livre de Trevor Noah, en regard de la première page de texte. Il s'agit du texte de loi interdisant les relations sexuelles entre les habitants d'origine européenne et les natifs d'Afrique du Sud. Les deux paragraphes disent presque la même chose – à quelques nuances près : les femmes sont accusées de « permettre » les relations mais pas forcément de les initier et, probablement à ce titre, ne sont passibles « que » de 4 ans d'emprisonnement contre 5 ans pour les hommes.

• On aidera les élèves à comprendre la nature de l'interdiction et les peines encourues pour qu'ils puissent ensuite prendre la mesure des risques pris par la famille de Trevor Noah.

Les photographies

Les images choisies soutiennent le sens de ce que raconte Trevor Noah et seront à ce titre un appui pour les élèves. Les photographies montrant la ségrégation en vigueur (en haut de la page 45 et en bas de la page 46) leur permettront de constater deux faits :
– La ségrégation ne touchait pas uniquement les Noirs, mais tous les groupes ayant une couleur de peau et des traits non-européens.

Photos fournies dans :
→ la banque de ressources Didier-Prof
→ le manuel numérique

– Elle avait été imposée par les descendants des colons (les Afrikaners) : on voit que les messages sont inscrits en anglais et en afrikaans.

Afrikaans - Afrikaner
Un **Afrikaner** est un sud-africain blanc d'origine néerlandaise, française, allemande ou scandinave qui s'exprime dans une langue dérivée du néerlandais du XVIIe siècle : l'**afrikaans**.
Le mot *afrikaans* signifie « africain » en néerlandais.

L'interview vidéo p. 48

Cette vidéo (qui date de février 2017) est une interview de Trevor Noah à propos de son livre *Born a Crime* dans l'émission de Whoopi Goldberg *The View*, diffusée sur la chaîne américaine ABC. Pour des questions de droits, nous la proposons sous forme de lien internet dans la banque de ressources DidierProf.

L'auteur y explique le contexte de l'apartheid et raconte, à l'invitation de la présentatrice, un souvenir d'enfance relaté dans son ouvrage mais qui ne figure pas dans l'extrait reproduit dans le manuel. Vous disposez de l'interview dans son intégralité mais nous vous proposons d'en utiliser deux passages :

Partie 1 (0:00 à 1'50)	**Trevor Noah raconte le jour où sa mère et lui ont dû sauter d'une voiture en marche** – il s'agit d'ailleurs de l'épisode avec lequel Trevor Noah ouvre son autobiographie (chapitre 1, intitulé *Run*). Cette partie de l'interview permettra aux élèves d'apprécier encore davantage l'admiration que Trevor voue à sa mère qu'il appelle « *a superhero without a cape* ».
Partie 2 (1'50 à 2'45)	**Trevor évoque son ressenti à l'époque.** Il explique n'avoir été finalement que très peu affecté par cette situation, car ses parents faisaient en sorte qu'il se sente aimé et en sécurité. Ce point de vue est corroboré par les images diffusées à l'écran, dont certaines sont d'ailleurs proposées comme support à la *Final Task* (p. 49). Ce passage est intéressant et nous semble primordial pour les élèves car ces derniers sont généralement choqués et peinés en lisant les anecdotes qui figurent dans le manuel. Leur première réaction est généralement empathique et ils sont souvent très heureux d'entendre que Trevor estime avoir eu une enfance heureuse.

Les audios

• Dans le manuel, ces audios sont annoncés en bas de la p. 48 mais nous les évoquerons ici afin de montrer les liens qui existent entre eux et le texte de Trevor Noah. Nous suggérerons les moments auxquels il pourrait être utile d'y recourir dans la mise en œuvre des documents ci-après.

South Africa
• Find South Africa on the map at the end of your textbook.
• To find out more about the country and the apartheid system, you can listen to:
Key facts about South Africa

• Ces documents audio sont au nombre de cinq.
– **Les quatre premiers ont trait à l'apartheid, et au racisme** qui subsiste encore entre les différents groupes ethniques qui peuplent l'Afrique du Sud.
– **Le cinquième audio est un périple recommandé par Lu Chase** pour découvrir l'Afrique du Sud.

1. ***Lu talks about apartheid and what led to it***	Lu Chase explique en quoi consistait l'apartheid et ce qui, selon elle, y a mené. Il s'agit de son point de vue de Sud-Africaine, pas d'un exposé historique.
2. ***Lu talks about mixed relations today***	Lu évoque les relations « mixtes » aujourd'hui en Afrique du Sud : même si elles sont légalisées, elles demeurent compliquées en pratique. Le poids du passé sur le présent reste conséquent.

3. *Lu talks about the obligation to remember*	Lu explique qu'il lui semble absolument essentiel de parler du passé, d'expliquer, de communiquer, comme l'a fait Trevor Noah dans son ouvrage.
4. *Lu talks about physical discrimination*	Lu explique la discrimination qui était pratiquée par rapport à la couleur de la peau et à la nature des cheveux, ce qui a conduit nombre de jeunes filles et de femmes à défriser leurs cheveux.
5. *Lu's recommendation: a trip across South Africa*	Lu pense que voyager dans un pays qu'on connait peu est le meilleur moyen de mieux connaître l'autre et de mieux accepter la différence. Elle propose donc un périple pour qui aurait un jour la chance de se rendre dans son magnifique pays. On pourra donner une carte de l'Afrique du Sud aux élèves et leur demander de tracer l'itinéraire recommandé. Puis ils pourront faire des recherches sur les lieux et activités évoqués et illustrer la carte à l'aide de photographies.

SUGGESTIONS DE MISE EN ŒUVRE

1 | Lecture du texte

a. Lecture du premier paragraphe et de l'*Immorality Act* (en classe entière)

On pourra projeter le paragraphe introducteur en intégralité ou en version lacunaire, afin de créer du suspense et d'en motiver davantage la lecture. En effet, masquer « *having sexual relations with a person of another race* » permet aux élèves de l'inférer à partir des indices présents dans le paragraphe et ainsi, d'affiner les hypothèses émises précédemment à propos du titre.
Le paragraphe permettra de confirmer certaines hypothèses émises à partir de la couverture :
– L'auteur semble bien être Trevor Noah.
– Il a effectivement grandi pendant l'apartheid.
– Sa famille était "mixte".

b. Poursuite de la lecture : en classe entière ou en groupes

• À chaque fois que nous avons exploité ce texte en classe, **nous en avons donné des extraits successifs aux élèves, petit à petit, à la demande**. Un découpage en 6 extraits est proposé dans la partie "séquences possibles" de ce guide p. 52-53.
Si les élèves utilisent le texte du manuel, vous pouvez choisir de leur imposer des limites en leur demandant à chaque étape de ne pas lire au-delà d'une certaine ligne. Cela rassurera les élèves intimidés par la lecture et donnera sûrement envie à une partie de la classe de lire davantage, même si cela implique de vous désobéir !

• Suite au travail sur le premier paragraphe, on pourra **poursuivre l'émission d'hypothèses afin de créer des objectifs de lecture**. En effet, à l'issue de la lecture du 1er paragraphe, et d'après l'axe dans lequel s'inscrit ce chapitre (« le passé dans le présent »), on peut s'attendre à découvrir les éléments suivants dans le reste du texte :
– des explications à propos de l'apartheid et de la vie en Afrique du Sud à l'époque ;
– la rencontre entre les parents ;
– des anecdotes à propos de la vie quotidienne de Trevor Noah quand il était petit ;
– les sentiments du narrateur.

DIFFÉRENCIATION PÉDAGOGIQUE

Work your way
Si les élèves commencent à lire le récit de Trevor Noah seuls, nous leur proposons un guidage un peu différent, destiné à jalonner les étapes de la lecture : voir les *Guidelines* fournis dans :
→ le manuel p. 48
→ la banque de ressources Didier-Prof

OUTILS LINGUISTIQUES

Lexique
→ La lecture de l'*Immorality Act* fera apparaître un lexique lié à l'interdiction et à la criminalité : *prohibit, illicit, guilty, offence, liable, conviction, imprisonment, permit.*
Ce lexique en contexte sera utile aux élèves pour évoquer la situation par la suite.

DIFFÉRENCIATION PÉDAGOGIQUE

Pour aider les élèves qui rencontreraient des difficultés à la lecture du texte :
→ Indiquer les phrases essentielles ou les plus abordables de chaque partie. Ils pourront s'appuyer sur ces phrases pour comprendre.
→ Confier à ces élèves les passages plus dialogués (❸, ❹) ou imagés (❺, ❻).
→ Enfin, on encouragera les élèves qui le peuvent ou le souhaitent à lire l'intégralité du texte.

• On s'apercevra à l'issue de la lecture de l'ensemble que, si l'auteur-narrateur n'exprime presque pas ses sentiments, on les ressent implicitement, notamment son admiration pour sa mère :
– quand il évoque sa détermination à avoir un enfant en dépit de la loi (extrait ❸) ;
– quand il raconte comment elle réussissait à contourner les lois de l'époque pour lui donner une vie aussi normale que possible (❻).
En revanche, il explique clairement son ressenti d'enfant protégé dans l'interview télévisée drôle et émouvante qu'il donne à l'émission *The View* (vidéo p. 48).

2 | Choix d'une citation particulièrement éloquente

Cette activité est souvent appréciée des élèves pour plusieurs raisons :
– ils ont la liberté de choisir ;
– ils peuvent se concentrer sur ce qu'ils comprennent ;
– il n'y a guère de bon ou de mauvais choix ;
– ils peuvent s'acquitter de cette tâche même s'ils n'ont lu qu'une partie du texte.
On pourra proposer cette tâche en travail individuel ou en groupe, et elle pourra donner lieu à l'élaboration de la 4e de couverture (voir ci-dessous les *tâches possibles suite à la lecture*).

Productions d'élèves :
Voici certains choix exprimés à l'écrit par des élèves de Seconde lors de l'exploitation de *Born a Crime* en classe :

“ My favourite sentence was "he panicked and ran away" because it made me laugh and be sad at the same time."

“ My favourite sentence is "Where most children are proof of their parents' love, I was the proof of their criminality" because it explains all his story and it explains the title. Everything is summed up in one sentence, and it is moving."

“ My favourite sentence is "Where most children are proof of their parents' love, I was the proof of their criminality" because this sentence sounds so true and makes Trevor unique."

Et voici l'opinion d'une élève qui, au cours de la séquence, s'est procuré le livre et a commencé à le lire en intégralité :

“ Trevor's experience is absolutely fantastic! To be honest, I have already bought the book and I'm in the middle of part two. Trevor has lived so many things that have taught him lessons to go through life. I'm not forgetting the lessons that his mother taught him, which are deep and precious.
My favourite sentence of the book is at the very beginning. It's "For my mother. My first fan. Thanks for making me a man." I found it sensitive and sweet. And when an autobiography starts with "How I got kicked out of a moving car", you know you won't get bored!"

AUDIO

Apartheid and what led to it
Ce premier témoignage de la Sud-Africaine Lu Chase peut être introduit à l'issue de l'étude du texte, et avant le visionnage de la vidéo, pour enrichir les connaissances des élèves sur le régime de l'apartheid.

OUTILS LINGUISTIQUES

Grammaire
• L'ensemble du texte contient naturellement de nombreuses expressions de l'**interdiction** et de l'**obligation.** Les modaux permettent aussi d'évoquer les risques encourus : « *you had to carry a pass with your ID number; otherwise you could be arrested.* » (l. 15-16)
• Le choix de la **voix passive** permet de mettre en avant ce que subissait la population opprimée en ne mentionnant pas l'agent de cette oppression ; on ressent ainsi que les lois étaient intégrées et malheureusement respectées par la majorité.
→ *Grammar* p. 50

3 | Visionnage de l'interview télévisée de Trevor Noah *That was life!*

Cette interview pourra être projetée à l'issue de la lecture du récit ou bien en étape intermédiaire, pour permettre aux élèves de faire une pause dans la lecture.
On pourra procéder de la manière suivante, comme suggéré dans le manuel :

a. Projection de la 1re image de la vidéo
Ceci permettra aux élèves de comprendre qu'il va s'agir d'une interview en plateau. On pourra les inviter à identifier l'animatrice, Whoopi Goldberg.

b. Visionnage de la 1re partie de la vidéo (de 0' à 1'50)
On pourra diffuser d'emblée l'ensemble de l'anecdote car le récit de Trevor Noah est très clair. Nous invitons les élèves à visualiser la scène autant que possible pour mieux la comprendre ; les gestes que fait Trevor Noah devraient grandement les y aider.
Le propos de Trevor Noah traduisant son admiration pour sa mère reçoit les applaudissements du public, ce qui devrait attirer l'attention des élèves. La question que nous leur posons en **❶b.** les incitera probablement à évoquer leur expérience personnelle, mais ils pourront aussi commenter l'avis de Trevor sur sa mère à l'aune de ce qu'ils auront découvert dans le texte du manuel ; les risques qu'elle a encourus concourent à lui conférer ce statut de super héros.

c. Anticipation de la 2e partie à partir d'une réflexion sur les sentiments du jeune Trevor Noah.
Cette question, qui a dû être soulevée au cours de la lecture du texte, est abordée lors de l'interview. On pourra commencer par écouter la question, puis inviter les élèves à émettre des hypothèses : *He must have been scared / terrified / traumatized...*

d. Visionnage de la 2e partie (de 1'50 à 2'45)
On projettera ensuite la fin de l'extrait de l'interview, qui permettra aux élèves de constater que Trevor Noah dit avoir été très protégé dans son enfance.

AUDIO

The obligation to remember
Ce témoignage de Lu Chase pourra être écouté suite à la réflexion menée collectivement autour du devoir de mémoire et de la valeur des contributions individuelles à cette mémoire, comme nous y invite l'axe dans lequel s'inscrit ce chapitre.

Mixed relations today & Physical discrimination
Ces deux audios pourront être proposés à différents groupes qui auront la charge d'en rapporter le contenu aux autres. Ils pourront être écoutés en classe ou à la maison.

4 | Tâches possibles suite à la lecture

• Réaliser la 4e de couverture
Après avoir évoqué avec leur professeur les éléments que l'on doit trouver sur une 4e de couverture, les élèves pourraient réaliser celle de *Born a Crime* et y faire figurer :
– un résumé du sujet du livre ;
– la citation retenue dans l'activité 2 ;
– de courtes opinions exprimées par eux-mêmes.
On pourra ensuite leur montrer la véritable 4e de couverture proposée par Penguin Random House afin qu'ils puissent comparer.

• **Réaliser une BD ou un album illustré**
Dans les *guidelines* p. 48, nous invitons les élèves à donner vie à ce qu'ils lisent afin de mieux le comprendre (dessiner, peindre, storyboarder...).
Pour aller plus loin, dans le cadre du parcours #3 par exemple, on pourrait proposer aux élèves de réaliser la BD ou l'album illustré de l'ensemble du texte, chaque groupe prenant en charge une partie à adapter. Ceci donnera de véritables raisons aux élèves de lire le texte plusieurs fois, de chercher à entrer dans les détails, et de vouloir accéder à l'implicite. Le passage concernant la naissance de Trevor Noah pourrait sembler surprenant à décrire, mais il va sans dire que les élèves sauront en faire une mise en images délicate et respectueuse.

• **Rédiger un avis critique pour un site (tel que Goodreads ou Amazon)**
Les élèves pourront alors se servir de ce qui aura été dit lors de la mise en commun, et des outils linguistiques qu'ils auront acquis, pour rédiger de courts avis de lecteur. S'ils le souhaitent, ils pourront aussi les publier réellement sur le site de leur choix.

Production d'élève :

★★★★★ **Impressive! Breathtaking!**
My reading of the week is: *Born a Crime*, by Trevor Noah who's telling the story of his life, his childhood in South Africa during the apartheid. I strongly recommend this autobiography, the story is incredible and deserves to be known. It may be 400 pages long, but I read it in one night! I couldn't stop reading, it felt so real! I really think this book should be adapted for cinema. Trevor's story is beautiful, breathtaking, and well-written. We are not just reading about one man's life, we are reading about millions of people's lives during a historical moment: apartheid, the segregation of communities. I just loved this book and I wish there were more like that.

Zoé

FINAL TASK – p. 49

Write a story

Cette tâche d'écriture créative vient naturellement à la suite de la lecture de l'autobiographie de Trevor Noah. Les stratégies de lecture acquises au cours de cette découverte (*exemple* : la première phrase d'un paragraphe en annonce le contenu) pourront servir de point d'appui aux élèves pour écrire.

1 | Get ready

Nous avons choisi ces deux photographies car elles permettent aux élèves d'imaginer des souvenirs heureux, conformément à l'impression générale que garde Trevor Noah de son enfance (cf son interview télévisée p. 48 du manuel). Évidemment, les élèves seront libres par ailleurs d'inclure dans leur récit des éléments dramatiques.

Les élèves pourront réfléchir à leur récit à partir des propositions que nous faisons p. 49 du manuel et pourront organiser leurs idées sous forme d'un schéma heuristique :

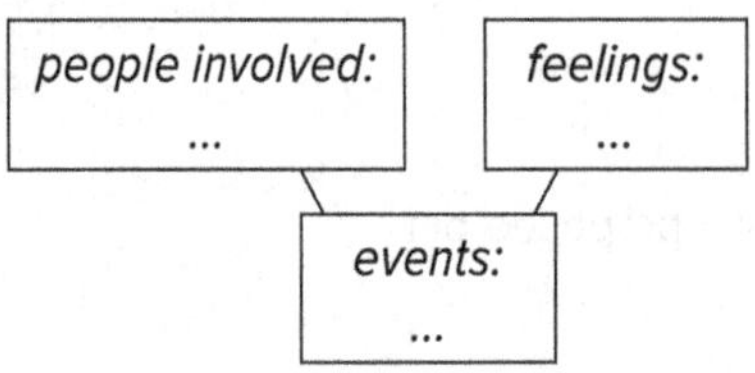

Cette étape est importante et on encouragera les élèves à la systématiser afin qu'ils apprennent à structurer leur récit.

2 | Action!

Penser à la fois à l'intrigue, à la structure du récit et à la langue est trop complexe. Il s'agit donc de procéder méthodiquement :

1. **Schéma heuristique** pour penser l'intrigue (cf ci-dessus),
2. Rédaction d'un **premier jet** pour mettre en mots cette intrigue,
3. **Révision** du premier jet pour vérifier la grammaire et l'orthographe et enrichir le lexique (c'est-à-dire veiller à employer un lexique précis et adéquat).

Lors de la mise en œuvre de ce chapitre en classe, les élèves ont manifesté un grand enthousiasme pour cet exercice d'écriture. Leurs récits, tous plus émouvants les uns que les autres, ont montré leur très bonne compréhension de la situation en Afrique du Sud lors de l'apartheid.

Production d'élève :

That day, I was a beautiful man. My mother had given me a white suit. I was happy because I looked like a businessman. Everybody was looking at me.
That day, I went to see my mother's family: my aunt and my uncle. I was so excited. On our way, I walked with another woman who was not my mother but who was mixed, like me. My mother was walking behind us, as usual. The woman next to me stopped and said: "You are very handsome, I am going to take a picture for your parents." And she did.
When we arrived, I joined my mother and we went to my uncle's house. When we arrived, my aunt and my uncle looked at me. It was the first time they were seeing me, but they did not smile.
I understood my mother had not told my family that my father was a white man.

Céleste, élève de 2de

AILLEURS DANS LE MANUEL
Les élèves trouveront de précieux conseils d'écriture dans le chapitre 13 *Create your own*, notamment p. 177-78, et 181-82.

GRAMMAR – p. 50

Exercices autocorrectifs fournis dans :
→ la banque de ressources Didier-Prof
→ le manuel numérique

WORDS – p. 51

Exercices autocorrectifs fournis dans :
→ la plateforme d'entraînement reussirenlangues.fr/IFS2de PRACTISE ONLINE

TEST YOUR SKILLS – p. 51

Speaking

Fiche support photocopiable fournie dans :
→ ce guide pédagogique p. 314

Reading & Writing

Fiche support photocopiable fournie dans :
→ ce guide pédagogique p. 315

Tous les documents supports et les grilles d'évaluation sont également fournis dans la banque de ressources Didier-Prof

4 PINK & BLUE

Axe : REPRÉSENTATION DE SOI ET RAPPORT À AUTRUI

Thème : L'égalité filles-garçons, les stéréotypes de genre

Problématique :
How can we fight against gender stereotypes?

Ancrage culturel :
Le recours à l'humour et à la fiction pour s'attaquer au réel : un procédé typiquement anglo-saxon.

Grammaire :
- Le comparatif
- Le récit au passé : Prétérit *BE + -ing*, *Used to / would, Past Perfect*

Introduction

Le principe de l'égalité des sexes sur les plans politique, social et économique n'a jamais été autant affirmé qu'aujourd'hui. Il nous a paru intéressant d'aborder cette question sous l'angle des représentations et stéréotypes, afin d'amener les élèves à se questionner sur leurs propres idées reçues et de les sensibiliser à une réalité qu'à leur âge, ils ne perçoivent pas nécessairement.

Ce chapitre est ancré dans l'axe « Représentation de soi et rapport à autrui » et questionne les codes sociaux qui conduisent les individus à construire leur identité en opposition à d'autres groupes. Qu'est-ce qu'être un garçon ? Une fille ? En quoi cela peut-il enfermer chacun dans l'affirmation de goûts, de traits de personnalités, d'attitudes, d'ambitions ? Le parti pris est donc ici de sensibiliser à la notion de genre, construction sociale, et son influence sur l'inégalité entre les sexes. En cela, il s'inscrit pleinement dans le parcours Citoyen (accepter les différences, œuvrer pour une société plus égalitaire), mais aussi dans le parcours Avenir en affirmant le droit de refuser de se conformer à certaines attentes sociales.

La dénonciation des stéréotypes par l'humour et la réécriture de contes en éclaire l'arbitraire et permet un recul critique. Une attention toute particulière a été portée au fait que tous, garçons et filles, se sentent concernés et unis.

Petite visite guidée...

Ouverture : une activité
pour sensibiliser les élèves aux stéréotypes de genre, déclencher la parole et amorcer la réflexion critique.

Un état des lieux des inégalités hommes - femmes

Frère – sœur : une même éducation ?

Un quiz pour mesurer les inégalités
Une campagne de sensibilisation

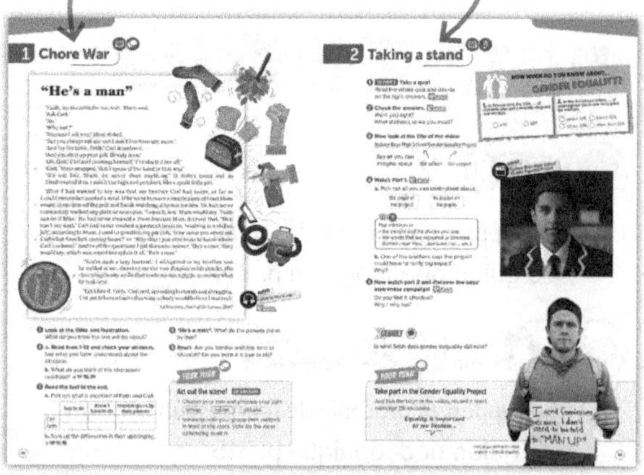

Les stéréotypes véhiculés dans les produits « genrés »

Comprendre le phénomène... | ... et le combattre par l'humour

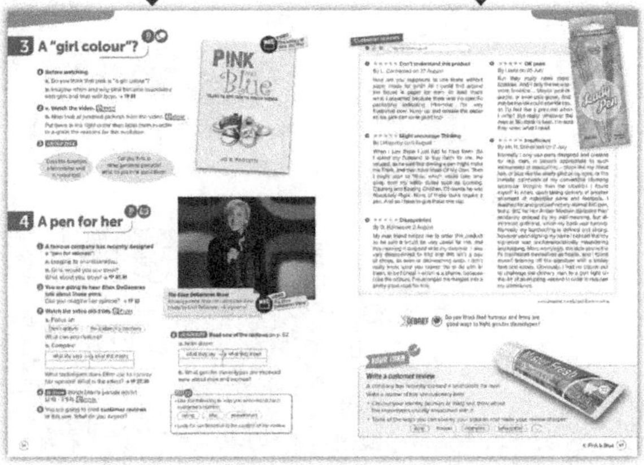

Les stéréotypes véhiculés dans les contes de fées

Repérer les codes sexistes dans les contes de fée... | ... et les détourner pour faire bouger les représentations

Des récits de vie comme source d'inspiration

Proposer de nouveaux modèles aux enfants

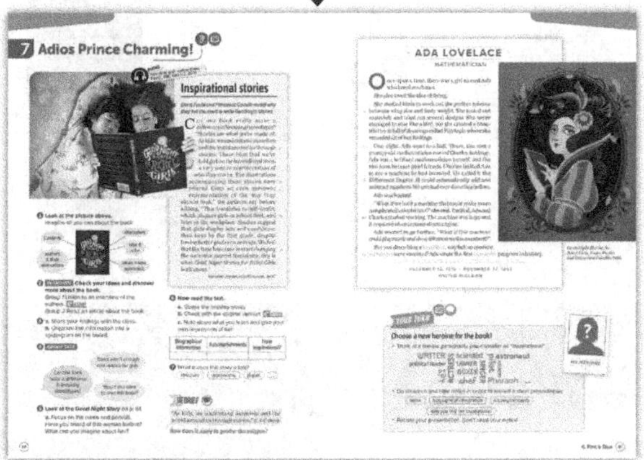

Un débat pour bousculer les stéréotypes

2 tâches finales au choix :

– Rédiger l'histoire d'une femme remarquable *OU* choisir un conte et le détourner.

– Créer une publicité parodique vantant les prétendus mérites d'un produit genré.

Page méthode : écrire une histoire

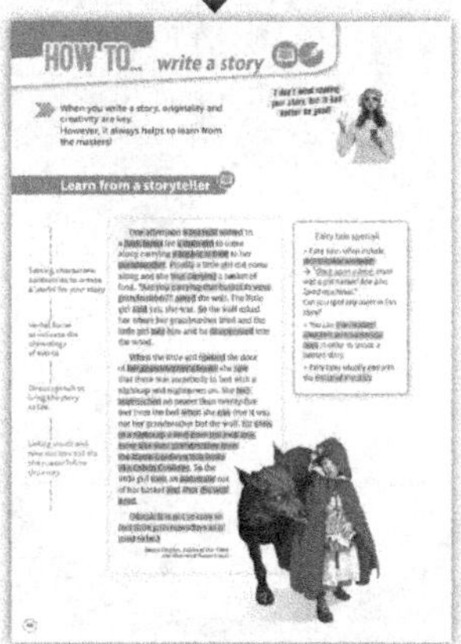

Évaluations au choix :

Listening, speaking, reading, writing

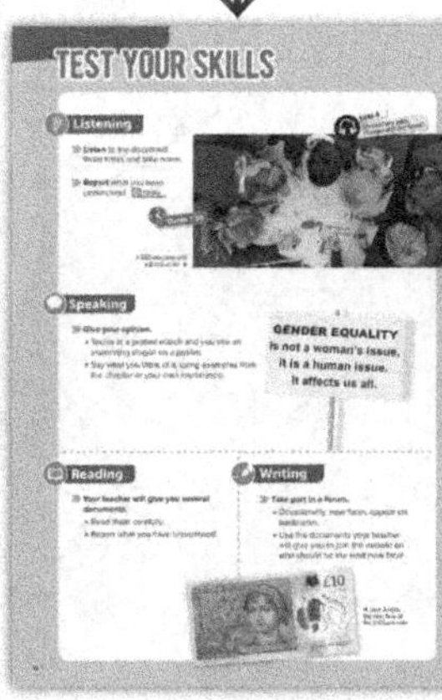

A word from the authors...

“Using satire to denounce reality, to awaken people's consciences and to sensitize public opinion about serious matters is a typically Anglo-Saxon approach.

As entertaining as it may be, it never fails to make a point as “Good satire comes from anger. It comes from a sense of injustice, that there are wrongs in the world that need to be fixed,” said American writer Carl Hiaasen.

And when one has to express one's opinion and shed a light on injustice, satire – like other forms of art – is “the weapon of the powerless against the powerful.” (Molly Ivins, American newspaper columnist).

These two quotes can be of great use to enable students to reflect on the power of satire.”

Frédéric Cadilhac & Mélanie Herment

Un chapitre, plusieurs séquences possibles...

SÉQUENCE # 1 A2 / B1 • 4 séances

Pour démarrer :

p. 55

- Un **quiz** pour faire le point sur les inégalités liées au genre

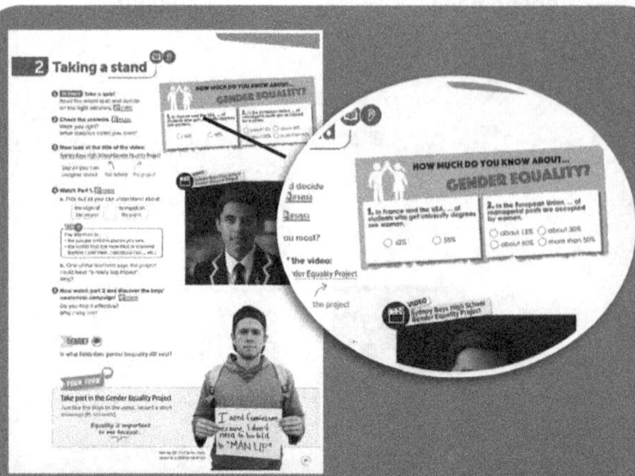

Pour découvrir et s'entraîner :

p. 54-55

- Un **extrait de roman**
- Une **tâche d'entraînement** : *act out the scene*
- Une **vidéo** sur une campagne de sensibilisation créée par des élèves

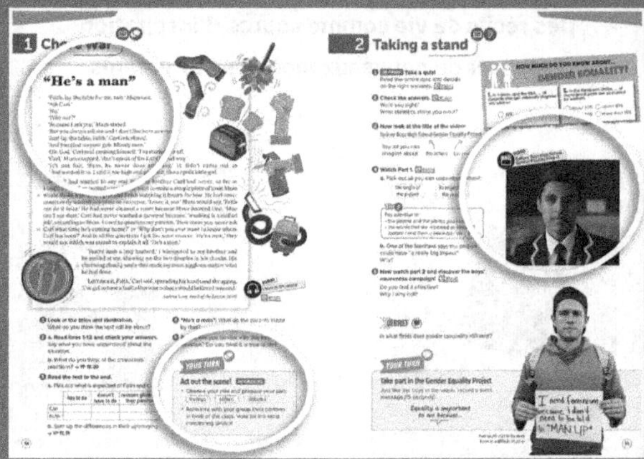

Tâche finale :

p. 55

- *Take part in the Gender Equality Project*

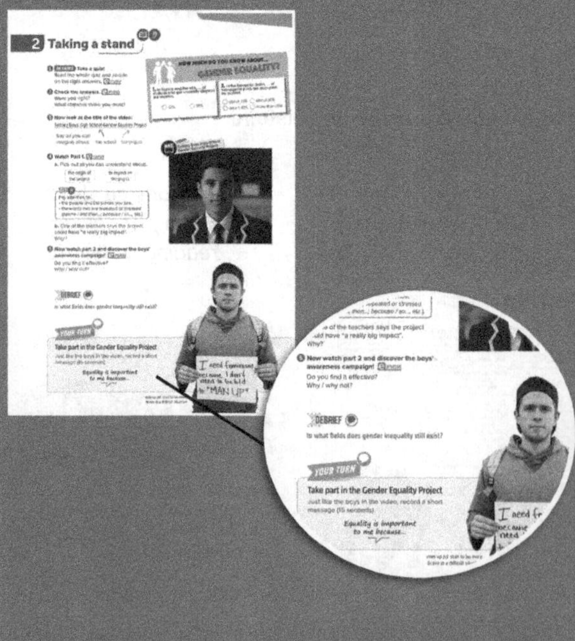

Évaluations p. 70

- Dispositif complet d'évaluation dans la banque de ressources Didier-Prof

SÉQUENCE # 2 B1 • 5 à 6 séances

Pour démarrer :

p. 52-53

▶ Une **activité de sensibilisation** aux stéréotypes

Pour découvrir et s'entraîner :

p. 56

▶ Une **vidéo** sur les origines de certains stéréotypes de genre créés par le *mass marketing*

p. 56-57

▶ Une **vidéo** traitant par l'humour une proposition de « produit genré » et des avis de consommateurs

▶ Une **tâche d'entraînement** s'appuyant sur des avis des consommateurs

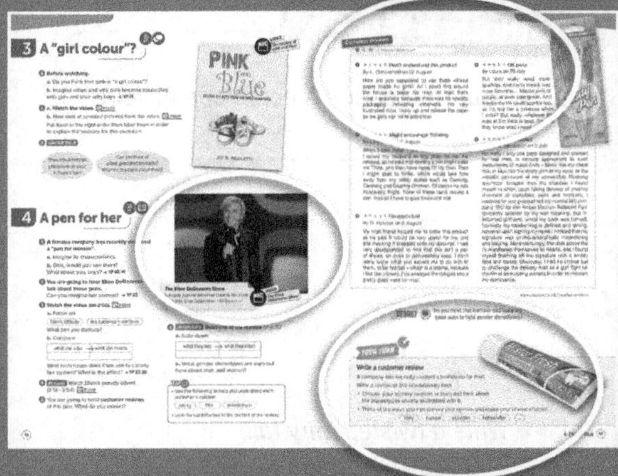

Tâche finale :

p. 63

▶ *Tired of pink & blue? Create a parody advertisement!*

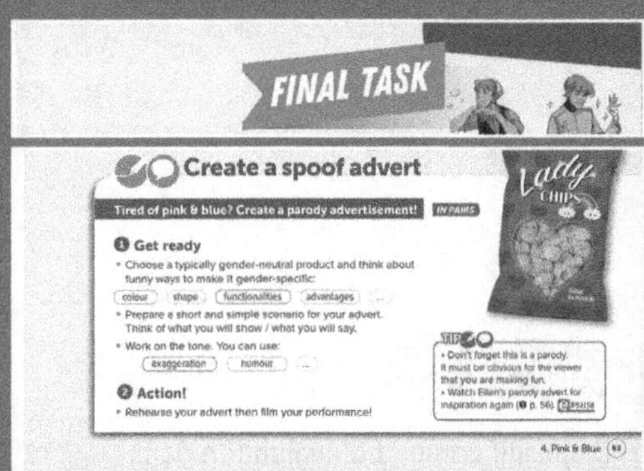

Évaluations p. 70

▶ Dispositif complet d'évaluation dans la banque de ressources Didier-Prof

SÉQUENCE # 3 B1 / B1+ • 5 séances

Pour démarrer :

p. 58

- Une **image** détournant un conte traditionel
- Une **interview** sur les stéréotypes dans les contes de fée

Pour découvrir et s'entraîner :

p. 58-59

- Une **illustration** extraite d'un conte classique
- Un **conte détourné**
- Une **tâche pour s'entraîner** à écrire un conte

Méthode p. 68-69

- Pour se préparer à écrire une histoire

Une tâche finale :

p. 63

- *Write a twisted fairy tale*

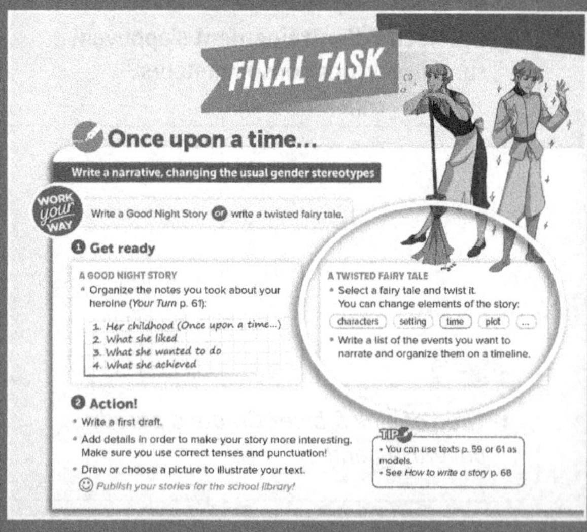

Évaluations p. 70

- Dispositif complet d'évaluation dans la banque de ressources Didier-Prof

SÉQUENCE # 4 B1 / B1+ • 6 séances

Pour démarrer :

p. 58

- Une **image** détournant un conte traditionel
- Une **interview** sur les stéréotypes dans les contes de fée

Pour découvrir et s'entraîner :

IN GROUPS

p. 60-61

- Un **document** pour chaque groupe :
  Groupe 1 : un article présentant un ouvrage sur des femmes « rebelles »
  Groupe 2 : une interview des auteures
- Une **biographie** sous forme de conte
- Une **tâche d'entraînement :** *Select a new heroine for the book!*

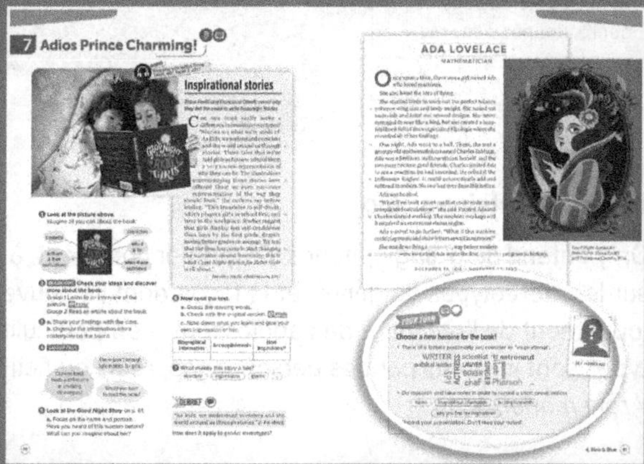

p. 62

- Un **débat** : *"The next James Bond should be a woman"*

Une tâche finale :

p. 63

- *Write a Good Night Story*

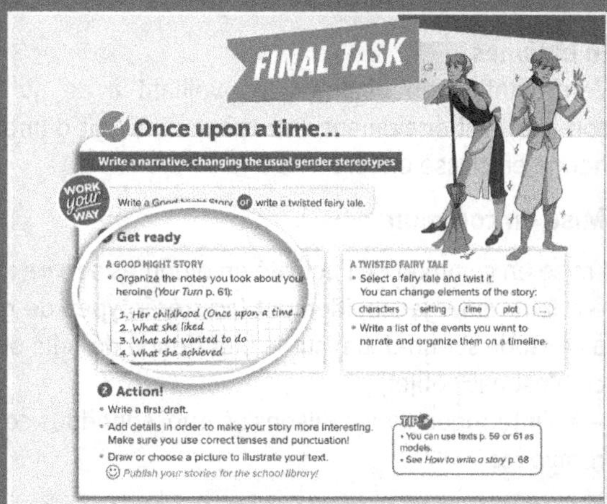

Évaluations p. 70

- Dispositif complet d'évaluation dans la banque de ressources Didier-Prof

Documents et mises en œuvre

OUVERTURE – p. 52-53

PRÉSENTATION DES DOCUMENTS

L'illustration d'ouverture

Elle se compose des éléments suivants :

2 icônes féminine et masculine affublées chacune d'une étiquette communément associée à son sexe.

15 autres stéréotypes de genre, donnés « en vrac ».

Le commentaire audio

On y entend deux anglophones s'exprimer librement, à partir de cette image, sur les stéréotypes de genre et la façon dont ils peuvent influencer le développement de l'enfant et de l'adolescent – en particulier lorsque ces stéréotypes sont incarnés par des personnages, réels ou fictifs, qui constituent des « *role models* ».

SUGGESTIONS DE MISE EN ŒUVRE

1 | Projection de l'illustration

a. Temps individuel

Cette phase doit s'entendre comme une rapide réflexion individuelle avant un premier échange oral en binôme. On veillera à sa brièveté, afin que les associations soient les plus spontanées possible.

> **Variante :**
> Il est tout à fait possible que les élèves n'aient pas de stéréotypes particuliers en tête liés au genre, ou ne souhaitent pas se prêter à cette activité telle qu'elle est formulée. On pourra alors leur proposer la reformulation suivante de la consigne du manuel, qui n'est plus centrée sur l'élève :
> *Which of these labels do we tend to associate with men or women as gender stereotypes? Match up the labels and the stick figures accordingly.*

b. En binômes

La confrontation en binômes (en veillant à ce qu'il y ait des binômes garçon-fille) doit également être brève : il s'agit d'une rapide préparation à l'échange en classe entière.

2 | Mise en commun

Une mise en commun de l'activité en binômes servira :

– à faire émerger rapidement les stéréotypes de genre (sans s'engager à ce stade sur un débat sur le bien-fondé de telle ou telle représentation, ce n'est pas l'objet) ;

– à s'interroger sur les raisons : à quoi sont dues ces représentations stéréotypées ?

À ce stade, les explications peuvent être très variées et les raisons invoquées d'ordre culturel, éducatif ou même physiologique.
Si des élèves évoquent l'influence de l'industrie du jouet *(Barbie dolls...)*, du cinéma ou encore des réseaux sociaux, on saisira cette occasion pour introduire le terme « *role model* », qui revient souvent dans le document audio que l'on s'apprête à écouter.

3 | Écoute du document audio

Il se compose de deux parties :

Part 1 0'- 00'40	Description et commentaire de l'image d'ouverture
Part 2 0'41 - fin	La part –positive ou négative– prise par les « *role models* » dans la construction de l'individu

La compréhension de ce document devrait être grandement facilitée par les éléments suivants :

- débit relativement lent, élocution très claire, mots clairement accentués ;
- on retrouve dans la première partie du document de nombreux termes utilisés lors des questions précédentes (*gender stereotypes, labels*, + une grande partie des adjectifs figurant sur les étiquettes).

La question posée dans le manuel ("*Whose opinion do you most agree with?*") vise avant tout à motiver l'écoute de ce document et à inciter l'élève à dresser l'oreille pour prendre position.
Plusieurs idées exprimées par les deux locuteurs peuvent retenir l'attention des élèves et leur donner envie de s'exprimer à leur tour :

Extraits du document audio	Relances possibles auprès des élèves
"*All of those things, those role models that we have as kids, unfortunately they can limit us a bit.*"	→ Do you agree? Can you think of some examples? Did you as a kid or do you now have role models? How did they / do they influence you? ...etc.
"*When I was growing up, the kids focused on GI Joe if you were a boy, and the idea of a tough guy, [...] boys don't cry, which is a shame when you think about it, because it really limits you from expressing yourself; and on the other side, we had the Barbie girl, the girly girl...*"	→ What toys did you use to play with as a kid? Were some of them specifically meant «for boys» / «for girls» ? Would you say it had an influence on how you behaved?
"*I don't remember having role models in film characters or TV personalities, but I do remember looking up to people in my family, so for example, I looked up to my dad a lot because I wanted to play football like he did, and I liked the music that he listened to.*"	→ What about you? Did you have role models? What did you find inspiring about them?
"*I think that children do need to have role models that they can look up to, because they build their identity and they start to find out who they are partly through role models.*"	→ Do you agree? Does it correspond to your own experience? In what way?

AILLEURS DANS LE MANUEL

- **La question des *role models* dans la littérature et dans le cinéma sera explorée en particulier dans les documents des pages 60 à 62 du manuel.**
- **Le rôle des jouets sera à nouveau évoqué dans la double-page consacrée aux *gendered products* p. 56-57 (en particulier dans le document vidéo *The history of Pink & Blue*, e IFS2156).**

4 | Travail individuel

Cette question pourra être donnée en travail à la maison, et prendre des formes très diverses, selon le choix de l'élève (et sa personnalité !) :

- Production artistique
- Production orale
- Production écrite
- ...

Les élèves qui le souhaiteront pourront partager leur réalisation avec la classe.

OUTILS LINGUISTIQUES

Vocabulaire

Les élèves pourront reprendre certains adjectifs présentés sur cette double-page, utiliser ceux proposés en p. 64 (*Words > Personality > Adjectives*) ou bien sûr rechercher ceux dont ils ont besoin.

DEBRIEF – p. 53

Do you think gender stereotypes are an issue today? In what way?

Ce *Debrief* peut être amorcé à l'oral en fin de séance, et donné en petite tâche écrite pour la séance suivante. Grâce à tout ce qui a été dit en classe ou entendu dans le document audio, les élèves disposent des éléments nécessaires pour rédiger une courte synthèse nourrie de quelques exemples concrets.

1. Chore war – p. 54

PRÉSENTATION DES DOCUMENTS

Le texte

Fruit of the Lemon est le troisième roman d'Andrea Levy, publié en 1999. Il explore la quête d'identité de son héroïne, *Faith*, jeune britannique fille d'immigrés jamaïcains. Dans l'extrait proposé aux élèves, la jeune femme, étudiante indépendante, est en visite chez ses parents. Elle vit mal de se voir imposer les tâches ménagères alors que son jeune frère lycéen s'en amuse, et profite de la vision traditionnelle qu'a la mère des rôles dévolus aux femmes et aux hommes. Le contexte de vie quotidienne devrait permettre aux élèves de se projeter dans la scène évoquée.
Le texte est d'accès facile malgré des difficultés ponctuelles.

Andrea Levy
(1956 – 2019)
An English author best known for the novels *Small Island* (2004) and *The Long Song* (2010). She was born in London to Jamaican parents, and her work explores topics related to British Jamaicans and how they negotiate racial, cultural and national identities.

La plupart des termes en lien avec les tâches ménagères (*plate, saucepan, dust, garment, skilled*) peuvent être élucidés grâce au contexte. Les didascalies (*crossing himself, snapped, spreading his hands, shrugging*) pourront être élucidées à l'occasion du *Your Turn* et de la préparation à la mise en voix.

L'audio

Il s'agit d'une lecture du texte, très suggestive et éclairante, qui permettra :

- d'aider les élèves à affiner leur compréhension du texte ;
- de leur fournir un modèle pour s'entraîner à jouer la scène, comme cela leur est proposé en tâche d'entraînement *Your turn* p. 54.

OUTILS MÉTHODOLOGIQUES

Inférence

La stratégie d'inférence doit être encouragée et systématisée chez les élèves dans toutes les activités de lecture.
Cela peut faire l'objet d'un travail spécifique : demander à chaque groupe de proposer une traduction ou explicitation de ces termes à la lumière de leur analyse des personnages et de la piste sonore.

SUGGESTIONS DE MISE EN ŒUVRE

1 | Projection du texte et des illustrations

Les élèves sont invités à :

a. Mettre en relation les éléments dont ils disposent :

– Les deux titres *Chore War* et "*He's a man*" (guillemets → *Who could say this? Why ?*)

– L'illustration, qui évoque l'idée de bagarre (à mettre en relation avec "*war*") et permet aussi de faire des hypothèses sur le sens de "*chore*", s'il n'est pas déjà connu.

b. En tirer des hypothèses sur le contenu du texte.

→ *Maybe two persons are fighting over chores / about who should do the work around the house.*

→ *Maybe they are husband and wife, or brother and sister.*

2 | Lecture des premières lignes du texte

a. Lecture des lignes 1-12 pour vérifier les hypothèses émises sur la situation (*domestic fight over who should set the table*) et sur les personnages (*Faith, Carl, 'Mum'*). On peut supposer que Faith et Carl sont frère et sœur, même si ce point ne sera confirmé qu'à la ligne 13 ("*my brother Carl*")
Cette question simple est l'occasion de solliciter la prise de parole d'élèves plus fragiles.

b. Il ne s'agit pas tant ici de chamailleries entre frère et sœur que d'un affrontement mère-fille auquel se mêle le frère. Pour l'instant et d'après cette première partie du texte, il est difficile de déterminer si Faith est la victime du sexisme familial qu'elle dénonce ou si elle est la jeune fille gâtée, incapable de maîtriser ses émotions, qu'elle-même décrit.

3 | Lecture du texte jusqu'à la fin

La lecture peut s'effectuer de façon individuelle en classe entière ou en groupe, mais on pourra privilégier un travail en binôme.

a. Chaque élève se concentre sur les 2 personnages.

b. Mettre en commun, comparer et récapituler ensemble le contenu du texte.

	Has to do	Doesn't have to do	Reasons given by their parents
Carl		Cook a meal Wash the dishes Clean a room Wash clothes Explain where he was when he comes home	Faith can do it later Men can't see dust Washing is a skilled job He's a man
Faith	Lay the table *... et l'on comprend d'après sa réaction* ("you always ask me") *que c'est à elle qu'incombent toutes les tâches épargnées à son frère.*		*On peut déduire des raisons invoquées pour dispenser Carl des tâches ménagères qu'à l'inverse, la mère estime qu'elles incombent à Faith* "because she's a woman".

4 | *"He's a man"*

La réflexion sur le sens de cette phrase, et ce qu'elle sous-entend pour les parents, aura été préparée à la question précédente. On peut attendre des productions du type :

→ *Men are not supposed to do the housework.*
→ *Men are naturally/genetically unfit to do the housework.*
→ *Men and women have specific tasks to perform and those should not be mixed.*
→ *Men are not patient/meticulous/careful enough to do the housework as it should be done.*
→ *Men have more important things to do than the housework.*
→ *Doing the housework is a skill passed on from mother to daughter.*

5 | *React*

Cette question permet un retour vers la sphère de l'élève. On pourra les inviter à prendre appui sur leur expérience personnelle (frères et sœurs, parents, grands-parents, ...) ou sur d'autres exemples (séries TV, littérature...).

YOUR TURN – p. 54

IN GROUPS

Act out the scene!

• Cette mise en voix et en scène permet de travailler la compétence phonologique mais aussi de vérifier, d'après les choix d'interprétation faits par les élèves, leur bonne compréhension du texte.

• La préparation de cette activité nécessite un travail à partir du modèle oral auquel on peut se référer pour une réalisation correcte (phonèmes, groupes de souffle, accents de mots, intonation). En ce qui concerne les choix d'interprétation, on pourra laisser aux élèves la latitude de s'éloigner du modèle fourni.
Si c'est matériellement possible, un temps de travail en laboratoire de langue ou avec la baladodiffusion donnera aux élèves la possibilité de s'entraîner et de comparer leurs productions enregistrées avec le modèle.

Le modèle oral *Listen to this scene* est fourni dans :
→ la banque de ressources Didier-Prof
→ le site e IFS2151
→ le manuel numérique

• Les critères de réussite pourront être les suivants :
  – Intelligibilité
  – Réalisation correcte des phonèmes
  – Aisance et fluidité
  – Force de conviction/interprétation
  – Accentuation

Donner ces critères de réussite aux élèves pourra les aider à se préparer, mais ils pourront aussi servir de critères d'inter-évaluation dans le cas d'un vote.

2. Taking a stand – p. 55

PRÉSENTATION DES DOCUMENTS

Le quiz

Ce quiz réunit des données officielles de sources diverses ; il couvre des domaines aussi variés que les études, la politique, les arts, les sciences et le monde du travail à travers le monde. Toutes les données tendent vers la même conclusion : les femmes sont sous-représentées et sous-payées, quel que soit le domaine exploré.

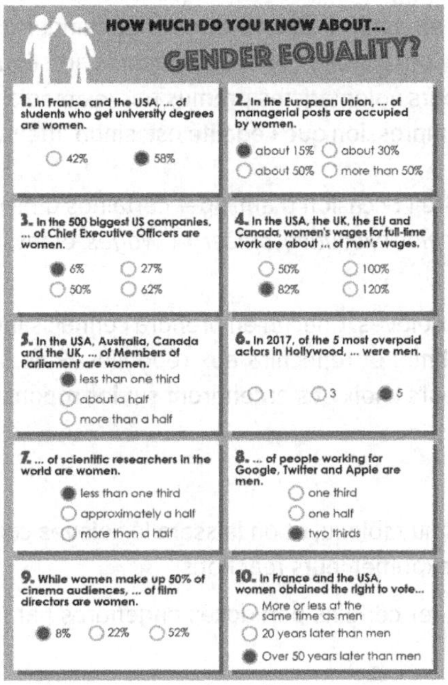

Quiz et « corrigé » fournis dans :
→ la banque de ressources Didier-Prof
→ le site IFS2152 / IFS2153
→ le manuel numérique

La vidéo

- Elle présente le projet mené par des élèves australiens de la *Sydney Boys High School* dans le cadre de l'apprentissage citoyen. L'aboutissement du projet était une présentation devant les autres classes de l'établissement.
- Elle se compose de deux parties :

PART 1 - IFS2154 *Sydney Boys High School Gender Equality Project*	PART 2 - IFS2155 *"Feminism is important to me..."*
→ À travers des interviews d'élèves et de quelques enseignants, cet extrait retrace la genèse du projet et son impact sur leur propre prise de conscience de la réalité du problème.	→ On y découvre un exemple concret de réalisation : la vidéo créée par un groupe d'élèves, visant à sensibiliser l'opinion à la cause « féministe » dans le cadre d'une campagne de sensibilisation (*awareness campaign*). Ces élèves ont pris un parti original et frappant : mettre en voix les mots rapportés par des femmes ou jeunes filles de leur entourage expliquant pourquoi ce combat leur importe.

Les élèves pourront s'identifier à des jeunes de leur âge décrivant leur engagement au service d'une cause qui les touche. L'argument de la vidéo – et celui du chapitre – est que la question du combat pour l'égalité des sexes n'est pas réservée au sexe féminin, mais concerne toute la société et nécessite de la part des hommes un engagement qui aille au-delà d'une posture de spectateurs compatissants.

La fonction principale de la partie 2 est de servir de support modélisant pour les élèves en vue de la tâche d'entraînement p. 55. Les quelques difficultés lexicales *(pull a calf, thunder thighs, catcalled)* n'entravent pas l'accès au message.

SUGGESTIONS DE MISE EN ŒUVRE

1 | Quiz

a. Après la sphère familiale, vue en page précédente, ce quiz aborde le sujet sur le terrain sociétal. Une entrée en matière pourra être de demander aux élèves ce qu'ils pensent de la situation actuelle dans les domaines artistique, politique et économique. Les discours volontaristes promus par les média et l'école pourront leur avoir donné l'impression que l'égalité est, sinon atteinte, du moins proche de l'être.
Cette phase préparatoire pourra être l'occasion d'anticiper certaines difficultés lexicales : *university degree, chief executive officer* et *wages* étant les plus saillantes.

b. Le quiz sera fourni ou projeté aux élèves. Chacun en prendra connaissance individuellement, à son propre rythme, et réfléchira aux réponses. Puis par binôme, les élèves confronteront leurs choix et s'entendront sur les réponses définitives à donner.

2 | Réponses au Quiz

a. On projettera alors les réponses au tableau, et on laissera les élèves commenter la réalité de la situation et exprimer leurs réactions.

b. On pourra noter et faire remarquer certains paradoxes engendrés par les inégalités constatées :

Proportionnellement plus nombreuses à avoir un diplôme universitaire que les hommes (Q1)
– Les femmes sont sous-représentées dans le monde scientifique (Q7) et celui du numérique (Q8),
– Elles se font rares aux postes à responsabilités (Q2) et sont quasiment inexistantes aux plus hauts sommets (Q3).
– Globalement, dans la majorité des pays occidentaux, elles sont moins rémunérées (Q4).
– Elles restent minoritaires dans le monde politique (Q5).
Le monde du cinéma, souvent présenté comme progressiste, n'échappe pas à la règle : un public majoritairement féminin se voit proposer des films réalisés en grande majorité par des hommes (Q9) et figurant des stars masculines surpayées, contre toute logique économique (Q6).*

* Sur la question spécifique du salaire des acteurs hollywoodiens, les lignes ont sensiblement bougé ces dernières années suite aux déclarations publiques de certaines actrices (notamment Jennifer Lawrence, Patricia Arquette ainsi que Robin Wright, qui avait réussi à négocier un salaire à parité avec Kevin Spacey, son partenaire de *House of Cards*, la série où elle tient la vedette). Ceux qui jugeront qu'il y avait des batailles plus importantes à livrer que celle de la parité salariale chez une poignée de millionnaires pourront concéder que la victoire est surtout symbolique et a valeur d'exemple universel.

3 | Titre et photo de la vidéo

Cette étape vise à anticiper le contenu de la vidéo à partir du titre et de la photo qui sont explicites. Les hypothèses pourront être notées au tableau par les élèves afin d'être validées ou non lors de l'étape suivante.

OUTILS LINGUISTIQUES

• Pour formuler ses réponses sous la forme d'énoncés complets :
→ YP 18 *Measuring / Counting*
• Pour exprimer ses réactions :
→ YP 2a *First reactions*
→ *Grammar*, Le comparatif p. 66
• Pour s'entraîner à mémoriser les mots utilisés dans ces activités :
→ *Words* p. 64 et ex. ❷ p. 65

Photo fournie dans :
→ la banque de ressources Didier-Prof

Réponses possibles :

→ *"It is about an all-boys' school, the pupils are wearing uniforms / a blazer and a tie. It must be a selective school. It is located in Australia. Maybe boys in a single-sex school are more sexist or less interested in girls' problems."*

→ *"Maybe this is a project to sensitize these pupils. It is a project to make them aware of the problem. They may have initiated this project. This may be part of their school program. This project must be aimed at young people."*

5 | Visionnage de la vidéo (partie 2)

Cet exemple de campagne servira de support modélisant pour l'activité *Your Turn* qui suivra. Toutes les opinions sont recevables, mais on peut s'attendre aux réponses suivantes :

→ *"The fact that the words pronounced by the boys were in fact originally pronounced by girls or women is quite striking."*

→ *"It makes this campaign quite effective, as it gives a sort of universality to what is said."*

L'idée clé, déjà exprimée plus haut, est le fait que l'identité du messager contribue à faire passer le message.

DEBRIEF – p. 55

In what fields does gender inequality still exist?

Pour cette phase de bilan, les élèves pourront s'appuyer sur tous les exemples vus dans cette double page, mais également sur leurs connaissances et expérience propres.
Plutôt que d'attendre que chaque élève réponde à cette question ouverte de façon exhaustive, nous suggérons de leur demander de sélectionner les trois aspects qui leur semblent les plus frappants ; les élèves seront ainsi amenés à trier, sélectionner et hiérarchiser les informations, à les organiser et à les illustrer par des exemples.

YOUR TURN – p. 55

Take part in the gender equality project

• Les élèves sont invités à enregistrer un court message, en s'inspirant de l'exemple de campagne vu précédemment. La production peut prendre la forme d'une petite vidéo ou d'un simple audio.

• Les élèves pourront travailler par petits groupes et, comme les élèves de la *Sydney Boys High School*, prendre la parole tour à tour. Ils peuvent bien sûr choisir de faire preuve de créativité en trouvant leur propre format.

• Les trois critères de réussite principaux sont :
– la brièveté du message ;
– son efficacité ;
– la recevabilité linguistique.

PRÉSENTATION DES DOCUMENTS

Cette double-page aborde le sujet des *gendered products, résultat d'une stratégie de segmentation des marchés (garçon/fille ou homme/femme) par les entreprises.**

La vidéo *The history of pink and blue* permet de présenter le phénomène, tandis que les deux autres documents (vidéo *A pen for her* et *Customer reviews*) prennent une salutaire distance ironique !

Les élèves de seconde sont très sensibles à ces questionnements sur l'identité et sa représentation. Cette approche par l'ironie et la dérision pourra leur permettre de s'interroger sur la validité de leurs propres représentations et celles qui participent de la construction de leur propre identité.

La vidéo *The history of pink and blue*

Il s'agit d'un extrait d'un épisode de la série animée *The Fast Draw*, capsules de 2 min réalisées par l'illustrateur Josh Landis et le journaliste Mitch Butler depuis 2008, diffusée dans les émissions d'information de la chaîne américaine CBS.
Ces animations réalisées au marqueur visent à expliquer de façon simple des sujets complexes – dans le cas présent, l'histoire sociale des couleurs bleue et rose. S'appuyant sur l'essai publié par Jo Paoletti, une universitaire américaine spécialiste de la mode, ils expliquent que l'association « bleu = garçon, rose = fille » est un phénomène récent (quelques décennies), initié par les spécialistes du marketing pour augmenter les ventes en créant artificiellement deux marchés au lieu d'un.

Cette même logique de codification arbitraire se poursuit encore aujourd'hui et dépasse parfois la limite de l'incongru en attribuant un genre aux objets et produits usuels.
Ainsi, les stylos présentés à la toute fin de la vidéo (stylos que l'on va retrouver dans la vidéo *The Ellen DeGeneres Show* qui suit) ont pour cœur de cible les écolières américaines, qui peuvent ainsi trouver dans leurs fournitures scolaires une extension à leur univers personnel déjà fortement teinté de rose.
Comme on le verra dans les *customer reviews* de la page 57, se voir proposer des stylos « pour elle » créa chez les adultes une vague de protestation contre la promotion d'une image infantilisante de la femme, protestation le plus souvent exprimée sur le ton de l'ironie.

La vidéo *A pen for her*

Ellen DeGeneres est une humoriste américaine dont le talk-show quotidien sur NBC connait un très gros succès depuis plus de 15 ans et s'ouvre sur un monologue de quelques minutes. L'extrait proposé ici (en réaction au « *pen for her* » vendu par Bic) additionne les clichés sexistes et misogynes sur les femmes, démontrant par l'absurde à son public, majoritairement féminin, l'inanité d'un tel produit. L'humoriste, qui répète comme pour s'en convaincre elle-même qu'elle n'invente rien, semble partagée entre hilarité et désabusement.
Cette vidéo mentionne également le prix plus élevé des stylos pour femmes. La pratique, assez répandue, est généralement appelée « *Pink tax* ».

Gendered products
Companies sometimes split their consumers up into smaller groups for which they customize their products. This strategy, called 'market segmentation', is usually based on distinctive features such as interests, demands, age, or gender. Over the last few decades, companies have focused significantly on market segmentation based on gender. This means that almost every product was developed either for women or men. For example, when parents look for toys for their children, it can be difficult to find gender-neutral colouring books, clothes, pens, etc.

POUR ALLER PLUS LOIN

- Il existe de très nombreuses ressources internet sur ce sujet. Voir par exemple l'article *The Phenomenon of Gendered Products* : https://femmagazine.com/the-phenomenon-of-gendered-products/
- Le *gender marketing* a commis de très nombreuses réalisations dont on peut retrouver les moins inspirées à la page qui suit : https://www.buzzfeed.com/erinchack/pointlessly-gendered-products?utm_term=.cvOXM29loV#.irJQwJ56EX

Customers reviews

Dans la même veine, ces commentaires rédigés par des internautes sur un site de vente en ligne poussent les stéréotypes à leur paroxysme. Ces réactions interrogent en creux ce qui constitue « l'identité de genre » de chacun. Qu'est-ce qu'être un homme ou une femme aujourd'hui ? Quelle importance accorder à la féminité ou la virilité dans sa construction comme personne ? Quels traits de personnalité y sont associés ?

La réaction de BIC

La compagnie a réagi officiellement par l'intermédiaire d'une porte-parole dans le *Telegraph* (2012), dans des termes qui laissent entendre que la tempête a été toute relative :

"BIC Pens 'for Her' are a style-led product and have proved to be very popular since their launch at the end of last year.

"It is great to see people having fun with the product and we're delighted to have brought a bit of much needed glamour to stationery cupboards everywhere."

Le ton sera bien plus contrit lors d'une nouvelle controverse quelques années plus tard à la suite d'une campagne ciblant cette fois-là des adultes.

→ Voir : www.theguardian.com/society/2015/aug/11/look-like-a-girl-think-like-a-man-bic-outrage-south-africa-womens-day.

Lexique, syntaxe et phonologie

Vidéo *The history of pink and blue*

– Les illustrations permettent d'éclairer le propos.
– Les trois locuteurs s'adressent à la caméra d'une voix claire et posée.
– Le document se veut didactique auprès de son audience originelle ; la plupart des phrases sont d'une syntaxe simple et le lexique ne présente pas de difficultés particulières.

Vidéo *A pen for her*

Le sens global est accessible mais le débit rapide et le second degré poseront des difficultés ("*I'm like a cocker spaniel in that way*"), de même que certaines expressions du registre oral ("*a little bit of ways to go*", "*they're just like regular pens*").
Les répétitions pourront servir de points d'appui pour accéder au sens.

Customer reviews

Pas de difficultés lexicales majeures dans les quatre premiers textes. Seul le dernier, par ailleurs plus long, contient des termes qui pourront poser problème ("*paintwork*", "*shipment*", "*meandering and looping*") et une syntaxe plus complexe.
Un travail d'inférence par la dérivation et le contexte devrait lever les difficultés lexicales.

SUGGESTIONS DE MISE EN ŒUVRE

Vidéo *"A girl colour"?*

1 | Anticipation

a. Une phase préparatoire permettra de recueillir les avis des élèves et de faire un état des lieux de leurs représentations.

b. On n'attendra pas ici une « bonne » réponse, l'idée étant de préparer les élèves à une écoute active et au repérage d'éléments spécifiques. Cette étape devra rester courte.

2 | Visionnage de la vidéo

a. Cette étape vise à :

- Vérifier les hypothèses émises précédemment
- Dégager le sens global de cette vidéo

On pourra demander aux élèves de repérer les principaux champs lexicaux lors d'un premier visionnage *(gender, marketing)* et de les étoffer lors d'un second.

b. On projettera ensuite la fiche *Jumbled pictures*, qui contient 6 images-clé extraites de la vidéo :

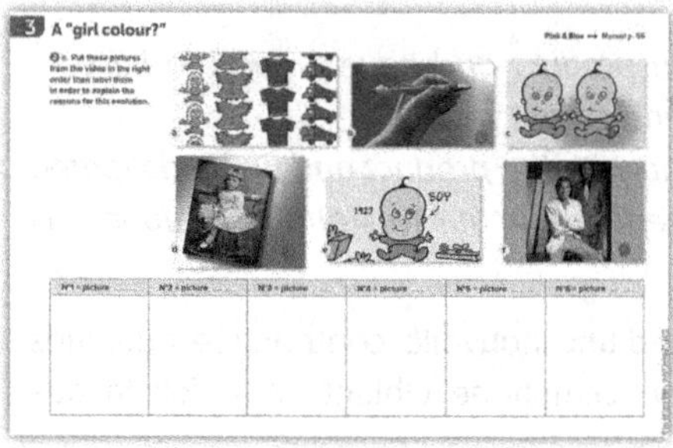

Fiche fournie dans :
→ la banque de ressources Didier-Prof
→ le site e IFS2157
→ le manuel numérique

- Pour décrire et expliquer cette évolution, les élèves devront identifier chaque image (→ à quoi fait-elle référence ?) puis les réorganiser. Ce travail préalable les aidera à structurer la restitution et permettra de vérifier la bonne compréhension du document.

- On pourra demander aux élèves de comparer l'attitude des parents aujourd'hui et il y a un siècle, ce qui permettra de réactiver le comparatif utilisé dans la double page précédente.

OUTILS LINGUISTIQUES
Grammaire
→ Le comparatif p. 66

3 | Group talk

- Des groupes de 4 ou 5 élèves pourront être constitués pour échanger sur un des deux sujets durant 5 minutes avant un temps de bilan collectif.
- Les réponses possibles sont multiples ; on pourra faire la distinction entre :
  – les produits neutres avec un habillage genré,
  – les produits habituellement associés à un genre spécifique.

Il ne s'agit pas à ce stade de se lancer dans un débat approfondi, mais de faire émerger les points de vue principaux en préparation à l'étude des documents suivants.

OUTILS LINGUISTIQUES
Prononciation
Les termes utilisés dans ces activités pourront être fixés sur le plan phonologique grâce à l'exercice 5 p. 65.

A pen for her (vidéo & *Customer reviews*)

1 | & 2 | Anticipation

- **Question 1 :** les élèves proposeront des caractéristiques dont certaines pourront être fantaisistes, ce qui orientera la classe sur le ton de la vidéo. Ils réagiront de manière spontanée, certains peut-être déjà avec ironie ; on pourra alors saisir cette occasion d'introduire le terme et d'en préciser le sens avec les élèves.

- **Question 2 :** cette question vise bien sûr à mettre les élèves sur la piste de la dérision et du ton ironique employé par Ellen DeGeneres. Certains élèves connaîtront peut-être déjà son émission. Si ce n'est pas le cas, ils pourront s'appuyer sur le petit encart qui figure p. 56 du manuel sous la photo d'Ellen : "*A hugely popular American comedy talk show...*".

3 | Visionnage de la vidéo

a. Le premier visionnage vise à comprendre la nature et l'idée générale du document. Le décalage entre le sérieux d'Ellen et les réactions du public orientera les élèves sur l'ironie plutôt que l'humour, mais c'est la question suivante qui permettra de l'expliciter. À ce stade, on se contentera du constat suivant :

→ *She seems to be talking seriously, but the audience is laughing. She's probably making fun of these pens.*

b.

what she says	what she means
• we're allowed to vote and – I think since 1982 now – and we can wear pants, we can drive at night	→ Progress toward gender equality is a slow and tiresome process
• it's about damn time! Where have our pens been? Can you believe this? We've been using men pens all these years	→ This is a ridiculous idea, a useless product
• And they come in both lady colors, pink and purple, and they're just like regular pens except they're pink so they cost twice as much	→ This so-called innovation is just a way to make women spend more money for nothing
• The worst part is they don't come with any instructions, so like how can they expect us to learn how to write with them, you know? I was reading the back of the pack – well, I had a man read the back of the package to me	→ Women are considered idiots
• We're taking down dictation from our bosses, we'll feel comfortable and we'll forget we're not getting paid as much?	→ Marketers want women to believe this innovation is a step forward to gender equality, but instead of inventing solutions to imaginary problems, society should focus on real inequalities

DIFFÉRENCIATION PÉDAGOGIQUE

Comprendre le second degré d'un document à visée humoristique peut se révéler délicat. On pourra demander aux élèves plus en difficulté de repérer les avancées dans la cause féminine ainsi que les caractéristiques du stylo, éléments factuels dont on pourra ensuite faire ressortir le décalage.

Ce relevé permettra de faire ressortir les techniques utilisées.

Réponses possibles :

Ellen uses irony and satire throughout her monologue; she acts as if we were in the 1920s. Then she pretends women are incapable of thinking for themselves.

Techniques	Examples	Effects
Anachronisms	we're allowed to vote and – I think since 1982 now – and we can wear pants, we can drive at night	It is humorous and absurd; it means this "new" product belongs to times past
Irony	It's about damn time! Where have our pens been? Can you believe this? We've been using men pens all these years	It makes us laugh. It shows these pens are totally useless
Satire	I was reading the back of the pack – well, I had a man read the back of the package to me	It is amusing; it ridicules the people who conceived this product as they took women for idiots by inventing stupid explanations
Sarcasm	We're taking down dictation from our bosses, we'll feel comfortable and we'll forget we're not getting paid as much?	It criticizes this product, brands it as pointless, and states a real source of inequality

4 | Visionnage d'une vidéo complémentaire à la maison

Dans ce court sketch, extrait de la même émission, Ellen se livre à une parodie de publicité pour les stylos « *For her* ». Ce document constituera une aide pour la tâche finale 2 proposée en page 63.

Vidéo fournie dans :
→ la banque de ressources Didier-Prof
→ le site e IFS2158 (2'13-3'54)
→ le manuel numérique

5 | *Customer reviews* : anticipation

Cette activité vise à faciliter la découverte du document page 57 et à en guider la compréhension.
Les éléments seront déterminés collégialement, avec l'aide du professeur. Ils pourront servir de base à une grille de lecture alternative plus détaillée que celle proposée en 6a :

Opinions	Information on the reviewer	Upsides	Downsides

6 | *In groups*

• Les textes 1 à 4 sont d'un niveau de complexité équivalent, avec de rares difficultés lexicales n'entravant pas l'accès au sens. On peut proposer aux groupes d'en traiter deux plutôt qu'un seul afin que leur longueur cumulée soit équivalente à celle du texte 5.

• Le texte 5 est plus long et plus complexe ; on veillera donc à ce que les groupes travaillant sur ce dernier comprennent un ou des élèves plus avancés.

a. Il s'agit là encore de repérer le décalage (*what they say / what they mean*) qui crée l'ironie :

<table>
<tr><th rowspan="2">Review</th><th rowspan="2">Information on the reviewer</th><th colspan="3">What they say</th><th rowspan="2">What they mean</th></tr>
<tr><th>Upsides</th><th>Downsides</th><th>Opinions</th></tr>
<tr><td>1</td><td>"A girl"</td><td></td><td>Requires paper for girls</td><td>Frustrated, she can't use it for the moment</td><td rowspan="5">Pink pens are totally unnecessary.
Women did not wait for pens to be pink to buy some.
Blue pens are not specifically masculine.
Women are considered stupid, superficial, as children.
Only men could have had the idea of making pink pens.
Women do not write like little girls, with hearts, crosses and smileys.</td></tr>
<tr><td>2</td><td>A married woman who looks after the house and is financially dependent on her husband</td><td></td><td>It could prevent her from doing the housework</td><td>It is useless for housework</td></tr>
<tr><td>3</td><td>A woman; she needed help to order; likes shoes, and cleans the house.</td><td>The colours</td><td>Useless</td><td>Disappointed; doesn't know what to do with it</td></tr>
<tr><td>4</td><td>A girl who wants to feel like a princess</td><td>OK</td><td>Ink not feminine enough, not enough sparkles</td><td>Trusts the men at bic</td></tr>
<tr><td>5</td><td>A real man with black chest hair and steely blue eyes, with a sportscar; has a girlfriend</td><td></td><td>Made him draw hearts, smileys and kisses</td><td>Unsuitable for real men</td></tr>
</table>

b. Un retour sur les documents pourra être fait pour dresser la liste des stéréotypes sur les hommes et les femmes.

Review	Stereotypes on men and women
1	Objects are for men unless indicated otherwise. Women are "girls". They can't write well.
2	Husbands buy things and control the money for stay-at-home women. Women can't have their own ideas and must submit to the authority of their husbands. All they do is cooking, Cleaning and Bearing Children.
3	Women need male help to buy online; they are good at decorating the house. They are only interested in buying shoes, cooking, or cleaning the house; they are dumb, have no use for pens.
4	Women like sparkles, pink and purple; they are princesses. They rely on male judgement.
5	Male have chest hair, like sportscars, football and motorbikes; they assert their dominance physically. Women doodle hearts, smileys and kisses. They are emotionally immature

On pourra demander aux élèves de compléter cette liste en préparation au *Your Turn* de la page 57.

DEBRIEF – p. 57

Do you think that humour and irony are good ways to fight gender stereotypes?

Comme on l'a souligné, l'ironie n'est pas toujours facile à percevoir ni à manier pour les élèves, surtout en anglais. Avant de mener la tâche d'entraînement proposée dans le *Your turn* de la page 57, cette phase de synthèse sera donc très utile. Elle permettra de revenir sur ce qui caractérise l'ironie, en en donnant des exemples concrets rencontrés dans les documents de cette double-page.

YOUR TURN – p. 57

Write a customer review

• Cette activité d'écriture est une tâche intermédiaire de transfert : les élèves sont invités à écrire leur avis de consommateur sur un « produit genré », en s'inspirant des *customer reviews* étudiées précédemment. Il s'agit d'une production écrite en continu.

• La tâche sera de préférence réalisée en autonomie, hors temps du cours. Les élèves devraient disposer des outils linguistiques nécessaires ; les stéréotypes sur lesquels s'appuyer auront été vus précédemment et la liste pourra être développée si cela n'a pas été fait jusqu'alors.

OUTILS LINGUISTIQUES

Grammaire

Réviser le récit au passé peut s'avérer utile pour expliquer les changements induits par le produit (*used to/would*)

→ *Grammar* p. 66.

5. Happily ever after? p. 58

PRÉSENTATION DES DOCUMENTS

Les contes merveilleux sont des éléments fondateurs de notre société. Avant d'être couchés sur le papier au 17e siècle notamment, ils ont été transmis oralement pendant des siècles, voire des millénaires. Au 20e siècle, le cinéma d'animation a fortement puisé dans les contes traditionnels et a contribué à pérenniser leur popularité. Leur fonction symbolique a été maintes fois analysée. Depuis quelques décennies, les contes et leurs adaptations cinématographiques, notamment par les studios Disney, souvent jugées trop édulcorées, essuient le feu des critiques ; on leur reproche de perpétuer des représentations dépassées et patriarcales des rapports hommes-femmes : la femme, fragile et passive, y est soumise à la volonté parentale, notamment du père, cantonnée au statut de récompense pour l'homme qui s'impose à elle, qui soumet sa destinée aux caprices du destin.

La photographie *Snow White*

Entre 2007 et 2009, la photographe canadienne Dina Goldstein a réalisé une série de dix clichés intitulée *Fallen Princesses* revisitant les contes de fées et battant en brèche le motif traditionnel du « *happily ever after* ». Les princesses représentées selon les codes popularisés par Disney sont placées dans un cadre contemporain réaliste et victimes des maux de la société d'aujourd'hui.

Voici l'extrait d'un article évoquant son œuvre, et en particulier *Snow White* :

Goldstein's photo series, "Fallen Princesses," first appeared on the Internet in the summer of 2009, and they have received global attention as artworks that comment critically on the Disney world and raise many questions about the lives women are expected to lead and the actual lives that they lead. Her photos are not optimistic. Rather, they are subtle, comic, and grotesque images that undo classical fairy-tale narratives and expose some of the negative results that are rarely discussed in public.

For instance, in her macabre portrayal of Snow White, she depicts the gruesome fate of a young woman, who is the spitting image of Disney's Barbie heroine. She stands in the middle of a suburban living room holding two of her children in diapers, one crying, one sucking her thumb. Another daughter is pulling on her skirt, while a fourth is crawling in a corner of the room. A tiny bulldog is sniffing the ground. The woman stares solemnly into the camera while her prince-like husband sits on an easy chair and watches a sporting event on television. Of course, he is holding a can of beer and is totally detached from his family. In another photo in the series, Snow White and her prince stare into the camera, completely alienated from one another. Whatever love there was between then has vanished.

Source : https://www.dinagoldstein.com/essays/

Cette lecture féministe propose un point de vue original ; on peut y voir une représentation des divers combats que les femmes doivent mener, le point de vue féminin sur des récits jusqu'ici univoques. Goldstein nous demande de ne pas croire les images que l'on nous soumet, mais de créer nos propres représentations. Elle-même se déclare ravie de la multiplicité d'interprétations de son travail et ne souhaite pas imposer une lecture unique.

POUR EN SAVOIR PLUS

- Le site officiel de l'artiste https://www.dinagoldstein.com/ propose des repères biographiques ainsi qu'une rétrospective exhaustive de son travail, y compris la totalité de la série *Fallen Princesses*. On y trouve également des interviews au format papier et vidéo.
- Le site http://www.fallenprincesses.com/ propose de nombreuses ressources supplémentaires (photos, essais, vidéos…) permettant d'approfondir l'analyse de cette œuvre.

L'interview audio de Kim Phillips

Kim Phillips est une universitaire néo-zélandaise spécialiste d'histoire médiévale. Dans cet entretien avec le présentateur Jesse Mulligan diffusé le 24 novembre 2017 sur Radio New Zealand, elle rappelle les stéréotypes auxquels sont associées les princesses de contes de fées, mais se garde bien de déconseiller la lecture de ces contes, se contentant de rappeler que chaque récit est le produit d'un contexte historique et culturel qu'il faut garder en tête. Il serait vain d'attendre qu'une œuvre, pour universelle qu'elle soit, puisse correspondre aux standards d'une société dans laquelle elle n'a pas été créée.
Pour autant, faut-il se défaire d'un patrimoine artistique et culturel qui véhicule des valeurs qui ne sont plus les nôtres ? Par ailleurs, il faut se garder d'un amalgame entre les contes de fées et les versions édulcorées ultérieures, les premières pouvant se révéler d'une grande richesse et d'une cruauté peu propice à endormir les jeunes enfants, notamment chez les frères Grimm. On peut également remarquer les récents efforts de Disney pour proposer des récits promouvant davantage la diversité et des modèles de jeunes femmes indépendantes.

Le document audio est consultable dans son intégralité sur : https://www.radionz.co.nz/audio/player?audio_id=2018622944

Lexique, syntaxe et phonologie

L'interview de Kim Phillips est courte et sans difficulté particulière. Le nom des personnages de conte, la référence au titre *Happily ever after* et le lexique rebrassé sont des éléments facilitant la compréhension. L'accent néo-zélandais de Jesse Mulligan peut surprendre, mais n'entrave pas l'accès au sens.

SUGGESTIONS DE MISE EN ŒUVRE

1 | Projection de la photographie *Snow White*

a. Afin de ménager l'effet de surprise, et pour commencer par rappeler brièvement le conte traditionnel, il sera intéressant de ne dévoiler dans un premier temps que le visage de Blanche Neige. Avec l'aide du titre figurant en haut de la page 58, les élèves pourront rappeler la conclusion du conte tel qu'ils le connaissent :
"*They had many children and lived happily ever after.*"
On dévoilera ensuite l'ensemble du tableau, et on laissera les élèves réagir librement. Un élève pourra venir au tableau et annoter la photographie en fléchant les éléments au fur et à mesure des réactions de la classe.

Une image extraite du film *Snow White and the Seven Dwarfs* (Disney, 1937) est fournie dans la banque de ressources Didier-Prof.

Productions possibles :
→ *Snow White is holding two of her children. One of them is crying, another daughter is pulling on her skirt, while a fourth is crawling in a corner of the room.*
→ *A dog is sniffing the carpet.*
→ *Snow White stares at us while her husband relaxes and watches a sporting event on television. He is holding a can of beer.*

b. Cette question aura sans doute été évoquée précédemment.

Productions possibles :
→ *This scene is taking place a few years after Snow White's wedding to the Prince.*
→ *They were supposed to live "happily ever after", but obviously it is not the case. There seems to no communication or love between them. They seem totally estranged from one another.*

2 | Analyse

On laissera les élèves réagir et donner leurs interprétations.
Réponses possibles :

Stereotypes in the picture	Stereotypes in the stories
• A housewife raising children alone • A lazy husband watching TV and drinking beer	• A damsel in distress rescued by a prince • Marriage is the ultimate reward

→ *Maybe through this picture Dina Goldstein wants to show that marriage is not an end in itself.*

3 | Écoute de l'audio de Kim Phillips

a. On projettera la coupure de presse qui figure dans la question 3a. Il s'agit du titre de l'article auquel réagit Kim Phillips dans le document audio que les élèves vont entendre ; cette étape constitue donc une préparation à l'écoute de l'interview.
Les élèves pourront s'appuyer sur certains stéréotypes mentionnés en question 2.
Les 5 raisons données dans la suite de l'article sont les suivantes :

> – *Women are passive damsels who can only be saved by men*
> – *Marriage is the ultimate reward*
> – *Lack of racial/physical/sexual diversity*
> – *Female characters are either bound to the home...*
> – *...Or they're evil stepmothers/sisters/witches*

Il ne s'agit pas, bien entendu, de donner cette liste aux élèves, mais pour information les deux premières raisons sont reprises mot pour mot dans le document audio.

b. • Dans un premier temps on écoutera le document afin d'identifier les raisons évoquées, en référence à l'article, pour ne plus lire de contes de fée aux enfants.

• Dans un second temps, on donnera aux élèves la consigne d'écoute proposée dans le manuel :
→ *Does Kim Phillips agree with the article or not?*
On pourra faire expliciter cette consigne par la classe :
→ *Does she think we should stop reading faitytales to children?*
On écoutera à nouveau le document, avec pour mission de :
– trouver la réponse à cette question *(yes she agrees / no she disagrees)*
– affiner cette réponse : comment Kim Phillips justifie-t-elle son point de vue ?

Coupure de presse fournie dans la banque de ressources **Didier-Prof**.

DIFFÉRENCIATION PÉDAGOGIQUE

Un guidage supplémentaire pourra être proposé aux élèves en difficulté, auxquels on demandera de repérer, parmi les raisons évoquées dans l'audio, celles qui avaient été mentionnées par la classe dans l'activité précédente.

OUTILS LINGUISTIQUES

On pourra renvoyer les élèves à la **YP 32** lors de l'élaboration de la trace écrite.
→ **YP 32** *Expressing paradox*

YOUR TURN – p. 58

Fallen princesses

Les élèves sont invités à revisiter un « *happily after ever* » à la façon de Dina Goldstein et à le présenter à la classe.
L'illustration n'est pas une fin en soi et c'est la présentation orale qui importe. Si la créativité des élèves peut être stimulée par une création artistique (dessin, collage, montage...), une réalisation modeste sur le plan graphique sera suffisante et on veillera à ne pas faire perdre de vue aux élèves l'objectif principal : le récit, par oral, d'un « conte de fée » qui a mal tourné.

6. A twisted tale – p. 58-59

Cette activité s'inscrit dans la continuité de l'activité précédente, au cours de laquelle les élèves auront été initiés au détournement de contes.

PRÉSENTATION DES DOCUMENTS

L'illustration

Cette illustration de Jessie Willcox Smith, réalisée en 1911, illustre parfaitement la vision traditionnelle que l'on se fait du conte.

Jessie Willcox Smith
(1863 – 1935)
An American illustrator during the Golden Age of American illustration, she was considered "one of the greatest pure illustrators".
Smith was particularly known for her illustrations and advertising posters of children and women, which appealed to millions of people. According to the National Museum of American Illustration, Smith is said by many to be the "greatest children's book illustrator" and her work has been compared to Mary Cassatt's for her endearing portrayal of children.

Le texte *The Little Girl and The Wolf*

Ce court récit de James Thurber est une réécriture du conte, publiée à l'origine dans le magazine *The New Yorker* en 1939, puis l'année suivante dans une collection de fables « revisitées » et mises au goût de l'époque (*Fables for Our Time*). Parmi les innombrables versions du conte imaginées depuis le début du 20e siècle, c'est une des premières, si ce n'est la première, à faire vaincre le loup par le chaperon rouge.
- **La première moitié de la fable** reprend factuellement le début du conte original.
- **La seconde moitié** met en scène un retournement humoristique et une fin alternative contextualisée dans l'Amérique des années 1920, avec sa référence au président Coolidge (1923-1929) et aux films de gangsters de la MGM.
- **La morale** tient en une ligne à la fin du texte, comme pour les autres fables de Thurber.

Humoriste, dessinateur, écrivain et scénariste, Thurber n'est nullement un féministe, mais un amoureux des lettres qui joue sur le contre-pied créé par la collision entre le conte traditionnel et les références qu'il introduit.

POUR ALLER PLUS LOIN
Fables for Our Time est disponible sur le site Projet Gutenberg Canada à l'adresse suivante : https://gutenberg.ca/ebooks/thurberj-furtherfablesforourtime/thurberj-furtherfablesforourtime-00-h-dir/thurberj-furtherfablesforourtime-00-h.html

Lexique, syntaxe et phonologie

La familiarité qu'ont les élèves avec le conte original facilitera l'entrée dans le texte de Thurber, par ailleurs clairement structuré et organisé. La seule véritable difficulté concerne une phrase du second paragraphe, longue et complexe et contenant la référence culturelle au président Coolidge.

SUGGESTIONS DE MISE EN ŒUVRE

1 | Anticipation

a. On projettera l'illustration de Jessie Willcox Smith, ce qui permettra de reconstituer les grandes lignes du récit et de remobiliser le lexique. Un temps de préparation sera laissé en binômes avant une mise en commun. On rappellera qu'il existe plusieurs fins alternatives.

Image fournie dans la banque de ressources Didier-Prof.

OUTILS LINGUISTIQUES
Grammaire
→ Le récit au passé p. 66

b. La fiche *Twisted tales chart* fournit une grille de lecture du texte. **Seule la colonne *Structure* peut être complétée par les élèves à ce stade (→ voir corrigé dans question 2 ci-après).**

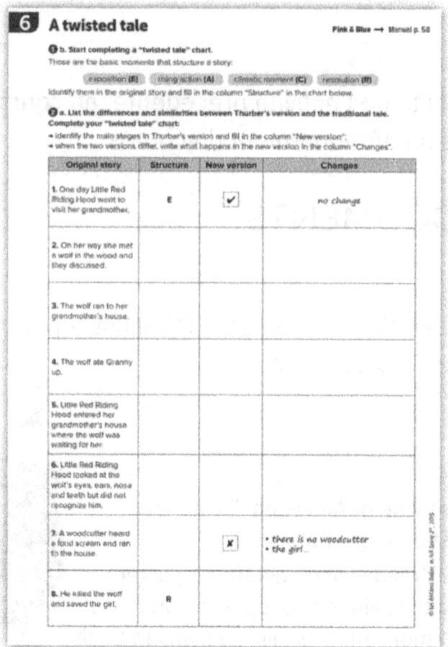

6 A twisted tale

Pink & Blue → Manuel p. 58

1 b. Start completing a "twisted tale" chart.

These are the basic moments that structure a story:

exposition (E) rising action (A) climactic moment (C) resolution (R)

Identify them in the original story and fill in the column "Structure" in the chart below.

2 a. List the differences and similarities between Thurber's version and the traditional tale. Complete your "twisted tale" chart:

→ identify the main stages in Thurber's version and fill in the column "New version";
→ when the two versions differ, write what happens in the new version in the column "Changes".

Original story	Structure	New version	Changes
1. One day Little Red Riding Hood went to visit her grandmother.	E	☑	*no change*
2. On her way she met a wolf in the wood and they discussed.			
3. The wolf ran to her grandmother's house.			
4. The wolf ate Granny up.			
5. Little Red Riding Hood entered her grandmother's house where the wolf was waiting for her.			
6. Little Red Riding Hood looked at the wolf's eyes, ears, nose and teeth but did not recognize him.			
7. A woodcutter heard a loud scream and ran to the house.		☒	• *there is no woodcutter* • *the girl...*
8. He killed the wolf and saved the girl.	R		

La fiche *Twisted tales chart* est fournie dans :
→ la banque de ressources Didier-Prof
→ le site e IFS2160
→ le manuel numérique

2 | Lecture du conte « revisité »

Les élèves lisent le texte et complètent le tableau de façon individuelle, avant une phase de vérification en petits groupes.

a. Relever les différences et les similarités.

Original story	Structure*	New version	Changes
1. One day Little Red Riding Hood went to visit her grandmother.	E	☑	
2. On her way she met a wolf in the wood and they talked together.	A	☑	
3. The wolf ran to her grandmother's house.	A	☑	
4. The wolf ate Granny up.	A	☑	
5. Little Red Riding Hood entered her grandmother's house where the wolf was waiting for her.	C	☑	
6. Little Red Riding Hood looked at the wolf's eyes, ears, nose and teeth but did not recognize him.	C	☒	Little Red Riding Hood immediately recognized the wolf
7. A woodcutter heard a loud scream and ran to the house.	C	☒	There is no wood-cutter.
8. He killed the wolf and saved the girl.	R	☒	The girl took out a gun and she killed the wolf.

* exposition (E) rising action (A) climactic moment (C) resolution (R)

b. Identifier le moment où les deux versions commencent à différer.

Cette question pourra être posée de manière collégiale pour servir de rapide bilan.

Réponse possible :

→ *The stories start to differ in line 13. It creates surprise and humour because Thurber moves away from the imaginary towards realism. He plays with the conventions of fairy tales.*

DIFFÉRENCIATION PÉDAGOGIQUE

Work your way

• Les élèves pourront, au choix, lire le texte du manuel ou la version guidée fournie dans :
→ la banque de ressources Didier-Prof
→ le site e IFS2161
→ le manuel numérique

• On invitera les élèves à s'interroger sur les stratégies proposées dans la version guidée (surlignage, inférence lexicale...) afin qu'ils puissent les mettre en œuvre de façon de plus en plus autonome.

3 | Interpréter le ton de l'histoire

Il est parfois délicat d'expliquer l'humour ; cette activité permettra d'évaluer la bonne compréhension du texte. Elle pourra être effectuée à la maison, en vue d'une restitution en classe.

Réponse possible :

Humorous elements	Justification
"even in a nightcap a wolf does not look any more like your grandmother"	The author breaks conventions
"than the Metro-Goldwyn lion looks like Calvin Coolidge"	He compares the US president with an animal; the comparison uses elements outside the world of fairy tales
"the little girl took an automatic out of her basket"	This is unexpected, unrealistic and an anachronism: girls do not carry pistols, and there are no pistols in the world of fairy tales
"and shot the wolf dead"	The end is abrupt and unexpected, very different from the original version
"Moral: It is not so easy to fool little girls nowadays as it used to be"	This is not a moral; Thurber insists that the original story was not realistic.

DEBRIEF – p. 59

Talking about fairy tales, Kim Phillips said:

> *"All these stories were produced in a particular historical context. So they're not necessarily to be taken as a model of behaviour".*

Discuss.

Cette activité pourra être menée en classe ou à la maison. On pourra faire réfléchir les élèves en binômes ou petits groupes.

La citation est tirée du document audio de la page 58. Elle permet d'apporter une réponse à la problématique du chapitre ("*How can we fight against gender stereotypes?*"). Tout artefact littéraire et artistique est le produit de son époque. En prendre conscience permet de mieux le comprendre et de relativiser sa portée. Un conte rédigé au 17e siècle véhicule les valeurs de son époque, nécessairement différentes de la nôtre. Le rôle des adultes est aussi d'expliciter ces différences.

Productions possibles :

→ *Fairy tales were written centuries ago. They are fun to read, but they convey many stereotypes about women and gender attitudes. These views were considered normal at the time but not anymore. We can appreciate fairy tales and at the same time acknowledge their limits.*

→ *Women in fairy tales are often passive and dependent on men. It was the norm when these tales were first told, but things have changed. Even Disney's princesses today are strong-willed and independent.*

YOUR TURN – p. 59

Creative writing

Cette tâche intermédiaire de production écrite fait appel à la créativité des élèves et à leur sens de l'humour en leur offrant l'occasion de transférer les compétences travaillées dans cette double page. Les productions des élèves pourront être partagées avec le reste de la classe via l'ENT ou une plateforme numérique collaborative telle que Padlet.

OUTILS MÉTHODOLOGIQUES

Écrire un récit

Les élèves tireront profit de la double page méthodologique qui détaille les différentes étapes pour construire un récit et donne des indications pour enrichir sa production.

→ *How to write a story* p. 68-69

OUTILS LINGUISTIQUES

Lexique

→ *Personality* p. 64

Grammaire

→ Le récit au passé p. 66

7. Adios prince charming! – p. 60-61

Cette double page est centrée autour du livre *Goodnight Stories for Rebel Girls*, écrit par Elena Favili et Francesca Cavallo et publié en 2016. Un second volume est paru en 2017. Chacun de ces deux volumes propose cent récits illustrés sur la vie de personnages féminins d'hier et d'aujourd'hui, dans le style d'un conte de fée. Si par son titre le livre s'adresse aux '*Rebel girls*', filles et garçons bénéficieront d'avoir des modèles féminins auprès desquels tirer leur inspiration.

Le document audio

Il s'agit d'une interview d'Elena Favilli tirée de l'émission de Steve Wright *In the Afternoon* du 21 décembre 2017 sur BBC Radio 2. Steve Wright revient avec Elena Favili sur la genèse de son projet et le rapide engouement qu'il a suscité, dépassant très vite sa cible initiale.

L'intégralité de l'entretien est disponible sur le site de la BBC à cette adresse : https://www.bbc.co.uk/sounds/play/p05rqxxc

Le texte

Il s'agit d'un article de Jasmine Jerald, jeune journaliste indienne, publié le 6 juin 2017 sur Edexlive.com, le site du New Indian Express destiné aux étudiants. La journaliste y défend l'idée que les filles ont accès à des représentations trop limitatives de modèles féminins qui les enferment dans des rôles convenus et ne leur permettent pas de développer de l'ambition. Ce recueil, en proposant des exemples tirés du monde réel de femmes ayant réussi ou repoussé les limites dans tous les domaines de la société, contribuerait à briser les stéréotypes et permettre aux femmes d'exploiter enfin tout leur potentiel, ce qu'elles n'osent pas encore toujours faire.

L'extrait du livre : *Ada Lovelace*

Il s'agit du récit illustré de la vie de la mathématicienne britannique Ada Lovelace, considérée comme la personne ayant conçu le premier programme informatique de l'histoire. Nous avons choisi de présenter un texte sur la collaboration entre un homme et une femme dans un domaine traditionnellement perçu comme masculin. Le texte, écrit dans une langue simple à destination d'enfants, est essentiellement composé de phrases courtes et se concentre uniquement sur les éléments biographiques en lien avec les mathématiques, sélectionnés pour répondre à l'objectif du livre. Seule l'expression *"Once upon a time"* en début de texte relève spécifiquement du domaine du conte. Le style est narratif, laissant une grande place aux éléments factuels.

Ada Lovelace

Augusta Ada King-Noel, Countess of Lovelace (née Byron ; 1815 –1852) was an English mathematician and writer. She was the first to recognise that the machine had applications beyond pure calculation, and published the first algorithm intended to be carried out by such a machine. As a result, she is sometimes regarded as the first to have recognised the full potential of a "computing machine" and the first computer programmer.

Lovelace was the only legitimate child of the poet Lord Byron and his wife Anne Isabella "Annabella" Milbanke, Lady Wentworth. Byron separated from his wife a month after Ada was born and left England forever four months later. He commemorated the parting in a poem that begins, "Is thy face like thy mother's my fair child! ADA! sole daughter of my house and heart?". Ada married William King in 1835. King was made Earl of Lovelace in 1838, and Ada in turn became Countess of Lovelace.

When she was a teenager, her mathematical talents led her to a long working relationship and friendship with fellow British mathematician Charles Babbage, also known as "the father of computers".

Between 1842 and 1843, Ada translated an article by Italian military engineer Luigi Menabrea on the engine, which she supplemented with an elaborate set of notes, simply called Notes. These notes contain what many consider to be the first computer program—that is, an algorithm designed to be carried out by a machine. Lovelace's notes are important in the early history of computers. She also developed a vision of the capability of computers to go beyond mere calculating or number-crunching, while many others, including Babbage himself, focused only on those capabilities. Her mindset of "poetical science" led her to ask questions about the Analytical Engine (as shown in her notes) examining how individuals and society relate to technology as a collaborative tool.

She died of cancer in 1852 at the age of 36.

Source : https://en.wikipedia.org/wiki/Ada_Lovelace

SUGGESTIONS DE MISE EN ŒUVRE

1 | Projection de la photographie

On projettera la couverture du livre pour une rapide phase d'anticipation visant à faire émerger des éléments de contexte sur le livre, notamment son contenu.
Cela pourra être l'occasion de réactiver la voix passive, étudiée au chapitre précédent.

Image et texte fournis dans la banque de ressources Didier-Prof

OUTILS LINGUISTIQUES

Grammaire

→ La voix passive p. 50

Contents
The book contains goodnight stories / "100 tales of extraordinary women".

Characters
"Extraordinary women" – Jane Austen, Coco Chanel, Marie Curie, Serena Williams seem to be mentioned in the book, as we can read their names on the cover.

Who it is for
The book is aimed at "Rebel girls".

When it was published
The book was probably published recently, because it mentions personalities such as Serena Williams.

Authors & their motivations
The authors are not mentioned on the cover. The book was probably made in order to inspire children, maybe the authors were motivated by the lack of female models…

2 | *In groups*

Cette activité porte sur deux activités langagières différentes :

a. Compréhension de l'oral → *Group 1*
Le document audio, s'il est un peu long, ne présente pas de difficulté particulière ; le récit de la création du livre, très factuel, laisse peu de place à l'implicite et les élèves pourront y trouver les réponses aux questions de la phase d'anticipation en 1.

a. Compréhension de l'écrit → *Group 2*
Le texte va un peu plus loin dans les motivations des auteurs, mais les quelques difficultés lexicales sont inférables. Le manuel numérique permet un travail de chacun en autonomie et une prise de connaissance des documents à son rythme.

3 | Mise en commun du travail en groupe

En amont de la mise en commun, une étape de partage et vérification des éléments repérés en petits groupes est envisageable. La mise en commun se fera sur la base d'une carte mentale reprenant les éléments du 1. La partie « *motivations* » sera divisée en sous-parties « *problems* » et « *objectives* ».

4 | *Group talk*

Il y a plusieurs manières d'envisager cette phase de discussion, selon le temps et les objectifs que l'on souhaite se fixer :
→ Elle pourra être courte (quelques minutes) et servir de bilan d'étape récapitulatif.
→ Elle pourra également être prolongée afin d'entraîner les élèves à développer, débattre et argumenter.
Des ilots seront formés afin de permettre aux élèves de débattre entre eux. Afin de favoriser les échanges et stimuler les interactions, on peut également envisager le principe du *world* café où les participants changeront d'ilots à intervalles réguliers et se nourriront des échanges précédents.

5 | Anticipation à la lecture

Même si le nom d'Ada Lovelace commence à être connu (il a récemment été donné à un collège de Nîmes), il est fort peu probable que les élèves le connaissent. L'illustration qui accompagne le texte oriente vers deux éléments a priori contradictoires :

A very modern digital tablet
→ *qui guidera les élèves vers son domaine d'excellence.*

Old-fashioned clothes
(Attention, l'illustration fantaisiste représente un costume de style Renaissance, alors qu'Ada Lovelace a vécu dans la 1re moitié du 19e siècle ! On trouve sur Internet des portraits, y compris des photos, plus réalistes).

DIFFÉRENCIATION PÉDAGOGIQUE

La répartition des élèves pourra être envisagée selon des groupes de besoin dans une optique de différenciation pédagogique.

OUTILS LINGUISTIQUES

Dans ce second cas, les élèves disposeront d'un peu de temps pour rassembler et noter leurs arguments et seront renvoyés aux YP 38 à 40 pour les aider à les formuler.

- **YP 38 *Opinions***
- **YP 39 *Agreeing/ Disagreeing***
- **YP 40 *Criticizing***

Illustration fournie dans :
→ la banque de ressources
Didier-Prof

6 | Lecture de l'extrait du livre

a. Le mot manquant est le même dans les trois cas : *computer(s)*. Le retrouver sera l'objectif de la première lecture en autonomie du texte par les élèves. À ceux qui éprouvent des difficultés, on pourra demander de relever le champ lexical des mathématiques : *difference, add, substract, calculations...*

b. Vérification au moyen du texte original.

c. Les élèves repèrent les éléments indiqués dans le manuel.
Pour la trace écrite, la 3e colonne ouvre des pistes de réflexion, mais les réactions des élèves ainsi que l'expression de leur ressenti personnel sont à privilégier.

Biographical information	Accomplishments	How inspirational?
She studied birds and flying.	She made a book with her findings.	She was very versatile / had numerous talents / capacities / sources of interests. She was very curious. She had a lot of imagination. She was a visionary, a precursor.
She wanted to build a machine to make complicated calculations.	She created a calculator.	
She imagined the principle of a computer.	She wrote the first computer programme in history.	

La phrase "*No one had ever done this before*" sera l'occasion d'un temps de réflexion sur la langue.

Texte complet fourni dans :
→ la banque de ressources Didier-Prof
→ le site IFS2163
→ le manuel numérique

DIFFÉRENCIATION PÉDAGOGIQUE

On peut proposer à des élèves en difficulté de retrouver la structure du texte en se fondant sur le schéma exposition – *rising action – climactic moment – resolution* travaillé lors de la double page précédente, ce qui les aidera à repérer les informations.

OUTILS LINGUISTIQUES

Grammaire
→ Le récit au passé p. 66

7 | Réflexion sur la nature du texte

On pourra répartir le travail au sein de la classe :

Structure	Expressions	Places	Other
• Exposition: l. 1-9 • Rising action: l. 10-17 • Climactic moment: l. 18-21 • Resolution: l. 22-25 with a happy ending	• Once upon a time (1) • One night (10)	• Unidentified time and place • A ball	• Matter-of-fact style concentrating on the action: little description, no narrative voice, basic characterisation

DEBRIEF – p. 60

"As kids, we understand ourselves and the world around us through stories." How does it apply to gender stereotypes?

Cette citation est tirée du document audio et permet aux élèves de reformuler et synthétiser. Le texte sur Ada Lovelace aura fourni une illustration de l'importance des histoires (récits, contes...) et de leur contenu (les personnages auxquels nous pouvons nous identifier) dans notre construction personnelle.

YOUR TURN – p. 60

Choose a new heroine for the book

Les élèves sont invités à célébrer une héroïne de leur choix. En préparation à la tâche finale, il s'agit de vérifier la capacité des élèves à structurer leur propos, chercher, sélectionner et organiser des informations. Les présentations pourront être partagées sur un mur ou un espace de mutualisation qui permettra aux élèves de (re)découvrir un panthéon d'héroïnes.

Cette tâche intermédiaire constitue une préparation à la tâche finale 1 p. 63 ("*Once upon a time...*") pour les élèves qui choisiront l'option *Goodnight story* de cette tâche finale.

FOR & AGAINST – p. 62

The next James Bond should be a woman

PRÉSENTATION DU SUJET

Les versions féminisées de films ne datent pas d'hier, mais la tendance s'est fortement accentuée ces dernières années. Elle conjugue la louable volonté de proposer des héroïnes féminines et de prendre un minimum de risque commercial en misant sur une recette éprouvée. *Ghostbusters* en 2016 et *Ocean's 8* en 2018 en sont les exemples récents les plus connus.
James Bond pourrait donc légitimement se voir adjoindre un avatar féminin, ce qui est d'autant plus envisageable que l'acteur Idriss Elba a été sérieusement considéré pour succéder à Daniel Craig, signe que la représentation de James Bond est sujette à évoluer. L'actrice Gillian Anderson a publiquement déclaré son intérêt pour le rôle, suscitant quelques articles dont sont tirés les arguments présentés ici, extraits de deux articles aux points de vue opposés. Il faut dire que James Bond est un archétype masculin qui concentre les clichés sur les hommes : il aime séduire, se battre, la vitesse et les gadgets technologique. Le débat est donc légitime, car il ne s'agit pas de s'interroger sur la capacité pour une femme de jouer James Bond (question misogyne qui ne mérite pas d'être posée), mais sur l'intérêt de voir une femme jouer un personnage si typiquement masculin.
S'agit-il de le féminiser ou simplement pour une femme de se masculiniser et de perpétuer les mêmes valeurs avec un habillage pseudo-féministe ? Le débat est ouvert !

SUGGESTIONS DE MISE EN ŒUVRE

Plusieurs modalités sont possibles. On privilégiera autant que possible des débats entre groupes de 4 élèves maximum. Si une telle activité peut ne pas être notée, on veillera à l'évaluer dans une visée formative, en donnant en avance les critères d'évaluation qui pourront être les suivants :
– Capacité à s'exprimer en continu.
– Capacité à interagir.
– Qualité de l'argumentation.
– Correction et richesse de la langue.
– Qualité d'écoute et place au sein du groupe.
Les principes du débat seront donnés en amont ; les élèves ne choisissent pas leurs partenaires ni l'opinion qu'ils défendent.

1. Les élèves prennent connaissance en autonomie des arguments proposés p. 62 et doivent identifier quels arguments relèvent du « pour » et du « contre ».

2. En binômes, ils reformulent les arguments.

3. En grands groupes, ils pratiquent la controverse ; un élève lance un premier argument et désigne un contradicteur ; celui-ci dispose de dix secondes pour répondre avec un contre-argument et désigner à son tour un nouveau contradicteur et l'activité se poursuit le plus longtemps possible.

4. Le professeur constitue les équipes (de façon hétérogène) et attribue les positions à défendre. Si les débats doivent se dérouler en même temps et qu'il y a plusieurs débats en simultané, il est possible de nommer des élèves jurés dont le rôle sera de lancer et modérer le débat, puis de désigner l'équipe vainqueur. Les élèves-jurés évaluent, mais n'attribuent pas de notes.

5. Chaque équipe dispose de quinze minutes pour se préparer : organiser ses arguments, en trouver d'autres, les illustrer d'exemples, se préparer à contrer ceux des autres. Chaque groupe peut avoir accès à un dictionnaire et aux *Yellow Pages*. Pendant ce temps, les élèves jurés prennent connaissance de la grille d'évaluation avec l'aide du professeur.

6. Les jurés lancent le débat qui durera dix minutes. Les débatteurs ont droit à des notes non rédigées. Une fois le temps écoulé, chaque équipe dispose d'une minute pour faire la synthèse de ses arguments. Les jurés délibèrent et désignent les vainqueurs à partir de la grille d'évaluation. Ils argumentent leur choix.

FINAL TASK – p. 63

SUGGESTIONS DE MISE EN ŒUVRE

Selon le parcours mené au sein de ce chapitre, on choisira l'une ou l'autre des deux tâches finales.

Once upon a time

Les deux types de productions proposées ici permettent de proposer une évaluation différenciée :

• ***A Good Night Story* s'adresse de préférence aux élèves visant A2+ ou B1** qui pourront écrire un récit simple, enrichi de connecteurs et de détails.
Les élèves pourront prendre appui sur leurs notes pour la tâche intermédiaire du *Your Turn* p. 61 qui aura ainsi servi de « brouillon » ; les différences d'activité langagière et de contraintes de forme nécessitent de la part de l'élève reformulation et épaississement pour une production qui évite la redite.

• **Les élèves qui rédigeront leur *twisted fairy tale* (B1 ou B1+)** devront aller au-delà de la reproduction d'un modèle ; la prise de distance et l'humour implique une production plus complexe.
Pour ceux qui peinent à trouver des lieux et personnages servant de cadre à leur récit, voici quelques suggestions qui pourraient les aider :

A mysterious maze	A wise wizard	A fairy godmother
A spooky castle	A brave knight	A hungry ogre
A thatched cottage in the country	A wicked witch	A bad-tempered giant...
A log cabin in the wood	An evil stepmother	
An underground cave	A helpful dwarf	

Create a spoof advert

L'activité devrait stimuler la créativité des élèves. Si toutefois ils peinaient à trouver des idées de produits, on pourra leur suggérer de consulter le lien proposé précédemment dans ce guide : Pour aller plus loin p. 78.
L'étude des avis de consommateurs aura permis aux élèves d'étudier les stéréotypes de genres et leur détournement ; on les renverra aux activités de la page 56 et au *Your Turn* page 57 pour construire leur scénario et leur argumentation.

Adresse du lien : https://www.buzzfeed.com/erinchack/pointlessly-gendered-products?utm_term=.cv0XM29loV#.irJQwJ56EX

OUTILS LINGUISTIQUES

Grammaire

Le superlatif pourra leur permettre d'exagérer en complément du comparatif étudié dans ce chapitre.
→ Le superlatif p. 38
→ Le comparatif p. 66

WORDS – p. 65 Corrigés des exercices

1
1. a chair-person
2. a fire-fighter
3. a salesperson
4. humankind
5. a flight attendant
6. a bartender

2 a.
1. treat equally
2. gender neutral
3. unbiased

b. *Exemples de productions possibles :*
1. Society should **treat** men and women **equally** and not **discriminate** unfairly.
2. Some objects are **gender-coded** while they are for everybody; they should be gender-neutral.
3. If society was **unbiased**, people would be judged on their merits and not on **prejudiced** conceptions.

3 ... a need **for** a major... known **for** sexism... working **towards** gender-neutrality... the need **for** changes... Barbie has been guilty **of** perpetuating ...criticized **for** furthering.... playing **with** the doll

Pronunciation

4 a.
1. We have made some **pro**gress on the way to equality, but we need to pro**gress** more.
2. I ob**ject** to considering women as **ob**jects.
3. I con**test** the interest of this beauty **con**test.

5 **gen**der role – **self**-confidence – **mass**-marketing – **role** model – **co**lor-coded – **gen**der-biased – **strong**-willed – **well**-paid

GRAMMAR – p. 67 Corrigés des exercices

1 a. Stereotypes:

Breaking gender stereotypes

Gender definitions and divisions are shown in the gym where boys box and girls attend ballet lessons. As Billy's father simply puts it 'lads do football, boxing, or wrestling – not friggin' ballet!' However, Billy wants to dance. Through a beautifully conducted tracking shot of the dancer's feet, the different genders are clearly presented. Not only can we see his masculine, stumpy feet, but the choice of colour – the pink ballet slippers for girls and the blue boxing shoes for Billy – depicts the stereotypical colours of both genders.

Culture trip, December 2016

b. *Exemples de productions possibles :*

1. Boys are supposed to be more interested in combat sports whereas girls are supposed to be more delicate.

2. Ballet is more suited to girls because there is classical music and graceful movements.

3. Boys are expected to be good at wrestling or boxing because they are supposed to be braver and more aggressive whereas girls wouldn't be interested in sports with physical contact.

2 "Before I **bought** this item, I **had never used** a pen; I **used to type / typed / would type** everything on my computer and **used to print / printed / would print** it in pink. It was very inconvenient; I would spend / spent / used to spend fortunes on ink cartridges. When I first **saw** these pink pens, I **was** so excited! I **had never imagined** anyone would invent them. My life is so much easier now."

3 *Exemple de production possible :*
When I **lived** with the seven dwarfs, I **used to whistle** when I **worked** because my life **was** so carefree and the birds **made** music for me. Now, the babies cry all the time and their voices cover their tweeting. The dwarfs **used to be** so happy to come home from work after a long hard day at the mine. We **used to chat and dance**, then they **would eat** the meal I **had prepared** with such enthusiasm. They never **sat** in their armchairs with a dumb, speechless expression as my prince does now.
And we **had** no TV...

TEST YOUR SKILLS – p. 70

Listening

■ Audio *Should fairy tales change with the times?* (EVAL 4) fourni dans :
→ le coffret classe

■ Grille d'évaluation de la compréhension de l'oral fournie dans :
→ ce guide pédagogique p.317

Speaking

Fiche support photocopiable fournie dans :
→ ce guide pédagogique p. 318

Reading

Fiche support photocopiable fournie dans :
→ ce guide pédagogique p. 319

Writing

Fiche support photocopiable fournie dans :
→ ce guide pédagogique p. 320

Tous les documents supports et les grilles d'évaluation sont également fournis dans la banque de ressources Didier-Prof

5

CHAPITRE FLASH

WARRIORS OF THE PACIFIC

Axe : SAUVER LA PLANETE, PENSER LES FUTURS POSSIBLES

Thème : La mobilisation de la jeunesse en faveur de l'environnement

Problématique :

How can young people work together to fight for the environment?

Ancrage culturel :
Le Pacifique sud anglophone et la mobilisation sur la question du changement climatique

Grammaire :
- Présent simple / Présent *Be + ing*
- La nominalisation en *-ing*

Introduction

On entend beaucoup parler du changement climatique et des risques auxquels nous sommes confrontés dans le monde, mais on a parfois tendance à imaginer que les conséquences ne seront ressenties que dans un avenir lointain. Pour ceux qui vivent dans les îles du Pacifique, cette menace est imminente. Dans les prochaines décennies, leurs îles seront submergées et ils deviendront des réfugiés climatiques.

Un certain nombre de jeunes du Pacifique ont décidé de s'attaquer directement à ce problème et se battent pour que les grands pays, comme l'Australie, changent leur politique environnementale. Ce mouvement est étroitement lié au mouvement mondial de la jeunesse pour le climat. Un certain nombre de nos élèves ont peut-être eux-mêmes participé aux manifestations, et pourront contribuer aux échanges de façon intéressante. Ce chapitre peut aussi les amener à réfléchir à la façon de faire évoluer les choses – qu'il s'agisse de rejoindre les mouvements de jeunesse existants ou de trouver de nouvelles solutions. De façon plus générale, ce chapitre vise à encourager les élèves à réfléchir à la manière dont ils souhaitent interagir avec le monde et au rôle qu'ils souhaitent jouer en tant que citoyens du monde.

Petite visite guidée...

Ouverture : une photo, un texte et un quiz
Pour présenter un cas d'urgence climatique et amorcer les échanges

Un état des lieux de la situation dans le Pacifique sud

Une vidéo sur la montée du niveau de l'océan pour découvrir ce qui menace les îles du Pacifique

Une carte de la région et un article pour situer ces îles et identifier les risques

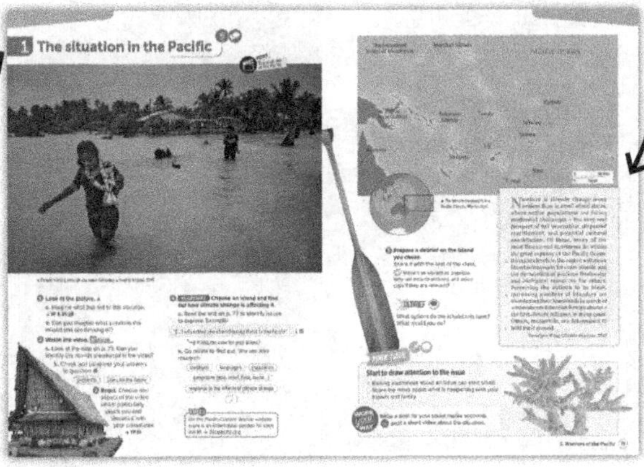

La lutte des guerriers du Pacifique

Une série de photos et un texte publiés à l'occasion de la Journée mondiale de l'Océan

Une vidéo et un article sur les activités des *Pacific Climate Warriors*

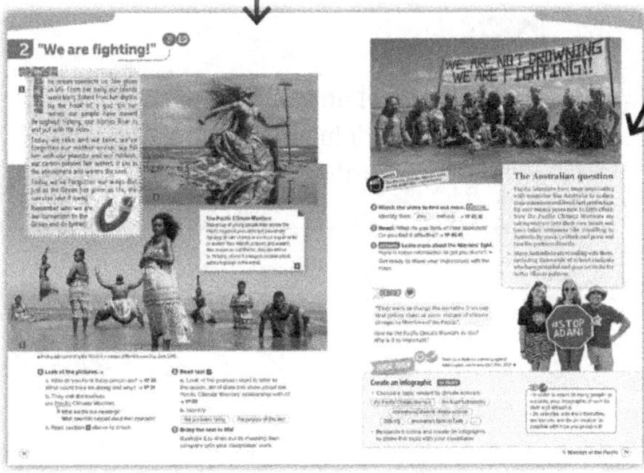

Un débat sur l'activisme des jeunes
Is activism detrimental to learning or a form of education in itself?

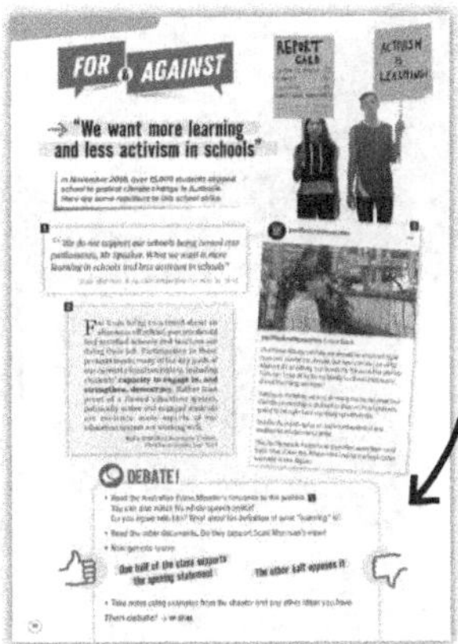

2 tâches finales au choix
– Mener une campagne pour la lutte des *Pacific Climate Warriors*
– Participer à un Parlement des jeunes sur le changement climatique

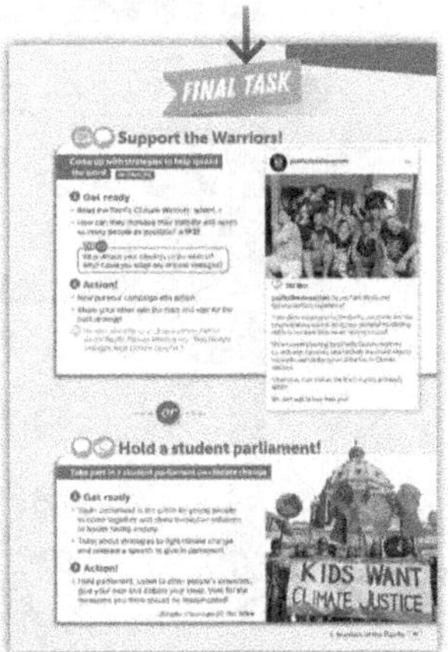

Évaluations au choix :
– *Speaking*
– *Writing*

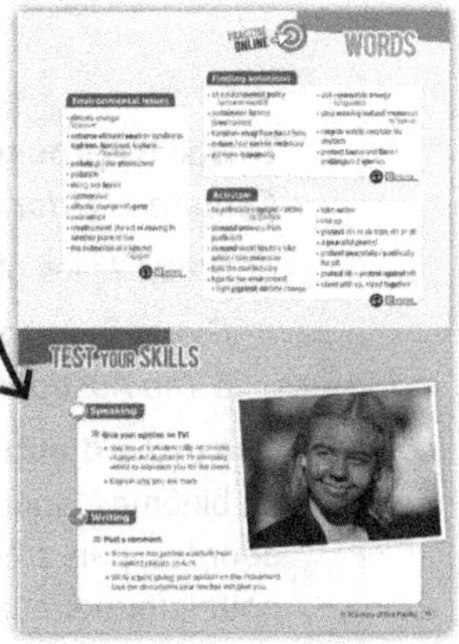

A word from the authors…

"When I learnt about just how imminent the threat of Pacific Islanders becoming climate refugees is, it truly shocked me. I was aware that we are already experiencing the effects of climate change, but I didn't know that people are potentially going to lose their homelands in our lifetime and that preparations are already underway in certain islands regarding where their people will go and how their culture will be preserved when their homelands no longer exist.

I think that the response of the Pacific Climate Warriors is excellent. There is something very moving and powerful about using their traditional culture to raise awareness and to fight against the potential loss of that very culture. I feel that this is a very important topic for our students to learn about. Approaching it from the perspective of youth activism means that if they do wish to get involved themselves, they can. In any case, I think the Pacific Climate Warriors and the young people fighting for change deserve all the support they can get!"

Annie Coghlan

Un chapitre, plusieurs séquences possibles...

SÉQUENCE #1 A2 / B1 • 4 séances

Pour démarrer :

p. 71

▶ Une **image** et un **texte** pour découvrir la lutte menée par les « guerriers du Pacifique »

Pour découvrir et s'entraîner :

p. 72

▶ Une **vidéo** sur la montée du niveau de l'Océan et l'impact imminent dans le Pacifique sud

p. 74-75 IN GROUPS

▶ **Travail de groupe sur les *Pacific Climate Warriors***

Group 1 : les photos & texte 1

Group 2 : les photos, texte 4 & *The Australian question*

▶ Une **tâche d'entraînement :** En binômes, approfondir l'un des sujets abordés, puis créer une infographie pour informer et alerter le public sur la situation.

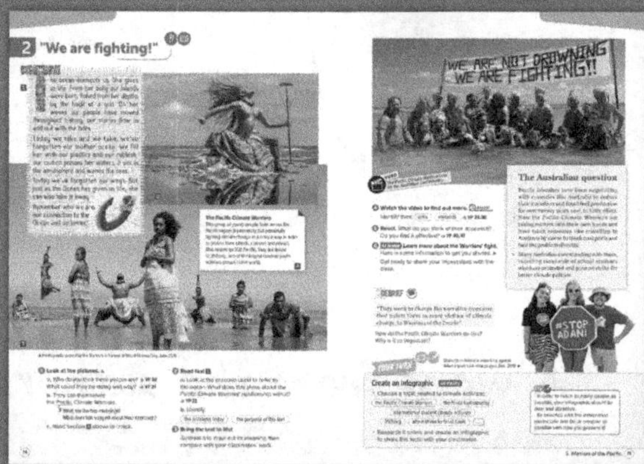

Une tâche finale :

p. 77

▶ *Support the Warriors! Come up with strategies to help spread the word.*

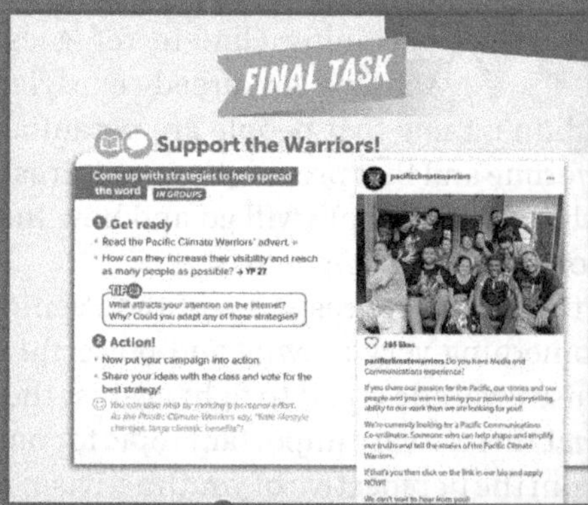

Évaluations p. 79

▶ Dispositif complet d'évaluation dans la banque de ressources Didier-Prof

SÉQUENCE # 2 B1 • 5 à 6 séances

Pour démarrer :

p. 71

▶ Une **image** et un **texte** pour découvrir la lutte menée par les « guerriers du Pacifique »

Pour découvrir et s'entraîner :

p. 72-73

▶ Une **vidéo** sur la montée du niveau de l'Océan et l'impact imminent dans le Pacifique sud

▶ Une **tâche d'entraînement :** Rédiger un *post* ou réaliser une courte vidéo pour alerter l'opinion publique sur la situation dans le Pacifique.

p. 74-75

▶ **Deux textes** (1 & 4) pour découvrir les *Pacific Climate Warriors*

▶ Une **vidéo** sur les stratégies adoptées par les *Pacific Climate Warriors*

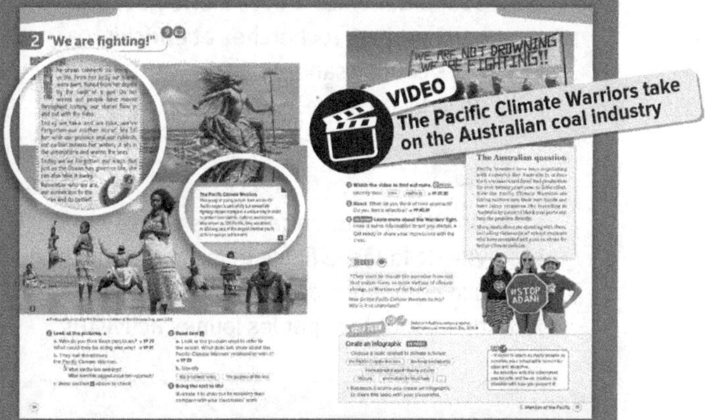

Une tâche finale :

p. 77

▶ *Support the Warriors! Come up with strategies to help spread the word.*

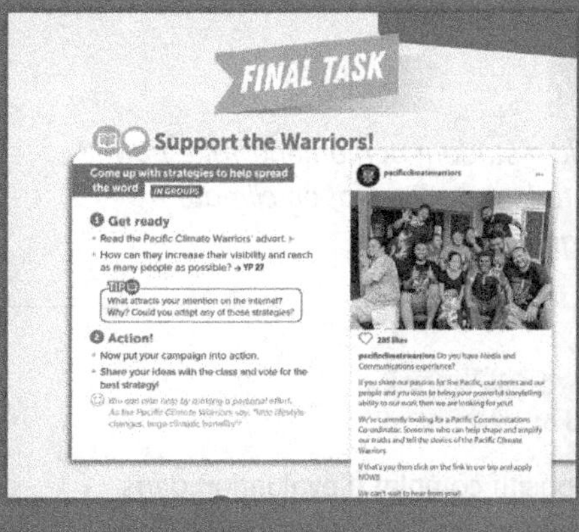

Évaluations p. 79

▶ Dispositif complet d'évaluation dans la banque de ressources Didier-Prof

SÉQUENCE # 3 B1 / B2 • 5 à 6 séances

Pour démarrer :

p. 71

▶ Un **quiz** pour aborder la question du changement climatique et faire un état des lieux des connaissances des élèves sur le sujet

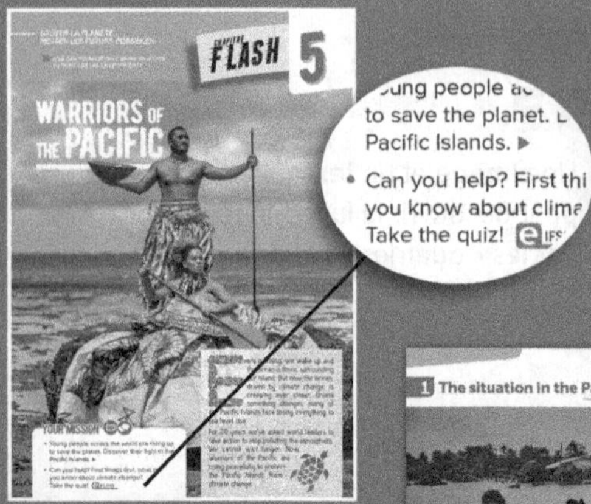

Pour découvrir et s'entraîner :

p. 72

▶ Une **vidéo** sur la montée du niveau de l'Océan et l'impact imminent dans le Pacifique sud

p. 74-75

▶ **Deux textes** (texte 4 & *The Australian question*) pour présenter le lien entre les *Pacific Climate Warriors* et le mouvement mondial de grève pour le climat

▶ Une **tâche d'entraînement** pour amener les élèves à effectuer leurs propres recherches et enrichir leurs connaissances en vue de la tâche finale

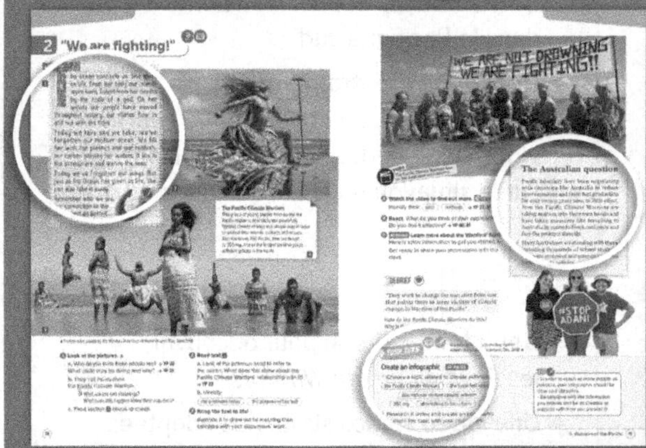

p. 76

▶ Un **débat** pour entraîner les élèves en vue de la tâche finale et les faire réfléchir à la pertinence des stratégies actuellement adoptées par les jeunes activistes

Une tâche finale :

p. 77

▶ *Hold a student parliament! Take part in a student parliament on climate change*

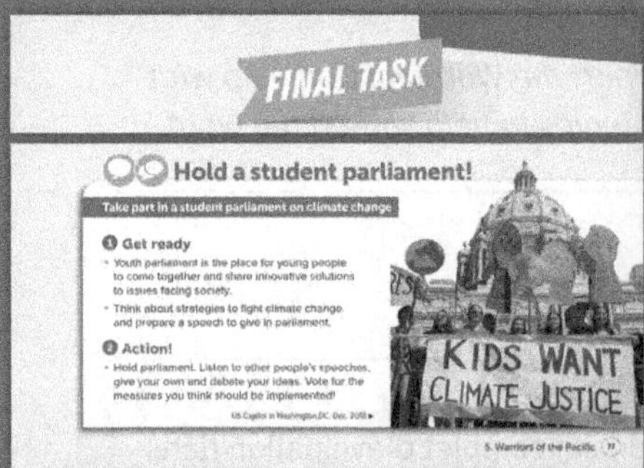

Évaluations p. 79

▶ Dispositif complet d'évaluation dans la banque de ressources Didier-Prof

OUVERTURE – p. 71

PRÉSENTATION DES DOCUMENTS

La photographie

• L'image d'ouverture fait partie d'une série de photos mises en ligne sur le site de l'organisation des *Pacific Climate Warriors*.

• Elle est conçue pour frapper les esprits et pour intriguer : qui sont ces deux personnes ? Que font-elles ? Pourquoi ces costumes et cette mise en scène ? On saisit tout de suite leur relation avec l'océan :

POUR ALLER PLUS LOIN
Le site des *Pacific Climate Warriors* contient beaucoup de ressources et d'informations intéressantes sur la mobilisation pour le climat dans le Pacifique et au-delà. Les élèves qui ont envie d'approfondir le sujet pourront le consulter avec profit : world.350.org

Le texte

Ce court texte extrait lui aussi du site des *Pacific Climate Warriors* présente clairement le contexte du chapitre sans tout dévoiler, et constitue un bon point de départ pour en découvrir davantage. Il sera très abordable en raison de sa brièveté, mais aussi du lexique et de la syntaxe relativement simples.

The Pacific Climate Warriors
The Pacific Climate Warriors (PCWs) is a dynamic network of youth-led, from the grassroots, movement of Climate Activists from fifteen Pacific Island nations advocating and working with and for communities on the frontlines of climate change. The Pacific Climate Warriors constitute the Pacific arm of the global climate movement, 350.org. We rise in solidarity with our Pacific family in the diaspora in Aotearoa, Australia, and the United States through the campaigns we embark on, to highlight the vulnerabilities of our island countries to climate change. We draw on the strength and resilience of Pacific Island people, showcased through our ability to adapt and respond both locally and globally to the changing landscape around us.

@350Pacific

Le quiz

Ce quiz numérique autocorrectif propose une série de dix questions (avec leurs réponses) pour faire le point sur les connaissances des élèves concernant la question du changement climatique et pour commencer à leur apporter des informations à ce sujet.

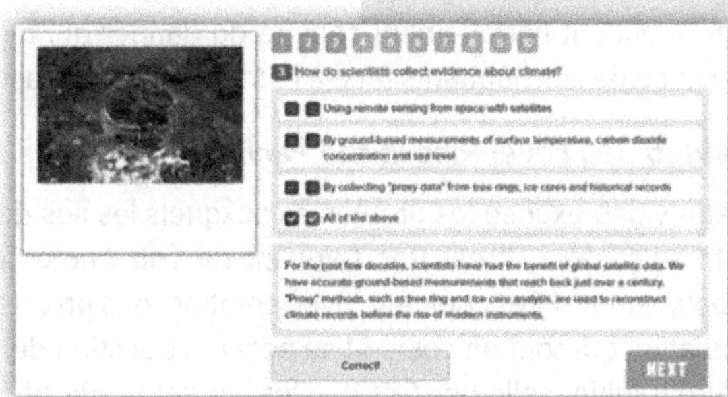

SUGGESTIONS DE MISES EN ŒUVRE

Pour plonger les élèves dans l'action et les motiver nous leur proposons d'aborder ce chapitre comme une mission, au cours de laquelle ils vont devenir eux-mêmes acteurs de la mobilisation sur la question du climat.

1 | Présentation du sujet

Pour présenter le sujet on pourra :

– **montrer la photo des deux personnages sans le texte**, et inviter les élèves à faire des hypothèses ;
– puis **dévoiler le tout début du texte** : *"Every morning, we wake up and the ocean is there, surrounding our island. But now..."* en cachant tout ce qui vient après *"but now..."* (l. 3). On demandera aux élèves d'imaginer la suite du texte.
– Ils pourront ensuite **lire le texte entier** pour vérifier.

OU au choix du professeur :

– ne montrer que **le titre *"Warriors of the Pacific"*** et leur demander de faire des hypothèses, que l'on prendra en notes au tableau. Puis vérification en regardant la photo et en lisant le texte.

Photo et texte fournis dans :
→ la banque de ressources Didier-Prof

OUTILS LINGUISTIQUES

Grammaire
Le texte permettra de relever des occurences de Présent simple *vs* Present en *BE* + *-ing* et de nominalisation en *-ing*.
→ *Grammar* p. 78

2 | Mise à niveau sur la question du climat

• Si on souhaite travailler à partir du quiz on pourra :
– soit laisser les élèves le faire en binômes dans la salle informatique ;
– soit organiser un *table quiz* avec un groupe par table, un papier et un stylo. On projettera l'une après l'autre les questions au tableau. Chaque groupe doit se mettre d'accord sur sa réponse. Puis on dévoile les réponses au fur et à mesure et les élèves se corrigent.

• Restitution et reformulation en classe entière, puis mise en forme de la trace écrite.

Quiz fourni dans :
→ la banque de ressources Didier-Prof
→ le site e IFS2200
→ le manuel numérique

1. The situation in the Pacific – p. 72-73

PRÉSENTATION DES DOCUMENTS

La photo

Cette photo très frappante a été prise en 2015 alors que l'île de Kiribati se trouvait en grande partie noyée sous les eaux du Pacifique. On y voit deux jeunes filles tenter de rejoindre leur destination en marchant dans l'eau, la route ayant été entièrement recouverte par l'océan. On distingue à l'arrière-plan des habitations en partie submergées, tout comme le sont les arbres et la végétation. La vulnérabilité des deux jeunes femmes, qui semblent perdues dans la vaste nappe d'eau, et celle des bâtiments construits en matériaux légers, rendent parfaitement compte du danger qui menace l'île et de l'impuissance de ses habitants face à l'ampleur de la catastrophe.

La vidéo *Sea Level Rise in the Pacific*

• Cette vidéo expose les problèmes auxquels les îles de Kiribati et de Tuvalu sont confrontées. Il est très frappant de voir Anote Tong, le président de Kiribati, parler si franchement, avec émotion, des projets de délocalisation de population qui sont en cours et se poser la question de la préservation de sa culture traditionnelle une fois que les habitants auront quitté leur île.

• En traitant cette vidéo il pourrait être intéressant de demander aux élèves d'imaginer leur propre président, ou un autre dirigeant d'une grande puissance mondiale, prononçant le même discours. Il ne s'agit pas de sous-entendre que la situation serait plus grave si elle se produisait ailleurs, mais cette réflexion permettra une mise en perspective et rappellera aux élèves que si les îles du Pacifique sont parmi les premiers états à être touchés, ils ne seront certainement pas les derniers si nous ne faisons pas tous un effort pour lutter contre le changement climatique.

La carte

La carte de la page 73 montre la partie du Pacifique où sont situées les îles qui ont rejoint le mouvement des *Pacific Climate Warriors*. Elle permettra aux élèves de choisir l'île sur laquelle ils approfondiront leurs recherches (question 4 p. 73).

Le texte

Extrait d'un article posté sur le site du *Climate Institute*, ce court texte expose de manière très claire les conséquences du changement climatique dans les îles du Pacifique et vient compléter le témoignage de la page d'ouverture.

The Climate Institute
An independent research organisation that works with community, business and government toward climate change solutions.
Website : climate.org

SUGGESTIONS DE MISE EN ŒUVRE

1 | Anticipation à partir de l'image

a. On pourra projeter la photo et laisser les élèves réagir librement OU demander à l'un d'entre eux de venir au tableau pour décrire ce qu'il voit et recueillir les hypothèses de la classe concernant les raisons possibles de cette situation :

Photo fournie dans :
→ la banque de ressources Didier-Prof

Imagine what has led to this situation...
→ *Maybe there was a tropical storm.*
→ *Maybe the islands are low-lying.*
→ *It must be a result of global warming and rising sea levels.*

b. Les élèves font des hypothèses sur les solutions qui pourraient être envisagées, en binômes ou en classe entière :

Potential solutions
→ *Perhaps they are planning on adapting the architecture on the island.*
→ *Maybe they are going to have to leave the island.*

2 | Visionnage de la vidéo

a. Les îles qui sont mentionnées dans la vidéo sont :
– Tuvalu – Kiribati

b. Les élèves complètent les notes prises lors de l'anticipation à partir de la photo :

Problems	Plans for the future
• Rising sea levels mean they will potentially lose their homelands → *"the potential disappearance of their homeland underwater..."*	• People have already started to leave the island of Tuvalu. • In Kiribati, they are preparing to relocate: → *"the president says his people have the next few decades to prepare for relocation..."* • They have to find a way to protect their culture outside of their homeland: → *"the best we can hope to have is to maintain the integrity of our culture."* → *"... to maintain a nation of Kiribati somehow"*

OUTILS LINGUISTIQUES

Lexique
La rubrique *Environmental Issues* aidera les élèves à varier leur vocabulaire :
→ *Words* p. 79

Grammaire
• La vidéo et le texte seront des occasions de travailler sur le Présent simple *vs* le Présent en *BE + -ing*
→ *Grammar* p. 78
• Les élèves pourront formuler leurs hypothèses en utilisant :
→ YP 4 *Describing a situation*, YP 21 *Making hypotheses* et YP 22 *Anticipating*

3 | *React*

On laissera les élèves réagir librement et commenter ce qui les a le plus frappés dans la vidéo. Cette étape pourra se faire en binômes ou en classe entière. Dans ce dernier cas on pourra nommer un ou deux modérateurs qui viendront au tableau, distribueront la parole et prendront en note au tableau les réactions de leurs camarades.

4 | IN GROUPS Zoom sur une île

Comme il n'est pas possible de mener des recherches sur toutes les îles, dont les caractéristiques et les problématiques peuvent être différentes, nous avons proposé un travail en groupes. Chaque groupe fera des recherches sur une île, qu'il présentera ensuite aux autres groupes.

a. En lisant le texte (p. 73), ils pourront identifier les problèmes suivants :

Issues facing the Pacific Islands	
The need to evacuate and become some of the first climate refugees	→ *"the very real prospect of full evacuation..."* (l. 4-5) → *"islanders are abandoning their homes in search of a more secure future..."* (l. 15-17) → *"the first climate refugees, in many cases..."* (l. 18)
The need to resettle in different areas meaning they cannot all stay together	→ *"dispersed resettlement..."* (l. 5-6)
The complete loss of their culture	→ *"potential cultural annihilation..."* (l.6-7)
The whole island going underwater	→ *"literal submersion for some islands..."* (l. 11)
Destruction of the natural inhabitat and resources	→ *"devastation of precious freshwater and biological resources..."* (l. 12-13)

b. Les recherches peuvent se faire en salle informatique ou sur tablettes selon les ressources dont dispose l'établissement. Une autre option sera d'inviter les élèves à :
– identifier les sujets de recherche au sein de son groupe ;
– partager le travail entre les membres du groupe ;
– puis faire les recherches individuellement à la maison.
S'ils travaillent à la maison, les élèves pourront partager leurs trouvailles sur un document collaboratif.

5 | Mise en commun

Les élèves peuvent donner libre cours à leur créativité pour présenter les résultats de leurs recherches et proposer leurs *debriefs* à la classe. Selon la manière dont ils auront travaillé ils pourront :
– soit accrocher des affiches sur les murs de la salle de classe puis découvrir le travail des autres et en discuter ;
– soit projeter leur document collaboratif et présenter les informations devant la classe entière ;
– soit ajouter leur *debrief* à un mur Padlet puis consulter le travail des autres groupes à la maison.

DEBRIEF – p. 73

What options do the inhabitants have? What would you do?

On peut attendre des productions du type :

→ *Inhabitants of the Pacific Islands ultimately have two choices: either they leave their homes or they stay.*

→ *If they go, they have to decide where to go and how to preserve their culture. They cannot necessarily continue living with their own people.*
→ *If they stay, they may find themselves in real danger and lose everything.*

YOUR TURN – p. 73

Start to draw attention to the issue

• L'objectif de cette tâche d'entraînement est de faire réfléchir les élèves à la manière de créer un *post* efficace – qu'il soit écrit ou oral – afin d'alerter les consciences sur les questions environnementales et la situation des îles du Pacifique.

• Ils pourront réaliser l'activité en classe ou à la maison. Plusieurs modalités possibles :
– publier leur *post* sur un mur Padlet, en ayant ainsi la possibilité de consulter et commenter les *posts* de leurs camarades ;
– utiliser l'ENT de l'établissement ;
– utiliser une autre plateforme d'échange si on a dispose de ce type d'outil pour la classe.

OUTILS LINGUISTIQUES

Grammaire

• Cette activité où les élèves chercheront à rapporter des faits et commenter des situations leur fera naturellement utiliser le Présent simple et le Présent en *BE* + *-ing*, ainsi que la nominalisation en *-ing*
→ *Grammar* p. 78

Exercices sur :
→ la banque de ressources Didier-Prof
→ le manuel numérique

Cette tâche intermédiaire constitue une préparation à la tâche finale 1 p. 77 : *Support the Warriors!*

2. "We are fighting!" – p. 74-75

PRÉSENTATION DES DOCUMENTS

Les photos

• Les deux photographies de la page 74 ont été prises dans le cadre de la Journée mondiale de l'océan. Ces images puissantes illustrent la manière dont les *Pacific Climate Warriors* utilisent leur culture et leurs traditions pour sensibiliser le public à leur cause.

• Les photos sont prises sur la plage ou dans la mer, montrant la connexion profonde des *Warriors* avec l'océan. Dans la photo 2, par exemple, le jeune homme apparaît reflété dans l'eau comme si son identité et son image de lui-même étaient intimement liées aux éléments aquatiques. La pagaie qu'il tient à la main constitue un autre symbole de son lien avec l'océan.

• Les poses des personnages, leurs expressions et la manière dont ils dévisagent le spectateur sont également intéressantes : elles suggèrent qu'ils sont forts, déterminés et prêts à se battre.

• Il est frappant de constater que ces jeunes activistes, dont les cultures sont aujourd'hui confrontées à des enjeux existentiels, ont justement choisi de s'appuyer sur leurs traditions et coutumes pour mener leur combat.

• Dans la photo accompagnant la vidéo de la page 75 on peut voir le slogan des *Pacific Climate Warriors* : *"We are not drowning, we are fighting"*. Sous la banderole, des guerriers rieurs et couronnés de feuillages prennent la pause tandis que des enfants, malgré l'eau qui leur arrive jusqu'au cou, sourient largement à l'objectif. C'est une photo vivante, qui communique très bien leur philosophie et leur état d'esprit : ils font face au problème directement, de manière positive et pacifique.

Les textes

• **Le texte 1** a également été publié dans le cadre de la Journée mondiale de l'océan. Il est rédigé de manière poétique, un récit mythologique où l'océan apparaît comme une figure maternelle dont nous serions tous issus. Il évoque des images simples et puissantes qui permettent au lecteur de visualiser facilement les scènes décrites et se prête donc particulièrement bien à l'illustration, qui pourra constituer un moyen agréable de mener une activité de compréhension de l'écrit (question 3 p. 74).

• **Le texte 4** est une brève présentation des *Warriors* par eux-mêmes.

• **Le texte *The Australian Question*** (p. 75) évoque l'interaction du mouvement des *Pacific Climate Warriors* avec son puissant voisin, l'Australie. Il est accompagné d'une photo montrant de jeunes activistes du mouvement #StopAdani engagés dans la mobilisation contre le vaste projet de mine de charbon de la compagnie indienne Adani, dans l'état du Queensland.

POUR ALLER PLUS LOIN

Si les élèves souhaitent avoir plus d'informations sur la mobilisation contre le projet de mine de charbon de la société Adani : www.stopadani.com

Why #StopAdani?

After enduring a summer of intense heat waves, bushfires, drought, floods and storms, Australians are increasingly aware of the threat global heating poses to our way of life. But as the world races to solve the climate crisis, mining giant Adani are trying to build the biggest coal mine in Australia's history in central Queensland.

If built, Adani's Carmichael mine will:

• Destroy the ancestral lands, waters and cultures of Indigenous people without their consent.
• Allow 500 more coal ships to travel through the Great Barrier Reef World Heritage Area every year for 60 years.
• Get access to 270 billion litres of Queensland's precious groundwater for 60 years, for free.
• Risk damaging aquifers of the Great Artesian Basin.
• Add 4.6 billion tonnes of carbon pollution to our atmosphere.
• Critically, if allowed to go ahead, Adani's Carmichael coal mine will unlock the Galilee Basin - one of the world's largest untouched coal reserves - paving the way for at least eight more coal mines to be built. All at a time when scientists are warning we can't build any more fossil fuel infrastructure if we want to avoid catastrophic global heating.

Source : www.stopadani.com

SUGGESTIONS DE MISE EN ŒUVRE

1 | Observation des photos et anticipation

a. On pourra mener cette activité de différentes façons :
– soit projeter toutes les photos et inviter les élèves à les commenter librement, dans l'ordre qu'ils souhaitent ;
– soit projeter les photos 2 et 3 dans un premier temps et inviter les élèves à faire des hypothèses. On pourra ensuite montrer la photo de la page 75 ;
– soit diviser la classe en trois groupes et distribuer une photo différente à chaque groupe. Ils répondront tous aux mêmes questions et compareront leurs réponses ensuite.

Images fournies dans :
→ la banque de ressources Didier-Prof

OUTILS LINGUISTIQUES

Les élèves pourront formuler leurs hypothèses en utilisant :
→ YP 21 *Making hypotheses* et YP 22 *Anticipating*

Who do you think these people are?	• I think they are people who live in the Pacific. • Some of them look like warriors.
What could they be doing and why?	• Maybe they are doing a performance from their culture. • Perhaps they are protesting and fighting against climate change.

b.

The Pacific Climate Warriors	
What are the two meanings?	• Pacific = the Pacific region • pacific = peaceful, non-violent
What does this suggest about their approach?	• This suggests that they are fighting in a non-violent way.

c. En lisant le texte 4 les élèves pourront confirmer ou infirmer leurs hypothèses :

Who are they?	• They are a "group of young people from the Pacific region".
What are they doing and why?	• They are "fighting climate change"
What does the term "Pacific" suggest about their approach?	• They are fighting in a non-violent way: *"...peacefully but powerfully..."* (l. 2)

2 | Lecture du texte 1

a. On encouragera les élèves à se concentrer sur l'usage du pronom *she* ici car :
– il est possible que certains ne le remarquent pas,
– le choix de *she* est très intéressant car il en dit long sur la relation entre les cultures des îles du Pacifique et l'Océan.

→ *The pronoun "she" is used to talk about the Ocean. It first of all shows that they see the Ocean as a living being. It also means they see the Ocean as a woman, and more specifically like a mother, which they refer to as "our mother ocean". This is supported by the fact it says "she gives us life" and "from her belly our islands were born".*

b.

The problems today	• We create too much waste and pollution: → *"We fill her with our plastics and our rubbish, our carbon poisons her waters, it sits in the atmosphere and warms the seas..."* (l. 9-12) • As a result, there is a risk that the Ocean will cause damage to human life: → *"... just as the Ocean has given us life, she can also take it away."* (l. 14-15)
The purpose of this text	• The purpose of the text is to raise awareness about the problems and dangers if we continue polluting the Oceans and to encourage people to behave better: → *"Remember who we are, our connection to the Ocean and do better!"* (l. 16-18)

3 | Illustration du texte

Cette étape peut être menée en classe ou à la maison. On pourra ensuite organiser une petite exposition avec toutes les illustrations et on invitera les élèves à expliquer la manière dont ils ont choisi d'illustrer le texte.

OUTILS LINGUISTIQUES

Lexique

Pour s'approprier le vocabulaire nécessaire à l'ensemble de la séquence :

→ *Words* p. 79

→ Plateforme d'entraînement reussirenlangues.fr/IFS2de

PRACTISE ONLINE

OUTILS LINGUISTIQUES

Pour répondre à la question :

→ YP 23 *Observing, deducing*

4 | Visionnage de la vidéo et déduction des buts et moyens employés

Aims	• The Pacific Climate Warriors aim to make Australia reconsider its use of fossil fuels. → *"Hopefully I get Australia to reconsider the commitment to expanding the fossil fuel industry."* (1'26) • They want the global community to take responsibility for the environment and help them: → *"We want the world to be responsible and do something about climate change."* (2'07)
Methods	• They sailed to Newcastle to block the coal port to draw attention to the issue. • They are using their culture and traditions to get people to engage with their fight. → *"We bring with us our culture, our tradition..."* (1'13) → *"Us going to the flotilla in Newcastle is taking that message that we want a solution."* (2'01) • They use peaceful methods: → *"It's important for us as young people in the Pacific to share our stories, to share our lives, to share our history and our culture and our traditions..."* (2'56) → *"We did it in a very pacific way, in our own way. And it really motivated and touched so many people."* (3'36)

5 | *React*

On pourra demander aux élèves de lever la main s'ils trouvent l'approche des *Pacific Climate Warriors* efficace. Si jamais il y a du désaccord, cela donnera lieu à un petit débat où les élèves seront amenés à expliquer leur opinion et éventuellement proposer d'autres solutions.

6 | À la maison – Recherches personnelles sur le combat des *Pacific Climate Warriors*

• Cette activité pourra être proposée si la classe est particulièrement motivée par le sujet ou pour les élèves qui souhaiteraient aller plus loin.

• Les élèves feront leurs recherches à la maison, individuellement ou en binômes. Ils pourront ensuite :
– ajouter les informations à un document collaboratif ;
– en classe, organisation d'un jeu du style *chain speaking* où chaque élève, à tour de rôle, doit ajouter une nouvelle information.

DEBRIEF – p. 75

> "They work to change the narrative from one that paints them as mere victims of climate change, to Warriors of the Pacific."

How do the Pacific Climate Warriors do this? Why is it so important?

Les élèves pourront proposer des réponses de ce type :

→ *The warriors work to change the narrative because they aren't just accepting the situation. Instead, they are fighting back. They are making a powerful statement by using their cultures and traditions in their fight.*

→ *It is important because it shows that they are taking control of the situation and not waiting on someone else to save them. Also, they are showing that even small groups of people can have an impact.*

OUTILS LINGUISTIQUES

Grammaire

La vidéo sera l'occasion de travailler sur le Présent simple *vs* le Présent en *BE + -ING*

→ *Grammar* p. 78

Lexique

Les rubriques *Finding solutions* et *Activism* permettront aux élèves d'enrichir leurs productions.

→ *Words* p. 79

OUTILS LINGUISTIQUES

Pour mener le débat de manière constructive :

→ YP 40 *Criticizing* et YP 41 *Praising*

YOUR TURN – p. 75

Cette tâche intermédiaire constitue une préparation à la tâche finale 1 p. 77 : *"Support the Warriors!"*

Create an infographic

• Ce *Your Turn* va donner l'occasion aux élèves d'approfondir le sujet et d'avoir une vision des enjeux plus large.

• Il s'agira ensuite de présenter leurs découvertes sous la forme d'une infographie, en réfléchissant à la meilleure manière de rendre leurs contenus efficaces pour mobiliser l'attention de leur public et le sensibiliser à la cause présentée. On pourra les encourager à réfléchir à ce qui attire leur propre attention en ligne, comme les y invite le *Tip* proposé pour la tâche finale (p. 77), et définir ensemble les critères.

• De nombreux outils existent sur le net pour créer facilement des infographies, comme *Piktochart*, qui permet de réaliser de belles infographies assez simplement et propose des tutoriels avec des conseils.

• Mais les élèves peuvent aussi utiliser leurs ciseaux et leur colle pour créer des posters présentant le fruit de leurs recherche !

FOR & AGAINST – p. 76

"We want more learning and less activism in schools"

PRÉSENTATION DES DOCUMENTS

Les textes

Citation 1 : cette page *For & Against* prend pour point de départ la réponse du Premier ministre australien, Scott Morrison, aux grèves et manifestations étudiantes en novembre 2018 :

> The prime minister implored children to stay in class rather than protesting things that "can be dealt with outside of school".
> "Each day I send my kids to school and I know other members' kids should also go to school but we do not support our schools being turned into parliaments," Morrison told parliament on Monday.
> "What we want is more learning in schools and less activism in schools."
> Morrison furiously reacted to Greens MP Adam Bandt during question time about the protest, dubbed the Big School Walkout for Climate Action.
> *Source :* The Guardian

Texte 2 : naturellement, la déclaration de Morrison a généré beaucoup de débats et soulevé des questions fondamentales : Quel est le but de l'éducation ? À quoi préparons-nous les jeunes ? Quelles sont les limites entre « école » et « vie réelle » ? Qu'est-ce que l'activisme ?
L'extrait 2, publié dans *The Conversation*, est un extrait d'un article de Kelly Bousfield et Jackie Tinkler, deux enseignantes de l'université Charles Sturt, en Australie. Elles y expriment un point de vue radicalement opposé à celui du premier ministre, insistant sur le fait que l'engagement citoyen de leurs étudiants leur paraît la meilleure preuve que leur éducation est accomplie.

Texte 3 : le *post* de Siniva Esera provient du site des *Pacific Climate Warriors*. L'étudiante originaire de Tokelau, un archipel de trois atolls polynésiens sous souveraineté néo-zélandaise, réagit à la déclaration de Morrison et explique les raisons de sa participation aux manifestations.

The Conversation
The Conversation is an independant source of news and views, sourced from the academic and research community and delivered direct to the public.
"Access to independent, high-quality, authenticated, explanatory journalism underpins a functioning democracy. Our aim is to allow for better understanding of current affairs and complex issues. And hopefully allow for a better quality of public discourse and conversations."

SUGGESTIONS DE MISE EN ŒUVRE

Plusieurs modalités sont possibles pour mener ce débat. On privilégiera autant que possible des débats entre groupes de 4 élèves maximum. Si une telle activité peut ne pas être notée, on veillera à l'évaluer dans une visée formative, en donnant par avance les critères d'évaluation qui pourront être les suivants :
- Capacité à s'exprimer en continu
- Capacité à interagir
- Qualité de l'argumentation
- Correction et richesse de la langue
- Qualité d'écoute et place au sein du groupe

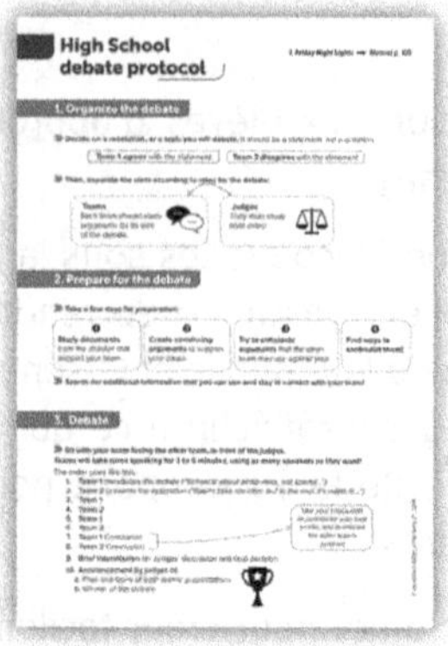
High School debate protocol
1. Organize the debate
2. Prepare for the debate
3. Debate

Les principes du débat seront donnés en amont ; les élèves ne choisissent pas leurs partenaires ni l'opinion qu'ils défendent.

1. Les élèves prennent connaissance en autonomie de la citation de Scott Morrison et réfléchissent à leur propre position sur le sujet.

2. Ils explorent ensuite les deux autres textes et identifient la position de leurs auteures : sont-elles d'accord ou pas avec le premier ministre ?

3. En binômes, ils reformulent les arguments exprimés dans les trois documents.

4. Le professeur constitue les équipes (de façon hétérogène) et attribue les positions à défendre. S'il y a plusieurs débats en simultané, il est possible de nommer des élèves jurés dont le rôle sera de lancer et modérer le débat, puis de désigner l'équipe vainqueur. Les élèves jurés évaluent, mais n'attribuent pas de notes.

5. Chaque équipe dispose de quinze minutes pour se préparer :
- organiser les arguments extraits des trois documents et en trouver d'autres,
- les illustrer d'exemples du chapitre ou provenant de leur propre culture ou expérience,
- se préparer à contrer les arguments des autres.

Chaque groupe peut avoir accès à un dictionnaire et aux *Yellow Pages* (p. 183-212). Pendant ce temps, les élèves jurés prennent connaissance de la grille d'évaluation avec l'aide du professeur.

6. Les jurés lancent le débat, qui durera dix minutes. Les débatteurs ont droit à des notes non rédigées. Une fois le temps écoulé, chaque équipe dispose d'une minute pour faire la synthèse de ses arguments. Les jurés délibèrent et désignent les vainqueurs à partir de la grille d'évaluation. Ils argumentent leur choix.

AILLEURS DANS LE MANUEL
On trouvera dans le chapitre 7 *Friday Night Lights* une fiche *Debate Protocol* qui peut éventuellement être proposée aux élèves pour ritualiser l'organisation d'un débat.

Cette fiche est fournie dans :
→ la banque de ressources **Didier-Prof**
→ le site e IFS2305
→ le manuel numérique

Ce débat constitue une bonne préparation à la tâche finale 2 p. 77 : *"Hold on a student parliament!"*
Il peut aussi constituer une tâche finale en soi.

Les 3 documents sont fournis dans :
→ la banque de ressources **Didier-Prof**

OUTILS LINGUISTIQUES
Pour formuler leurs arguments et contredire leurs opposants :
→ **YP 38 *Opinions,***
YP 39 *Agreeing / Disagreeing*

FINAL TASK – p. 77

SUGGESTIONS DE MISE EN ŒUVRE

Selon le parcours mené au sein de ce chapitre, on choisira l'une ou l'autre des deux tâches finales.

Support the Warriors!

1 | Préparation

• On pourra commencer par projeter le *post* au tableau en ne montrant que la phrase d'accroche :
"Do you have Media and Communications experience?".

On demandera alors pourquoi les *Pacific Climate Warriors* posent cette question.

Réponses possibles :

→ *Maybe they want to recruit somebody to help them become more visible.*
→ *Maybe they want to hire someone to manage their communication with the media.*
→ *Maybe they want someone to manage their social media presence.*

Les élèves pourront ensuite lire la publication entière pour vérifier.

• On leur demandera de définir plus explicitement le rôle de la personne qui va être recrutée :

→ *How can "powerful storytelling ability" help the Pacific Climate Warriors' work?*
→ *What does it mean to "shape and amplify" their stories?*
→ *It probably means that they want someone to help them get attention online through social media campaigns.*

• Les élèves pourront ensuite se mettre en groupes et faire un *brainstorming* afin de mettre au point leur stratégie et leur projet de campagne de sensibilisation.

2 | Action

• Puisqu'il s'agit d'une campagne destinée à être mise en ligne sur les réseaux sociaux, les élèves se serviront naturellement des TICE pour présenter leurs idées. On pourra :
– soit leur demander d'exposer leurs idées (*pitch their ideas*), comme s'ils travaillaient pour une agence de communication et devaient décider quelles idées développer ;
– soit leur demander de poster leur campagne ou leur *pitch* anonymement sur un mur Padlet. Ils pourront ensuite consulter toutes les idées et discuter collectivement des points forts et faibles de chaque campagne.

• En votant pour la meilleure stratégie, on pourra demander aux élèves d'établir des critères et de justifier leurs choix :

→ *most likely to reach a wide audience*
→ *most likely to lead to further engagement*
→ *most striking campaign*
→ ...

Post fourni dans :
→ la banque de ressources Didier-Prof

OUTILS LINGUISTIQUES

Cette tâche finale permet de réinvestir les outils lexicaux et grammaticaux vus dans le chapitre :
→ *Words* p. 79
→ Plateforme d'entraînement reussirenlangues.fr/IFS2de
PRACTISE ONLINE
→ *Grammar* p. 78

Take part in a student parliament on climate change

1. Préparation

Les élèves pourront préparer ce débat en faisant des *brainstorming* par petits groupes et en menant éventuellement quelques recherches en ligne s'ils souhaitent approfondir certaines questions.

2 | Action

• On définira un temps de parole pour chaque intervenant de manière à avoir le temps d'écouter les discours de chacun puis de débattre des propositions. Si nécessaire, on pourra diviser la classe et tenir deux parlements afin que tout le monde puisse s'exprimer.

• On pourra désigner un élève pour jouer le rôle du *Speaker* : il distribuera les temps de parole et modérera le débat pendant la tenue du parlement.

OUTILS LINGUISTIQUES

Cette tâche finale permet de réinvestir les outils lexicaux et grammaticaux vus dans le chapitre :

→ *Words* p. 79

→ Plateforme d'entraînement reussirenlangues.fr/IFS2de PRACTISE ONLINE

→ *Grammar* p. 78

AILLEURS DANS LE MANUEL

Un entraînement au discours est proposé dans le chapitre 2 :

→ *How to make a speech* p. 40

GRAMMAR – p. 78

Exercices autocorrectifs fournis dans :

→ la banque de ressources Didier-Prof

→ le manuel numérique

WORDS – p. 79

Exercices autocorrectifs fournis sur :

→ la plateforme d'entraînement reussirenlangues.fr/IFS2de PRACTISE ONLINE

TEST YOUR SKILLS – p. 79

Speaking

Fiche support photocopiable fournie dans :

→ ce guide pédagogique p. 321

Writing

Fiche support photocopiable fournie dans :

→ ce guide pédagogique p. 322

Tous les supports et les grilles d'évaluation sont fournis dans la banque de ressources Didier-Prof

6 OUR HOME PLANET

Axe : SAUVER LA PLANETE, PENSER LES FUTURS POSSIBLES

Thème : La conquête de l'espace, Mars

Problématique :

Pourrions-nous vivre ensemble ailleurs que sur Terre ?

Ancrage culturel :
L'esprit pionnier américain et la recherche de nouvelles frontières

Grammaire :
- Les énoncés interrogatifs
- *If... will*
- *Be going* + *to* + BV

Introduction

Ce chapitre aborde le sujet de la conquête spatiale, et plus particulièrement de la migration vers Mars. Sujet d'ordinaire réservé à la science-fiction, la colonisation de Mars est aujourd'hui le projet bien réel de certaines élites, notamment aux Etats-Unis où la culture est marquée par l'esprit de conquête.

La science-fiction a depuis plusieurs décennies nourri notre imaginaire autour de Mars et de la vie extra-terrestre. Et si la réalité rattrapait bientôt la fiction ? La conquête de l'espace connaît un nouvel engouement populaire à la faveur des incursions robotisées sur la planète rouge, et des séjours sur la Station spatiale internationale qui nous renseignent sans cesse sur les conditions de survie de l'être humain dans l'espace.

Si le voyage vers Mars devient possible, sa colonisation est-elle envisageable ? Des entrepreneurs américains investissent dans des projets spatiaux qui peuvent sembler délirants mais une génération de jeunes américains se prépare bel et bien au grand saut... Un enthousiasme que les élèves seront invités à découvrir et à questionner dans ce chapitre.

Petite visite guidée...

Ouverture : une image forte pour faire réagir les élèves. Cette planète bleue est-elle la Terre que nous quittons ou une autre sur laquelle nous arrivons après un long périple ?

L'homme dans l'espace

Le quotidien dans la Station spatiale internationale

Les conséquences sur le corps humain

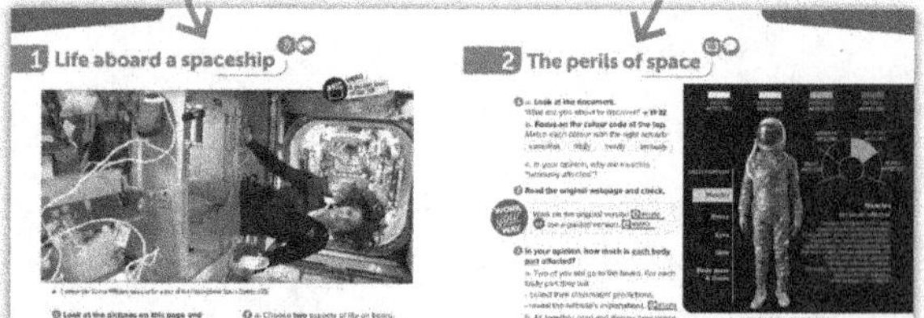

Vivre sur Mars, est-ce possible ?

Un quiz pour vérifier ses connaissances sur la planète rouge

Un extrait de film pour imaginer la réalité

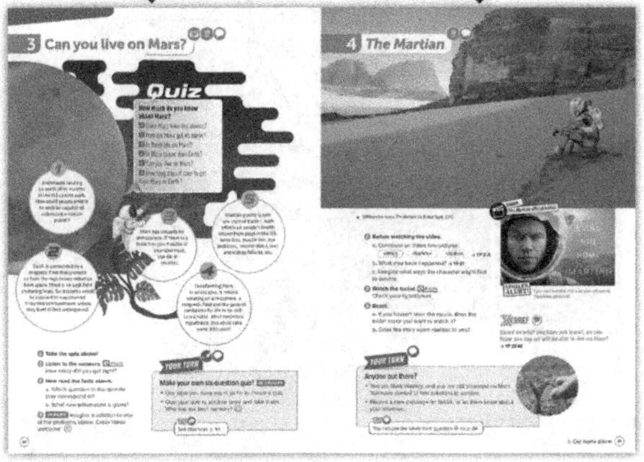

La « génération Mars »

Un docu fiction pour découvrir la génération qui se prépare à aller sur Mars

... Et le cas particulier d'une jeune Américaine décidée à s'y installer

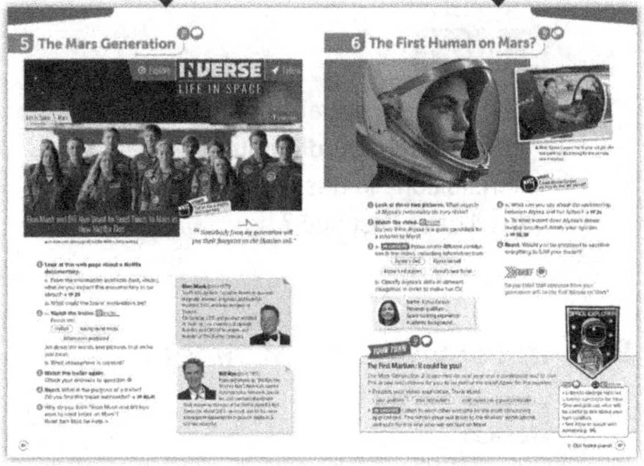

Un voyage sans retour

Un extrait d'une nouvelle de Ray Bradbury qui amène à s'interroger sur la migration vers Mars

Un débat : partir ou rester ?

2 interviews de scientifiques renommés pour collecter des arguments

2 tâches finales au choix :
– Postuler pour participer à un *space camp*
– Converser par SMS avec Alyssa, en route pour Mars

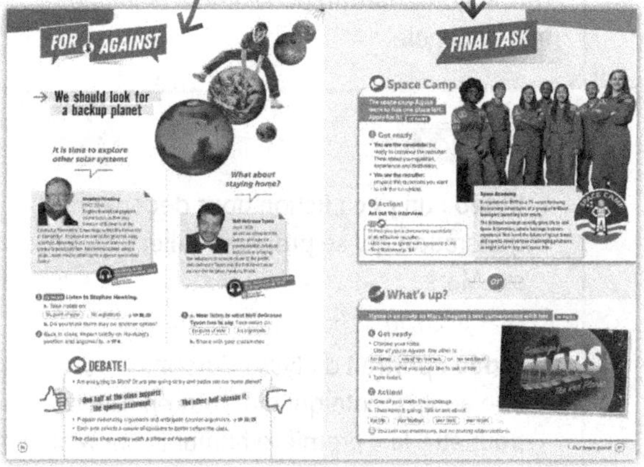

Page méthode : discuter avec quelqu'un

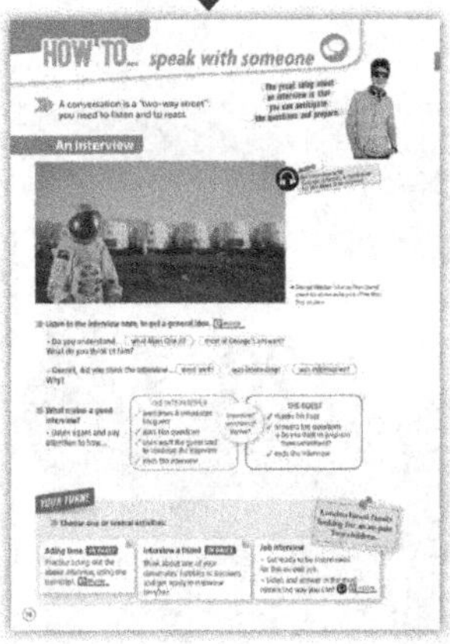

Évaluations au choix : *Listening, speaking + reading & writing* type Bac

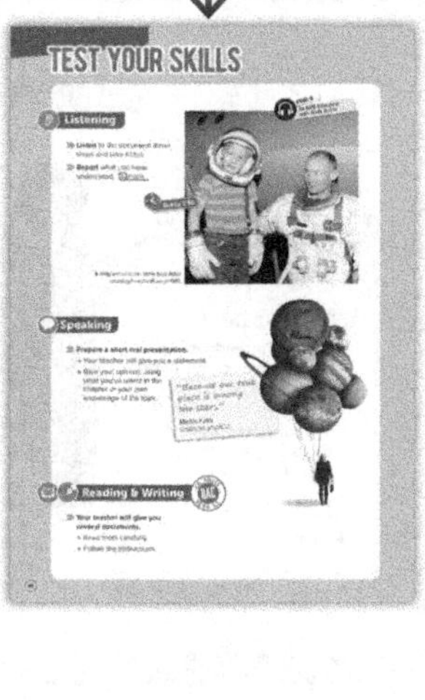

A word from the authors...

"Ever since the release of Stanley Kubrick's *2001, A Space Odyssey*, and the US missions to the Moon, we have dreamed of space. After the moon walks, NASA scaled down manned sorties to vehicles orbiting the Earth fairly close, such as the International Space Station. But the new generation wants to test their share of the pioneer genes that sent their grandfathers further out there. Their target: Mars. No less. And not for a simple visit — for a total, final, no-return exile.
Despite odds that our European, rationalistic minds regard as impossible, our friends across the Atlantic are ready to revive this spirit. Current technology makes it possible. The question is, however: can humans survive the trip and then colonize the Red Planet?

Bernard Moro

Un chapitre, plusieurs séquences possibles…

SÉQUENCE #1 B1 • 5 à 6 séances

Pour démarrer :

p. 80-81

▶ Une **image intrigante et un commentaire audio** pour amorcer la réflexion : le destin de l'homme est-il dans l'espace ?

Pour découvrir et s'entraîner :

IN GROUPS

p. 82

▶ Une **visite guidée** de la Station spatiale internationale
Par groupes, les élèves découvrent le quotidien des hommes et des femmes dans l'espace

▶ Une **présentation** de la Station spatiale internationale

p. 86-87

▶ **Vidéo :** un docu fiction pour découvrir la génération qui se prépare à aller sur Mars

OU au choix du professeur :

▶ **Vidéo :** portrait d'Alyssa Carson, une adolescente qui met tout en œuvre pour être la « première humaine sur Mars »

▶ Une **tâche d'entraînement :** *The First Martian: it could be you!*

Méthode p. 96-97

▶ Pour se préparer à un entretien

Une tâche finale :

p. 91

▶ *The space camp Alyssa went to has one place left. Apply for it!*

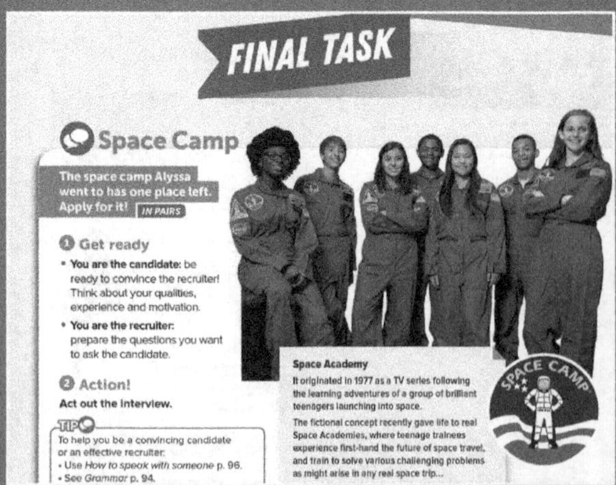

Évaluations p. 98

▶ Dispositif complet d'évaluation dans la banque de ressources **Didier-Prof**

SÉQUENCE # 2 B1 • 6 à 7 séances

Pour démarrer :

p. 84

- Un **quiz** pour tester ses connaissances sur Mars
- Des **informations** sur les difficultés à surmonter pour pouvoir envisager de vivre sur Mars

Pour découvrir et s'entraîner :

p. 85

- Une **image** extraite du film *The Martian*
- **Vidéo :** trailer de *The Martian*, ou comment l'homme peut-il survivre sur la planète rouge ?
- Une **tâche d'entraînement** : *Anyone out there? Record a message for NASA*

p. 83

- Une **activité interactive** pour en savoir plus sur les répercussions de la vie dans l'espace sur le corps humain
- Une **coupure de presse** sur les conséquences physiques du séjour de Chris Hadfield sur l'ISS

p. 87

- **Vidéo :** portrait d'Alyssa Carson, une adolescente qui met tout en œuvre pour être la « première humaine sur Mars »

Une tâche finale :

p. 91

- *Alyssa is en route to Mars. Imagine a text conversation with her.*

OU

p. 87

- *The First Martian: it could be you!* – Comme Alyssa Carson, préparez votre candidature pour partir sur Mars

Évaluations p. 98

- Dispositif complet d'évaluation dans la banque de ressources Didier-Prof

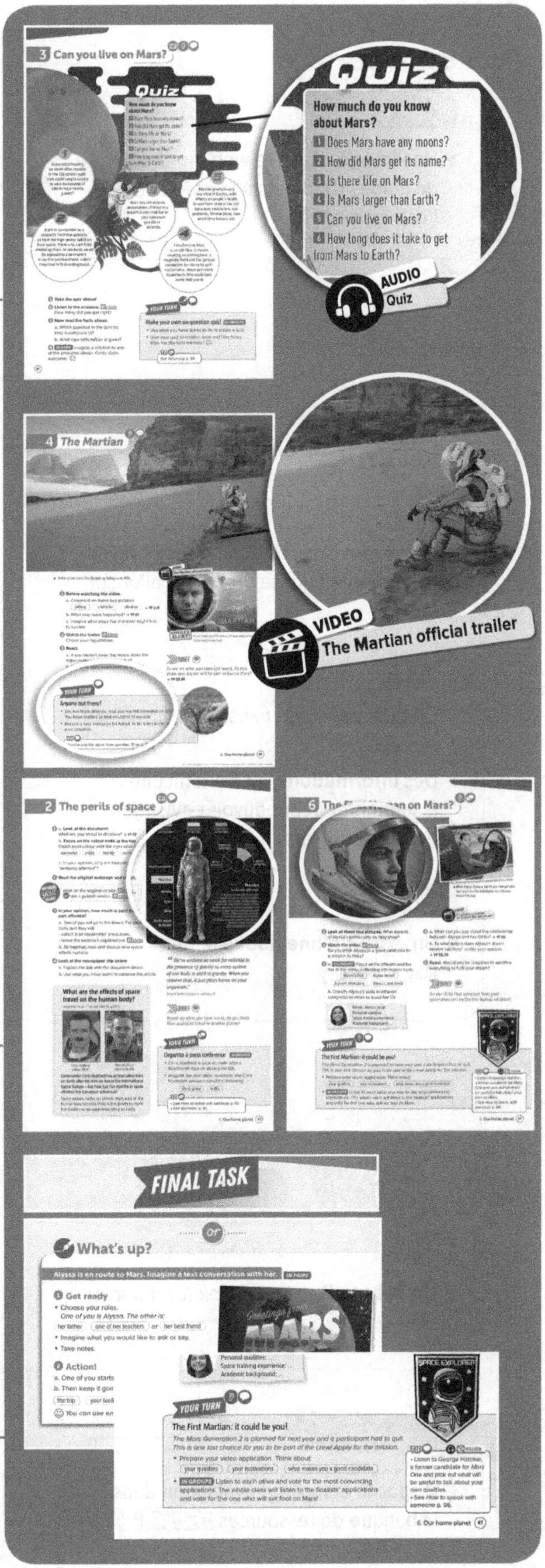

SÉQUENCE # 3 B1 / B1+ • 5 séances

Pour démarrer :

p. 86

- Une **image** d'un site web montrant de jeunes candidats à la « vie dans l'espace »

Pour découvrir et s'entraîner :

p. 86

- **Vidéo :** un **docu fiction** pour découvrir la génération qui se prépare à aller sur Mars

p. 84

- Un **quiz** pour tester ses connaissances sur Mars
- Des **informations** sur les difficultés à surmonter pour pouvoir envisager de vivre sur Mars

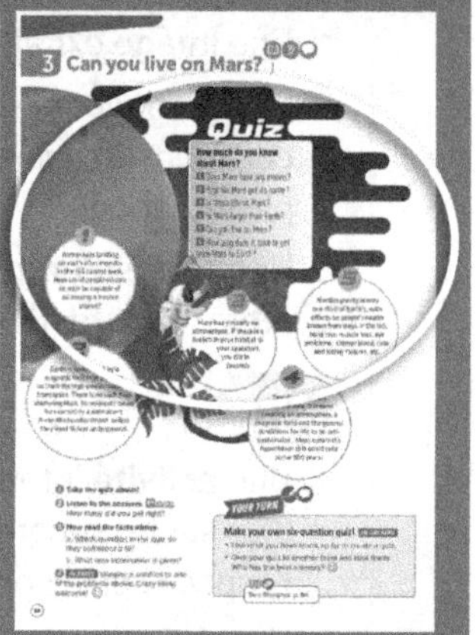

p. 88-89

- Un **extrait d'une nouvelle** de Ray Bradbury

Une tâche finale

p. 90

- **Un débat :** *We should look for a backup planet*

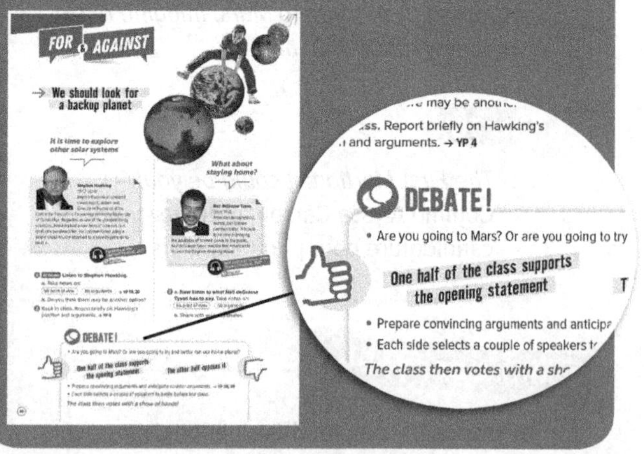

Évaluations p. 98

- Dispositif complet d'évaluation dans la banque de ressources Didier-Prof

SÉQUENCE # 4 B1 • 4 séances

Pour démarrer :

p. 80-81

▶ Une **image intrigante** et un **commentaire audio** pour amorcer la réflexion : le destin de l'homme est-il dans l'espace ?

Pour découvrir et s'entraîner :

p. 88-89

▶ Un **extrait d'une nouvelle** de Ray Bradbury

Une tâche finale :

p. 89

▶ *Write a scene for a Sci-Fi story*

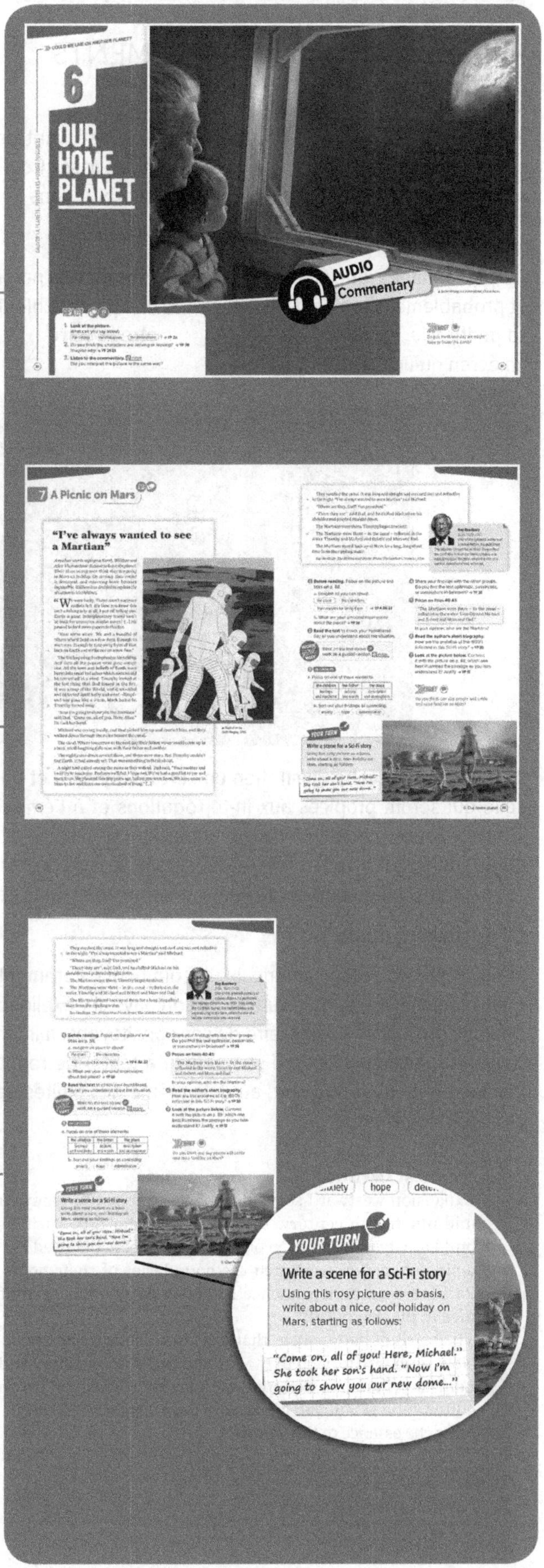

Évaluations p. 98

▶ Dispositif complet d'évaluation dans la banque de ressources **Didier-Prof**

OUVERTURE – p. 80-81

PRÉSENTATION DES DOCUMENTS

L'image d'ouverture

Il s'agit d'une illustration de Chase Stone s'inscrivant dans l'univers de la science-fiction. Le décor métallique et sombre, assez froid, pourrait être celui d'un vaisseau ou d'une station spatiale en orbite dans l'espace. L'image est composée de 2 parties :

- 2 personnages, une vieille dame et probablement son petit-fils ou sa petite-fille, semblent scruter un écran ou une fenêtre
- derrière la paroi vitrée on aperçoit une planète bleutée qui pourrait être la Terre

Il se dégage de cette illustration un certain mystère et une forme de mélancolie qui seront propices aux in-terrogations et à l'émission d'hypothèses : la mystérieuse planète bleue qui apparaît à droite est-elle la Terre que l'on quitte, où une nouvelle planète qui s'apprête à accueillir les exilés ? Quels événements ont pu amener les deux personnages dans cette situation ?

Le document audio

Mark, notre co-auteur américain, y commente librement l'image en soulignant son ancrage dans la culture de son pays. Il y explique l'idée de *Manifest Destiny*, qui nourrit l'imaginaire de ses concitoyens, alimente de nombreuses œuvres de fiction et pousse son peuple à tenter de repousser toujours plus loin les frontières à explorer, au-delà même des limites de notre planète, en direction des étoiles.

Manifest Destiny
Expansion westward seemed perfectly natural to many Americans in the mid-nineteenth century. Like the Massachusetts Puritans who hoped to build a "city upon a hill", courageous pioneers believed that America had a divine obligation to stretch the boundaries of their noble republic to the Pacific Ocean. Independence had been won in the Revolution and reaffirmed in the War of 1812.
The spirit of nationalism that swept the nation demanded more territory. Now, with territory up to the Mississippi River claimed and settled and the Louisiana Purchase explored, Americans headed west in droves. Newspaper editor John O'Sullivan coined the term "Manifest Destiny" in 1845 to describe the essence of this mindset.

www.ushistory.org

Chase Stone
An illustrator and concept artist who works regularly in the realm of fantasy and science fiction.
He notably worked on *A Song Of Ice and Fire*, the series of best-selling books of epic fantasy novels that inspired the HBO series *Game of Thrones*.

SUGGESTIONS DE MISES EN ŒUVRE

1 | et 2 | Projection de l'image et recueil des réactions des élèves

• En guise d'anticipation, on pourra commencer par projeter uniquement la partie gauche de l'image (où apparaissent les deux personnages), de manière à faire émettre des hypothèses. Les élèves pourront s'appuyer sur l'expression fascinée et grave de la vieille dame et du bébé pour essayer de deviner où se trouvent ces derniers et ce qu'ils sont en train de regarder.
On pourra demander aux élèves de formuler leurs hypothèses sous forme de questions, qu'un élève pourra prendre en notes au tableau ou saisir sur ordinateur :

→ *Are they in a train? / Are they in a plane?*
→ *What are they looking at?*

• On pourra alors projeter l'image entière et en donner le titre aux élèves : *Remembering our home planet* afin de valider ou corriger les hypothèses. La mise en commun, que l'on pourra noter au tableau sous forme de *spidergram*, permettra d'imaginer les différents scénarios qui ont pu conduire la vieille femme et l'enfant, c'est-à-dire l'humanité à ses âges les plus vulnérables, à cette situation qui ressemble fort à un exode.

3 | Écoute du commentaire audio

• Il se compose de trois parties :

Time code	Thème principal	Apports culturels
0 - 0'50	Description et commentaire de l'image d'ouverture	*futuristic imagery, Earth no longer* ***inhabitable****
0'52 - 1'43	L'esprit pionnier américain et la recherche de nouvelles frontières, moteurs de l'exploration spatiale US	***Final Frontier****, Star Trek,* ***Pioneers, Manifest Destiny, Westward expansion****, going from the Atlantic Ocean to the Pacific* nowhere else to go West, go up
1'44 - fin	La vie dans l'espace, un futur possible pour l'humanité ?	*"we see the effect we're having on the environment, and the possibility that there will be a time that (sic) Earth is no longer* ***inhabitable****"*

* On s'attardera sur le terme *inhabitable*, faux ami par excellence, qui revient deux fois. On le fera écrire, de même que son antonyme, afin d'en clarifier le sens.

• La compréhension de ce document de 2 minutes environ devrait être facilitée par les éléments suivants :
– un débit relativement lent, une élocution claire et des mots nettement accentués ;
– on retrouve dans la première partie du document de nombreux termes qui auront été utilisés lors des questions 1 et 2 (*a grandmother, a baby, a spaceship, a space station, astronauts, the Earth…*)

• Après l'écoute, on pourra demander aux élèves de compléter leur *spidergram* avec les nouveaux apports du locuteur.

Illustration fournie dans :
→la banque de ressources Didier-Prof

OUTILS LINGUISTIQUES

Pour décrire les visuels :
→ YP 8a *Describing visuals*, YP 8b *Locating elements*

• Cette phase sera l'occasion de travailler sur les énoncés interrogatifs et d'améliorer ensemble la syntaxe des questions au fur et à mesure des propositions de la classe.
→ *Grammar* Les énoncés interrogatifs p. 94

• **Lexique**
Pour s'approprier une partie du vocabulaire nécessaire à l'ensemble de la séquence :
→ *Words* p.92
→ Plateforme d'entraînement reussirenlangues.fr/IFS2de

PRACTISE ONLINE

Plusieurs idées émises par ce dernier peuvent retenir l'attention des élèves et leur donner envie de s'exprimer à leur tour :

Eléments extraits du document audio	Relances possibles auprès des élèves
"And we think about this in the United States, a lot, we think about space, as the "Final Frontier", as it was famously called in Star Trek... Because we are Frontier people, we are Pioneers, at the base of our culture. And I think we're a bit obsessed with space exploration, just because we've always been pioneers."	→ Can you think of other examples in the American popular culture? (movies, books, comics...) → Do you like this kind of films/books/comics? Why or why not?
"Perhaps that, especially in the United States, we see the effect we're having on the environment, and the possibility that there will be a time that Earth is no longer inhabitable, and we need to make a plan."	→ What about you? Do you feel concerned by environmental issues? → Do you think that we "need to make a plan"?
"And so this is how we possibly re-invent ourselves, re-invent a new humanity, and start a new direction for the world."	→ What do you think about this plan? → Can you think of other ways to re-invent a new humanity?

DIFFÉRENCIATION PÉDAGOGIQUE

Pour les élèves qui auraient envie d'aller plus loin, ou dans le cadre d'un parcours orienté de manière plus "littéraire" (cf proposition de séquence #4 dans la partie "Séquences possible"), on pourra proposer un *Your Turn* à réaliser éventuellement en binôme, où les élèves prépareraient un texte inspiré par l'illustration. Il pourrait s'agir au choix :
– d'un monologue de la grand-mère ;
– d'un poème,
– d'un récit d'exil dont cette image serait une illustration,
– ...

DEBRIEF – p. 81

Do you think one day we might have to leave the Earth?

Ce *Debrief* peut être amorcé à l'oral en fin de séance et donné en petite tâche écrite pour la séance suivante. Les élèves pourront s'appuyer sur les questionnements et les réflexions travaillés précédemment pour rédiger un court paragraphe exprimant leur opinion.

1. Life aboard a spaceship – p. 82

PRÉSENTATION DES DOCUMENTS

L'image

• Ce visuel étonnant est extrait de la vidéo *A guided tour of the ISS*, filmée par la NASA à bord de la Station spatiale internationale en novembre 2012.

• L'image est très frappante et ne manquera pas de faire réagir les élèves : on y voit le commandant de l'ISS Sunita Williams — qui fut également commandant d'une escadrille d'hélicoptères de combat en Afghanistan — en train de « flotter » en apesanteur dans le module principal.
Elle apparaît environnée d'un appareillage sophistiqué et tient à la main la petite fiche qui lui sert de fil conducteur pour la « visite guidée » de la station qu'elle est en train de présenter. On perçoit la profondeur de la station à l'arrière-plan.
L'apesanteur qui règne dans la station est perceptible à travers la position horizontale de la jeune femme et ses cheveux flottant librement autour de sa tête.

La vidéo

• On y voit Sunita Williams évoluer à travers la station en présentant avec humour les divers modules qui la composent et en explicitant comment se déroule la vie quotidienne des hommes et des femmes qui y séjournent. Elle répond très simplement à des questions aussi cruciales que : *"How do you sleep on board of the ISS?"* ou *"How do you feed on board of the ISS?"*?... ce qui ne manquera pas de fasciner les élèves ! L'astronaute se déplace avec une parfaite fluidité dans les diverses sections du vaisseau, pourtant hérissées d'obstacles en tous genres, illustrant ainsi l'idée qu'il n'y a ni haut ni bas dans l'espace, et que toutes les perceptions y sont modifiées.

Sunita Williams' guided tour of the ISS
In her final days as Commander of the International Space Station, Sunita Williams recorded an extensive tour of the orbital laboratory and downlinked the video on Nov. 18, just hours before she, cosmonaut Yuri Malenchenko and Flight Engineer Aki Hoshide of the Japan Aerospace Exploration Agency departed in their Soyuz TMA-05M spacecraft for a landing on the steppe of Kazakhstan. The tour includes scenes of each of the station's modules and research facilities with a running narrative by Williams of the work that has taken place and which is ongoing aboard the orbital outpost.

Source: NASA

• La vidéo se compose de 5 parties :

00 – 0'49	Introduction
0'50 – 2'36	**SLEEP** - How do you sleep on board of the ISS?
2'37 – 3'51	**EXERCISE** - How do you exercise on board of the ISS?
3'52 – 5'16	**FOOD** - How do you feed on board of the ISS?
5'17 – 6'16	**SPACEWALKS** - Why do you have to go out in space?
6'17 – 8'01	**SPACESUIT** - Spacesuits are spacecraft

• Sa durée est de 8 minutes mais les élèves sont invités à se focaliser sur deux parties seulement, soit environ 3 minutes de vidéo. Sunita Williams s'exprime très clairement et joint régulièrement le geste à la parole pour illustrer ses propos, ce qui facilitera grandement la compréhension des élèves, d'autant que les images apportent elles-mêmes beaucoup d'informations.

SUGGESTIONS DE MISE EN ŒUVRE

1 | Projection des images et recueil des questions des élèves

• En guise d'anticipation sur la vidéo, les élèves sont invités à formuler toutes les questions qui leur viendront en voyant les images étonnantes de Sunita Williams et de l'ISS en orbite autour de la Terre.

• On pourra commencer par demander si certains connaissent déjà la Station spatiale internationale et, après avoir recueilli leurs apports éventuels, on les invitera à prendre connaissance du petit encart culturel *The International Space Station* en bas de la page 82.

• On invitera ensuite un élève à venir prendre en note au tableau les questions de ses camarades, questions que l'on conservera sous forme de liste ou de carte mentale de manière à pouvoir y répondre par la suite. Le contraste entre l'univers très technologique où évolue Sunita Williams et sa tenue très décontractée, par exemple, qui laisse supposer qu'elle est à bord pour un

Illustrations fournies dans :
→la banque de ressources
Didier-Prof

OUTILS LINGUISTIQUES

Grammaire
Les énoncés interrogatifs
→ *Grammar* p. 94

Lexique
Pour les questions portant sur les éléments factuels : taille de l'ISS, missions, chiffres, etc. penser à activer
→ YP18 *Measuring / Counting*.

certain temps, suscitera sans doute spontanément des interrogations quant à sa vie à bord.

• Le fait de noter leurs questions au préalable motivera le visionnage de la vidéo et permettra aux élèves de se concentrer uniquement sur les éléments qui les intéressent, sans se laisser déborder par l'abondance de l'information.

2 | Premier visionnage de la video

• Lors du premier visionnage, les élèves pourront confronter leurs tous premiers repérages avec leurs questions initiales.

• Mise en commun en classe et prise de note au tableau de ces premiers éléments de réponse.

3 | Deuxième et troisième visionnages

a. La vidéo étant longue, on proposera aux élèves de choisir les deux aspects sur lesquels ils souhaitent se focaliser : *sleep, exercise, food, spacewalks* ou *spacesuit*, pour une compréhension plus approfondie, éventuellement à la maison.

b. Puis mise en commun en classe, qui permettra de finir de compléter la liste des questions/réponses.

OUTILS LINGUISTIQUES

Pour exprimer leurs réactions :
→ YP 2a *First reactions*

4 | React

a. En conclusion de cette exploitation, les élèves exposeront ce qui les a le plus frappés dans ce *guided tour*.

b. Ils pourront ensuite commencer à se projeter dans la même situation que Sunita Williams et ses collègues :

→ *If I was aboard the ISS, I would be really excited. It must be incredible!*
→ *If I was aboard the ISS, I would be a bit scared, and I think that I would miss my family a lot.*

OUTILS LINGUISTIQUES

Grammaire

Pour formuler leurs sentiments s'ils se retrouvaient à bord de l'ISS, les élèves auront naturellement recours à *If... will / If... would*
→ *Grammar* p. 94
→ YP 45
→ exercices ❸ et ❹ p. 95

2. The perils of space - p.83

PRÉSENTATION DES DOCUMENTS

Après la visite guidée pleine d'humour et d'enthousiasme de Sunita Williams, le but de l'ensemble documentaire qui suit est de faire prendre conscience aux élèves que la vie dans l'espace comporte nombre de dangers et que les conditions de vie en apesanteur, en étant soumis à des radiations intenses, ont un fort impact sur le corps.

L'image

Elle est extraite d'une activité numérique provenant du site d'information interactive.aljazeera.com, le complément en ligne de la chaîne qatarie Al Jazeera. Cette activité intitulée "*What living in space does to your body*" répertorie tous les effets physiques de la vie dans l'espace, et le temps et les efforts nécessaires pour les contrecarrer. L'image reproduite dans le manuel montre l'écran consacré aux muscles, dont on comprend qu'ils sont "*seriously affected*".

On y voit :

Une liste de parties du corps humain affectées par un séjour dans l'espace

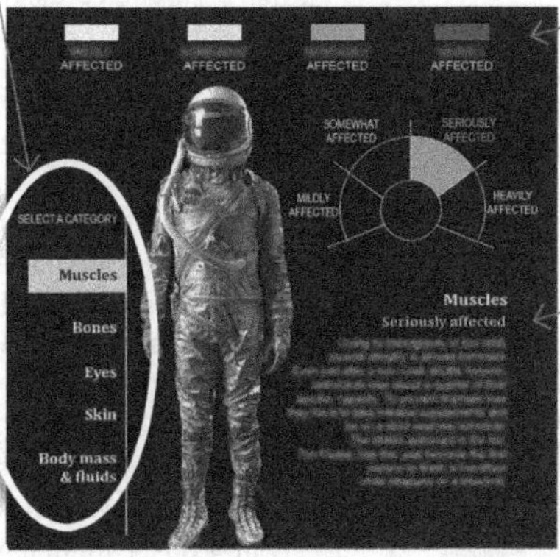

Une échelle montrant les degrés de gravité auxquels ces organes peuvent être touchés

Une explication détaillée sur ces dommages et sur les éventuelles possibilités de réparation

L'activité numérique

• Cette activité très complète, pédagogique et d'accès très intuitif, résume parfaitement les problématiques physiologiques liées aux séjours dans l'espace. Elle passe en revue sept types d'organes mais nous avons choisi de n'en montrer que cinq dans le manuel afin de faciliter la mise en œuvre :

Muscles	Bones	Eyes	Skin	Body mass & fluids

Activité numérique fournie dans :
→ la banque de ressources Didier-Prof
→ le site e IFS2254
→ le manuel numérique

La partie supérieure de chaque écran est variable et interactive, c'est là que l'on trouvera les informations les plus frappantes sur chaque type d'organe.

La partie inférieure (invisible à l'écran au premier abord, il faut donc scroller vers le bas pour la voir apparaître), est commune aux cinq parties. Elle est également intéressante parce qu'elle décline les effets à relativement long terme d'un séjour dans l'espace, jusqu'à 6 mois. On pourra proposer aux élèves les plus motivés d'explorer cette partie à la maison et d'en faire une rapide synthèse pour la classe, à l'oral ou à l'écrit.

partie interactive

partie fixe

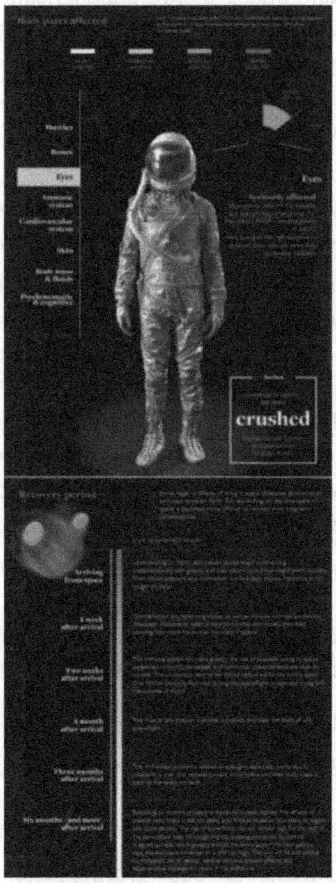

• Le vocabulaire appartient au registre scientifique et, si certains termes peuvent sembler techniques, ils sont en revanche assez transparents et ne devraient pas poser trop de problèmes aux élèves.

Extrait d'article de presse

• Cet article a été posté en mai 2013 sur le site d'information de la BBC à l'occasion du retour sur terre de l'astronaute canadien Chris Hadfield après un séjour de 5 mois à bord de l'ISS. Il rend compte des effets d'un voyage dans l'espace sur le corps humain à travers l'exemple d'Hadfield.

• L'extrait reproduit comporte :
– le gros titre et la source,
– le tout début de l'article.
– deux photos du visage de Chris Hadfield, l'une prise juste avant son envol pour l'ISS et l'autre durant sa mission à bord. Le contraste est frappant : plutôt émacié au naturel, ce visage apparaît gonflé et comme bouffi sur l'image prise à bord de l'ISS, et illustre bien les effets de la gravité zéro sur l'organisme.

Chris Hadfield before liftoff

Chris Hadfield aboard the ISS

SUGGESTIONS DE MISE EN ŒUVRE

1 | Projection de l'image floutée et recueil des propositions des élèves

a. On projettera l'image pour une phase d'anticipation visant à faire repérer et commenter les contenus probables de l'activité numérique. Pour une exploitation plus dynamique, certaines informations ont été floutées.
• Dans un premier temps, les élèves peuvent se focaliser sur l'image du cosmonaute, la liste des organes (à gauche), les termes "*Muscles, seriously affected*" ainsi que l'échelle de gravité (à droite) :

→ *We are about to discover how the human body is affected by life in space.*
→ *On the document, we can see that muscles are seriously affected.*

b. et **c.** On attirera ensuite leur attention sur le code couleur en haut de l'image pour une activité de *matching* avec les adverbes *somewhat, mildly, heavily, seriously*. Ces termes étant ainsi élucidés (le code couleur, qui va d'un jaune pâle inoffensif à un rouge vif qui symbolise bien l'idée de danger, devrait faciliter la compréhension), les élèves pourront proposer leurs hypothèses quant aux raisons qui pourraient faire que les muscles sont « très/gravement affectés », en réactivant ce qu'ils auront appris lors du visionnage de la vidéo *A guided tour of the ISS* :

→ *"In space there's nothing to do except work in the lab or on computers, without actually moving. So muscles tend to reduce."*
→ *"On Earth we fight gravity all the time when we stand or walk, so we build up muscle. In space we don't have to, so muscle mass diminishes."*

2 | Lecture de la version originale

Vérification des hypothèses au moyen de la version originale.

3 | Poursuite du travail sur les différentes parties du corps

a. Les principes de l'activité ayant été élucidés à travers l'exemple des muscles, les élèves vont pouvoir prendre la main pour la suite.

Article complet sur : http://beta.bbc.co.uk/newsround/22527246

Chris Hadfield (born 1959)
Canadian astronaut. Since 1992, he has been an integral part of both the Canadian and American space programs. In December 2012, he embarked on a five-month stay in space, where his Twitter posts about life aboard the International Space Station made him a celebrity.

POUR ALLER PLUS LOIN
Les élèves les plus motivés pourront aller explorer les *posts* de Hadfield : https://twitter.com/Cmdr_Hadfield

Image floutée fournie dans :
→ la banque de ressources Didier-Prof

OUTILS LINGUISTIQUES
Les élèves pourront présenter l'image de manière rigoureuse en utilisant :
→ YP 8a *Describing visuals*
→ YP 22 *Anticipating*

Deux élèves passent au tableau, et pour chaque organe :
– ils recueillent les prédictions de leurs camarades :
→ *I think that the skin is seriously affected, because there are dangerous radiations in space, so it must have an impact on the skin.*
– puis ils révèlent les bonnes réponses en projetant au fur et à mesure les écrans correspondants au tableau.

b. Lecture et élucidation en commun des petits textes explicatifs, puis discussion sur leurs découvertes.

4 | Newspaper clip : écrire la suite de l'article

a. Rapide mise en lien de l'article avec l'activité numérique qui a précédé.

b. Les élèves ont toutes les cartes en main pour jouer les journalistes et imaginer la suite de l'article en appliquant au cas de Chris Hadfield les informations collectées dans les documents qui précèdent.

DEBRIEF – p. 83

Based on what you have learnt, do you think Man is able to travel to another planet?

• On demandera aux élèves de formuler leur opinion en précisant leurs raisons.

• Ce *Debrief* va être l'occasion de mettre en perspective les différents documents de la double-page, de l'enthousiasme de Sunita Williams faisant visiter l'ISS à la découverte des graves conséquences sur le corps humain d'un séjour dans l'espace. Cette réflexion amorce la transition vers la suite du chapitre où l'on va découvrir, à travers des œuvres de fiction et des projets bien réels, où en est ce vieux rêve de l'homme, particulièrement vivace chez nos amis américains : vivre parmi les étoiles.

YOUR TURN – p. 83

Organize a press conference

• *IN GROUPS* Les élèves sont invités à jouer une conférence de presse où des journalistes interrogent Chris Hadfield de retour de l'une de ses missions. L'apport d'informations de cette double-page permettra de nourrir les questions posées par les élèves ournalistes aussi bien que les réponses données par les élèves qui joueront Hadfield.

• La tâche d'interaction orale sera menée en groupes :
– 1 élève jouera le rôle de Hadfield,
– 2 ou 3 élèves feront les journalistes.
Les élèves qui jouent le rôle de l'astronaute pourront éventuellement se mettre en binômes ou en petits groupes pour préparer ce qu'ils voudraient dire sur *life in space / health* en essayant d'anticiper le type de questions qui pourraient leur être posées.
De leur côté, les élèves journalistes prépareront leurs questions au sein de leur groupe.

OUTILS LINGUISTIQUES

Grammaire
En préparation du *Your Turn*, les élèves-journalistes pourront revoir la construction des énoncés interrogatifs
→ *Grammar* p. 94
→ exercices ❶ et ❷ p. 95

Prononciation
Préparation phonologique :
– faire l'exercice ❻ p. 95

Méthodologie
Pour tous :
→ *How to speak with someone* p. 96

3. Can you live on mars? – p. 84

PRÉSENTATION DES DOCUMENTS

Le Quiz *How much do you know about Mars?*

• Il comporte six questions relatives à la « planète rouge ». Le titre est formulé sous forme de défi et le document pourra éventuellement être proposé en ouverture de séquence si l'on souhaite démarrer ce dernier par une activité dynamique qui mette en jeu les connaissances des élèves (proposition de séquence #2).

• Les réponses sont fournies dans un document audio enregistré par nos soins à partir de données fournies par la NASA.

How much do you know about Mars?

1 Does Mars have any moons?
2 How did Mars get its name?
3 Is there life on Mars?
4 Is Mars larger than Earth?
5 Can you live on Mars?
6 How long does it take to get from Mars to Earth?

Fact files on Mars

• Cinq *fact files* viennent compléter les informations sur Mars et les défis à relever pour rendre envisageable une colonisation humaine. On y découvrira des explications sur les possibilités physiologiques des astronautes au moment de leur arrivée sur la planète rouge ou encore sur la complexité d'une « terraformation » (*terraforming*), le processus qui permettrait de recréer une atmosphère sur Mars et d'y rendre la vie possible.

SUGGESTIONS DE MISE EN ŒUVRE

1 | Prise de connaissance des six questions du quiz

Le quiz sera projeté aux élèves puis on sollicitera à l'oral les réponses de la classe pour chaque question, et on les notera au tableau.

Document audio fourni dans :
→ la banque de ressources Didier-Prof
→ le site e IFS2255
→ le manuel numérique

2 | Réponses au quiz

On écoutera alors le document audio, où chaque question est suivie de sa réponse, en laissant les élèves réagir et corriger leurs réponses.

3 | Lecture des 5 *Fact files*

a. *Matching* des 5 faits avec la question du quiz auxquels ils correspondent : *Can you live on Mars?* Une telle possibilité semble plutôt improbable puisqu'on apprend par exemple que le temps nécessaire pour adapter Mars à la vie humaine serait de 900 ans !

b. Les *facts* 3 et 5 nous apprennent que Mars n'a ni atmosphère, ni gravité. On prendra des notes sur ces informations qui serviront de base pour la trace écrite.

4 | Proposer une solution à l'un des défis

• *IN PAIRS* Le moment est venu de réinvestir toutes les informations collectées jusqu'ici et de faire preuve d'imagination ! En binômes, les élèves sélectionnent l'un des défis posés par la vie sur Mars et réfléchissent à des solutions possibles. On les laissera très libres sur leurs propositions : scientifiques ou poétiques, sérieuses ou farfelues, du moment qu'elles sont correctement rédigées !

OUTILS LINGUISTIQUES

Grammaire

Les propositions des élèves pourront naturellement être formulées sous forme d'hypothèses, que l'on pourra travailler à ce moment :
– *Grammar* p. 94 *If... will*
– exercices ❸ et ❹ p. 95

YOUR TURN – p. 84

Make your own six-question quiz!

IN GROUPS Il s'agira pour les élèves de produire à leur tour un quiz pour défier les autres groupes.

Exemples de questions possibles :

1. *What does Earth have, that Mars doesn't have?*
2. *What is for you the most challenging aspect of Mars for pioneering astronauts?*
3. *How might the reduced gravity on Mars impact humans?*
4. *What is the most immediate danger for people walking on the surface of Mars?*
5. *What is terraforming?*
6. *How long would it take to terraform the Red Planet?*

Ce *Your turn* sera une excellente occasion de travailler les énoncés interrogatifs :
→ *Grammar* p. 94
→ exercices ❶ et ❷ p. 95

4. The Martian – p. 85

PRÉSENTATION DES DOCUMENTS

Les images

• Les deux visuels proposés dans le manuel sont un *screenshot* et une affiche du film *The Martian*, de Ridley Scott, qui a remporté un grand succès lors de sa sortie en octobre 2015 et fait aujourd'hui figure de « classique ». Matt Damon y interprète le rôle de Mark Watney, un astronaute de la NASA laissé pour mort par ses collègues lors d'une mission sur Mars qui tourne au fiasco à la suite d'un violent orage. Mais Watney se réveille, blessé et absolument seul sur la planère rouge, son vaisseau déjà en route vers la Terre...

The Martian plot summary
During a manned mission to Mars, Astronaut Mark Watney is presumed dead after a fierce storm and left behind by his crew. But Watney has survived and finds himself stranded and alone on the hostile planet. With only meager supplies, he must draw upon his ingenuity, wit and spirit to subsist and find a way to signal to Earth that he is alive. Millions of miles away, NASA and a team of international scientists work tirelessly to bring "the Martian" home, while his crewmates concurrently plot a daring, if not impossible, rescue mission. As these stories of incredible bravery unfold, the world comes together to root for Watney's safe return.

Source: imdb.com

The Martian
A 2015 science fiction film directed by Ridley Scott (*Alien, Blade Runner, Prometheus, Alien: Covenant, Blade Runner 2049*) and starring Matt Damon adapted from the novel of the same name by Andy Weir.

The Martian trailer

• Il s'agit de l'un des trailers mis en ligne pour promouvoir le film à sa sortie. On y découvre les scènes clés et la structure générale de *The Martian* :

00 – 0'28 *("... Without exception.")*	Commentaire d'introduction : *"Every human being has a basic instinct. To help each other out."*
0'28 – 0'54 *("Astronaut Mark Watney was killed")*	Exposition du fiasco par le responsable de la mission : *"At around 4 :30 a.m. our satellite detected a storm approaching the ARES 3 mission site on Mars..."*
0'55 – 1'44 *("... none of this matters anyway.")*	Journal de bord de Mark Watney *"I'm entering this log for the record..."*
1'45 – 3'08	L'équipe de la NASA découvre que Mark Watney est encore en vie : *"Houston be advised, we've got a video message."* ... et se mobilise pour tenter de le sauver : *"Let's go get our boy..."*

• Si le trailer est très riche et relativement long (3'08 minutes), il laisse habilement planer le suspense quant à l'issue de la mission. Il est probable qu'un certain nombre d'élèves auront déjà vu le film et connaîtront donc sa chute, mais on s'assurera de leur complicité pour ne pas « *spoiler* » l'issue du film auprès de leurs camarades qui ne l'auraient pas vu.

OUTILS LINGUISTIQUES

Expressions idiomatiques
Il y a dans le trailer trois expressions bien vivantes qui retiendront sans doute l'attention des élèves :
• *"I have to science the shit out of this"*. – bel exemple de *noun verbing*, l'une des tendances les plus productives de l'anglais américain. → Chapitre 1 de *In Full Swing* 1re
• *"In your face, Neil Amstrong!"*
• *"Everything's gonna go south on you."*

SUGGESTIONS DE MISE EN ŒUVRE

1 | Anticipation à partir des visuels

a. à **c.** On laissera les élèves qui n'ont pas vu le film commenter les images et imaginer ce qui a pu se produire, mobilisant ainsi du lexique qui leur sera utile lors du visionnage de la vidéo.

Setting: *red planet, desert, red-orange sand and rocks, only one set of footprints.*

Character: *in a space-suit, isolated, prostrate, transfixed*

Situation: *stranded, alone, helpless*

Les élèves qui ont vu le film seront invités à laisser leurs camarades formuler leurs hypothèses sans les interrompre, mais on pourra leur proposer de prendre en note au tableau les propositions émises.

2 | Visionnage du trailer

Validation ou infirmation à l'oral des hypothèses. Puis les élèves qui ont vu le film peuvent éventuellement (si tout le monde est d'accord !) compléter les commentaires de leurs camarades et rectifier les notes prises au tableau.

3 | React

a. et **b.** Les élèves réagissent spontanément en justifiant leur opinion.

DEBRIEF – p. 85

Based on what you have just learnt, do you think one day we will be able to live on Mars?

• En se fondant sur les informations concernant la planète rouge et la vision de Ridley Scott, les élèves pourront rédiger une courte synthèse pour répondre à la question en justifiant leur opinion.

• Ce *Debrief* fera office de transition pour aborder la suite du chapitre, où la possibilité d'envoyer des hommes sur Mars n'apparaît plus comme une fiction mais comme un projet soutenu par des hommes d'affaires et des scientifiques qui entendent bien lui donner corps.

YOUR TURN – p. 85

Anyone out there?

• En prenant modèle sur les extraits du journal de bord enregistré par Mark Watney (trailer de *The Martian*), les élèves vont endosser le rôle de l'astronaute et montrer leur capacité à trouver des solutions pour survivre en milieu hostile !

OUTILS LINGUISTIQUES

Pour décrire les visuels :
→ YP 8a *Describing visuals*, 8b *Locating elements* et 9 *Describing sequences*

OUTILS LINGUISTIQUES

Pour exprimer leurs hypothèses :
→ YP 21 *Making hypotheses*

OUTILS LINGUISTIQUES

Pour exprimer leur opinion sur le trailer :
→ YP 40 *Criticizing* et 41 *Praising*

Exemple de production possible :

Houston, Mark Watney speaking. I had a problem, but am now in a position to tell you it's almost fixed...
As a botanist, I have managed to grow a large vegetable garden with the seeds we had brought down here. The plants are doing well, and as they capture the CO2 in the Hab and release oxygen, they help re-build the oxygen supply, which is not really abundant on this planet.
And of course they make good food, despite the fact that they grow on my own composted waste.
Bon appétit, Houston!
Over.

OUTILS LINGUISTIQUES

Grammaire & prononciation

En préparation phonologique de ce *Your Turn*, les élèves pourront travailler le lexique utile et sa prononciation :

→ *Words*, p. 92
→ exercices ❶ et ❷ p. 93

5. The Mars generation - p.86

PRÉSENTATION DES DOCUMENTS

Le visuel

• L'image reproduite dans le manuel est une page web présentant un documentaire diffusé sur Netflix.
On y retrouve toutes les caractéristiques propres à ce type de document :

Background: starry sky, Star-Spangled Banner

Webpage:

• tabs

• attractive colors (Spangled Banner)

• large eye-catching titles

People: teenagers wearing overalls, determined looks in their eyes

• **Information textuelle**
Voir ou faire voir comment la taille et la couleur des polices de caractères conduisent le lecteur vers le point focal :

INVERSE → LIFE IN SPACE → Life in Space → Mars →
Elon Musk And Bill Nye Want to Send Teens to
Mars in New Netflix Doc

Le trailer du documentaire *The Mars Generation*

• Le documentaire produit par Netflix est en fait la présentation – très efficace au point de vue scénaristique – de l'organisation éponyme à but non lucratif, fondée à l'âge de 18 ans par une brillante jeune fille, Abigail Harrison, qui en est la présidente.

The Mars Generation
An American internationally active, non-governmental nonprofit organization involved in public outreach and advocating for human space exploration and science, technology, engineering, and mathematics (STEM) education.
The mission of The Mars Generation is to educate and inspire people of all ages about science and human space exploration and the importance of space and STEM to the future of humankind.

The Mars Generation

• **Mission :** sensibiliser une jeune élite américaine aux enjeux de l'espace et promouvoir une dynamique fondée sur un enseignement assertif de ce que les Américains appellent STEM (*Science, Technology, Engineering and Mathematics*) avec pour motif final l'exploration puis la colonisation de Mars.

• **Moyens :** des partenariats avec des grands du domaine spatial, astronautes, industriels, scientifiques, entrepreneurs, des manifestations largement médiatisées sur les réseaux sociaux (plus d'un million de *followers* à travers le monde, mais plus de 25 millions de personnes touchées). L'organisation est ainsi en mesure d'offrir des bourses d'études à des jeunes lycéens motivés mais sans moyens financiers suffisants.

"Its goal is not only to excite people about Mars exploration but to create advocates for human space exploration."

Source : Wikipedia

• Le ton grandiloquent et l'absence de prise de distance vis-à-vis du projet pourront être évoqués par les élèves. S'agit-il d'une démarche d'endoctrinement visant à inciter de jeunes talents à venir rejoindre l'association ? Ou est-ce notre méfiance naturelle – un trait culturel bien français ? – qui nous pousse à percevoir le document sous cet angle ? C'est une question que l'on pourra poser aux élèves, un beau différentiel culturel à explorer !

Encarts culturels Elon Musk et Bill Nye

• Il est très probable que le nom d'Elon Musk dise quelque chose à nos élèves. On pourra éventuellement demander à ceux qui en ont entendu parler de le présenter rapidement, et/ou faire effectuer une vérification sur Internet, éventuellement à la maison pour la séance suivante.

• Bill Nye semble en revanche tout à fait inconnu du public européen. Comme Carl Sagan pour la génération précédente, c'est un vulgarisateur des choses scientifiques liées à l'espace.

SUGGESTIONS DE MISE EN ŒUVRE

1 | Anticipation à partir de la page web

a. Recueil des propositions des élèves, que l'on notera au tableau afin de pouvoir les vérifier et les compléter après visionnage du trailer.

b. Réponses possibles quant aux motivations des jeunes gens :

→ *It's the greatest adventure they can hope for in their lifetime.*

→ *It's something you can be proud of, a project you can look forward to as a long-term perspective for your short-term studies.*

2 | Premier visionnage du trailer

a. Le rythme très soutenu et la brièveté des interventions de chaque locuteur pouvant constituer des obstacles à la compréhension, nous proposons un visionnage en deux temps.
On commencera par demander aux élèves de se focaliser uniquement sur :
– **le rythme** : succession rapide d'images et de témoignages d'adolescents et de scientifiques, ainsi que d'images d'archives liées à l'exploration spatiale ;
– **la musique** : assez angoissante au début, puis grandiose et assez emphatique, comme pour un film d'action ;
....et de collecter toutes les **informations** qu'ils peuvent, à partir des images et du son, sans chercher à tout comprendre.

OUTILS LINGUISTIQUES

• Pour formuler leurs hypothèses :
→ YP 22 *Anticipating*

• Pour décrire une image :
→ YP 8a *Describing visuals*, et YP 8b *Locating elements*

00 – 0'15 (*"...All in a day's work!"*)	• big room with screens – dark blue light – scary music • young people in blue overalls checking screens and giving instructions for what seems to be a landing on Mars (*"we cannot land on Mars before we do a med check"*) • maybe they participate in a dangerous mission, or maybe it is a role-play as at the end of the scene, everything stops and they laugh
0'16 – 1'35 (*"...high-fives all around!"*)	• Netflix logo – images of Mars and space • the music is quieter • Michio Kaku speaking • people speaking: adults (Michio Kaku) and teenagers • images of teenagers having fun together
0'36 – 1'26	• triumphant music (trompet, violins...) • a woman says: *"We've gotten to the moon, but it's a stepping stone to the red planet."* • young people speaking or training – they wear badges on which can be read "space camp" and "NASA" • archive images of space exploration and moon landing • panels: *"some dream of space" – "others dare to conquer it"* • images of Mars
1'27 - 1'38	• conclusion by Michio Kaku : *"It's our duty to breathe fire into the imagination of these young people, because our true place is among the stars"*

b. On laissera les élèves s'exprimer librement sur **l'atmosphère** du trailer – à ce stade, il ne s'agit pas encore de restituer les contenus – et les sensations de chacun seront sans doute différentes : le ton grandiloquent et la musique omniprésente pourront ainsi galvaniser certains élèves, mais aussi en agacer d'autres !

3 | Validation ou infirmation à l'oral des hypothèses émises précédemment. On complètera alors les notes prises au tableau.

4 | *React*

Exemples de réponses possibles :

→ *This trailer is meant to attract young people and to make them want to apply for the space adventure and embrace Musk, Nye and Kaku's Martian project.* → **YP30** *Expressing purpose*

→ *I find there is just the right amount of anecdotes and suspense in the trailer to be successful.* → **YP41** *Praising*

→ *I'm afraid I don't like it at all, in that it's too seductive, it's full of tricks and gimmicks to attract young people, it's like a video game.* → **YP40** *Criticizing*

5 | Lecture des mini-bios et recueil des propositions des élèves

Une réflexion sur les objectifs de Musk et Nye viendra conclure cette compréhension de l'oral. Elle pourra donner lieu à la rédaction d'un court paragraphe, éventuellement proposée en travail à la maison.

Exemples de réponses possibles :

→ *Elon Musk loves the media. The Netflix series is for him a new way to exist on screen.*

→ *Elon Musk is a space entrepreneur. So he probably chose this approach in order to build up his customer base for selling space vehicles or finding drivers for them...* → **YP30** *Expressing purpose*

→ *By using the Netflix series, Elon Musk and his partner Nye want the younger generations to identify with the characters and sooner or later sign up for an expedition to Mars.* → **YP27** *Expressing intentions*

→ *Their motives are evident. In the trailer, Michio Kaku, another science educator and communicator, insists that* "It's our duty to breathe fire into the imagination of these young people, because our true place is among the stars." *But I find it a bit chocking to see all those grey-haired, successful men, ready to send the youngest and brightest to their death!* → **YP20** *Quoting a document*

6. The first human on Mars? – p. 87

PRÉSENTATION DES DOCUMENTS

Visuels

• Les deux visuels qui ouvrent la page montrent la jeune Alyssa Carson – âgée de 15 ans à l'époque où a été tourné le documentaire qui va suivre – en tenue d'astronaute ou s'entraînant à bord d'un avion de chasse. Alyssa Carson est une personnalité très médiatique aux États-Unis, vous en ferez l'expérience en tapant son nom dans un moteur de recherche et en voyant le nombre de photos de la jeune fille qui circulent sur le net. Elle a son propre blog sous l'alias Blueberry, participe à des conférences TED Talk et à de nombreuses émissions télévisées.

• On peut penser à la voir interagir avec la caméra, un large sourire aux lèvres, qu'elle est habituée à se mettre en scène. Mais cela n'enlève rien à ses performances physiques et intellectuelles ni à son sang-froid quand elle se trouve confrontée à des situations extrêmes. On peut comprendre que la Nasa l'ait recrutée avant même ses 18 ans (contre les règles de cette administration) pour dynamiser ses efforts de communication envers la jeune génération.

• La première photo est cadrée sur le visage de la jeune fille. Elle porte un casque blanc qui ressemble à un casque d'astronaute et son regard, grave et concentré, porte au loin – peut-être vers le destin hors du commun qui l'attend ? Cette photo fait partie d'une série de mode commandée par une marque de vêtements – preuve du côté très médiatique de la jeune fille, qui fait ainsi sponsoriser ses activités.

• La deuxième photo montre Alyssa, souriante, installée dans le cockpit d'un avion où elle semble très à l'aise. On aperçoit le sigle de la NASA sur la housse du siège où la jeune fille a pris place.

La vidéo

Ce reportage, sponsorisé par National Geographic, est un portrait d'Alyssa Carson où la jeune fille parle de son incroyable projet, de sa vie et de ses motivations. Son témoignage est entrecoupé de prises de paroles de son père, de ses professeurs et de sa meilleure amie. On suit cette jeune apprentie cosmonaute extraordinairement déterminée dans sa vie quotidienne et dans ses entraînements, mais aussi dans des scènes plus intimes et très émouvantes avec son père.

Alyssa Carson
(born 2001)
An American astronaut trainee who aims to be the first human to go to Mars in 2033. Also known by the call sign Blueberry.
Alyssa first decided at age 3 that she wanted to travel to Mars. She first went to space camp at age 7, in Huntsville, Alabama. She went on to return 18 times.
In 2013, she visited all 14 NASA Visitor Centers in the United States, making her the first person to complete the NASA Passport Program.
In October 2016, Alyssa was the youngest person to be accepted and graduate the Advanced Possum Academy, officially making her certified to go to space and an astronaut trainee. She is also the youngest applicant to be accepted into International Space University.

POUR ALLER PLUS LOIN
Le compte Twitter d'Alyssa Carson : *@NASABlueberry1*

SUGGESTIONS DE MISE EN ŒUVRE

1 | Anticipation à partir des deux visuels

On laissera les élèves parler librement en prenant en note au tableau les mots qui pourraient être utiles pour la compréhension de l'oral qui va suivre.

Exemples de réponses possibles :

→ *What I find the most striking is the contrast between the title and the fact that it is a young girl we are seeing on these images.*
→ **YP2a** *First reactions*

→ *Despite the fact that she is very young, she is regarded as a very likely candidate for a mission to Mars.*

→ *Her eyes are incredible. They show how determined and strongminded she is, and how she is obviously training with all of the equipment of astronauts, and we see her as well in a plane, or spacecraft, flight simulator. So this is all very serious.*

2 | Visionnage de la vidéo

• Le premier visionnage permettra d'identifier, en classe entière, la nature du document *(a documentary about... / the filmed portrait of a young girl...)*, les locuteurs, les lieux et les situations, le ton...
• Le décalage entre l'aspect extrêmement juvénile, presque fragile, de la jeune fille et l'entraînement intensif auquel elle se soumet volontairement, mais aussi les risques auxquels elle semble s'exposer, ne manqueront pas d'interpeller les élèves.

3 | IN GROUPS Deuxième et troisième visionnages

a. Par groupes, les élèves concentreront leur attention sur l'un des locuteurs de manière à faire des repérages précis. On pourra mettre en regard chacun des témoignages avec les sentiments des intervenants et les qualités d'Alyssa qui sont formulées :

Alyssa's Dad	Extracts from the vidéo
pride	• *"She wants to be the first, or one of the first, to get to Mars..."* • *"She's a regular kid, with a dream that she's wanted to pursue..."*
love	• *"I still have to look at it, as a father, that I'll have my child for 20 more years..."* • *"...and I may not ever see her again. And that's hard!"*
sadness	• *"Little did I know that I would be raising a child that I'm supporting to leave this planet."* • *"and I may not ever see her again. And that's hard!"* (crying)
Alyssa	
precocity	• *First got interested in the idea of going to Mars at age 3* • *When Alyssa was younger, she was asking "Have humans ever been to Mars?".*
determination	• *wants to be the first, or one of the first, to get to Mars...* • *"to go to Mars, and never come back, I would still wanna go, and be a part of the mission..."* • *"This would be something really cool,"* • *"that I kind of really focus myself on what I want to accomplish."*
hard work	• *"I'm gonna have to work really really hard to get to where I wanna be."*
humility	• *"I do everything that the other normal kid does,"* • *"I don't think there's anything specific that makes it easier for me,"*

Illustrations fournies dans :
→ la banque de ressources Didier-Prof

OUTILS LINGUISTIQUES

• Pour formuler leurs hypothèses :
→ YP 22 *Anticipating*

• Pour décrire une image :
→ YP 8a *Describing visuals*, et YP 8b *Locating elements*

Educators	
precocity	• *"got her rocket licence before hitting her driver's permit"* • *"so she's doing College level classes –in tenth grade!–"*
determination	• *"She's got the right mental attitude, she's doing everything that she can, physically here on Earth to prepare herself for that journey to Mars."*
hard work	• *She has accepted that "I'm gonna have to work really really hard to get to where I wanna be."* • *"the youngest to ever graduate from Advanced Space Academy"* • *"the first person to complete all Nasa's space camps in the world"* • *"Multilingual education, so she's taking classes in four languages, English, French, Spanish and Chinese..."*
Best friend	
sadness	• *"...that she can't get married, and that she can't have kids, it makes me sad..."* • *"Oh, she's gonna leave me one day!"*

b. Puis les élèves pourront reformuler les qualités d'Alyssa pour en faire un mini-CV, ce qui constituera une bonne préparation pour le *Your Turn* qui suivra.

Alyssa's resume:

Personal qualities	precocious*, hard-working, determined
Space training experience	graduate from Advanced Space Academy, completed all Nasa space camps
Academics	multilingual education, classes in four languages, college level classes

* *Attention à ce faux amis !*

4 | Travail sur l'implicite

a. et **b.** À partir de leurs repérages les élèves pourront s'exprimer sur les relations entre Alyssa et son père. Cette réflexion les conduira à réfléchir aux sacrifices auxquels tous deux sont prêts pour permettre à la jeune fille de vivre ses rêves – un sacrifice qui semble exorbitant et qui est bien résumé dans ce passage : *"Little did I know that I would be raising a child that I'm supporting to leave this planet. And I may not ever see her again. And that's hard!"* (crying)

5 | React

Les élèves sont invités à réfléchir à ce qu'eux-mêmes sont prêts à mettre en jeu pour accomplir leurs rêves, quels qu'ils soient, et les sacrifices qu'ils sont prêts – ou pas – à consentir.

OUTILS LINGUISTIQUES

• Pour formuler leurs opinions :
→ YP 38 *Opinions*
→ YP 39 *Agreeing/ Disagreeing*

DEBRIEF – p. 87

Do you think that someone from your generation will be the first human on Mars?

Nous voici arrivés à la question centrale du chapitre. Si quitter la Terre a longtemps été un rêve inaccessible de l'homme, force est de constater aujourd'hui que des personnalités en vue et dotées de gros moyens s'emploient à le rendre possible – et ce à bref délai ! Nos élèves assisteront-ils au départ d'Alyssa ou d'un autre jeune candidat de la *Mars Generation* ?

YOUR TURN – p. 87

The First Martian: it could be you!

• Passage à l'acte : une occasion unique se présente de pouvoir participer à *Mars generation 2* ! Les élèves vont soumettre leur candidature en tournant une courte vidéo de présentation de type *video application*. La fiche ci-contre peut les aider à se préparer :

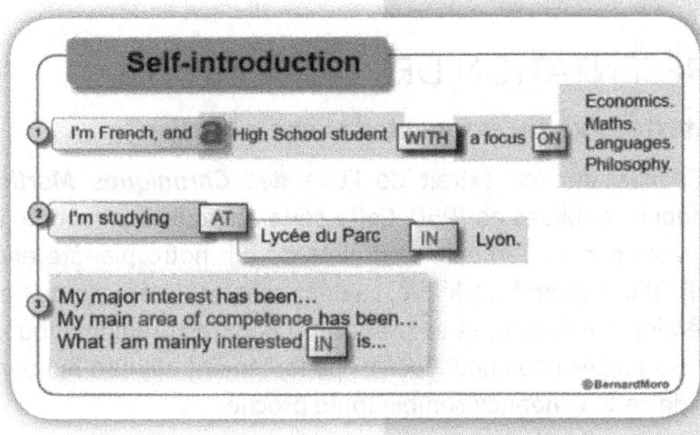

• Une interview de George Hatcher, lui-même ancien candidat à *Mars One*, est proposée en modèle et fait l'objet d'un entraînement dans la page *How to speak with someone* p. 96. Les élèves pourront y trouver de la matière intéressante pour tourner leur vidéo.

→ la banque de ressources Didier-Prof
→ le site e IFS2259
→ le manuel numérique

George, thanks for speaking with me." – "Thanks for having me."	**Toujours remercier.** → *Thanks for having me here.* → *Thanks for allowing me to get here, etc.*
"Mars One is a non-profit organisation that seeks to establish the first human settlement on the surface of Mars. Applications are taken from all over the world, from anyone over the age of 18, who sought to travel to Mars and spend the rest of their lives there."	**Montrer ce qu'on sait de l'organisation ou de l'événement pour lequel on candidate.** → *The reason I wanted to work with you is because I know you are...*
"Astronaut opportunities are very rare. And this has been a goal of mine since about age three."	**Expliquer le déclic qui vous a poussé(e) à présenter votre candidature.** → *What triggered off my desire to be... was when I was a kid. I saw...*
"The requirements for Mars One astronaut –they want people who have the psychological fortitude to permanently abandon the Earth, they want people who focus on the ability to collaborate and work in teams, they want people who are adaptable and self-sufficient, who can basically make do with adverse circumstances, and really people willing to face a... larger than normal degree of danger."	**Expliquer que vous êtes conscient(e) du défi que cela représente, et quelles sont les qualités qui vous font penser que vous êtes de taille à le relever.** → *I am aware that you need people who can / are...* → *I am capable of... / I can... / I'm able to...* → *I have this ability to...* → *I am...*
"It's something that I'm willing to do because of the way that I conceive of sacrifice. I see it as a sacrifice that I'm willing to do because of the way that I conceive of sacrifice. I see it as a sacrifice that I'm willing to do because of my dedication to space exploration and because part of my identity is to try to contribute to humanity and to an ever-advancing civilization."	**Évoquer des motivations personnelles.** → *In all humility,...* (sinon on a l'air prétentieux !) → *Deep inside, I wish to...* → *I have always had this willingness to...* → *I've always had this ambition to...*
"I'm gonna miss everything. It's easy to say that you're willing to do something like this, it's difficult to fully comprehend just what you're leaving behind. And the very first thing that springs to mind for me is my children and my wife, my extended family, my close friends and the people that I love."	**Ne pas laisser croire que vous êtes un individu asocial et totalement dépourvu de sentiments !** → *Of course I'm aware that...*
thank you so much for being with me." "Thank you."	**Ne pas oublier de remercier avant de terminer:** → *Thanks for taking the time to listen to me.* → *Thank you so much for listening to me.*

7. A picnic on Mars – p. 88

PRÉSENTATION DES DOCUMENTS

Le texte "*I've always wanted to see a Martian*"

• Ce passage est extrait de l'une des ***Chroniques Martiennes*** de Ray Bradbury, publiées en 1950. Cette série de nouvelles raconte la colonisation de Mars par les Terriens, contraints de fuir notre planète endommagée au cours d'une guerre nucléaire. La démarche est intéressante parce qu'elle est littéraire, humaniste, et se préoccupe peu des problématiques scientifiques sur lesquelles nous nous focalisons forcément aujourd'hui parce que la réalité de cette échéance semble toute proche.
Ce qui sous-tend ces nouvelles c'est avant tout le point de vue humain, familial même, la tristesse de l'exil forcé, l'émerveillement et aussi l'angoisse d'arriver dans un monde inconnu mais paisible.

Ray Bradbury (1920-2012)
Auteur américain, il a été célébré en particulier pour son ouvrage *Farenheit 451*, paru en 1953, dont François Truffaut a tiré en 1966 un film magnifique. Dystopie qui nous montre un monde futur où toute pensée dissidente est proscrite et sévèrement réprimée, où tous les livres sont brûlés dans de gigantesques autodafés.
Bradbury ne se considérait pas comme un écrivain de science-fiction mais comme un auteur de fantastique. Ses histoires paraissaient dans des magazines de type *Pulp*, mais au fil de ses contributions son style profond, poétique et chargé de métaphores l'ont tiré d'un relatif anonymat, et il est maintenant mondialement reconnu et traduit.
En filigrane de toute son œuvre, l'époque inquiétante au cours de laquelle il a formé son esprit : la Seconde Guerre mondiale, les dictatures fascistes et communistes, la guerre froide, le péril nucléaire extrêmement prégnant dans la société américaine.

• L'extrait présenté dans le manuel est une scène où un homme, William Thomas, explique à ses enfants que ce qui leur a été présenté comme des vacances sur Mars est en réalité un voyage sans retour, la fusée dans laquelle ils sont arrivés ayant été volontairement détruite. Avec délicatesse, Thomas amène les trois petits garçons à prendre conscience que les « Martiens » qu'ils sont si impatients de rencontrer ne sont autre qu'eux-mêmes, et qu'il va leur falloir réinventer sur le sol de la planète rouge une nouvelle humanité.

L'illustration

Il s'agit d'une illustration de Heith Negley qui porte bien l'atmosphère un peu énigmatique de l'extrait et l'inquiétude diffuse des trois enfants. Elle diffère cependant de la description de l'extrait en ce que les personnages portent des combinaisons de spationautes, alors que le texte de Bradbury évoque *"a night bird calling among the ruins"*, ce qui suggère une atmosphère comparable à celle de la terre. Certains élèves pourront relever cette différence.

SUGGESTIONS DE MISE EN ŒUVRE

1 | Anticipation à partir de l'illustration et des titres

a. On laissera les élèves observer l'illustration et les deux titres *A Picnic on Mars* et *"I've always wanted to see a Martian"*, puis faire des liens entre ces éléments pour proposer leurs hypothèses sur *"the place"*, *"the characters"*, *"their reasons for being here"*.

The Martian Chronicles
A 1950 science fiction short story fixup by Ray Bradbury that chronicles the colonization of Mars by humans fleeing from a troubled and eventually atomically devastated Earth, and the conflict between aboriginal Martians and the new colonists. The book lies somewhere in between a short story collection and an episodic novel, containing stories Bradbury originally published in the late 1940s in science fiction magazines.

Illustrations fournies dans :
→ la banque de ressources Didier-Prof

OUTILS LINGUISTIQUES
• Pour formuler leurs hypothèses :
→ YP 22 *Anticipating*
• Pour décrire une image :
→ YP 8a *Describing visuals*, et YP 8b *Locating elements*

b. Les éléments factuels ayant été passés en revue, on se focalisera sur l'atmosphère de l'image et ce qu'elle donne à voir du lieu de l'action.
Pour aller plus loin sur l'analyse de l'image, on pourra s'appuyer sur la fiche ci-contre :

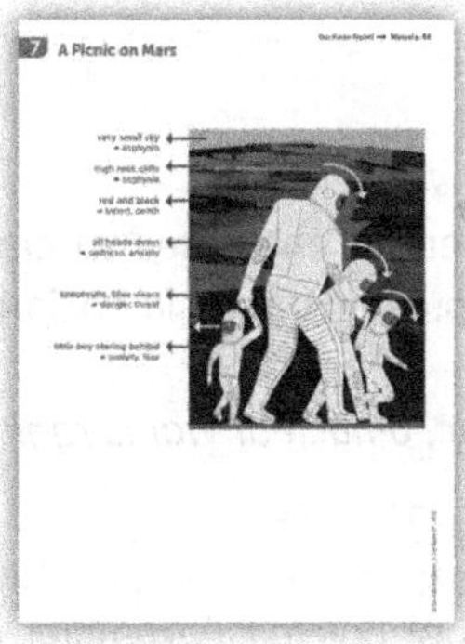

→ banque de ressources **Didier-Prof**

2 | Lecture du texte et vérification des hypothèses

Ce beau texte littéraire pouvant sembler intimidant – en raison notamment de sa charge en implicite – une version guidée en a été proposée.

3 | *IN GROUPS* Repérages ciblés

a. Éléments de réponses :

the children	the father	the place
• *"Thimothy turned away"* • *"Michael was crying loudly"* • *"Timothy couldn't find Hearth. It had already set. It was something to think about."* • *"I've always wanted to see a Martian. Where are they, Dad? You promised."* • *"Timothy began to shiver"* • *"The Martians stared back at them for a long, long silent time."*	• *leaves Earth on a "fishing trip" to Mars.* • *destroys the rocket so that they cannot return to Earth* • *burns papers and documents from Earth in a campfire* • *"It's ime you knew this isn't a fishing trip at all…"* • *"Earth is gone."* • *"Now I'm going to show you the Martians"* • *"He took her hand" / "Dad picked him up and carried him" / "he shifted Michael on his shoulder"* • *"We've come to Mars to live and form our own standard of living."* • *"he pointed straight down. The Martians were there."*	• *Mars* • *"they walked down through the ruins toward the canal."* • *"a night bird called among the ruins"* • *"They reached the canal. It was long and straight and cool and wet and reflective in the night."*

b. On laissera les élèves associer les trois types de sentiments : *anxiety / hope / determination* avec leurs divers repérages.

4 | Mise en commun du travail de groupe

Elle permettra de compléter les repérages de chaque groupe et de réfléchir ensemble à la tonalité générale du texte.

5 | Elucidation de la chute du texte

Les élèves déduiront ensuite la chute du texte et son sens profond en s'appuyant sur les lignes 40-41 : "*The Martians were there – in the canal – reflected in the water. Timothy and Michael and Robert and Mom and Dad.*"

Exemples de productions possibles :

→ *What they see in the canal is their own image, reflected in the water. So it means that they are the Martians.*
→ *I think that now the three kids and their parents are the true Martians, as they will never go back on Earth and the kids are going to grow up on the Martian's soil.*

DIFFÉRENCIATION PÉDAGOGIQUE

Work your way

• Version originale du manuel fournie dans :
→ la banque de ressources **Didier-Prof**

• Version guidée fournie dans :
→ la banque de ressources **Didier-Prof**
→ le site **e** IFS2260
→ le manuel numérique

6 | Bradbury et la guerre froide

Le texte de Ray Bradbury reflète bien les angoisses suscitées par la guerre froide et le danger nucléaire, très présents dans la société américaine des années 50.

→ *In the story The Million-Year Picnic, a nuclear war is raging on Earth.*

7 | Choix d'image

Le texte ainsi élucidé, les élèves vont pouvoir l'examiner d'un autre œil et réfléchir au visuel qui l'accompagnerait le mieux : l'illustration sombre et inquiétante de la page 88 ou la vision beaucoup plus optimiste de la vie sur Mars qui figure en bas de la page 89 ? Ils devront justifier leur choix et cette petite réflexion à partir des images servira de phase préparatoire au *Your Turn* qui suit.

Image fournie dans :
→ la banque de ressources Didier-Prof

DEBRIEF – p. 89

Do you think that one day people will settle and raise families on Mars?

• La réflexion menée tout au long du chapitre pour répondre à sa problématique globale : *"Could we leave on another planet?"* trouve ici son terme.
Les élèves auront ainsi découvert que :
– l'homme vit déjà dans l'espace – mais de manière brève et en mettant gravement en péril sa santé ;
– après la lune, l'homme rêve d'attérir sur Mars ;
– des jeunes de la même génération que les élèves se préparent activement pour ce projet.

• Le texte de Bradbury nous invite à réfléchir sur les raisons qui pourraient nous conduire à faire ce choix radical.

→ *If we don't take care of our planet, maybe one day we will have to live on Mars.*

→ *In the near future, some people of our generation will settle and raise families on Mars.*

OUTILS LINGUISTIQUES

• Pour formuler leurs hypothèses :
→ YP 45 *If...*, YP 47 *Imagining*

YOUR TURN – p. 89

Write a scene for a Sci-Fi story

• En contrepoint du texte teinté de mélancolie de Bradbury, les élèves vont se servir de l'image située en bas de la page 89 pour imaginer une scène de vie optimiste sur Mars.

• Une amorce très proche du texte original de *The Million-Year Picnic* a été reproduite afin de montrer aux élèves qu'ils peuvent tout à fait s'inspirer du texte qu'ils viennent de travailler pour créer leur propre histoire, en particulier s'ils ne se sentent pas très sûrs d'eux.

OUTILS MÉTHODOLOGIQUES ET LINGUISTIQUES

Méthode
Pistes pour structurer et enrichir leur récit :
→ Page méthode *How to write a story* p. 68-69

Grammaire
Pour rédiger leur scène, les élèves pourront avoir recours aux tournures en *If... will* et à *be going + to* + BV
→ *Grammar* p. 94
→ exercices ❸ et ❺ p. 95

FOR & AGAINST – p. 90

We should look up for another planet

PRÉSENTATION DES DOCUMENTS

Les biographies

Deux grandes figures scientifiques sont ici convoquées pour alimenter le débat : Stephen Hawking et Neil deGrasse Tyson.

Les documents audio

Les deux enregistrements proposés sont extraits des interventions de Hawking et deGrasse Tyson lors du Starmus Festival de 2017.
• Hawking, qui nous a déjà fait peur à propos de l'Intelligence Artificielle, n'est pas plus optimiste vis-à-vis de la nôtre, et de notre capacité à ne pas faire imploser la planète.

• De Grasse Tyson, à l'inverse, pense que nous avons les moyens de survivre sur la Terre, et devons tout mettre enœuvre pour cela.

The Starmus Festival
Starmus is a global festival of science communication and art that brings together the most brilliant minds on the planet.

SUGGESTIONS DE MISE EN ŒUVRE

Nous proposons de mener le débat en binômes, chaque élève défendant l'une des deux opinions. Si une telle activité peut ne pas être notée, on veillera à l'évaluer dans une visée formative, en donnant par avance les critères d'évaluation qui pourront être les suivants :
– capacité à s'exprimer en continu
– capacité à interagir
– qualité de l'argumentation
– correction et richesse de la langue
Les principes du débat seront donnés en amont ; les élèves ne choisissent pas leur partenaire ni l'opinion qu'ils défendent.

1 | À la maison : écoute de l'intervention de Stephen Hawking

Les élèves se prépareront au débat en prenant connaissance, dans un premier temps, du point de vue (pessimiste) et des arguments de Hawking.

2 | Mise en commun en classe

Les élèves partagent leurs découvertes.

3 | Écoute de l'intervention de Neil deGrasse Tyson

Prise de note sur le point de vue / les arguments du scientifique.

❹ Débat
• La moitié des élèves endosse le point de vue de Hawking tandis que l'autre moitié défendra la position de deGrasse Tyson.

• Préparation, en petits groupes, de ses arguments.

• Chaque équipe choisi ses champions pour des *battles* où chacun s'efforcera d'être le plus convainquant.

• Les vainqueurs seront désignés par la classe.

OUTILS LINGUISTIQUES

• Pour formuler leurs arguments et contredire leur opposant :
→ YP 38 *Opinions*,
YP 39 *Agreing / Disagreeing*

FINAL TASK – p. 91

Selon le parcours mené au sein de ce chapitre, on choisira l'une ou l'autre des deux tâches finales

Space camp

• Les élèves sont invités à préparer un entretien pour participer à un *Space camp* tel que ceux qu'Alyssa Carson a suivis (p. 87) ou à endosser le rôle du recruteur.

• Le *Your Turn* de la page 87 les aura déjà préparés à l'exercice en les entraînant à se présenter et à faire valoir leurs qualités et motivations.

• Par ailleurs, pour les élèves qui joueront le rôle du recruteur, le recours aux énoncés interrogatifs aura largement été travaillé en amont (p. 80 - 85).

What's up?

• La tâche proposée ici prend la forme d'une interaction écrite entre Alyssa, en route pour la planète Mars sans assurance de pouvoir un jour regagner la Terre, et l'un de ses proches découverts dans la vidéo p. 87.

• Elle mettra en jeu les informations concernant la vie dans l'espace recueillies au fil de la séquence, mais sera aussi l'occasion d'exprimer les sentiments et interrogations de chacun, des aspects qui ont égale-ment largement été travaillés en amont.

OUTILS MÉTHODOLOGIQUES ET LINGUISTIQUES

Méthode

Pour s'entraîner à participer à un entretien :

→ Page méthode *How to take part in an interview* p. 96-97

→ YP 37 *Interacting*

Grammaire p. 94

→ Les questions

→ *If... will*

→ *Be going* + *to* + BV

WORDS – p. 93 Corrigés des exercices

❶ **1.** A **space camp** is a camp where you train to live in space.
2. Your **home planet** is the planet you regard as your home.
3. Teamwork is the work you do when you collaborate as a team.
4. Climate change is all the changes brought about by global warming that affect the planet.
5. Problem-solving skills are the abilities that you have, or develop, to solve problems.

❷ **1.** computer screen → I need to clean my **computer screen**.
2. newspaper cuttings → My table is covered with **newspaper cuttings**.
3. space trip → Would you like to go on a **space trip**?
4. footprint → The first **footprint** on the moon was left by Neil Armstrong.

❸ **1.** To qualify as an astronaut, you have to take **a course that lasts a year**.
2. Mars is not exactly **a friendly environment** for humans.
3. Alyssa has been trained well, and she has a very **strong will**, a strong personality.
4. Life may exist in oceans **covered with ice** on some of the moons of Jupiter.

❹ **1.** Alyssa Carson's experience is quite **unusual**.
2. Do we need a human mission to Mars? Scientists **disagree**.
3. The atmosphere on Mars is rather **unfriendly**.
4. A scientist from NASA said that the reporter who interviewed him **misunderstood** him.

Pronunciation

❺ **1. a space trip:** compound noun
a nice trip: adjective + noun
2. a small change: adjective + noun
climate change: compound noun
3. a bigger screen: adjective + noun
a computer screen: compound noun

GRAMMAR – p. 95 Corrigés des exercices

❶ **1.** How old are you now?
2. Why are you applying for this job?
3. Who was Stephen Hawking?
4. What sort of qualities are needed for this job?
5. Do you think you have the qualities for this job?
6. What are your weaknesses?
7. How long will it take to get there?
8. Are you in good health?
9. Are you not afraid to die en route?

❷ *Exemples de productions possibles :*

1. When attending a meeting, how would you describe your attitude?
❑ I like to run the show. I want to lead.
❑ I speak little. I like to listen to people, that's when you learn the most.
❑ I don't like meetings. Everyone is trying to grab power over the rest of the group.

2. Do you know Mars like the back of your hand?
❑ Yes, I have studied everything available about the Red Planet.
❑ Not really, but I have time to learn, the departure is not imminent.
❑ I couldn't care less, I have no intention whatsoever of ever going there.

3. How do you feel about leaving your family and friends forever?
❑ It's ok, I will survive, I'll make friends out there when we get there.
❑ It's going to be hard, sometimes I think about it and I'm sad. But all great human adventures have their price.
❑ I can't imagine doing this.

4. Are you able to work manually?
❑ Yes, quite, I'm a DIY kind of person, I like making things work, fixing devices, building stuff.
❑ Absolutely not, every time I pick up a tool I end up in hospital.
❑ I can manage. But honestly I really hate it.

5. Do you practise sport on a regular basis?
❑ Yes, I do a lot of running, like, 50 miles a week. I train for marathons.
❑ Well, I do some Pilates, like, twice a week.
❑ Naaaah, I'm not one of those guys obsessed with being fit. But I do play tennis sometimes.

❸ *Exemples de productions possibles :*

1. If they are put to sleep for the duration of the trip, they will wake up fit and restored on arrival.
2. If they grow plants under the dome, they will have whatever vegetarian food they need.
3. If they manage to create a magnetosphere, it will take less time than that.

❹ *Exemples de productions possibles :*

1. If you travel in space for several months, your body will deteriorate.
2. If they really want to terraform Mars, the process will take centuries to complete.
3. If I ever travel to Mars, I know I will never return to Earth.
4. If you work hard enough, you will be among the first humans to reach, and stay on, Mars.
5. If Alyssa manages to go to Mars, she will never see her father again.

❺ *Exemple de production possible :*

> Valles Marineris, October 8, 2031
>
> Hi there, pal,
>
> It's been one month since our team landed on Mars, and there is so much to do! First **we are going to build** those domes we need to plant our hydroponics. In order to do that, **we are going to unload** the crates from the spaceships, open them and carry the equipment to the appropriate location where there's more protection from the storms. So a few months from now **we are going to eat** proper food, not defrost packages!

Pronunciation

❻ **1.** Is Mars larger than the Earth?
↗ *(= rising intonation)*
2. How long does it take to get to Mars from the Earth?
↘ *(= falling intonation)*
3. Have humans ever been to Mars?
↗ *(= rising intonation)*
4. How do you sleep on board the ISS?
↘ *(= falling intonation)*

TEST YOUR SKILLS – p. 98

Tous les documents supports et les grilles d'évaluation sont également fournis dans la banque de ressources Didier-Prof

Listening

- Audio *An NPR interview with Andy Aldrin* (EVAL 6) fourni dans
→ le coffret classe
- Grille d'évaluation de la compréhension de l'oral fournie dans :
→ ce guide pédagogique p. 323

Speaking

Fiche support photocopiable fournie dans :
→ ce guide pédagogique p. 324

Reading & Writing

Fiche support photocopiable fournie dans :
→ ce guide pédagogique p. 325

7 CHAPITRE FLASH

FRIDAY NIGHT LIGHTS

Axe : SPORT ET SOCIÉTÉ

Thème : La pratique sportive scolaire

Problématique :

What place should be given to sports at school?

Ancrage culturel :

La place du sport dans la scolarité aux USA

Grammaire :

- La proposition relative
- L'expression du but

Introduction

Ce chapitre explore l'importance du sport dans les écoles aux États-Unis, dans sa dimension culturelle et sociale. Nous invitons les élèves à en prendre la mesure, et à analyser les effets du sport à l'école, pas uniquement pour les étudiants, mais aussi pour la société américaine.

Comment concilier les études et le sport, quand ce dernier occupe au moins trois heures par jour, six jours par semaine ? Une vraie problématique pour ces jeunes américains, d'autant que le sport influe sur tous les aspects de leur vie sociale, y compris leurs relations amicales et amoureuses, leur style vestimentaire et même la musique qu'ils écoutent. Dans la société américaine, les décisions politiques et éducatives tiennent compte du sport. La journée de cours est organisée de manière à laisser du temps pour le sport l'après-midi. Les professeurs sont recrutés non seulement pour leurs compétences en maths et sciences, mais aussi parce qu'ils ont des aptitudes d'entraîneurs.

À travers des témoignages et des vidéos d'élèves, des extraits littéraires et des articles de presse, les élèves sont invités à comprendre ce fait de société, à en analyser les conséquences sur la vie de ces jeunes athlètes, les sacrifices des élèves et de leurs communautés.

Petite visite guidée…

Ouverture : « *Friday Night Lights* »
– une photographie pour aborder l'importance du sport aux USA et illustrer les *Friday night lights*
– deux interviews de Ali et Shane, jeunes lycéens athlètes de haut niveau

Le sport au lycée aux USA : une manière de vivre

Découvrir le quotidien de lycéens sportifs américains…

… et leur façon de s'habiller !

Une vie de gloire ou une vie de sacrifices ?

Des extraits d'un roman qui illustrent la gloire dans le quotidien de ces jeunes champions…

… et la rigueur nécessaire pour l'obtenir : article de presse et témoignages d'entraîneurs

Le témoignage d'un jeune athlète étudiant, sur l'ivresse du sport

2 tâches finales au choix :
– Débattre de la place du sport dans le cursus scolaire
– Exprimer son opinion sur le sport à l'école sous la forme d'un article

Évaluations au choix :
– *listening & writing* type bac
– *speaking*

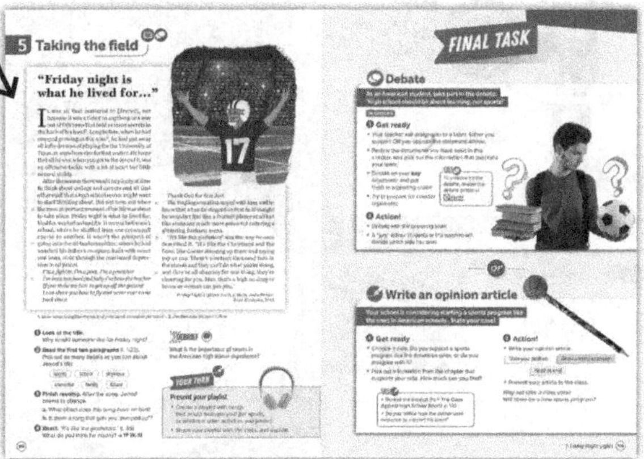

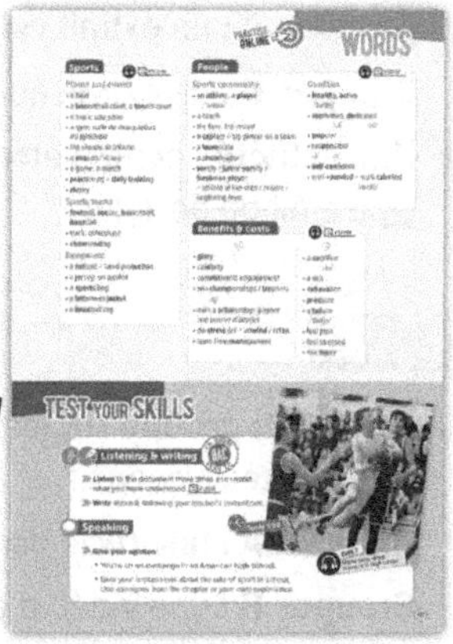

A word from the authors…

"Friday nights were what I lived for. I played and coached varsity high school sports in the US. I taught student athletes, and I was one, as well. My friends and I lived through it all: the early mornings and the late nights, the girlfriends and the celebrity status, the diets and the surgeries. This chapter presents these elements through an abundance of audio and video from real American high school student athletes and coaches, many of whom are my former students and colleagues.

My French students have seen American high school sports represented in TV series and films. What they do not understand is that these programs are not just Hollywood exaggerations. In this chapter, students will discover the true extent to which sports are embedded in the lives of American high schoolers. In addition, this chapter reveals the sacrifices that students, their schools, and their communities make for the sake of athletics. The balance between the hidden costs of sports, and the possible glory – which closely mirrors the balancing act that American student athletes perform each day – will leave French students to make their own judgment about the role athletics should have in schools.

Mark Wallace

Un chapitre, plusieurs séquences possibles...

SÉQUENCE #1 A2+ / B1 • 5 à 6 séances

Pour démarrer :

p. 99

▶ **Une photographie** pour anticiper et **des témoignages audios** de *Student athletes*

Pour découvrir et s'entraîner :

p. 100 IN GROUPS

▶ **Travail en groupe** sur le quotidien de lycéens sportifs aux États-Unis

Groupes A : un extrait vidéo sur Tyler

Groupes B : un extrait audio sur Ali

▶ **Une activité :** écrire l'emploi du temps type d'Ali ou de Tyler

p. 103 IN GROUPS

▶ **Travail en groupe** sur les sacrifices faits par ces lycéens :

Groupes A : un article de presse

Groupes B : une vidéo d'entraîneurs

▶ **Une tâche d'entraînement** pour exprimer son opinion

Une tâche finale :

p. 105

▶ *Your school is considering starting a sports program like the ones in American schools. State your case!*

Évaluations p. 107

▶ Dispositif complet d'évaluation dans la banque de ressources Didier-Prof

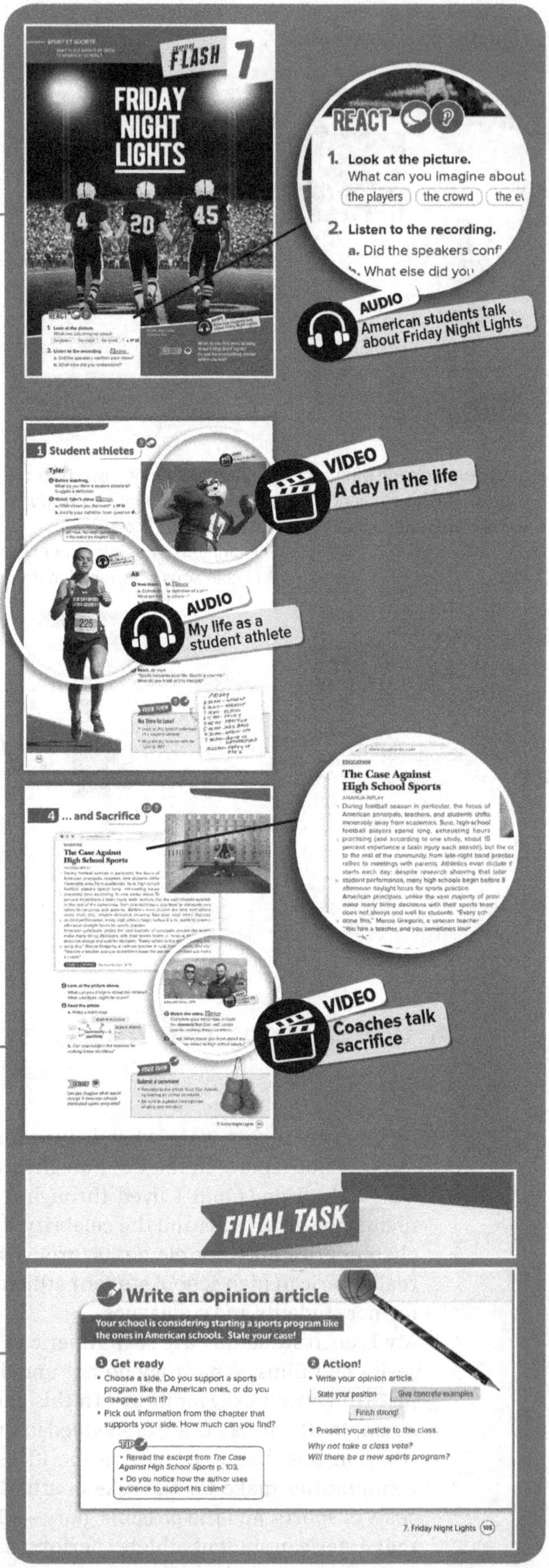

SÉQUENCE # 2 B1 • 5 séances

Pour démarrer :

p. 100

- **Un extrait vidéo :** la journée type de Tyler

Pour découvrir et s'entraîner :

p. 101

- **Une image légendée** pour comprendre la signification des vêtements et accessoires des athlètes
- **Une activité** pour commenter le quotidien de Tyler

p. 103

- **Un article de presse** pour comprendre les sacrifices faits par ces lycéens et leur famille
- **Une vidéo d'entraîneurs**

Une tâche finale :

p. 105

- *Your school is considering starting a sports program like the ones in American schools. State your case!*

Évaluations p. 107

- Dispositif complet d'évaluation dans la banque de ressources Didier-Prof

SÉQUENCE # 3 B1 / B1+ • 6 séances

Pour démarrer :

p. 99

▶ **Une photographie** pour anticiper et **des témoignages audios** de *Student athletes*

Pour découvrir et s'entraîner :

p. 102-103

▶ **Des extraits d'un ouvrage documentaire** sur l'importance des matchs du vendredi soir

▶ **Un article de presse** pour comprendre les sacrifices faits par ces athlètes

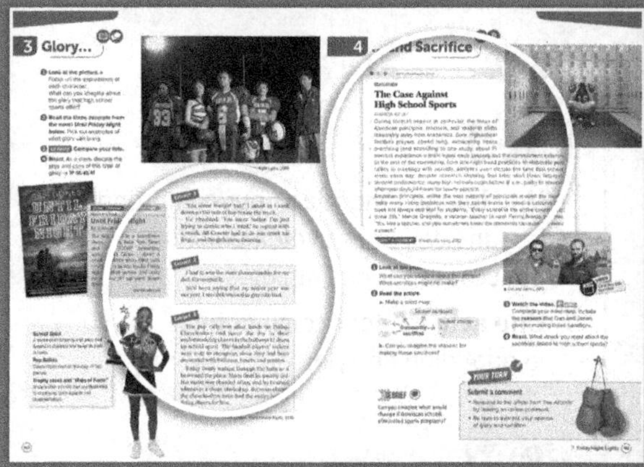

p. 104

▶ **Le témoignage d'un joueur** de football américain

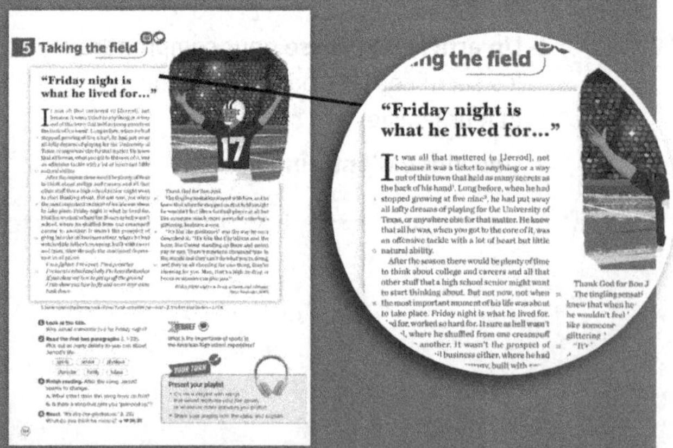

Une tâche finale :

IN GROUPS

p. 105

▶ *As an American student, take part in the debate: 'High school should be about learning, not sports!'*

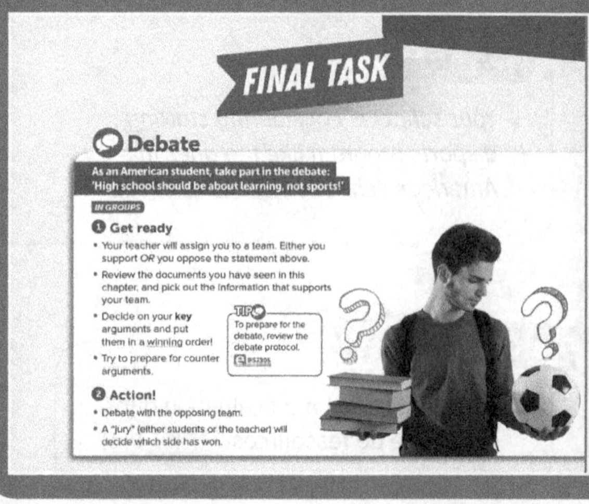

Évaluations p. 107

▶ Dispositif complet d'évaluation dans la banque de ressources Didier-Prof

OUVERTURE – p. 99

PRÉSENTATION DES DOCUMENTS

La photographie

• Cette image spectaculaire en noir et blanc est tirée de l'adaptation cinématographique de *Friday Night Lights*. Le film, comme le livre sur lequel il est basé, montre toute l'importance du sport en milieu scolaire aux États-Unis, en particulier dans les petites villes.

• La photo montre trois joueurs de football américain de dos, au moment où ils entrent sur le terrain.
Les *Friday night games* sont les rencontres inter-lycées qui réunissent toute la ville pour voir s'affronter les équipes des établissements scolaires. Le moment est très fort et les trois silhouettes, bien que protégées par leur lourd équipement de footballeurs, semblent presque fragiles. On perçoit l'émotion qui doit les saisir à leurs mains liées, qui les unissent face à la foule et l'équipe adversaire vers lesquelles ils avancent.

• Lors de la mise en œuvre test, les élèves de Mark, l'auteur américain de ce chapitre, qui enseigne en France, n'arrivaient pas croire qu'il ne s'agissait pas d'un match professionnel mais d'une rencontre entre des équipes de lycéens !

Friday Night Lights – film synopsis
A small, turbulent town in Texas obsesses over their high school football team to an unhealthy degree. When the star tailback, Boobie Miles (Derek Luke), is seriously injured during the first game of the season, all hope is lost, and the town's dormant social problems begin to flare up. It is left to the inspiring abilities of new coach Gary Gaines (Billy Bob Thornton) to instill in the other team members – and, by proxy, the town itself – a sense of self-respect and honor.

Le document audio

Dans cet enregistrement, deux lycéens américains, Ali (témoignage audio p. 100) et Shane (document audio d'évaluation, p. 107) décrivent la photo et expliquent ce que sont les *"Friday night lights"* – bien plus qu'un titre de film, il s'agit d'un véritable mode de vie. Ce chapitre présente plusieurs des anciens élèves et collègues de Mark, lycéens ou entraîneurs sportifs, pour témoigner de ce que représente le sport dans la vie des lycéens américains, ses bons aspects comme ses aspects plus discutables... le débat est lancé !

SUGGESTIONS DE MISE EN ŒUVRE

1 | Projection de la photographie et recueil des réactions des élèves

Illustration fournie dans :
→ la banque de ressources Didier-Prof

On pourra laisser les élèves réagir spontanément. On se concentrera sur les joueurs, le public et l'événement. Si les élèves ne relèvent pas certains éléments, tels que le photographe à gauche, l'équipe adverse en face et les *cheerleaders* au loin, ainsi que l'heure de la prise de vue, on pourra les guider. Voici quelques productions possibles :

The players	• Football players, but what level? Professional, university, or high school? • Quite big to be high school. • Hands are joined to show team spirit.
The crowd	• Hundreds, maybe thousands if we imagine both sides of the field. Fans of the two teams. • If this is a school sports game, these could be other students, friends, parents, teachers... everyone from town.
The event	• Friday night football game. • Must be important because of the number of fans. • Late at night because of the lights. • Ambience must be crazy!

Une fois ces éléments mis en commun et enrichis, on pourra procéder à l'écoute du document audio.

2 | Écoute du document audio – témoignages de deux lycéens américains

• On pourra dire aux élèves que les athlètes qu'ils vont entendre sont d'anciens étudiants de l'auteur de ce chapitre. Ils vivent aux États-Unis, font du sport de manière intensive dans leur lycée et seront présentés plus loin dans le chapitre. Dans cet enregistrement, Ali et Shane examineront la photo puis partageront leurs propres interprétations de *"Friday Night Lights"* et ce que cela signifie pour eux et pour leur communauté.

• Les deux témoignages permettront aux élèves de valider ou invalider les hypothèses émises à partir de la photo et d'ajouter des détails sur les joueurs, la foule et l'événement montré.

Voici quelques productions possibles :

Ali	*"To me, Friday night lights is the big football game at the end of the week."* **0:29**
Ali	*"When you go, there's a sense of excitement and just support for the high school players."* **0:39**
Shane	*"In the stands you see your friends, family, teachers, and all those who come out to support you."* **0:20**
Shane	*"Friday nights represents more sports than just football... personally I'm a runner and I'm a basketball player."* **0:45**
Shane	*"When you walk out onto the court and see all your friends and family and students cheering you on... it makes you feel like a celebrity."* **1:00**

• Lors de la mise en œuvre test, les élèves ont commenté le ton de voix des deux jeunes athlètes – ils ont trouvé qu'ils sonnaient « très américains ». Ils pourront aussi noter que leurs accents sont assez neutres – ni accent du sud, ni accent typique de régions comme New York ou Boston. Les élèves peuvent aussi remarquer que Shane a une voix calme et posée, un peu étonnante pour un adolescent qui évoque sa célébrité !

OUTILS MÉTHODOLOGIQUES ET LINGUISTIQUES

Lexique

Pour s'approprier le vocabulaire nécessaire à l'ensemble de la séquence et maîtriser sa prononciation :

→ *Words* p. 107

→ Plateforme d'entraînement reussirenlangues.fr PRACTISE ONLINE

Grammaire

– La proposition relative

– L'expression du but

→ *Grammar* p. 106

OUTILS LINGUISTIQUES

Pour décrire et commenter l'image :

→ YP8a *Describing visuals* et YP8b *Locating elements*

PLUS LOIN DANS LE MANUEL

• Ali, qui pratique l'athlétisme à haut niveau, témoigne de son emploi du temps de *student athlete* dans le document audio *My life as a student athlete*, p. 100.

• Shane, qui joue au volley dans l'équipe de son lycée, témoigne des sacrifices et de la pression qui s'exerce sur les jeunes lycéens athlètes dans le document d'évaluation *Shane talks about pressure in high school*, p. 107.

DEBRIEF – p. 151

What do you find most striking about Friday Night Lights?
Do you have something similar where you live?

• Ce *Debrief* peut donner lieu à une discussion animée ; les élèves qui ont testé ce chapitre avaient beaucoup à dire :
– certains ont pensé que cette image et ces témoignages étaient « fabriqués » pour les besoins d'un film ou d'une série, et qu'il ne s'agissait en aucun cas d'une rencontre authentique ;
– d'autres au contraire ont soutenu qu'il s'agissait bien d'une photo tirée d'un match entre lycéens, et que les voix dans les enregistrements étaient celles de véritables élèves.

• Lors de la discussion sur les programmes sportifs scolaires en France, certains élèves ont évoqué le fait que le lycée avait une équipe de basket-ball ou de volley-ball… avant d'admettre que lorsqu'il y avait un match, il y avait rarement plus de vingt personnes dans le public et que leur réalité était donc à mille lieues de ce qu'ils venaient de découvrir sur les États-Unis !

Voici d'autres commentaires entendus lors de la mise en œuvre test :
→ *It is just like in the Netflix series!*
→ *I thought this was just fake Hollywood stuff!*
→ *Why don't we have anything like this?*
→ *This is too much, though!*
→ *Where do they get the money for all this?*
→ *I thought this was just for football!*
→ *Shane sounds cute.*

1. Student Athletes p. 100

PRÉSENTATION DES DOCUMENTS

La vidéo

• *"A day in the life"* a été réalisé par Tyler, un lycéen joueur de football américain, dans le but de partager son quotidien de *student athlete* un jour de match. La vidéo suit donc le jeune homme depuis son réveil matinal à 6:45, son trajet vers le lycée dans un pick-up truck (qui ne manquera pas d'impressionner nos élèves !), puis l'entraînement dans une salle de musculation ultra équipée, les heures de cours, l'échauffement sur le terrain d'entraînement avec le coach et les coéquipiers, la parade animée par les *cheerleaders* et enfin, point d'orgue de cette journée, le match lui-même. Si le contenu de cette vidéo est muet (la bande son est constituée uniquement par la musique) il est extrêmement riche au point de vue culturel et donnera lieu à des prises de parole passionnées.

• Lors de la mise en œuvre test, les élèves de Mark se sont demandé d'où venait l'argent pour tous les équipements : voiture, salle de musculation, tenues, matériel, terrains de sport… Ils ont été très étonnés d'apprendre que les *student athletes* ne paient que 100 dollars pour une saison sportive – il leur revient ensuite cependant d'acheter une partie de l'équipement. Pour creuser cette question, on pourra demander aux élèves d'évaluer le nombre de personnes qui constituent le public d'un match à partir de la photo de la page 99, puis leur faire évaluer le prix des billets. Dans le lycée de Mark les spectateurs payaient entre 3 et 5 dollars pour assister à un match – des heures de divertissement dans une ambiance surchauffée ! Ainsi, si 500 personnes assistent à un match, c'est 2 500 $ qui peuvent financer le programme sportif de l'école.

• L'implication de la communauté tout entière dans les rencontres sportives entre établissements scolaires est un facteur de cohésion sociale puissant aux États-Unis, notamment dans les petites villes. Le fait de réunir un grand nombre d'élèves, entourés de leurs enseignants et de leur famille le vendredi soir – les forces de police étant aussi généralement présentes sur place – est aussi un moyen de réduire significativement les comportements dangereux chez les adolescents en fin de semaine.

Audio : *"My life as a student athlete"*

Après avoir commenté la photo d'ouverture du chapitre (*American students talk about Friday Night Lights*, p. 99), Ali évoque ici les différentes classifications entre élèves dans les écoles américaines et son emploi du temps de lycéenne. Elle explique ce qu'implique le fait de pratiquer un sport au lycée, en particulier pour devenir un *"student athlete"*, ces « super sportifs » qui allient excellence sportive et académique. Elle évoque enfin les conséquences de ce statut et ce qu'il signifie en termes de mode de vie.

L'audio est découpé en trois parties :

Partie 1 (Début à 0'34)	La classification des élèves dans les lycées américains. *"In high school there are student athletes, athletes and then, the other kids."*
Partie 2 (0'35 à 1'21)	L'emploi du temps d'Ali entre entraînements sportifs, cours, compétitions et devoirs scolaires.
Partie 3 (1'22 à la fin)	L'impact du statut de *student athlete* sur la vie d'un lycéen. *"The thing with sports is... sports becomes your life, sports is your life."*

SUGGESTIONS DE MISE EN ŒUVRE

1 | Anticipation – Hypothèses sur le terme "*student athlete*"

Le terme "*student athlete*" a une définition très précise aux États-Unis. On commencera par laisser les élèves suggérer des définitions en prenant en notes leurs propositions au tableau afin de pouvoir les valider ou les invalider après le visionnage de la vidéo ou l'écoute de l'audio.

Les élèves pourront décomposer le terme pour arriver à une définition complète :

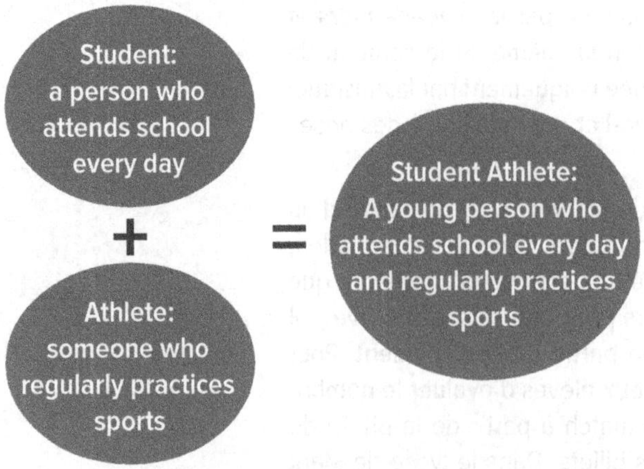

Student athletes
A student athlete is a participant in an organized competitive sport sponsored by the educational institution in which the student is enrolled. Student athletes are full time students and athletes at the same time. Colleges offer athletic scholarships in many sports.

2 | Visionnage de la vidéo *"A day in the life"*

a. et **b.** On peut demander aux élèves de faire une liste des différences qui les frappent le plus et les similitudes qu'ils peuvent relever entre le quotidien de ce *student athlete* et celui d'un lycéen français. Voici quelques idées qui pourraient les frapper :

→ *He wakes up at 6 :45. That's not very different from French students!*

→ *What strikes me the most is that he drives himself to school... and that he has a huge car!*

→ *He is from Texas and drives a pickup truck.*

→ *The players have weightlifting before school because they have practice after school.*

→ *The boys at the gym are very muscular. Some are built for speed, and others for power.*

→ *What I find the most impressive is that the gym looks really professional, but it is the high school gym!*

→ *We get the feeling that there is very little studying.*

→ *What I find the most incredible is that there are lots of players and coaches, and there is lots of space and equipment.*

→ *There are jerseys and fields for practice, and official jerseys and stadiums for games.*

→ *The players' equipment is made by expensive brands: Underarmour, Nike, etc. The school must have deals with these companies.*

→ *The parade before night games shows the extent of student and community involvement.*

→ *There are pre-match "warm-ups" for the players and the cheerleaders, which are like another practice.*

→ *When the players run out, we see that there are hundreds or even thousands of fans.*

→ *There is a professional looking scoreboard.*

Un détail important à mentionner : lorsque les joueurs s'agenouillent dans la zone de but, c'est pour prier avant le match, et non pour protester contre l'hymne national (cf. chapitre *Taking a stand* p. 139). Dans cette région du Texas, il est en effet presque certain que tout le monde se lève pour l'hymne national.

OUTILS LINGUISTIQUES

Pour donner leurs premières réactions et impressions :
→ YP2a *First reactions*
et YP2b *First impressions*

AILLEURS DANS LE MANUEL

Pour explorer une autre dimension du sport aux États-Unis : voir le chapitre *Taking a stand*, qui porte sur l'engagement des sportifs afro-américains contre la discrimination raciale, p. 139.

3 | Première écoute de l'audio *"My life as a student athlete"*

a. et **b.** On laissera les élèves écouter une première fois le témoignage d'Ali et réagir spontanément. On pourra ensuite leur demander de commenter les critères qui différencient un *student athlete* des autres élèves de l'école afin de pouvoir compléter leur définition.
Voici les groupes que les élèves peuvent indiquer, et les critères :

student athlete	Gets mostly *As* and plays three seasons of sports
athlete	Average or below average grades, but successful in sports
other kids	3 hours of gym, but no daily practices or games, not considered athletic

c. Pour mettre en relief les différences culturelles, on pourra lancer une discussion sur les groupes auxquels nos élèves pensent appartenir. Lors de la mise en œuvre test, les élèves ont déclaré qu'ils ne seraient certainement pas des athlètes, parce qu'ils ne pratiquaient pas assez de sports, mais quand on leur a demandé s'ils souhaiteraient faire partie de ce groupe, beaucoup ont répondu : « Bien sûr ! »

4 | Deuxième écoute

Par groupes de deux, les élèves doivent créer une carte mentale sur le modèle de celle du manuel. À l'aide d'un téléphone, d'une tablette ou d'un ordinateur, ils pourront réécouter l'audio en ajoutant à leur carte mentale des informations sur les différentes manières dont le sport affecte la vie d'Ali.

c. Mise en commun

On peut dessiner la carte mentale au tableau et demander à chaque groupe de partager un ou deux détails qu'ils auront relevés. La carte mentale pourra contenir les informations suivantes :

Sports in Ali's life

Schedule
- Practice Monday - Saturday, unless there's a game
- Music before school at 6:45, because sports are after school at 2:15 for 2 hours

Academics
- Some matches require leaving school early, missing classes, and turning in the work later
- Some sports nights are very late, but you still have to do your homework

Friends
The friends you make on the team are the friends you hang out with after practice

Everything else
- You have to eat and drink in a certain way, depending on your sport
- Sports becomes your life

5 | React

"Sports become your life. Sports is your life."

On laissera les élèves exprimer librement leurs opinions, en binômes ou en classe entière, et dire ce qu'ils pensent de cette remarque d'Ali : ce mode de vie leur paraît-il enviable ou pas ?

YOUR TURN – p. 100

No Time to Lose!

Cette tâche peut commencer à faire réfléchir les élèves sur la place du sport dans la scolarité aux États-Unis, et on verra sans doute se créer des disparités d'opinion entre ceux qui pensent qu'il s'agit d'un excellent principe et ceux qui ont le sentiment que ces programmes vont trop loin.

OUTILS LINGUISTIQUES

Pour exprimer leur opinion :
→ YP40 *Criticizing*
et YP41 *Praising*

DIFFÉRENCIATION PÉDAGOGIQUE

- Les élèves qui se sentent plus à l'aise en compréhension de l'oral pourront créer l'emploi du temps d'Ali, car il sera nécessaire pour cela de bien comprendre les horaires qu'elle indique dans le document audio.
- Les élèves qui se sentent moins en confiance trouveront peut-être plus facile de réaliser l'emploi du temps de Tyler car il sera basé sur des indices visuels dans la vidéo.

2. The Varsity look p. 101

PRÉSENTATION DES DOCUMENTS

L'image de la *"Varsity Jacket"*

La veste portée par l'adolescent sur la page 101 est plus populaire dans certaines écoles que dans d'autres, mais elle reste un emblème important de la culture sportive des lycéens aux États-Unis. Si nos élèves français l'auront généralement déjà repérée dans les séries américaines qu'ils regardent, ils ne savent pas à quel point chaque élément est symbolique.

Les autres accessoires

La casquette de baseball, le maillot et le sac de sport ne sont que quelques-uns des accessoires indispensables au « look » sportif dans les lycées américains. Certains élèves français se sont interrogés sur la nécessité de la voiture, mais on pourra leur rappeler les distances importantes qui peuvent séparer les lieux aux États-Unis et la différence d'échelle entre villes américaines et françaises. Le lycée de Mark, par exemple, se trouvait à 8 kilomètres de chez lui, sans aucun moyen de transport en commun.
Ci-dessous, une photo de son lycée. On peut remarquer que le parking des étudiants est plus grand que celui des professeurs !

Jock Jams ! La *playlist* des sportifs

Les élèves américains connaissent bien le concept d'une *playlist "Jock Jams"*. Dans les années 1990 et 2000, six albums différents de *"Jock Jams"* ont été produits. Aujourd'hui, lorsqu'on saisit *"Jock Jams"* dans *Spotify*, on peut constater que les professionnels de la musique comme les amateurs sont toujours friands de *pump up music*, à écouter avant ou après les entraînements pour galvaniser le moral des jeunes athlètes ! En tant que joueur puis entraîneur, Mark se souvient parfaitement des chansons qu'il écoutait avec ses camarades dans la salle de musculation, sur le terrain de basket-ball ou de football – elles personnifient pour lui l'état d'esprit dans lequel ses camarades et lui-même baignaient.

SUGGESTIONS DE MISE EN ŒUVRE

1 | Analyse des images

a. et **b.** On pourra projeter au tableau l'image sur laquelle certaines étiquettes ont été masquées. Par groupes de deux, les élèves discuteront des contextes où ils ont déjà vu une veste de ce style – les élèves de Mark l'avaient vue dans des séries telles que *Riverdale* –, puis ils essaieront d'imaginer les étiquettes manquantes.

c. Ils réfléchiront ensuite à l'utilité de chacun des éléments fléchés (*nb.* les élèves français qui ont testé ce chapitre ont été extrêmement surpris d'apprendre que tous les détails de la veste avaient un sens précis : ils pensaient que les différents logos n'avaient qu'une valeur décorative).
Les groupes échangent sur les éléments manquants et en cas de désaccord, les élèves expliqueront leurs positions.

Par exemple :

The "N" must be for the player's name.	His name is Colin, so it must be for his school, which could be Newington?
The jacket must cost a lot of money. It is pretty fancy and has leather on the arms.	Maybe you receive the jacket if you "make the team". They can't expect high schoolers to pay!

- Image avec légendes masquées fournie dans
→ la banque de ressources Didier-Prof
- Activité interactive *Varsity look* avec corrigés fournie dans :
→ la banque de ressources Didier-Prof
→ le site e IFS2303
→ le manuel numérique

2 | Découverte des éléments et des prix

Une fois que les élèves auront rempli la page *Varsity Look* de l'activité numérique, ils pourront dévoiler les réponses en actionnant le corrigé et pourront comparer avec leurs idées.

Version complétée :

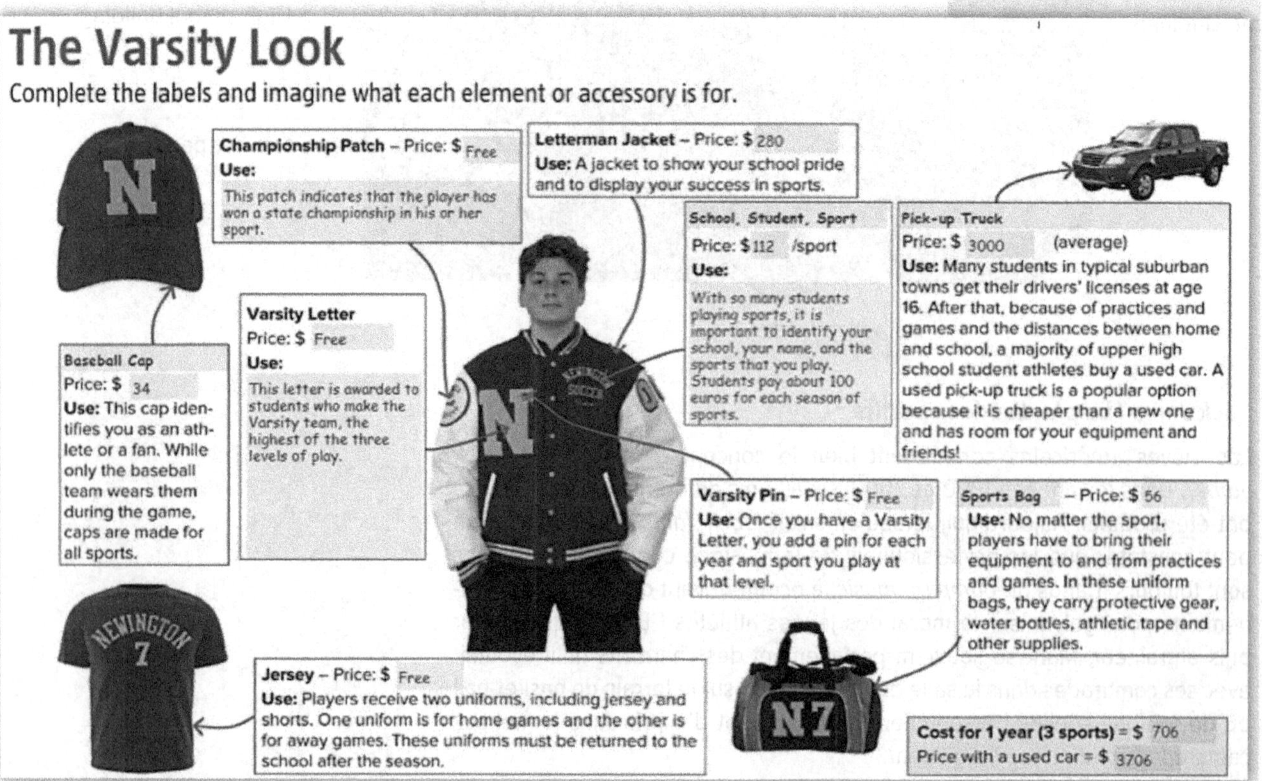

3 | *Group talk*

• Cette activité va leur donner l'occasion d'exprimer leur opinion sur l'équipement des lycéens sportifs aux États-Unis et de confronter leurs avis, soit avec leur partenaire de l'activité précédente, soit en formant de nouveaux groupes de 3 ou 4 élèves.

• Il pourrait être intéressant de regrouper des élèves qui ne sont pas d'accord entre eux afin de donner lieu à des échanges plus riches. Selon le temps dont on dispose et la motivation des élèves pour le thème de ce chapitre, on pourra proposer aux groupes de choisir l'un des trois sujets de discussion, ou bien de traiter les trois. Dans ce dernier cas, on pourra nommer un *time keeper* pour chaque groupe afin de s'assurer que l'on aura un temps suffisant pour aborder chaque question.

What would *you* wear from this "look"?

Why do you think these jackets are popular among American students?

What do you think of the price of this look? Where might the money come from?

• Enfin, on pourra éventuellement procéder à une mise en commun en classe entière, un rapporteur par groupe rendant compte des conclusions des discussions.

Voici quelques réponses possibles :

What would you wear from this look?	• I would wear the hat and the jersey, but not the jacket. • I would wear the jacket, but I don't have the money for it!
Why do you think these jackets are popular among American students?	• Students in America all want to look the same. • This is a way to fit in. • These jackets show your status even before you talk.
What do you think of the price of this look? Where might the money come from?	• It's not that expensive. • It's OK, if you don't add the car! • Americans are rich! • Don't American students work in the summer?

OUTILS LINGUISTIQUES

Pour mener leurs discussions, les élèves peuvent se référer à :

→ **YP37** ***Interacting***

DEBRIEF – p. 101

How do sports affects the daily life of American students?
How do they affect yours?

La première partie de cette question permettra aux élèves de synthétiser ce qu'ils ont appris sur l'impact du sport sur la vie des lycéens américains. Ils pourront ensuite comparer avec ce qu'ils vivent en France. Des sentiments différents pourront s'exprimer selon la position de chacun sur la place du sport dans les études, et l'on pourra mettre en forme les propositions des élèves afin de constituer la trace écrite.

YOUR TURN – p. 101

Voice-over

• Cette tâche pourra être adaptée selon le souhait ou le niveau des élèves :
– les élèves moins à l'aise peuvent rédiger un commentaire décrivant la vidéo *A day in the life*, en restant très factuels ;
– les élèves qui ont davantage confiance en eux en expression orale pourront rédiger une *voix off* plus personnelle, en s'exprimant à la première personne, comme s'ils étaient Tyler.

• Lire un script ne produit pas le même effet que parler de manière spontanée ; même si la lecture peut sembler a priori plus simple, en réalité on a souvent tendance à moins bien maîtriser l'intonation lorsqu'on lit. On encouragera donc les élèves à réécouter l'audio d'Ali (ifs2302) en préparation de leur enregistrement, puis à le comparer avec leur performance une fois celle-ci enregistrée. Après ce travail sur l'intonation et la prononciation, ils pourront enregistrer leurs versions finales.

• Si les élèves sont suffisamment équipés, ils pourront utiliser un logiciel tel que vocaroo.com (ou d'autres enregistreurs de son), ce qui leur permettra d'obtenir la longueur adéquate pour correspondre à la vidéo. Mais il est aussi possible de faire leur *voix off* en direct en classe, pendant qu'on diffusera la vidéo.

OUTILS MÉTHODOLOGIQUES ET LINGUISTIQUES

Lexique
Pour réviser le vocabulaire utile et s'entraîner à le prononcer :
→ *Words* p. 107
→ Plateforme d'entraînement reussirenlangues.fr PRACTISE ONLINE

Grammaire
Pour préparer leur *voice-over*, les élèves seront amenés à utiliser des propositions relatives et auront besoin d'exprimer le but et la cause.
→ *Grammar* p. 106
→ Exercices sur le manuel numérique et la banque de ressources Didier-Prof

3. Glory... p. 102

PRÉSENTATION DES DOCUMENTS

La photographie

• Cette photographie est tirée de la série télévisée qui, comme le film dont provient l'image de la page d'ouverture (p. 99), est basée sur le livre *"Friday Night Lights"* On y voit des lycéens en tenue de football américain, casques en main, et une *cheerleader* qui tient le bras du personnage central. Tout à droite, un peu à l'écart du groupe d'adolescents, se trouve l'entraîneur.

• Maintenant que les élèves ont vu et entendu de vrais élèves américains comme Shane, Tyler, et Ali, ils ont un certain recul qui leur permettra de comprendre que de telles images sont à la fois très « cliché » ... mais pas si éloignées d'une certaine réalité !

> ***Friday Night Lights***
> (TV series 2006 - 2011)
> In the small town of Dillon, Texas, one night matters: Friday Night. Eric Taylor has recently been hired as the head football coach for the Dillon High School Panthers, the town's pride and joy. *Friday Night Lights* displays the stress that the town gives the high school players to win, and the hope that the team gives to a small town, and how a team has its low points, its high points, and how they come together as a team on their way to victory.

La rubrique *teenreads.com*

En réponse à l'intérêt croissant pour la « *young adult fiction* » aux États-Unis, des sites tels que teenreads.com proposent des critiques de livres susceptibles d'intéresser nos élèves. La chronique et la couverture reproduites dans le manuel concernent *Until Friday Night*, un roman pour adolescents qui a rencontré un vif succès et qui a pour contexte la culture sportive au lycée et l'ambiance des *Friday nights* dans une petite ville du sud des États-Unis.

Couverture et extraits du roman *Until Friday Night*

Nous avons sélectionné des extraits qui permettront aux élèves de comprendre la gloire associée aux exploits sportifs dans les lycées américains, les bénéfices et les débordements – en particulier dans la manière de traiter les filles – qu'elle génère.

Until Friday Night* – *Abbi Glines (2015)
A #1 New York Times bestseller and the first novel in a brand-new series – from bestselling author Abbi Glines about a small Southern town filled with cute boys in pickup trucks, Friday night football games, and crazy parties that stir up some major drama.
To everyone who knows him, West Ashby has always been *that guy* the cocky, popular, way-too-handsome-for-his-own-good football god who led Lawton High to the state championships. But while West may be Big Man on Campus on the outside, on the inside he's battling the grief that comes with watching his father slowly die of cancer.
Two years ago, Maggie Carleton's life fell apart when her father murdered her mother. And after she told the police what happened, she stopped speaking and hasn't spoken since...

SUGGESTIONS DE MISE EN ŒUVRE

1 | Projection de l'image et anticipation

On peut laisser les élèves réagir spontanément. Que voient-ils dans l'image qui évoque la gloire ? Ils pourront en particulier s'appuyer sur les attitudes et les expressions des différents personnages.

Exemples de productions possibles :

→ *The lights are like spotlights; they look like celebrities = the glory of popularity.*
→ *The player in the middle might have the girl because he is a good player = the glory in relationships.*
→ *The player on the left seems like he is looking at the other team = the glory of victory.*
→ *The coach seems intent on winning = glory for the town.*

Images fournies dans :
→ la banque de ressources Didier-Prof

OUTILS LINGUISTIQUES

Pour exprimer l'accord ou le désaccord :
→ YP 38 *Opinions*, YP 40 *Criticizing* et YP41 *Praising*

2 | Lecture des éléments liés au roman *Until Friday Night*

a. Rubriques *Until Friday Night* et *School Spirit*
De manière à comprendre le contexte du roman, les élèves commenceront par lire les deux courtes rubriques. La première est une critique du roman et la seconde est une information culturelle qui rendra les extraits de texte plus compréhensibles.

b. Extraits du roman
Les élèves peuvent lire en autonomie en listant les exemples de types de gloire qu'ils relèvent dans le texte.

3 | En binômes, les élèves pourront comparer leurs listes, apporter des modifications si nécessaire et commencer à s'interroger sur les aspects positifs ou négatifs de la gloire liée au statut de sportif dans les établissements américains.

4 | Mise en commun

Les groupes peuvent partager les exemples de gloire qu'ils ont trouvés dans les extraits. Puis pour chaque exemple, on peut les laisser discuter des aspects positifs ou négatifs.

Voici les points saillants :

Extract 1

'You alone tonight too?' I asked as I sank down on the bale of hay beside the truck.
He chuckled. 'You know better. I'm just trying to decide who I want,' he replied with a smirk. All Gunner had to do was crook his finger, and the girls came running.

→ While athletic glory brings **you popularity with girls**, boys like Gunner become **sexist and demeaning.**

Extract 2

I had to win the state championship for my dad. He wanted it.
He'd been saying that my senior year was our year. I was determined to give him that.

→ On one hand, **winning a championship for your father** is glorious. On the other hand, **the father considers this "our" year.**

Extract 3

The pep rally was after lunch on Friday. Cheerleaders had spent the day in their uniforms doing cheers in the hallways to drum up school spirit. The football players' lockers were easy to recognize, since they had been decorated with balloons, hearts, and posters.
Today Brady walked through the halls as if he owned the place. More than he usually did. His name was chanted often, and he beamed whenever a chant started up. Between classes the cheerleaders even had the entire hallway doing cheers for him.

→ Other students chant your name and decorate your locker. Cheerleaders do cheers for you and **you seem like you "own" the school.** Is glory **too much?**

4. ...and Sacrifice - p. 103

PRÉSENTATION DES DOCUMENTS

Extrait d'article – *The Case Against High School Sports*

• Il est toujours important de présenter les différents points de vue sur un sujet de manière à permettre aux élèves de se faire leur propre opinion en toute connaissance de cause. Les élèves français regrettent souvent de ne pas avoir de programmes sportifs plus ambitieux au lycée mais à ce stade du chapitre, ils commenceront à percevoir les aspects plus sombres de cette réalité dans les établissements américains.

• Il faut savoir qu'aux États-Unis il existe un débat virulent pour remettre en cause le culte dont la pratique sportive fait l'objet à l'école et pour critiquer ses débordements, notamment à la suite de blessures graves d'élèves au cours d'entraînements ou de matchs. La presse se fait régulièrement l'écho de ces débats, et les reportages sur ce sujet sont nombreux.

L'article de *The Atlantic* soulève certains de ces aspects négatifs :

→ *Focus shifts away from academics.*
→ *Practice and game hours are long and cause injuries.*
→ *The rest of the community must participate: band practices, pep rallies (during which classes are cancelled), and parent meetings.*
→ *School starts early so students have daylight for sports, even though later start time would improve academics.*
→ *Schools hire weaker teachers <u>because</u> they can also coach a sport.*

Vidéo *Coaches talk sacrifice*

• Deux amis et anciens collègues de Mark discutent des sacrifices qu'ils ont dû consentir en tant que *student athletes* et des sacrifices qu'ils demandent à leurs joueurs maintenant qu'ils sont entraîneurs.

• Il est intéressant de noter que leurs commentaires sont cohérents avec ce que nous avons vu de Shane, Tyler et Ali. Ils soulignent ainsi les problèmes liés à l'emploi du temps :

– temps consacré aux sports,
– temps consacré aux études,
– temps consacré à la famille,
– temps consacré aux amis.

Voici quelques citations-clés :

James	*"They have to spend 2-3 hours at practice every day, and during that time they could be doing homework, spending time with friends, or spending time with family."*
Dan	*"They're usually here on the weekends, as well. Saturday mornings, sometimes Sunday afternoons."*
James	*"... they love competition, they love being on the team, they love being able to represent the school, and they love the sport."*
James	*"I had to sacrifice my body quite a bit... I've actually had three surgeries on my face and I have two titanium plates in my cheek from a basketball injury."*
Dan	*"...it took a lot of that sacrifice to get there, and it was definitely worth it."*

SUGGESTIONS DE MISE EN ŒUVRE

1 | Projection de l'image et anticipation

• On laissera les élèves réagir spontanément à l'image du jeune homme prostré dans des vestiaires sportifs. On pourra ensuite leur poser des questions spécifiques sur les sacrifices qu'il pourrait être amené à faire. Si les élèves sont un peu bloqués, on peut leur demander de réfléchir aux catégories suivantes :

Studies?	He is getting bad grades because he doesn't study much.
Family?	He doesn't see his family often.
Friends?	He has drifted from his friends who don't play football.
Relationships?	He has to break plans with his girlfriend because of practice.
Time?	All his free time is dedicated to sports.

• On pourra également s'appuyer sur le titre de l'article pour faire anticiper les élèves sur l'opinion qu'il est susceptible de véhiculer et les préparer à faire des repérages dans ce sens.

2 | Lecture de l'article

• Avant de lire, les élèves pourront amorcer une carte mentale (cf sur la page 103) afin de les aider à traiter les informations de l'article.

• Au fur et à mesure de leur lecture, ils pourront ajouter les différents groupes mentionnés :

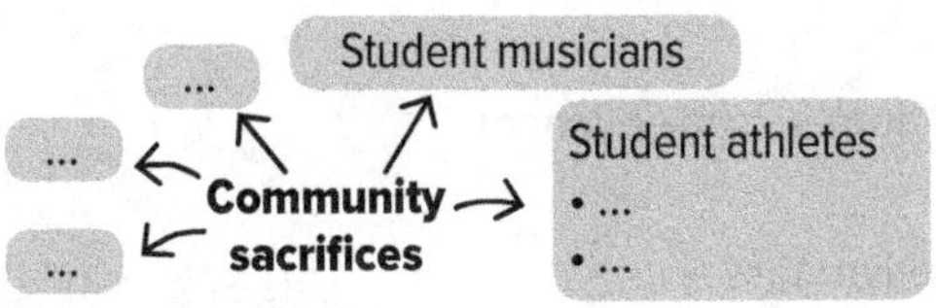

• Après la lecture, ils pourront essayer d'ajouter les raisons pour lesquelles ces groupes consentent autant de sacrifices. Certaines raisons sont mentionnées dans le texte mais il faudra aussi en inférer quelques unes.

Image fournie dans :
→ la banque de ressources Didier-Prof

DIFFÉRENCIATION PÉDAGOGIQUE

Si les élèves ont des difficultés en compréhension de l'écrit, on peut les aider en leur donnant à l'avance les différentes catégories de la carte mentale qui sera ensuite élaborée :
– *student athletes*
– *student musicians*
– *parents*
– *other students*
– *principals*

Vous trouverez ci-dessous un exemple des informations que les élèves peuvent compiler sur leurs cartes mentales.

3 | Visionnage de la vidéo

Pendant ou juste après le visionnage de la vidéo, les élèves peuvent lister les nouveaux sacrifices mentionnés par Dan et James, ainsi que les raisons invoquées.
Exemples de retours possibles :

Group	Sacrifices	Reasons
Student athletes	• long exhausting hours • injuries (brain, face...)	• love competition • love to represent the school • love the sport • being a part of something special • make sacrifices for each other – like a brotherhood • proud to wear jerseys in school (status) • friends and family come to watch • winning conference and state tournaments
Student musicians	• late rehearsals	• required as part of the band curriculum?
Parents	• parent meetings about sports	• support their children who play sports?
Other students	• start school earlier than they should	• school decides to start earlier to have sunlight in the afternoon for sports
Principals	• hire weaker teachers because they can coach	• sports are as important as academics in many towns

4 | *React*

Après avoir lu l'article et visionné la vidéo, les élèves pourront réagir en indiquant ce qui les a le plus surpris ou choqués. On pourra prendre en note leurs idées au tableau et on les encouragera à ajouter de nouveaux détails à leur carte mentale.

DEBRIEF – p. 103

Can you imagine what would change if American schools eliminated sports programs?

• Les élèves peuvent commencer par mentionner le fait que toute la gloire associée au statut de sportif disparaîtrait : popularité, succès lors des championnats, faveurs particulières, etc. – ce qui remettrait certainement en cause l'organisation des relations entre élèves à l'intérieur du lycée !

• Ils peuvent aussi remarquer que les différents groupes n'auraient pas à consentir autant de sacrifices : santé, temps, études...

• On pourra ensuite les encourager à réfléchir à d'autres conséquences possibles.

Voici quelques conclusions émises lors de la mise en œuvre test :

→ *Some students use sports to find friends and fit in, and they might not have friends.*
→ *Students who are not very successful in academics might stop coming to school.*

→ *Students would have fewer sports injuries, but more bad habits – smoking, drinking, and other things you don't do when you are an athlete.*
→ *Students would have more time for studies, but may not have the same hard work ethic to make them study.*

YOUR TURN – p. 103

Submit a comment

En proposant aux élèves de rédiger un commentaire sur l'article qu'ils viennent de lire, cette tâche constituera une excellente préparation à l'une ou l'autre des deux tâches finales.

• Pour la réaliser, on pourra afficher une copie de l'article sur un mur de la classe ou le projeter et on invitera les élèves à ajouter leurs commentaires à l'aide de Post Its. On pourra éventuellement leur demander de classer leurs commentaires, en allant de « complètement d'accord » à « complètement en désaccord » avec l'opinion de l'article.

Article fourni dans :
→ la banque de ressources Didier-Prof

OUTILS LINGUISTIQUES

Pour exprimer l'accord ou le désaccord :
→ YP 38 *Opinions*, YP 40 *Criticizing* et YP41 *Praising*

5. Taking the field p. 104

PRÉSENTATION DES DOCUMENTS

Extrait du roman *Friday Night Lights*

Le chapitre se termine avec un extrait du livre qui lui a donné son nom. *Friday Night Lights* est l'histoire vraie d'une équipe qui a continué à gagner, alors même que sa ville s'enfonçait dans la crise. L'auteur, Buzz Bissinger, s'est rendu à Odessa, au Texas, pour voir comment une ville frappée par la désindustrialisation et la perte de ressources pouvait continuer à voler de victoire en victoire lors des championnats inter-lycées. L'extrait que nous avons choisi évoque une explication possible : pour Jerrod, un lycéen d'Odessa, la perspective de pratiquer son sport de prédilection à l'université semble bouchée en raison de son petit gabarit ; il se refuse à suivre les pas de son père en travaillant pour l'industrie pétrolière ; ses études ont peu de chances de lui offrir un avenir prometteur... sa participation à l'équipe du lycée est donc sa seule chance de se sentir important, fort, admiré – une nuit par semaine, trois mois par an, pendant ses quatre années de lycée. Et il est prêt à tout donner pour cela.

SUGGESTIONS DE MISE EN ŒUVRE

1. Anticipation et recueil des réactions des élèves

On peut laisser les élèves répondre au titre de l'extrait : *"Friday night is what he lived for..."*. Pour les aider, on peut leur rappeler toutes les personnes rencontrées dans ce chapitre : Shane, Ali, Tyler, Dan, James, etc. Chacun d'entre eux a fourni des informations sur les raisons pour lesquelles une personne peut vivre *"for Friday night"*.

Par exemple :
→ *You feel like a celebrity.* (Shane)
→ *You will hang out with your teammates after sports.* (Ali)
→ *Hundreds, even thousands will come to cheer for you.* (Tyler)

→ *You love the competition and the sport.* (James)
→ *You have a chance to represent your school and your town.* (Dan)

2 | Lecture des deux premiers paragraphes (l. 1-23)

Ce texte est très riche, nous vous proposons donc de le lire en deux parties. Avant d'écouter la chanson, Jerrod semble énumérer les problèmes de sa vie et de son avenir. Les étudiants doivent lire et trouver des informations sur les sujets suivants :

Sports	• most important thing in his life, what he lives for
School	• unimportant: *"shuffles from one creampuff* class to another"*
Physique	• too short to play University football, not much natural ability
Character	• a lot of heart
Family	• father has a dying oil business
Future	• no University football, no higher studies, no job with his father, hometown is in a depression... no future?

* *easy, no substance*

b. Mise en commun

Le texte étant complexe, on peut demander aux élèves de partager ce qu'ils ont trouvé et établir une liste au tableau.

3 | Lecture de la fin du texte (l. 24 - 42)

On peut demander aux élèves de lire la deuxième partie et de chercher les changements dans les sentiments de Jerrod. Ils remarqueront que la négativité de la première partie s'est transformée en motivation et en détermination dans la deuxième partie. Une fois qu'ils auront terminé leurs relevés, on peut discuter de l'utilisation de la musique *"to get pumped up"*. Ont-ils eux-mêmes une chanson spécifique pour leur redonner le moral ?

4 | Réaction à la citation *"It's like the gladiators"*

On pourra attirer l'attention des élèves sur la citation ci-dessus et demander aux élèves de réagir spontanément. Nous pouvons également les guider avec des questions telles que :
What do you think he means?
Does this confirm what others have said in the chapter?
Is this a healthy way for young people to feel about sports?

OUTILS LINGUISTIQUES

Pour aider les élèves à analyser des métaphores :
→ YP 26 *Describing allusions*, YP 33 *Analysing symbols*

DEBRIEF – p. 104

What is the importance of sports in the American high school experience?

Cette question de synthèse permettra de rebrasser tout ce qui aura été vu dans le chapitre et les élèves peuvent faire référence à tous les documents étudiés.

Exemples de productions possibles :
→ *"Sports becomes your life. Sports is your life."* (Ali)
→ *Your friends, your diet, your schedule, your teachers – they are decided by sports.*
→ *Sports can get you a girlfriend or boyfriend, and a popular status in school.*

→ *Sports can give you a place in your school's Hall of Fame display.*
→ *Sports are what school is about, it's "sure as hell" not about the "cream-puff course[s]..." (Friday Night Lights)*

YOUR TURN – p. 103

Present a playlist

Cette tâche s'est avérée l'activité préférée des élèves de Mark lors de la mise en œuvre test. Il est d'ailleurs possible de la mener dans différents chapitres afin de permettre aux élèves de continuer à réfléchir à une question hors de la classe, sur leur temps libre. Les élèves se sont montrés enthousiastes à l'idée de partager leurs *playlists* et ont même créé un playlist *"Jock Jams"* sur Spotify avec toutes les chansons de la classe.

Quelques exemples :
We Will Rock You – Queen
We Are the Champions – Queen
Sandstorm – Darude
Back in Black – AC/DC
Stronger – Kanye West

FINAL TASK – p. 105

SUGGESTIONS DE MISE EN ŒUVRE

Selon le parcours mené au sein de ce chapitre, on choisira l'une ou l'autre des deux tâches finales.

Debate

"High scholl should be about learning, not sports"

1 | Préparation

• La première tâche finale permet aux élèves de pratiquer l'interaction orale en menant un débat qui aura été bien préparé en amont. La fiche *"Debate Protocol"*, que l'on pourra distribuer en préparation, leur permettra de mener ce débat tel qu'on le fait dans les lycées américains !
Lors de la mise en œuvre test, aucun élève ne voulait débattre ***contre*** le modèle américain au début du chapitre. Mais en fin de chapitre la classe était très divisée, ce qui a rendu les discussions particulièrement riches.

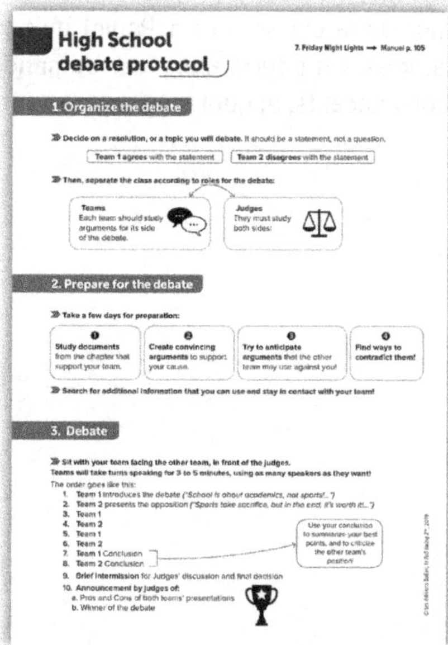
High School debate protocol

7. Friday Night Lights → Manuel p. 105

1. Organize the debate

» **Decide on a resolution, or a topic you will debate.** It should be a statement, not a question.

Team 1 agrees with the statement | **Team 2 disagrees** with the statement

» **Then, separate the class according to roles for the debate:**

Teams Each team should study arguments for its side of the debate.

Judges They must study both sides!

2. Prepare for the debate

» **Take a few days for preparation:**

1. **Study documents** from the chapter that support your team.
2. **Create convincing arguments** to support your cause.
3. **Try to anticipate arguments** that the other team may use against you!
4. **Find ways to contradict them!**

» **Search for additional information that you can use and stay in contact with your team!**

3. Debate

» **Sit with your team facing the other team, in front of the judges.**
Teams will take turns speaking for 3 to 5 minutes, using as many speakers as they want!
The order goes like this:
1. **Team 1** introduces the debate *("School is about academics, not sports!...")*
2. **Team 2** presents the opposition *("Sports take sacrifice, but in the end, it's worth it!...")*
3. **Team 1**
4. **Team 2**
5. **Team 1**
6. **Team 2**
7. **Team 1** Conclusion
8. **Team 2** Conclusion

Use your conclusion to summarize your best points, and to criticize the other team's position!

9. **Brief intermission** for Judges' discussion and final decision
10. **Announcement by judges of:**
 a. Pros and Cons of both teams' presentations
 b. Winner of the debate

OUTILS LINGUISTIQUES

Pour exprimer l'accord ou le désaccord :
→ YP 38 *Opinions*, YP 40 *Criticizing* et YP41 *Praising*

Fiche *Debate protocol* fournie dans :
→ la banque de ressources Didier-Prof
→ le site e IFS2305
→ le manuel numérique

2 | Action !

Pour que le débat fonctionne vraiment bien, nous vous conseillons d'adopter le principe du « tout ou rien » : soit les élèves devront défendre le fait qu'il n'y ait pas du tout de sport organisé par l'établissement, soit ils devront défendre un programme sportif américain complet ! Les étudiants de Mark ont cité certains des arguments suivants :

NO Sports	YES Sports
• athletes end up with big egos • 15% of football players have brain injuries • students don't focus on studying, which is more important • teachers are lower-quality, they are hired to be coaches	• earn hard work and dedication • meet friends with the same interests • much healthier addiction than video games or smoking • gives non-academic students a reason to come to school

Write an opinion article

1 | Préparation

La deuxième tâche finale est une expression écrite. En préparation, les élèves pourront relire l'article de *The Atlantic : The Case Against High School Sports*. L'auteur structure bien son texte, même si nous ne voyons qu'un extrait ; de style typiquement américain, il commence par une déclaration forte, et non par une question rhétorique. Il donne ensuite des exemples concrets pour renforcer son argument, et même lorsqu'il fournit une antithèse (*"Sure, high-school football players spend long, exhausting hours practising..."*), il le fait pour la réfuter immédiatement (*"...but the commitment extends to the rest of the community"*). Les élèves pourront également suivre les conseils reproduits sur la page 105 pour écrire un article fort et convaincant !

State your position | Give concrete examples

Finish strong!

2 | Action !

Une fois leur article rédigé, relu et corrigé, on pourra proposer aux élèves d'afficher leurs productions sur un mur de la classe ou sur Padlet puis les inciter à lire les textes de leurs camarades. On pourra alors leur demander de décider quels textes sont les plus convaincants, et quel programme sportif sera finalement choisi par la classe.

GRAMMAR – p. 106

Exercices autocorrectifs fournis dans :
→ la banque de ressources Didier-Prof
→ le manuel numérique

WORDS – p. 107

Exercices autocorrectifs fournis dans :
→ la plateforme d'entraînement réussirenlangues.fr/IFS2de PRACTISE ONLINE

TEST YOUR SKILLS – p. 123

Listening & Writing

■ Audio *Shane talks about pressure in high school* (EVAL 7) fourni dans
→ le coffret classe

■ Grille d'évaluation de la compréhension de l'oral fournie dans :
→ ce guide pédagogique p. 328

■ Fiche support photocopiable fournie dans :
→ ce guide pédagogique p. 329

Speaking

Fiche support photocopiable fournie dans :
→ ce guide pédagogique p. 330

Tous les documents supports et les grilles d'évaluation sont également fournis dans la banque de ressources Didier-Prof

8 ACROSS THE DIVIDE

Axe : LE VILLAGE, LE QUARTIER, LA VILLE

Thème : Grandir en Irlande du Nord dans un environnement marqué par les conflits passés : l'école, la ville, l'amour et l'amitié

Problématique :

How can communities live in the same city despite their differences?

Ancrage culturel :
L'Irlande du Nord aujourd'hui

Grammaire :
- Prétérit vs *Present Perfect*
- Les déterminants : Ø ou *the* ?

Introduction

Vingt ans après l'« accord du Vendredi saint » (ou *Good Friday agreement*), l'Irlande du Nord est un pays en paix. Mais les traces d'un conflit ne disparaissent pas en un jour et les paysages urbains témoignent encore de cet héritage. L'espace est souvent (bien que pas toujours) divisé en communautés et il existe toujours des villes ou des quartiers peuplés principalement par un même groupe religieux. À Belfast, les signes de division sont encore bien visibles avec la présence des *Peace Lines*, ces « murs de la paix » qui paradoxalement séparent les communautés. De nouveaux murs de la paix ont même été construits depuis le processus de paix, ce qui montre bien que celle-ci est encore fragile. Ce partage de l'espace est en partie dû au fait que le système scolaire reste largement divisé : plus de 90% des jeunes vont à l'école avec des enfants de la même confession qu'eux, ce qui a bien entendu des conséquences sur les liens entre communautés.

Ce chapitre explore l'héritage du conflit aujourd'hui et ses effets sur les paysages urbains, le système scolaire et la vie amoureuse, ainsi que les tentatives pour promouvoir une meilleure communication entre les communautés. Se remettre d'un conflit prend du temps, et le présent chapitre examine ce processus.

Petite visite guidée…

Ouverture : une image et une vidéo
Pour déclencher la parole et faire découvrir le contexte aux élèves

Un aperçu de l'école en Irlande du Nord

Derry Girls – une représentation humoristique de la vie des adolescents pendant le conflit

Deux systèmes scolaires très différents : ségrégation religieuse *vs* éducation intégrée

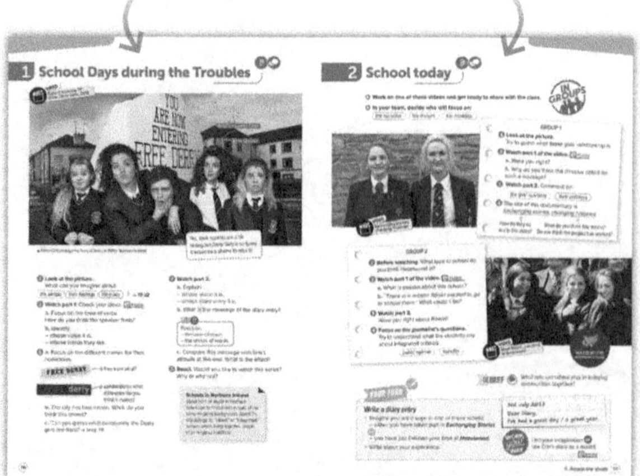

Zoom sur Belfast
pour découvrir les différentes facettes d'une ville qui se réinvente

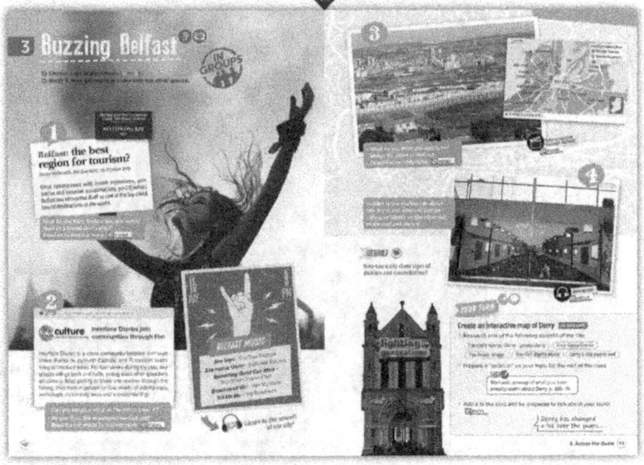

Love, love, love...
L'impact des conflits du passé sur la vie amoureuse en Irlande du Nord...

Un *fact-file* sur l'Irlande du Nord
... que l'on peut consulter si nécessaire

2 tâches finales au choix
→ Enregistrer un audioguide
→ Créer un projet pour rassembler des communautés divisées

Page méthode : comprendre une vidéo

Évaluations au choix :
Listening, speaking, reading, writing

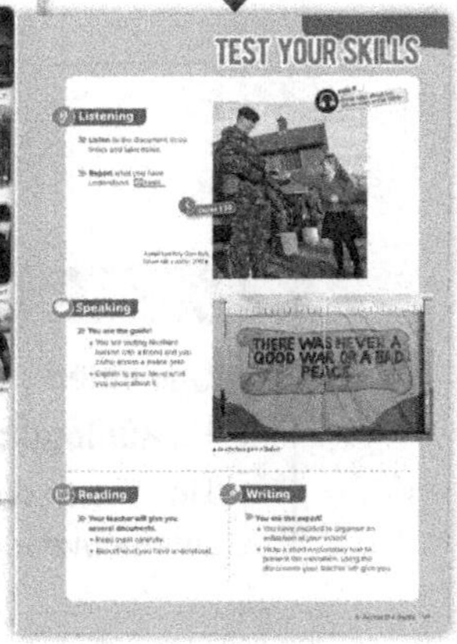

A word from the authors...

"I grew up in Northern Ireland in the 1990s, so the conflict and its aftermath are issues that are close to my heart. Sometimes it seems that the main narrative of Northern Ireland from an outside perspective is one of conflict. The Troubles are of course essential to understanding Northern Ireland today, so that history cannot be overlooked. However, I wanted to show Northern Ireland in a way that recognizes that history of conflict but that doesn't just stop there. I wanted to show the ways in which the heritage of The Troubles continues to have an impact on life in Northern Ireland today, but also how the country is moving forward in developing links between communities.
I also was keen to use the new series *Derry Girls* because it is so funny and I could fully identify with its representation of 1990s Northern Ireland. People in Northern Ireland have a great sense of humour which is often quite sharp and at times dark. I think the series conveys it perfectly. I wouldn't want Northern Ireland to come across as a place where people are always sad or fighting one another because even during the conflict, humour played an important role!

Annie Coghlan

Un chapitre, plusieurs séquences possibles...

SÉQUENCE #1 A2 / B1 • 4 à 5 séances

Pour démarrer :

p. 108-109

- Une **image** pour anticiper sur le thème du chapitre
- Une **vidéo** réalisée par des jeunes de Derry qui présente l'Irlande du Nord et l'impact des conflits passés sur la vie de ces lycéens

Pour découvrir et s'entraîner :

p. 116

- Des **informations** pour mieux comprendre l'histoire du conflit *(en fonction des besoins)*

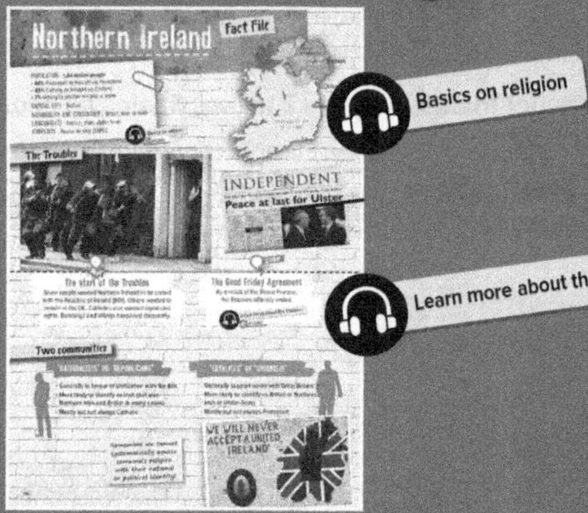

p. 112-113

- Une **vidéo** sur les « murs de la paix »
- Un **audioguide** sur un *peace gate*
- Une **tâche d'entraînement** : *Create an interactive map of Derry*

Méthode p. 122

- Pour comprendre un document vidéo

Une tâche finale :

p. 117

- *Record an audioguide for a sculpture in Derry*

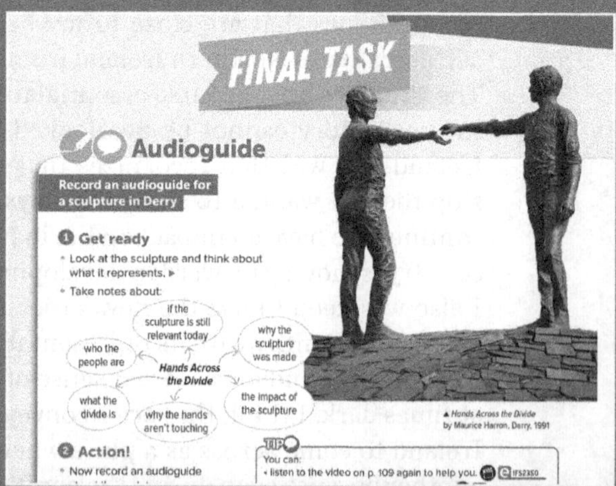

Évaluations p. 123

- Dispositif complet d'évaluation dans la banque de ressources Didier-Prof

SÉQUENCE #2 A2 / B1 • 4 à 5 séances

Pour démarrer :

p. 108-109

▶ Une **image** pour anticiper sur le thème du chapitre

▶ Une **vidéo** réalisée par des jeunes de Derry qui présente l'Irlande du Nord et l'impact des conflits passés sur la vie de ces lycéens

Pour découvrir et s'entraîner :

p. 116

▶ Des **informations** pour mieux comprendre l'histoire du conflit *(en fonction des besoins)*

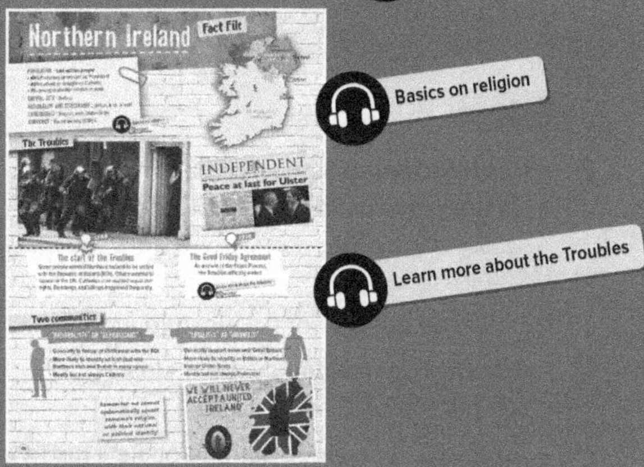

p. 112-113 IN GROUPS

▶ Un **document** pour chaque groupe :

– **Groupe 1** : un article sur le tourisme à Belfast

– **Groupe 2 :** un article sur un projet visant à rapprocher les communautés

– **Groupe 3 :** une vidéo sur les « murs de la paix »

– **Groupe 4 :** un audioguide sur un *peace gate*

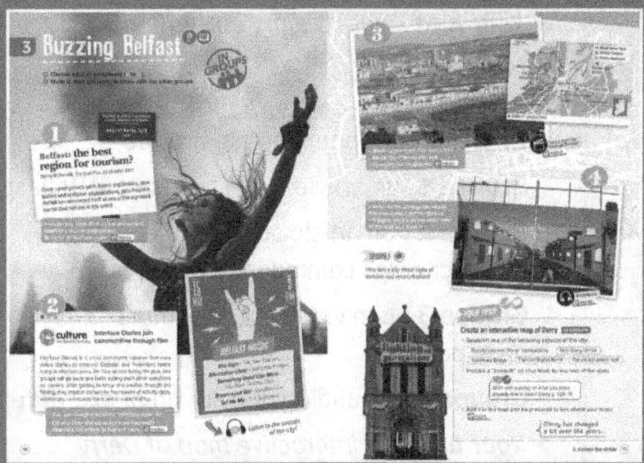

Méthode p. 122

▶ Pour comprendre un document vidéo

Une tâche finale :

p. 117

▶ *Record an audioguide for a sculpture in Derry*

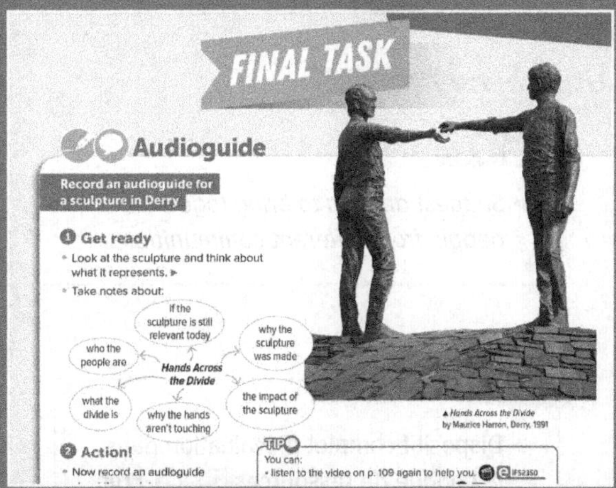

Évaluations p. 123

▶ Dispositif complet d'évaluation dans la banque de ressources Didier-Prof

SÉQUENCE # 3 B1 • 5 à 6 séances

Pour démarrer :

p. 108-109

▶ Une **image** pour anticiper sur le thème du chapitre

▶ Une **vidéo** réalisée par des jeunes de Derry qui présente l'Irlande du Nord et l'impact des conflits passés sur la vie de ces lycéens

Pour découvrir et s'entraîner :

p. 116

▶ Des **informations** pour mieux comprendre l'histoire du conflit *(en fonction des besoins)*

p. 111

▶ Travail de groupe sur l'école aujourd'hui :

– **Groupe 1** : une **vidéo** évoquant la ségrégation dans le système scolaire

– **Groupe 2** : une **vidéo** sur une école « mixte »

▶ ***Your turn*** : *write a diary entry*

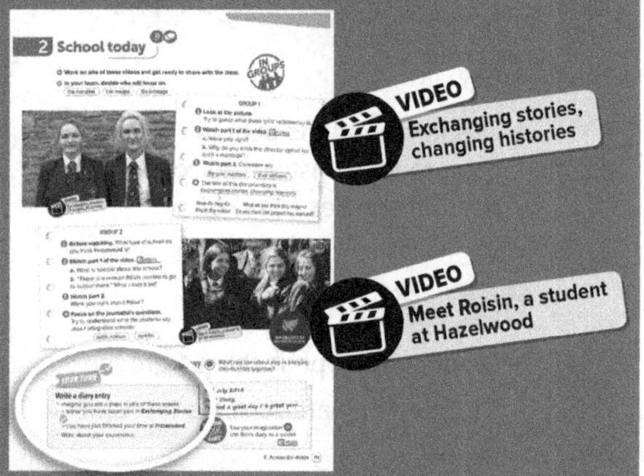

IN GROUPS

p. 112-113

▶ Un **document** pour chaque groupe :

– **Groupe 1** : un article sur le tourisme à Belfast

– **Groupe 2 :** un article sur un projet visant à rapprocher les communautés

– **Groupe 3 :** une vidéo sur les « murs de la paix »

– **Groupe 4 :** un audioguide sur un *peace gate*

▶ ***Your turn*** : *An interactive map of Derry*

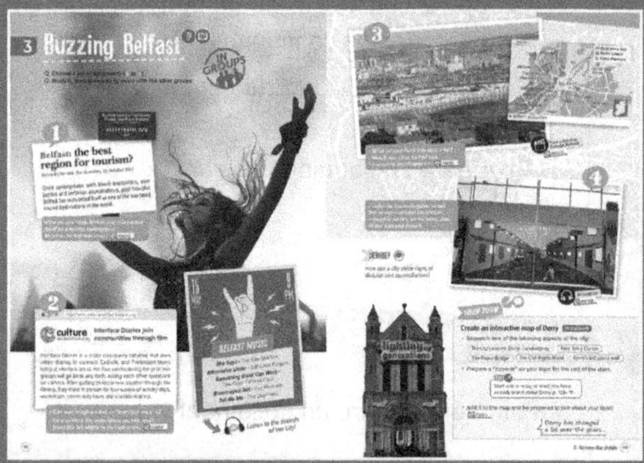

Une tâche finale :

p. 117

▶ *Suggest an idea to bring together people from different communities*

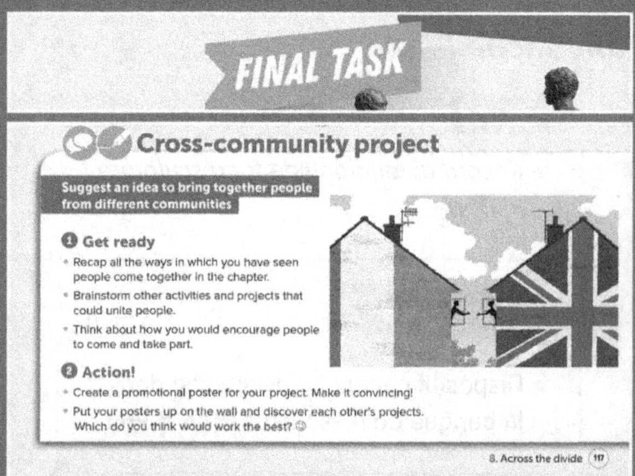

Évaluations p. 123

▶ Dispositif complet d'évaluation dans la banque de ressources **Didier-Prof**

SÉQUENCE # 4 B1 / B1+ • 5 à 6 séances

Pour démarrer :

p. 108-109

- Une **image** pour anticiper sur le thème du chapitre
- Une **vidéo** réalisée par des jeunes de Derry qui présente l'Irlande du Nord et l'impact des conflits passés sur la vie de ces lycéens

Pour découvrir et s'entraîner :

p. 116

- Des **informations** pour mieux comprendre l'histoire du conflit *(en fonction des besoins)*

p. 110-111

- Un **extrait vidéo** de la série *Derry Girls*
- Travail de groupe sur l'école aujourd'hui :
- **Groupe 1** : une **vidéo** évoquant la ségrégation dans le système scolaire
- **Groupe 2** : une **vidéo** sur une école « mixte »

p. 114-115 IN GROUPS

- Un **document** par groupe :
- **Groupe 1** : un audio sur les attitudes envers les couples « mixtes » hier et aujourd'hui
- **Groupe 2 :** un article sur les couples « mixtes »
- Une **tâche d'entraînement** : *write a promotional letter*

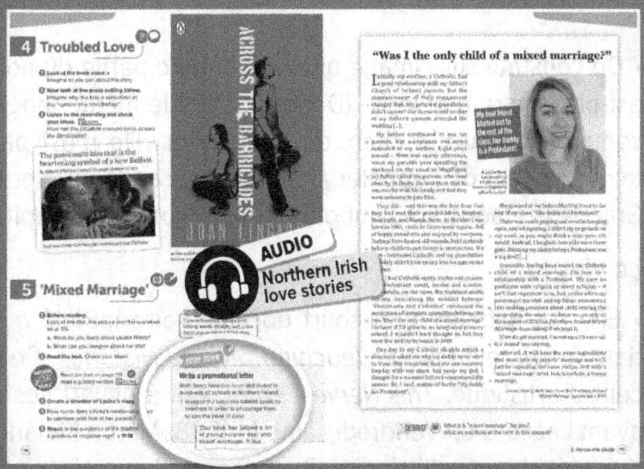

Une tâche finale :

p. 117

- *Suggest an idea to bring together people from different communities*

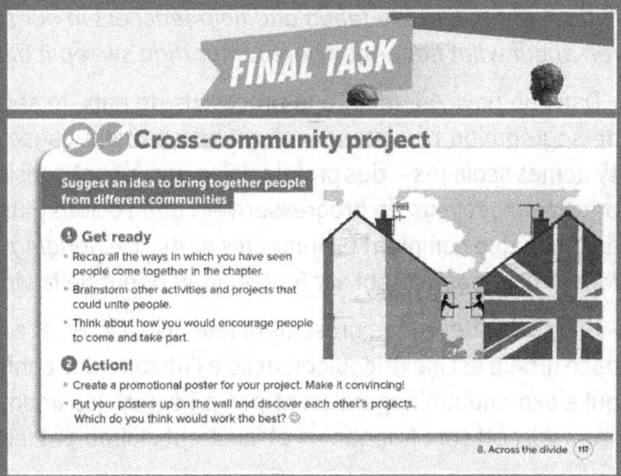

Évaluations p. 123

- Dispositif complet d'évaluation dans la banque de ressources Didier-Prof

OUVERTURE – p. 108-109

PRÉSENTATION DES DOCUMENTS

L'illustration d'ouverture

• Composée dans des tons orange et noir, elle évoque les thèmes abordés dans ce chapitre :

2 jeunes aux regards tournés l'un vers l'autre, suggérant une forme d'**attraction** entre eux

...mais des **symboles de division** autour d'eux :
• le mot *Londonderry*, barrant l'illustration et séparant les 2 jeunes,
• le fleuve Foyle, souvent considéré comme une barrière naturelle entre les communautés de Derry.

la ville de **Derry / Londonderry** et le Peace Bridge

• On constate sur l'image que la première partie du nom de la ville (London) est plus claire que la fin (Derry) et semble même légèrement barrée. Il faut comprendre que le choix du nom de la ville n'est pas neutre et que certains refusent de l'appeler *Londonderry* car ils rejettent l'association avec la Grande Bretagne, ici symbolisée par le nom de sa capitale.

La vidéo

• Elle est extraite d'un court documentaire intitulé *In Peace Apart*, réalisé dans le cadre du projet *Teaching Divided Histories*. Ce projet est né dans un centre artistique, *The Nerve Center*, qui a ouvert ses portes en 1990, bien avant l'accord du Vendredi saint de 1998. Martin Melarkey, l'un de ses fondateurs, explique qu'il s'agissait au depart d'un projet pédagogique :
"[it] sought to end the taboo and help teachers in our schools educate children about what happened here rather than sweep it all under the carpet."

• Dans un pays où, malgré le processus de paix, le sectarisme et une forme de ségrégation persistent – en grande partie à cause de la séparation des systèmes scolaires – des projets de ce genre sont considérés comme l'un des principaux moyens de progresser vers une société plus intégrée. C'est cette ambition que semblent exprimer les mots *"Exchanging stories, changing histories"* qui apparaissent sur fond noir au début de la vidéo.

• Un groupe de jeunes présentent leur ville, Derry, et expliquent en quoi l'espace urbain est inextricablement lié à l'histoire des conflits. Si les adolescents qui s'expriment n'apparaissent pas à l'écran, les images qui accompagnent leurs voix off sont frappantes et illustrent clairement leurs propos.

PLUS LOIN DANS LE MANUEL
Un second extrait de ce documentaire sera proposé en page 111 (2. *School today*) et permettra aux élèves de découvrir les visages de ces jeunes Nord-Irlandais.

• Sur la base de ce premier extrait, les élèves ne sauront pas nécessairement que les jeunes qui parlent sont issus de religions différentes, bien qu'ils sachent que la ville est divisée. Il conviendra de faire noter l'utilisation de *"our"* dans le commentaire : dès le début, ces jeunes qui sont par ailleurs divisés en fonction de leur appartenance religieuse, l'appellent *"our city"*.

SUGGESTIONS DE MISE EN ŒUVRE

1 | Visionnage de la vidéo

a. On pourra :
– passer la vidéo sans le son et demander aux élèves de donner leurs premières impressions à partir des images et du texte ;
– puis deuxième visionnage avec le son.
On pourra prélever les informations suivantes :

	What do you learn about the teenagers' city?
People	There is a division between the people who live in Derry → *They say that in some ways the river is their biggest wall and that it symbolizes "the divide between our people":* – *"Irish vs British"* – *"Catholic vs Protestant"* – *"Green vs blue"*
History	The city's name has changed → *"Over the years, our city's name has changed".* → We see that it went from Derry to Londonderry, then to Derry-Londonderry, which seems to be a compromise between both names. → They say that lots of important events have happened in their city → The murals show some scenes of violence and civil rights. → *"The history of conflict has shaped the fabric of this city and its people".*
Architecture	→ *"At the heart of our city's history are its historic walls".* → *"It is also known as the walled city. It is famous for its walls".* → There are lots of murals and painted walls. They say their city's history is "written on the walls".

b. On encouragera les élèves à se montrer aussi créatifs qu'ils le souhaitent pour composer leurs *word clouds*. Ils pourront par exemple essayer d'organiser les mots sur la page de manière à ce qu'ils évoquent les themes explorés dans la sequence — s'ils ont déjà regardé l'illustration d'ouverture à ce stade, ils pourront s'en inspirer.

2 | Interprétation de l'image d'ouverture

• Après le visionnage de la vidéo, on projetera l'illustration et les élèves pourront proposer leurs interprétations :

→ *Maybe these two teenagers from different communities are in love because they are looking at each other but there is a barrier between them.*

→ *Maybe these teenagers are both from Derry but one of them is Catholic and one is Protestant.*

OUTILS LINGUISTIQUES

Grammaire
Plusieurs occurrences du *Present perfect* dans la vidéo, ce qui permettra si on le souhaite de se pencher sur ce fait de langue :
→ *Grammar* p. 120

DIFFÉRENCIATION PÉDAGOGIQUE

Pour les élèves qui auraient envie d'aller plus loin ou ayant une sensibilité plus littéraire, on pourra proposer un *Your Turn* à réaliser éventuellement en binôme où ils prépareraient un texte inspiré par l'illustration.
Il pourrait s'agir au choix :
– d'un dialogue entre les deux personnages ;
– d'un poème ;
– de l'histoire d'amour ou d'amitié dont cette image serait une illustration ;
– ...

Illustration fournie dans :
→ la banque de ressources Didier-Prof

DEBRIEF – p. 109

What can divide people, even when they share the same city?

Cette étape peut être menée en binômes ou en classe entière en fin de séquence et sera corrigée de manière à pouvoir servir de base à la trace écrite.

Réponses possibles :

→ *Religion can separate people even when they live in the same city.*

→ *Different cultural identities can separate people even if they share the same city.*

OUTILS LINGUISTIQUES

Pour s'approprier une partie du vocabulaire nécessaire à l'ensemble de la séquence :

→ *Words* p. 118

→ Plateforme d'entraînement reussirenlangues.fr PRACTISE ONLINE

1. School Days during the Troubles – p. 110

PRÉSENTATION DES DOCUMENTS

OUTILS LINGUISTIQUES

Grammaire

– Prétérit vs *Present perfect*

– Les déterminants

→ *Grammar* p. 110 - 111

La vidéo

• Bien que le chapitre évoque l'Irlande du Nord aujourd'hui, nous avons jugé important de montrer la période des *Troubles* afin de permettre aux élèves de mieux comprendre le contexte historique. La série télévisée *Derry Girls* évoque le conflit à travers des yeux d'adolescents avec un humour irresistible.

Derry Girls

A sitcom set in Derry, Northern Ireland, in the 1990s.

Erin, her cousin Orla, their friends Clare and Michelle, and Michelle's English cousin James navigate their teen years during the Troubles in Derry, where they all attend a Catholic girls' secondary school.

• Lancée sur Channel 4 en 2018, il ne s'agit certes pas de la première comédie ayant pour toile de fond le conflit en Irlande du Nord. Mais son style est assez unique et c'est certainement l'une des premières à avoir rencontré un tel succès hors d'Irlande – elle est disponible sur Netflix France, par exemple.

La comédie nord-irlandaise

• *Give My Head Peace* est une émission de la BBC très populaire en Irlande du Nord dans les années 1990. Réalisée par une troupe de comédiens des deux confessions, elle raconte les tribulations de deux familles de Belfast, l'une catholique, en lien avec des paramilitaires républicains, et l'autre protestante, en lien avec des paramilitaires loyalistes. Les deux familles ne se seraient jamais rencontrées si Emer, de la famille catholique, n'était tombée amoureuse de Billy, un policier protestant.

• Cette émission a rencontré beaucoup de succès auprès de toutes les communautés d'Irlande du Nord.

Son succès témoigne de la manière dont la comédie peut jouer un rôle puissant dans la réconciliation et l'intégration des conflits.

L'émission a fait un retour au cours des dernières années en raison du contexte du Brexit et des tensions qui en ont résulté en Irlande du Nord.

• Le document vidéo que nous proposons (disponible à compter de janvier 2020 pour des questions de droits) est composé de deux extraits de l'épisode 1, saison 1. On y découvre différents personnages de la série et son contexte à travers le journal intime d'Erin, que sa cousine Orla lit à haute voix (ce qui provoque la fureur d'Erin) :

It's the early 90s, the first day of school and a terrible start for 16-year-old Erin as she wakes up to find her cousin Orla reading her diary. Not so great for everyone else either as Granda Joe announces there's a bomb on the bridge.

Part 1	• In this extract Erin presents herself and her city, Derry, as well as her feelings about growing up there. • Erin wakes up to hearing her own words read to her. Comically the last words *"sometimes all I really want is to be simply left alone"* when that is exactly what is *not* happening.
Part 2	• Erin's diary in this extract is about hoping for peace and reconciliation. She talks about being a child of the conflict and writes that *"the path to peace is pathed with tolerance and understanding."* As the diary is being read, the words come across as very noble and reflective, but the comedy lies in the contrast between Erin's words and her actions, as she becomes very angry with her cousin when she realizes what is going on.

La photo

Ce grand visuel montre le groupe d'adolescents qui constituent les personnages principaux de la série et le contexte de la série. Ils sont en uniforme d'écoliers et on peut repérer Erin Quin et sa cousine Orla. La mention *"You are now entering free Derry"* est peinte en lettres noires sur un mur blanc, juste derrière les adolescents, et quelques bâtiments baignant dans une atmosphère grise apparaissent à l'arrière plan.

SUGGESTIONS DE MISE EN ŒUVRE

1 | Anticipation à partir de l'image

What can you imagine about...	
People	• They are at school together because they are all wearing the same uniform. • Erin and Orla are cousins. The others might be friends or family.
Feelings	• Erin doesn't look very happy. She seems fed up. • Orla seems confused and in her own world. • The blonde girl on the left seems nervous and a little uptight with a strained smile. • The girl holding the boy's head seems to be having fun.
Place	• They probably live in Derry because it says "you are now entering Free Derry" on the wall behind them.

2 | Visionnage de la première partie de la vidéo

• Comme l'annonce la petite note placée sur le visuel de la page 110, les accents des jeunes comédiens sont assez forts. Pour éviter de trop dérouter les élèves lors du premier visionnage on pourra montrer la video une première fois sans sous-titres puis – exceptionnellement –procéder au deuxième visionnage avec les sous-titres.

• Les élèves pourront confirmer les points suivants :

What can you imagine about...	
People	• Erin Quinn is 16 years old.
Feelings	• Erin says she has a complicated relationship with her hometown. • She says *"everybody knows everybody, knows everything about everybody"*. • She says she sometimes just wants to be left alone.
Place	• She comes from *"a place called Derry – or Londonderry, depending on your persuasion"*. • She describes her town as *"a troubled little corner in the North-west of Ireland"*. We also see lots of soldiers and an army vehicle so maybe there is a conflict.

a. Commentaires sur le ton de la narratrice :
"Everybody knows everybody, knows everything about everybody and sometimes all I really want... is simply to be left alone".

Production possible :

→ *When she says this, her voice is quite drawling and we can almost hear a sigh in her voice. The repetition of "every" four times in this tone conveys a sense of lassitude and being slightly fed up.*

Identify...	
Whose voice it is...	→ It is Orla's voice because she is the one reading the diary aloud. When Erin wakes up she says, "is that my diary?"
Whose words they are...	→ They are Erin's words because it begins with "my name is Erin Quinn".

3 | Analyse des noms de la ville

a. Le tout début de la vidéo montre deux individus en train de recouvrir à la bombe avec de la peinture noire le mot "London" sur le panneau de Londonderry. On pourra à nouveau attirer l'attention des élèves sur ce passage :

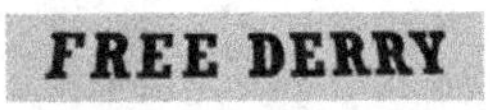 → *Free from what?*	→ It might mean free from London or British rule. → It might mean free from the rest of Derry.
 **~~London~~derry** → *What difference do you think it makes?*	→ Londonderry implies there is a relationship with England or that the town somehow belongs to England. → If the word "London" is crossed out or spray-painted over, it suggests a rejection of the relationship with England.

b. Réponses possibles pour expliquer les deux noms de la ville :

→ *Maybe the city has two names because there are two different communities who have different views about who the city belongs to.*

→ *Maybe it has two names because some people in the city feel British and associate with England so they call it "Londonderry". Other people might feel Irish and not want to say their city belongs to England so they call it "Derry".*

DIFFÉRENCIATION PÉDAGOGIQUE

Pour une classe plus fragile en compréhension de l'oral ou qui manque de confiance, on pourra procéder à un tout premier visionnage sans le son. Les élèves pourront s'appuyer sur les images pour faire de premiers repérages sur le contexte et les deux personnages féminins.

c. Si les élèves savent que *"Free Derry"* signifie que la communauté qui y vit rejette l'administration britannique, ils pourront s'appuyer sur les informations données dans la section *"two communities"* du Fact-file (p. 116) pour proposer la réponse suivante :

→ *I think the Derry Girls belong to the nationalist community because they live in Free Derry. They are probably Catholic and they might identify as Irish more than British.*

4 | Visionnage de la seconde partie de la vidéo

a. Identification des personnages :

Explain...	
Whose voice it is...	→ It is Orla's voice
Whose diary entry it is...	→ It is Erin's diary entry

b. Message du journal :

→ *The message of the diary entry is that even though she has become used to injustice and conflict, she believes that tolerance and understanding are necessary to achieve peace. For Erin, "violence is never the answer"*

→ *The fact that it is read in a calm and peaceful voice and that there is a peaceful almost heavenly music in the background reinforces the message.*

c. Explicitation de la fin de la partie 2 : lorsqu'Erin comprend qu'Orla lit à nouveau son journal intime à voix haute elle réagit très violemment, alors même qu'Orla est en train de prononcer le noble message de paix qu'Erin a écrit. En comparant la réaction d'Erin avec les sentiments exprimés dans son journal, les élèves pourront proposer une réponse de ce type :

→ *At the end, Erin gets very angry with her cousin, as shown in her facial expression, her voice and the fact that she threatens her cousin ("I am going to ram that so far up your...!) and rushes towards her.*

→ *The effect is funny because there is a contradiction between what she says and what she does. She writes about how "violence is never the answer" in her diary but she can't even avoid violence when her cousin annoys her. Also, the peaceful music stops abruptly just after the words "violence is never the answer" and there is a contrast between Orla's calm reading voice and the angry growl in Erin's voice.*

OUTILS LINGUISTIQUES

Pour exprimer leur opinion sur la série :
→ YP40 *Criticizing* et YP41 *Praising*

5 | React

On laissera les élèves exprimer librement leurs opinions, en binômes ou en classe entière.

2. School today – p. 111

PRÉSENTATION DES DOCUMENTS

La vidéo *Exchanging Histories, Changing Stories*

Ce document vidéo est un deuxième extrait du documentaire *In Peace Apart*, que les élèves ont découvert sur la page d'ouverture (p. 109). Le journaliste Ed Vulliamy présente parfaitement la scène qui figure dans cet extrait, dans son article *Across the Divide in Northern Ireland* :

No actor could act – and no writer could script – the charming but poignant scene when two 17-year-olds from either side of divided County Derry in Northern Ireland switch school uniforms and behold themselves, and each other, in a mirror.
The gesture is simple and effervescent, but utterly subversive. Courtney Cooke is from Lisneal college, in the loyalist Waterside, on the Protestant east bank of the river Foyle; Yvonne Weir attends Catholic St Cecilia's college across the river in Creggan, fortress estate of republican Bogside, once the IRA-controlled "Free Derry".
The defiance was the schoolgirls' own idea for a short film, *In Peace Apart*, in which, having changed uniforms, they walk through the city and demonstrate how their lives hitherto have been almost entirely segregated.

Source : *The Guardian*

La vidéo *Meet Róisín, a student at Hazelwood*

• Cette vidéo est extraite d'un documentaire de la BBC intitulé *The Twelfth*, qui porte sur les défilés de loyalistes qui ont lieu le 12 juillet de chaque année.

• L'extrait choisi ne parle pas de ces défilés mais s'intéresse plutôt au phénomène des *integrated schools*. Ces écoles où les adolescents de toutes religions peuvent se retrouver restent très minoritaires en Irlande du Nord : seulement 7% des élèves y sont scolarisés. Mais de plus en plus de groupes demandent que les établissements « intégrés » soient généralisés, considérant qu'il s'agit de la meilleure façon de dépasser les conflits.

SUGGESTIONS DE MISE EN ŒUVRE

• Nous proposons dans le manuel une exploitation en groupes des deux vidéos. Il est cependant tout à fait envisageable de les traiter en classe entière, ou bien de travailler sur l'une et pas sur l'autre.

• Avant d'aborder les vidéos on pourra demander aux élèves d'imaginer l'impact que peut avoir un conflit sur le système scolaire.

• Si on le juge utile, on pourra encourager les élèves à lire la rubrique *Schools in Northern Ireland* (p. 110), qui les aidera à comprendre que la grande majorité des jeunes nord-irlandais va à l'école avec des élèves de même religion. Mais si on préfère que les élèves découvrent cette réalité en visionnant les vidéos, on pourra leur proposer de consulter cette rubrique ensuite.

GROUP 1 *Exchanging stories, changing histories*

1 | Anticipation à partir de l'image

À partir de ce que les élèves auront vu précédemment, ils pourront faire les hypothèses suivantes :

→ *They might be friends but they probably go to different schools because they are wearing different uniforms.*

→ *They might be from different communities or religion because one is wearing a green uniform and one is wearing a blue one. They are both smiling, though, so they don't seem to be enemies.*

→ *Maybe they are taking part in a project where they meet people from different schools or different communities.*

Les noms en Irlande du Nord

Dans la vidéo, les jeunes disent : *"Are you trying to separate us? Guess who is who? Are you already judging us? What if we tell you our names?"*.

En Irlande du nord on peut très souvent identifier si quelqu'un est d'origine catholique ou protestante en se basant uniquement sur son nom. Le lieu où l'on vit, l'école que l'on a fréquentée, sont aussi des marqueurs de l'indentité religieuse des individus.

→ *People can make judgements based on the school you went to or the area you live in.*

DIFFÉRENCIATION PÉDAGOGIQUE

• Dans le cas où l'on a choisi cette modalité de travail, on commencera l'activité en répartissant les élèves en groupes.
La vidéo *"Exhanging stories"*, dont les élèves ont déjà découvert un extrait en ouverture de séquence (p. 109), peut éventuellement être attribuée à des groupes d'élèves moins à l'aise en compréhension de l'oral.
• Au sein de chaque groupe, les élèves se répartiront les rôles de manière à ce que chacun se focalise sur un aspect de la vidéo et que tous, quel que soit leur niveau en compréhension de l'oral, aient une tâche à accomplir.

OUTILS LINGUISTIQUES

Lexique
Le vocabulaire dans les sections *School* et *War and peace* sera utile pour les élèves en travaillant sur ces vidéos.
→ *Words* p. 118

2 | Visionnage de la première partie de la vidéo

a. La première partie de la vidéo permettra de confirmer les points suivants :

The girls' relationship	How do we know?
• They are from different schools and communities but have met to work on a project together.	→ "We have come together to make this video, otherwise we probably would have never met." → "We go to different schools and live separate lives." → "We have had little contact with people from the other side of the community." → "Two of us are Protestant and two of us are Catholic."

b. En analysant le montage de la vidéo (rythme des images, changement de place des adolescents sur le canapé et intervertion de leurs voix, etc.), les élèves pourront proposer une réponse de ce type :

→ *The camera keeps jumping between different shots and showing the four young people in different orders.*

→ *They are talking about how they are different but they don't say who is Catholic or who is Protestant. They ask if the viewer is trying to decide who is Catholic and Protestant.*

→ *The jumping camera might be to confuse the viewer even more and to stop the viewer being able to make judgements about who they are.*

→ *Also, by changing the order they are sitting in, it means that we cannot think that the two Catholics are sitting together and the two Protestants are sitting together.*

→ *They use the terms "we" and "us" so maybe they are showing they are united as a group even though they are from different communities.*

3 | Visionnage de la deuxième partie de la vidéo.

Éléments de réponses possibles :

The girl's reactions	Their uniforms
• The girls are really shocked to see themselves wearing the other uniform. • They are excited in a way and find it funny. • It seems like it is a big deal for them to swap uniforms like this.	• The girls say that their uniforms "label" them "as being different". • They start combining the uniforms. This seems to be a sign that they want to mix and interact with people from the other community rather than be divided. • They suggest that schools shouldn't be divided by religion and by swapping their uniforms they are showing that idea visually. → *"Wouldn't it be better if our schools weren't divided by religion, symbolized by colour?"*

OUTILS LINGUISTIQUES

Grammaire
Il y a plusieurs exemples de la *Present perfect* dans la vidéo ***Exchanging stories, changing histories.*** Ce sera donc une opportunité pour les élèves d'observer ce fait de langue.
→ *Grammar* p. 120 - 121

4 | Analyse du titre du documentaire

Réponses possibles :

Exchanging stories	**How do they do this in the video?** • They do this by meeting people from the other community and talking about their experiences.
Changing histories	**What do you think this means?** • This probably means that by meeting and sharing with people from the other community, they can start to change history and move past the division of the past. **Do you think the project has worked?** • I think the project has worked because the young people made a film together and they seem to like each other. → *"If we had met as children, I'm sure we would be friends. It would have been good to have had the chance."* • However, the fact that they say they would like the school system to change for future generations means that the bigger problem still has to be resolved. → *"Can we make sure the next generation does not grow up segregated as we have?"*

GROUP 2 ***Meet Róisín, a student at Hazelwood***

1 | Anticipation à partir de l'image

Pour faire des hypothèses sur l'école ici présentée, on encouragera les élèves à observer le logo de Hazelwood reproduit dans le manuel (p. 111) et à réfléchir à ce que pourrait signifier *integrated* dans le contexte de l'Irlande du nord.

HAZELWOOD INTEGRATED COLLEGE

Hazelwood integrated college
An integrated secondary school founded in 1985 in Newtownabbey, County Antrim, Northern Ireland, for students from ages 11–18.

POUR ALLER PLUS LOIN
www.hazelwoodcollege.co.uk

Réponses possibles :

→ *I think Hazelwood is a school where people from different communities go to school together.*
→ *I think Hazelwood is a school for both Catholics and Protestants.*

2 | Visionnage de la première partie de la vidéo

a. Ce visionnage permettra aux élèves de confirmer qu'une *integrated school* est bien une école pour les jeunes de toutes religions.

Réponses possibles :

The school is special because it is for both Catholics and Protestants.
→ *"This school is different to most others in Northern Ireland."*
→ *"Here, Catholics and Protestants go to school together."*
→ *"Only 7 percent of young people are in mixed schools."*

b. Réponses possibles à la question : *"There is a reason Róisín wanted to go to school there. What could it be?"* :

→ *Maybe Róisín wanted to meet people from the other community.*
→ *Maybe Róisín already had friends from the other community and wanted the opportunity to go to school with them.*

c. La réponse à cette question sera fournie dans la fiche *The Holy Cross Dispute*, que l'on pourra projeter en classe pour une lecture en commun ou distribuer aux élèves. Si on ne dispose pas de suffisamment de temps pour la lire en classe, on pourra leur demander de le faire à la maison et les inciter éventuellement à faire des recherches supplémentaires en ligne.

School today

The Holy Cross dispute

La fiche d'informations sur *The Holy Cross Dispute* est fournie dans :
→ la banque de ressources Didier-Prof
→ le site e IFS2372
→ le manuel numérique

3 | Visionnage de la deuxième partie de la vidéo

• À partir de la vidéo, les élèves pourront proposer la réponse suivante à la question du manuel :

→ *Róisín got attacked by Protestants on her way to primary school. However, she didn't want to judge all Protestants negatively just because some of them hurt her. That is why she decided to go to Hazelwood.*
→ *"After the ordeal of being attacked by Protestants on her way to primary school, Róisín made a big decision".*
→ *"I don't want to judge them all for what some of them had done".*
→ *"I wanted to give other people a chance".*

DIFFÉRENCIATION PÉDAGOGIQUE

Les élèves qui pensent avoir des difficultés de compréhension de l'oral pourront être invités à se concentrer particulièrement sur le ton et le langage corporel des filles. Cette observation permettra aux élèves de faire du sens à partir de l'extralinguistique.

4 | Compréhension des questions de la journaliste

Les accents des jeunes filles sont difficiles à comprendre, d'autant que le débit est très rapide. La présentatrice, en revanche, parle assez lentement et s'exprime très clairement. On encouragera donc les élèves de s'appuyer sur ses questions et sur l'interaction avec les adolescentes (réactions, répétitions, etc.) afin de mieux comprendre l'extrait.

The journalist's questions	→ *"Why do you think there aren't more integrated schools?"* → *"Do you think people would disagree with a mixed school?"* → *"What do you think is the best bit about integrated school?"*
Public opinion	• Some people don't support this type of school because they think children of different religions shouldn't mix. → *"The thought of their kids mixing with other people of different religions is definitely like..."* [Même si Róisín ne termine pas sa phrase ici, on peut s'appuyer sur le contexte pour comprendre que le sens est négatif. Si on comprend que "not everyone agrees with it" et que la réponse à la question "Do you think people would disagree with a mixed school?" est "yeah, definitely", on pourra imaginer que l'intégration à l'école est donc un problème pour ces personnes.] → *"They disagreed with it. They didn't think it was right."*
Benefits	[On pourra s'appuyer sur les mots *"best bit"* dans la question pour comprendre que la réponse parlera des avantages.] • According to the girls in the video, the benefits are that in an integrated school, everyone is treated in the same way and as equals. Also, it doesn't teach just one religion: → *"It doesn't teach one solid religion"* → *"It's open-minded to everybody"* → *"It doesn't teach you that they're different from you"* → *"You'll all be treated as equals"*

DEBRIEF – p. 111

What role can school play in bringing communities together ?

En conclusion de cette séquence, on récapitulera le rôle de l'école pour rapprocher des communautés divisées. Si les élèves ont travaillé en groupes, le plus intéressant sera de les faire discuter avec des camarades qui ont la travaillé sur l'autre vidéo.

Exemples de réponses possibles :

→ *School can play a very important role in bringing communities together but it can also play a role in dividing them.*
→ *When people go to school with people from different communities, they learn that they are all equal and that they are treated the same.*

YOUR TURN – p. 111

Write a diary entry

Pour rédiger leur page de journal intime, qui peut s'inspirer de l'expérience des jeunes gens de Hazelwood comme de ceux de *Exchanging stories*, on encouragera les élèves à procéder méthodiquement :

1. Imaginer ce que l'on pourrait dire à partir de la vidéo sur laquelle ils ont travaillé :

You have taken part in *Exchanging Stories* so you might have...	You have just finished your time at Hazelwood so you might have...
• met two people from a different school • never had friends from the other community before • swapped uniforms • walked outside wearing a different uniform • made a video project	• had a brilliant time • made so many new friends • got to meet people from the other community • learnt that people are equal and that religion doesn't have to separate people

2. Rédaction d'un premier jet.

3. Correction du premier jet pour vérifier la grammaire et l'orthographe et enrichir le lexique.

3. Buzzing Belfast – p. 112-113

Cette double-page explore l'espace urbain de Belfast, ville-symbole de l'Irlande du Nord et de son histoire troublée. À travers les documents proposés à l'étude, les élèves pourront en découvrir différents aspects présents et passés, de son élection récente comme *"best region for tourism"* à la présence des « murs de la paix » qui barrent encore certains de ses quartiers, en passant par les initiatives visant à rapprocher ses communautés ou la musique qu'on y écoute.

PRÉSENTATION DES DOCUMENTS

L'article *Belfast: the best region for tourism?*

• Dans les années 1990, dans un épisode de la comédie *Give My Head Peace* (mentionnée dans les pages précédentes), les personnages organisaient des voyages touristiques intitulés les *"Troubles Tours"* dans les rues de Belfast. C'était très drôle à l'époque car personne n'aurait eu l'idée de participer à une expérience aussi périlleuse !

• Aujourd'hui, Belfast a complètement changé et l'Irlande du Nord dans son ensemble est devenue une destination de vacances très prisée. Bien que certaines zones restent divisées et que des actes de violence sectaire s'y produisent encore, le pays vit largement en paix. La ville compte beaucoup d'atouts pour attirer les visiteurs, y compris les peintures murales *(murals)* et les sites historiques liés aux *Troubles* (… comme prévu par le *Hole in the Wall Gang* dans *Give My Head Peace !*), mais aussi les chantiers navals de Harland and Wolff et les paysages de *Game of Thrones*. L'article proposé ici explore cette transformation.

L'article sur *Interface Diaries*

More about cross-community projects

• Si vous regardez la série entière de *Derry Girls*, il peut être intéressant de noter qu'il y a quelques références à des projets intercommunautaires.

• Au début de l'épisode 1, saison 1, juste après l'extrait proposé dans le manuel, Erin parle du fait que les enfants peuvent divorcer de leurs parents et donne l'exemple de l'acteur américain, McCauley Culkin. La mère ne le connaît et dit au père : *"Do you hear this? This will be someone she met at that stupid summer scheme you insisted we sent her on! Bloody "Friends Across the Barricade" thing. Now I have nothing against Protestants, I'm all for integration, I am. But if they're letting their weans divorce them…"*.

La référence à *Across the Barricades* sera comprise par la plupart des Nord-Irlandais. Il évoque également le livre (p. 114) que beaucoup d'Irlandais ont dû lire à l'école. Dans la saison 2 de *Derry Girls*, un épisode entier est consacré au projet *Friends Across the Barricades*.

Cet article évoque un projet nommé *The Interface Diaries*, auquel participent des jeunes issus des *"interface areas"*, ces zones situées à l'intersection de deux communautés et parfois – mais pas toujours – séparées par des « murs de la paix ». *The Interface Diaries* amène des jeunes issus des deux communautés à participer de manière conjointe à un projet vidéo. Ces adolescents ont souvent grandi à proximité les uns des autres sans jamais se rencontrer physiquement ou s'adresser la parole. Grâce aux *Interface Diaries*, ils échangent questions et réponses par vidéo pendant quelques semaines avant de se rencontrer et de participer ensemble un séjour résidentiel. Ceci est un exemple de ce que l'on appelle *"a cross-community project"*.

The Jukebox

Cette liste de chansons interprétées par des groupes de Belfast permettra aux élèves de se constituer la bande-son idéale pour découvrir l'atmosphère de la ville !

• *She Says*, de The Saw Doctors, est la chanson-thème de la série *Give my head peace* mentionnée ci-dessus. Si la chanson se veut optimiste et amusante, elle est aussi fermement ancrée dans le contexte des *Troubles*, comme l'évoquent ces paroles : *"with your bombs and your bullets and your goings-on, I'm right, you're wrong…"*.

• Stiff Little Fingers est un groupe punk de Belfast qui s'est formé au plus fort des *Troubles*, en 1977. À propos de la chanson *Alternative Ulster*, le chanteur et guitariste Jake Burns racontait, dans une interview accordée au Guardian en 2003 : *"It was a song written in the classic punk mode about having nothing to do because that was the over-riding reality of life in Belfast for a teenager in the mid-70s. Not the fear of riots or bombs or whatever. It was the sheer tedium of having nowhere to go and nothing to do when you got there"*.

Elle figure dans le court film *Every Breaking Wave* (2015), réalisé par Aoife McArdle, qui explore la relation amoureuse entre un jeune homme catholique et une jeune fille protestante dans les années 1980. Le clip de la chanson *Every Breaking Wave* de U2 est une version abrégée de ce film, et si on travaille sur la section *Troubled Love* (p. 114), on pourra éventuellement se servir de ce clip pour approfondir le sujet.

• *Tell Me Ma* est une chanson traditionnelle. Nous avons proposé dans le manuel la version chantée par The Dubliners... même s'ils chantent *"she is the belle of Dublin city"* au lieu de *"Belfast city"* !

La vidéo Take a taxi ride through Belfast

Cette vidéo est extraite d'un documentaire intitulé *Ross Kemp: Extreme World – Northern Ireland.*
Ross Kemp est devenu célèbre au Royaume-Uni pour avoir joué le rôle de Grant Mitchell dans le soap *Eastenders.* Ce personnage étant considéré comme un « dur à cuire », la série *Extreme World* en a tiré parti en montrant Ross Kemp visitant des lieux connus pour leur dangerosité.
L'épisode sur l'Irlande du Nord a été tourné en 2013, après l'Accord du Vendredi Saint *(Good Friday Agreement).* L'intention était de montrer que si, d'un point de vue extérieur, l'Irlande du Nord pouvait sembler être un pays en paix, la réalité était bien différente en certains lieux.

L'audioguide

Cet audioguide décrit l'un des points de passage qui ponctuent les murs de la paix et sa peinture murale *(mural).* Ce *mural* montre une rue bordée de maisons colorées, et on peut y lire la mention *Love Thy Neighbor*. Cette oeuvre est intéressante car elle nous conduit à nous interroger sur la manière dont les habitants qui vivent dans les *interface areas* perçoivent l'architecture défensive qui les entoure, mais aussi l'impact que cette architecture peut avoir sur les progrès de l'Irlande du Nord dans son processus de paix.

SUGGESTIONS DE MISE EN ŒUVRE

• On pourra tout d'abord demander aux élèves ce qu'ils connaissent de Belfast et s'ils aimeraient visiter cette ville.

• Nous avons ensuite proposé un travail en groupes mais il est bien sûr possible de travailler sur un ou deux documents en classe entière si on le juge préférable.

• Nous avons également fait quelques propositions pour la mise en commun mais on pourra aussi encourager les élèves à réfléchir à la manière qui leur semble la plus intéressante, créative et dynamique pour présenter leurs trouvailles.

1 | L'article *Belfast: the best region for tourism?*

• On pourra commencer par inciter les élèves à observer la petite bannière bleue *"Best travel 2018"* et à lire le début de l'article dans le manuel. Ce texte est assez abordable car il est très court et le lexique assez transparent. Une fois que tout le monde aura compris le contexte, les élèves pourront s'interroger sur la manière dont Belfast a pu se réinventer.

The marching season
Au début de la vidéo, Ross Kemp dit : *"I've come to Belfast in the build-up to the marching season"*. Il fait référence au fait qu'il y a plusieurs défilés pendant la saison estivale, le plus important étant *"the Twelfth"*, le 12 juillet, qui fête le victoire du roi protestant, William the Conqueror – connu comme "King Billy" en Irlande du nord – à la Bataille de la Boyne en 1690. Presque tous les ans, la situation dégénère en violences sectaires, le plus souvent car les *"Orangemen"* ou les *"marching bands"* veulent défiler dans les quartiers catholiques, ce qui est perçu comme une provocation et une forme d'intimidation.

OUTILS LINGUISTIQUES

Lexique
En abordant ces documents, les élèves seront amenés à utiliser le lexique des section *Territory* et *Identity*.
→ *Words* p. 118 - 119
→ Plateforme d'entraînement reussirenlangues.fr PRACTISE ONLINE

Article complet fourni dans :
→ la banque de ressources Didier-Prof
→ le site e IFS2354
→ le manuel numérique

• Ils pourront ensuite lire l'article complet pour vérifier leurs hypothèses.
On pourra aboutir à des réponses de ce type :

→ *Belfast has reinvented itself through investment and through things that make it famous including:*
- the fact that parts of Game of Thrones *were filmed there,*
- the fact that the Titanic was built there,
- the fact that people are interested in the history of the Troubles.
→ *People also seem to find the people in Belfast very warm and friendly.*

Pour la mise en commun, selon le temps dont on dispose, les élèves peuvent :
– soit raconter ce qu'ils ont compris à l'oral,
– soit préparer une belle affiche (sur papier ou en ligne) pour illustrer l'article.

2 | L'article sur *Interface Diaries*

Article complet fourni dans :
→ la banque de ressources Didier-Prof
→ le site e IFS2354
→ le manuel numérique

• On demandera aux élèves de lire l'introduction dans le manuel. Pour faire des hypothèses sur le terme « *interface area* » on pourra les encourager à s'appuyer sur les informations données et à analyser la composition du mot :

→ *An interface area could be an area where two different types of area meet.*
→ *An interface area could be an area where a Catholic area meets a Protestant one.*

• En lisant le reste de l'article, ils pourront proposer la réponse suivante :

→ *I think that the experience worked well because the young people made progress and became friends with people they had never met before.*

• Pour la mise en commun, selon le temps dont on dispose, les élèves peuvent :
– soit raconter ce qu'ils ont appris à l'oral,
– soit montrer un court extrait d'une des vidéos des *Interface Diaries* puis expliquer le projet en donnant des détails trouvés dans l'article,
– soit réaliser une affiche présentant le projet.

3 | La vidéo *Take a taxi ride through Belfast*

Cette vidéo sert de support à la page *How to understand a video* p. 122

• Si on travaille en classe entière, on pourra projeter la photo sans la carte et inviter les élèves à la commenter. On pourra demander alors : *"Do you notice anything unusual?"* pour voir s'ils ont bien repéré le mur qui barre la photo, puis *"What do you think it's for?"*.

• Si on travaille en groupes, les élèves pourront consulter les deux images dans le manuel.

Photo et carte fournies dans :
→ la banque de ressources Didier-Prof

Quelques hypothèses possibles :

→ *It might be a border* (certes Belfast ne se situe pas sur une frontière, mais lors des mises en oeuvre test cette réponse a surgi à plusieurs reprises, ce qui a généré une interaction intéressante car d'autres élèves intervenaient pour exprimer leur désaccord. De plus, selon la mise en œuvre adoptée, ils ne sauront pas forcément qu'il s'agit de Belfast.)

• Une autre mise en œuvre possible sera de ne pas commencer par la photo. On pourra alors :
– soit passer la vidéo sans le son et demander aux élèves de commenter ce qu'ils ont vu – ils vérifieront ensuite leurs hypothèses lors d'un deuxième visionnage avec le son ;
– soit passer le début de la vidéo et l'arrêter après les mots *"I'm even more surprised by what Norman shows me next"* (1'02), lorsque l'image du mur apparaît à l'écran. On pourra alors leur demander d'imaginer de quoi il s'agit,

et pourquoi le présentateur semble choqué. Ils regarderont la suite de la vidéo pour vérifier leurs idées.
• Les élèves pourront ensuite compléter l'infographie avec leurs repérages :

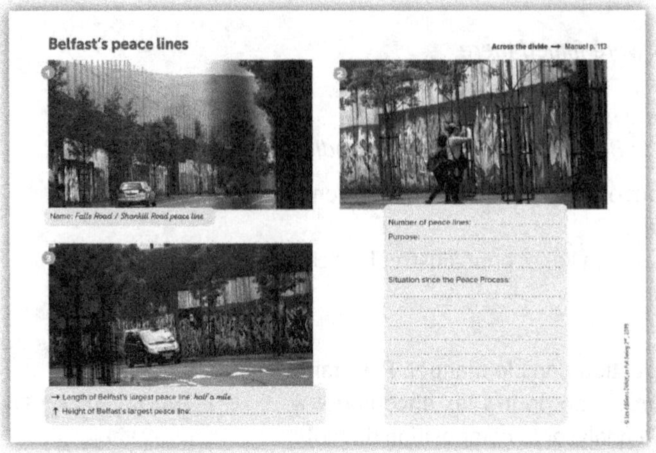

Infographie fournie dans :
→ la banque de ressources Didier-Prof
→ le site e IFS2357
→ le manuel numérique

• Il serait intéressant d'inviter les élèves à commenter la musique, omniprésente tout au long de la séquence. Elle transmet un sentiment de danger et cherche à mettre l'accent sur la gravité de la situation. Il pourrait être utile d'amener les élèves à réfléchir à l'effet produit par la vidéo si elle ne comportait pas une musique de ce type, et les sensibiliser à la manière dont cet aspect peut influencer leur perception. En effet ce choix n'est pas neutre, et même si les faits présentés sont véridiques, la bande-son a été composée de manière à augmenter la tension et dramatiser les scènes, au lieu de simplement montrer la situation telle qu'elle est.

4 | L'audioguide

Image fournie dans :
→ la banque de ressources Didier-Prof

• Si on travaille en classe entière, on pourra :
– soit projeter l'image et laisser les élèves la commenter librement, puis écouter l'audioguide pour vérifier leurs idées et légender l'image ;
– soit projeter l'image en cachant les mots *"Love thy neighbour"* et demander aux élèves de la commenter et d'imaginer l'élément manquant. Ils écouteront ensuite l'audioguide pour vérifier leurs idées, ajouter l'élément manquant et légender l'image ;
– soit commencer directement par l'audioguide et demander aux élèves de dessiner l'image à partir de ce qu'ils entendent. Ils pourront ensuite comparer leurs dessins entre eux puis avec l'original.

Un exemple de l'image légendée :

• Si les élèves ont travaillé en groupes ils pourront :
– soit montrer l'image et la présenter ;
– soit décrire le *Peace gate* et demander à leurs camarades de le dessiner ou de le visualiser, puis montrer l'original.

DEBRIEF – p. 113

How can a city show signs of division and reconciliation?

• Si les élèves ont travaillé en groupes et qu'ils ont ensuite pu mettre en commun leurs trouvailles, ce sera le moment de vérifier la compréhension. En s'appuyant sur tous les documents sur lesquels ils auront travaillé ils pourront dire (ou écrire) :

→ *Cities can show signs of division through its architecture. For example, in Belfast there are still Peace Lines which separate Catholic and Protestant communities. This means that sometimes people who live close to one another might not ever meet because of the physical barrier between them.*

→ *As well as Peace Lines, other elements can mark out territory including flags and murals which show that the area belongs to one community and not another*

→ *However, we can see attempts at reconciliation in the architecture as well. There are gates in the peace line to allow people to go through. In one case, we saw a mural called "Love thy neighbour" which shows that the residents want to have a better relationship with their neighbours on the other side of the wall.*

→ *Intercommunity projects are another way that a city can show signs of reconciliation. The* Interface Diaries *brings together young people who live in the same area but who are divided by Peace Lines. It encourages them to communicate with one another by video and eventually spend time together in person.*

→ *Last of all, Belfast is a city that once was defined by violence and conflict but now it is a top tourist destination and people see it as a friendly place with an interesting history.*

YOUR TURN – p. 113

Create an interactive map of Derry

• Cette tâche permettra aux élèves de tirer parti du travail mené sur Belfast pour faire leurs propres recherches sur Derry, dont ils ont déjà découvert certains aspects dans les pages précédentes (p. 108 - 111).
Nous avons suggéré certains sites et monuments dans le manuel afin d'orienter un peu les élèves dans leurs recherches, mais s'ils souhaitent aborder un autre aspect ils pourront bien entendu le faire.

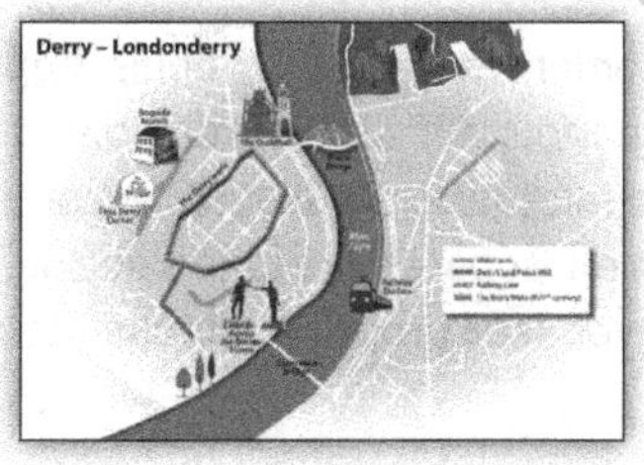

Une carte de Derry qui pourra servir de fond pour présenter leurs recherches est fournie dans :
→ la banque de ressources Didier-Prof
→ le site e IFS2371
→ le manuel numérique

• Une fresque des *Derry Girls* a par exemple été réalisé récemment sur l'un des bâtiments de la ville, et il est très intéressant de constater que la tradition des peintures murales se perpétue en Irlande du Nord, même si les sujets dépeints changent. Un groupe d'élève pourrait donc se concentrer sur cette nouvelle fresque et explorer la question de la préservation des anciens *murals*.

> **La question des *murals***
> Il existe de plus en plus de *"peace murals"* et de *"cultural murals"* en Irlande du Nord. Le débat est lancé pour savoir si, en parallèle à ce renouveau, il serait préférable d'effacer les anciennes fresques sectaires ou si elles doivent au contraire être considérées comme des témoins du passé et conservées à ce titre.

OUTILS LINGUISTIQUES

Grammaire

• En présentant certains aspects de l'histoire de Derry, les élèves seront amenés à employer le Prétérit et le *Present perfect*. Ils pourront s'y entraîner au préalable :

→ *Grammar* p. 120
Exercices ❶, ❷, ❸ p. 121

• Pour présenter leurs documents :

→ YP 13 *Commenting on texts/ slides*

4. Troubled Love – p. 114

PRÉSENTATION DES DOCUMENTS

La couverture

Across the Barricades appartient à *The Kevin and Sadie series*, une série de romans pour jeunes adultes qui raconte la relation entre Kevin, un garçon catholique, et Sadie, une jeune fille protestante. Tous deux habitent dans des quartiers proches, mais situés de part et d'autre des barricades. *The Kevin and Sadie series* date des années 70, mais des générations de jeunes nord-irlandais l'ont lue.

La photo

Le cliché du baiser fougueux entre le boxer protestant Carl Frampton et celle qui est depuis devenue sa femme, Christine, une catholique, a suscité l'émoi en Irlande du Nord, comme le prouve le simple fait qu'il est apparu en une des journaux. Cette photo constitue donc un bon point de depart pour explorer la question des relations amoureuses entre personnes de religions dfférentes en Irlande du Nord.

L'audio *Northern Irish love stories*

• Dans cet audio, Annie, qui a grandi en Irlande du Nord, présente la notion de *"mixed relationships"* et les problèmes que les personnes qui vivent en couples mixtes peuvent rencontrer.

Bien que la situation se soit nettement améliorée depuis l'époque des *Troubles*, la structure sociale rend parfois difficile les relations de ce type. Voici quelques problèmes que les couples mixtes peuvent rencontrer :

– les systèmes scolaires étant largement séparés, la plupart des gens ont tendance à socialiser principalement avec leur propre communauté (du moins tant qu'ils sont à l'école) ;

– ce type de système scolaire implique que les parents « mixtes » sont parfois tenus de choisir une religion pour leurs enfants lorsqu'il s'agit de les scolariser ;

– il est parfois difficile de trouver un quartier « neutre », qui ne soit pas marqué par l'une ou l'autre des deux communautés.

The Kevin and Sadie series

A 1970s set of young adult novels by Scottish novelist Joan Lingard. The books, set in Northern Ireland and England against the backdrop of the Northern Ireland conflict, deal with a young couple; Sadie Jackson, who is from the Ulster Protestant community, and Kevin McCoy, who is from the Irish Catholic community. This couple finds love despite the various physical and psychological barriers in their society.

Lingard decided to write the first book prior to the eruption of violence in Northern Ireland in late 1969.

On peut identifier trois phases dans l'audio :

Partie 1 (Début à 0'33)	L'impact que peut avoir un conflit sur la vie personnelle des gens et la notion de *"mixed marriage"*.
Partie 2 (0'34 – 1'23)	Le roman *Across the Barricades* et le contexte dans lequel il se situe.
Partie 3 (1'24 à la fin)	• La situation aujourd'hui, avec l'exemple de Carl Frampton et de sa femme. • La situation s'est améliorée mais elle n'est pas pour autant résolue car les mariages mixtes restent assez rares.

SUGGESTIONS DE MISE EN ŒUVRE

La couverture est fournie dans :
→ la banque de ressources Didier-Prof

1 | Anticipation à partir de la couverture de *Across the Barricades*

• On pourra :
– soit projeter la couverture et demander aux élèves de faire des hypothèses sur l'histoire ;
– soit cacher un élément (le titre, le garçon ou la fille) et leur demander d'imaginer ce qui est caché.

• On montrera ensuite l'illustration complète pour qu'ils puissent faire des hypothèses sur l'histoire.
Si les élèves ont déjà analysé l'illustration de la page d'ouverture (p. 108-109), ils pourront faire des parallèles entre les deux images.

Quelques hypothèses possibles :

→ *I think it is a story about a boy and a girl who fall in love but they are of different religions so they have problems or face obstacles.*

→ *I think they are enemies because they are on different sides of the "barricade" and they have their backs to one another. However, I think they become friends or fall in love because of the word "across" meaning that they cross over the division between them.*

2 | Analyse de la coupure de presse

• Grâce à la photo et à la simplicité du titre et de la légende (lexique transparent et largement connu), le document est assez simple à comprendre. Si les élèves ne comprennent pas le mot *heartening*, cela ne pose pas de problème pour la compréhension globale : on pourra leur demander de s'appuyer sur le contexte et la structure du mot pour inférer le sens et proposer des synonymes *(encouraging, promising...)*.

• Ils pourront ensuite imaginer pourquoi ce baiser a été vu comme le symbole d'un nouveau Belfast :

→ *Maybe it is seen as the symbol of a new Belfast because the couple are of different religions.*

→ *Maybe it is to do with the fact that they are able to be open about their relationship in public and they don't face obstacles.*

3 | Écoute du document audio

How has the situation evolved since Across the Barricades?	
The situation in *Across the Barricades*	At the time of the book Across the Barricades, it was difficult for people to be in "mixed relationships" and the book deals with this theme: → *"a Catholic boy, Kevin who falls in love with a Protestant girl called Sadie..."* → *"the challenges that they face..."* → *"they're from different communities during the Troubles..."* → *"like a Northern Ireland version of Romeo and Juliette..."*
The situation today...	• Today, the situation is changing and people see "mixed relationships" as being a positive sign of integration and there is less hostility: → *"a positive sign is that Carl Frampton who is a Protestant boxer from Belfast met, fell in love and married a Catholic girl called Christine."* → *"there were things in the newspapers about how it's so positive, about how it's a sign of a new Belfast, or sign of a new Northern Ireland, because it's a mixed relationship which is successful."* • However, it is still not that common, as shown by the fact that they had to talk about it in the newspapers: → *"this shows that we have something that's very uncommon"* → *"we need to put it in a newspaper as a big moment, a big turning point for Northern Ireland."* → *"So yes, the situation is changing but it's still not that common."*

OUTILS LINGUISTIQUES

Grammaire

Prétérit vs *Present Perfect*

→ *Grammar* p. 120-111

5 Mixed Marriage – p. 114-115

PRÉSENTATION DES DOCUMENTS

Le texte *"Was I the only child of a mixed marriage?"*

• Ce texte est un extrait de la contribution de Louise Manly au livre *Both Sides Now*, publié en 2015 par *The Northern Ireland Mixed Marriage Association (NIMMA)*. L'ouvrage rassemble des témoignages de personnes ayant grandi dans des « familles mixtes », avec un parent catholique et un parent protestant. On pourrait imaginer que le fait d'être issu d'une famille mixte implique que l'on appartient aux deux communautés à la fois, mais les témoignages rendent plutôt compte d'un sentiment d'exclusion, et de l'impression de n'appartenir réellement à aucune.

The Northern Ireland Mixed Marriage Association

• Fondée en 1974, elle a pour objectif de soutenir les couples mixtes en œuvrant pour :
– l'acceptation des mariages mixtes ;
– le développement de l'éducation mixte ;
– le développement de logements sociaux acceptant les couples mixtes ;
– la simplification des principes régissant le baptême dans les deux religions ;
– ... et plus largement : un futur commun pour tous.

• L'auteur Paul McLaughlin a écrit, à propos de cette association dont il fait partie : *"forty years later, we are still here despite the fact that our main aim has been to put ourselves out of business. Unfortunately, given the institutionalized sectarianism that exists in Northern Ireland, we haven't been able to do that".*

Cet ouvrage a suivi la publication de *Mixed Emotions*, qui rassemblait des témoignages de personnes vivant en couples mixtes.

• À propos du livre, Paul McLaughlin, auteur et bénévole pour la *NIMMA*, dit : *"It is never easy in Northern Ireland to break the sectarian mould and to talk about it openly. Unfortunately, as a society we have not yet moved that far, but these folks have done it for the benefit of others"*.
Pour le professeur Peter Shirlow *(The Institute for Conflict Transformation and Social Justice at Queen's University, Belfast)* les témoignages *"tell of good times and bad, of love and prejudice, of difference and division, but they also speak of family as a force for good, often against all the odds"*.

SUGGESTIONS DE MISE EN ŒUVRE

1 | Anticipation à partir du titre, de l'image et de la citation

• On pourra au choix :
– soit projeter tous les éléments ou demander aux élèves de les consulter dans leur manuel ;
– soit ne montrer que l'accroche suivante, en cachant le mot *Protestant*. On leur demandera de deviner le mot manquant :

My best friend blurted out to the rest of the class: her Daddy is a [redacted]!

a. Recueil des premiers repérages des élèves :

What do you learn about Louise Manly?	We learn that: → *She is Catholic* → *Her father is a Protestant* → *Her mother must be Catholic because she says she is a "child of a mixed marriage".* → *She is now in a relationship with a Protestant.*

b. Hypothèses possibles :

What can you imagine about her life?	We can imagine that: • she might have felt isolated as a child because she wondered if she was the only person in her situation; • other people found her family strange because someone at school said "her Daddy is a Protestant!" like it was a big issue; • she must be open-minded in terms of religion because she is with a Protestant even though she was raised Catholic.

2 | Lecture du texte

OUTILS LINGUISTIQUES

Lexique
Le vocabulaire des sections *Mixing* et *Identity* sera utile pour travailler sur ce témoignage :
→ *Words* p. 118
→ Plateforme d'entraînement reussirenlangues.fr PRACTISE ONLINE

Grammaire
Ce document sera l'occasion de travailler sur le prétérit mais aussi sur les déterminants
→ *Grammar* p. 110 - 111

Phonologie
En travaillant sur les déterminants, on sera amenés à travailler sur la prononciation de *the*
→ *Grammar* p. 121

DIFFÉRENCIATION PÉDAGOGIQUE

Work your way
Une version guidée de l'article est fournie dans :
→ la banque de ressources Didier-Prof
→ le site e IFS2360
→ le manuel numérique

Hypotheses	Justification
She might have felt isolated as a child because she wondered if she was the only person in her situation.	• On the news, there were always news reports about conflicts between Catholics and Protestants. This "reinforced the perception of complete opposition between the two". • She went to a Catholic school because there weren't many integrated schools at the time. This might have reinforced the idea that she was "the only child of a mixed marriage". • However, when people at school found her situation strange she laughed at them, so even if not many people were like her she was happy with her own life.
Other people found her family strange because someone at school said "her Daddy is a Protestant!" like it was a big issue.	• The reactions of Louise's classmates show that her situation was seen as shocking: → *"There was much gasping and mouths hanging open and whispering".* [Même si les élèves ne connaissent pas le mot *gasping*, ils peuvent en inférer le sens à partir du contexte. L'expression *"mouths hanging open"* est très visuelle et permet de comprendre qu'il s'agit de réactions choquées.]
She must be open-minded in terms of religion because she is with a Protestant even though she was raised Catholic.	Louise definitely seems to be open-minded in terms of religion because: • She wasn't ashamed of her dad being Protestant: → *"I said matter-of-factly: 'My daddy is a Protestant.'"* → *"I didn't cry or go back on my word [...]. Instead, I laughed: how silly were these girls, thinking my daddy being a Protestant was a big deal!"* • She says she and her partner "have no problems with religion". • She seems to reject the term "mixed marriage" so maybe she thinks people shouldn't be labelled or seen in terms of religion.

3 | Élaboration d'une frise chronologique

À partir de l'article, les élèves pourront identifier les moments et événements suivants :

- Louise's Catholic mother has a good relationship with her boyfriend's Church of Ireland parents
- Louise's parents get married. Her paternal grandparents don't accept the marriage
- Louise's parents have children
- Louise's father invites his parents to come and meet his children for the first time. The family reconciles
- 1985: Louise is born and is christened Catholic
- 1989: Louise starts school at a Catholic all-girl's school
- *eight years pass*
- As an adult: Louise is in a relationship with a Protestant

• Certains de ces événements n'étant pas datés dans le texte, les élèves ne les sélectionneront peut-être pas. On pourra donc les encourager à réfléchir en termes de « séquence d'évènements » dans la vie de Louise et dans celle de ses parents et ne pas se contenter de repérer les dates.

4 | Comparaison du couple de Louise avec celui de ses parents

Similarities	Differences
• Her parents were in a mixed relationship because her mother was Catholic and her father was Protestant. Louise, a Catholic, is also in a mixed relationship with a Protestant. • Louise has a happy relationship like her parents' marriage. She says if she gets married that her marriage "will have the same ingredients that went into my parents' marriage" and that they will be "repeating the same recipe".	• When her parents got married, her father was put under pressure in terms of how to raise his children and he was rejected by his family. • Louise, says that "unlike when my parents got married" they haven't had problems to do with religion and that if they do they can rely on the *Northern Ireland Mixed Marriage Association*.

5 | React

• On s'assurera d'abord que tout le monde a compris le rôle de la *Northern Ireland Mixed Marriage Association*.

• On pourra demander aux élèves de faire un *brainstorming* en binômes ou en groupes pour dire en quoi, selon eux, l'existence de la NIMMA peut sembler positive, et en quoi il peut aussi s'agir d'un signe négatif :

It is a positive sign because...	It is a negative sign because...
They support people from mixed marriages so they don't feel so isolated or under pressure.	The fact that such an association exists is a sign that there are problems in terms of "mixed relationships".

DEBRIEF – p. 115

What is a "mixed mariage" for you? What do you think of the term in this context?

On invitera les élèves à réfléchir à leurs propres définitions de *"mixed marriage"*, sans doute à partir d'autres contextes que celui du chapitre, et on les fera réagir à l'usage de ce terme dans le contexte de l'Irlande du nord.

OUTILS LINGUISTIQUES

Lexique

Le vocabulaire des sections *Mixing* et *Identity* sera utile pour cette synthèse :

→ *Words* p. 118

→ Plateforme d'entraînement reussirenlangues.fr PRACTISE ONLINE

YOUR TURN – p. 114

Write a promotional letter

• Pour rédiger leur courrier, les élèves pourront procéder par étapes :

1. *Brainstorming* en binômes ou en classe entière pour relever tout ce que le livre a apporté :

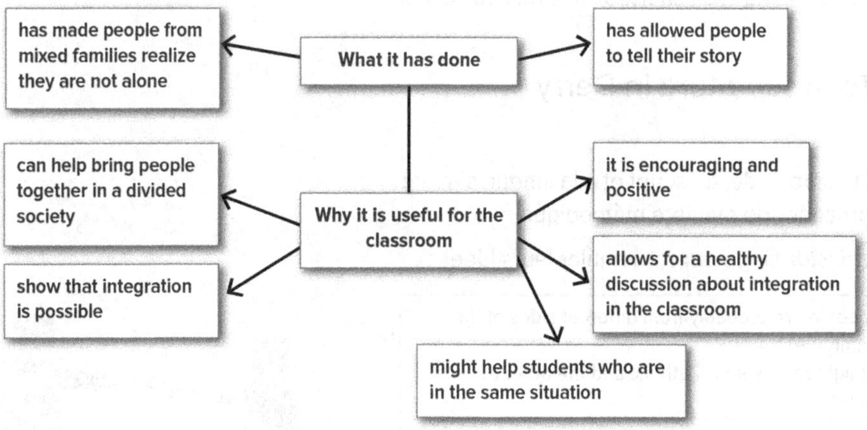

• Les élèves pourront faire quelques recherches sur internet pour les aider à trouver des idées, notamment en consultant la page consacrée à *Both Sides Now* sur le site de la *Northern Ireland Mixed Marriage Association*.

2. Rédaction d'un premier jet.

3. Révision du premier jet pour vérifier la grammaire et l'orthographe et enrichir le lexique.

POUR ALLER PLUS LOIN

Le site de la NIMMA : www.nimma.org.uk

OUTILS LINGUISTIQUES

→ YP 29 *Targeting* et YP 30 *Expressing purpose*

Northern Ireland Fact File – p. 116

PRÉSENTATION DES DOCUMENTS

• Cette page *Fact file* fourni des informations sur le contexte historique, politique et culturel en Irlande du Nord. Les informations essentielles ont été mises en évidence de manière à fournir aux élèves les repères très clairs qui les aideront à mieux comprendre les documents et la problématique du chapitre. On pourra s'y référer à chaque fois qu'on le jugera utile.

Les documents audio

• Quatre documents audio enregistrés par Annie fournissent des explications sur la question de la religion en Irlande du nord et sur les *Troubles* :

- *Basics on religion* → e IFS2361
- *Learn more about the Troubles*
- *The history of the conflict* → e IFS2362
- *Civil rights and Bloody Sunday*

• Un cinquième document 'bonus' intitulé *Annie's father's story* est proposé dans la banque de ressources et le coffret classe. Annie y parle de la discrimination ressentie par une partie des Iralndais du Nord, notamment dans le monde du travail, en rapportant une expérience vécue par son père.

• Selon les besoins, on pourra travailler sur ces audios en classe ou demander aux élèves de travailler indépendamment à la maison. On pourra alors faire une mise en commun en classe pour vérifier la compréhension.

Ces 4 documents audios sont fournis dans :

→ la banque de ressources Didier-Prof
→ le site e IFS2361 et e IFS2362
→ le manuel numérique
→ le coffret classe

• Le document *Annie's father's story* est fourni dans:
→ la banque de ressources Didier-Prof
→ le coffret classe

FINAL TASK – p. 117

SUGGESTIONS DE MISE EN ŒUVRE

Selon le parcours mené au sein de ce chapitre, on choisira l'une ou l'autre des deux tâches finales.

Record an audioguide for a sculpture in Derry

Préparation

Penser à la fois aux contenus de l'audioguide, au script et à la langue s'avère très complexe. Il s'agit donc de procéder de manière méthodique :

1. Les élèves pourront faire un *brainstorming* pour rassembler leurs idées :

Who the people are...	• The people are probably from different sides of the community. • One might represent a Catholic and the other a Protestant.
What the divide is...	• The divide is the fact that people have been separated on religious and political grounds for a long time in Northern Ireland. • When the sculpture was made in 1991, Northern Ireland was still in the midst of the Troubles.
Why the hands aren't touching...	• The fact that the hands aren't touching might mean that there is still a division between people. However, the fact that the hands are reaching out to one another suggests that people want to reconcile.
Why the sculpture was made...	• The statue was probably made to symbolize hope and reconciliation.

The impact of the sculpture...	• The sculpture is very visible and perhaps it made people in the city reflect on the notion of peace and the reconciliation of conflict. It might make people think about their interaction with other people.
If the sculpture is still relevant today...	• The sculpture seems to be relevant today because even if Northern Ireland is at peace, and even if progress has been made, there is still division in many areas of life.

Si nécessaire, ils pourront faire des recherches supplémentaires en ligne pour alimenter leur audioguide.

2. Choisir la structure / l'ordre dans lequel on va présenter les informations.

3. Rédaction d'un premier jet.

4. Révision du premier jet pour vérifier la grammaire et l'orthographe et enrichir le lexique.

Action!

• Lire un script ne produit pas le même effet que parler de manière spontanée ; même si la lecture peut sembler a priori plus simple, en réalité on a souvent tendance à moins bien maîtriser l'intonation lorsqu'on lit.

• On encouragera donc les élèves à réécouter l'audioguide sur *Love Thy Neighbor mural* (p. 113) en préparation de leur enregistrement, puis à le comparer avec leur performance une fois celle-ci enregistrée.

• Après ce travail sur l'intonation et la prononciation, ils pourront enregistrer leurs versions finales et poster ces dernières sur un mur Padlet.

Suggest an idea to bring together people from different communities

1. Préparation

On pourra encourager les élèves à faire un *brainstorming* en groupes :

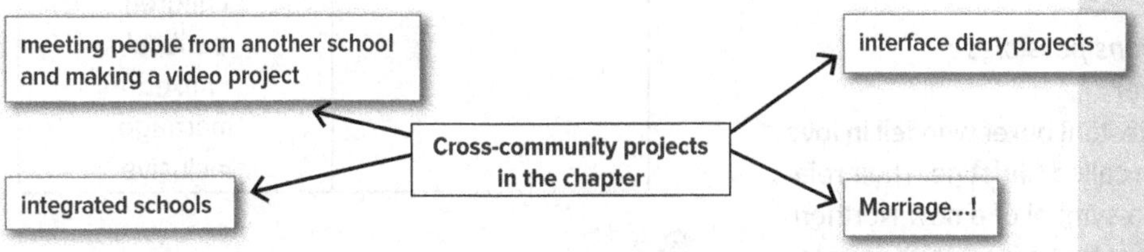

On encouragera les élèves à être aussi créatifs qu'ils le souhaitent pour proposer leurs nouvelles idées. Cela peut sembler évident, mais on pourra leur demander de commencer par réfléchir tout simplement aux activités qu'ils aimeraient faire eux-mêmes. Ceci pourra être un bon point de départ :

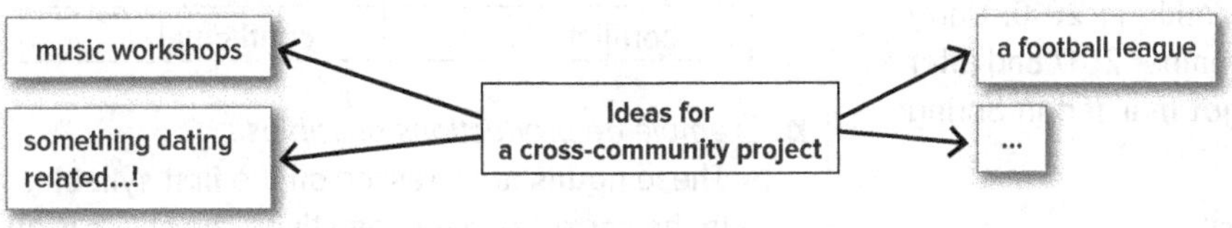

Action!

• Les élèves peuvent faire leurs affiches de présentation en ligne ou sur papier. S'ils travaillent sur papier, on pourra faire une petite exposition sur les

OUTILS LINGUISTIQUES

Lexique

Pour réviser le vocabulaire utile :

→ *Words* p. 118 - 119
et exercices interactifs du manuel numérique

→ Plateforme d'entraînement reussirenlangues.fr/IFS2de

PRACTISE ONLINE

Grammaire → p. 120-121

Phonologie

• Pour s'approprier la prononciation des mots du chapitre et du déterminant *the* :

→ exercices ❻ et ❼ p. 119

→ exercice ❺ p. 121

• Pour s'entraîner à réaliser leur audioguide : document *Audioguide* IFS2358 p. 113

murs de la classe. Les élèves pourront se déplacer dans la salle pour découvrir les projets des autres et en discuter ensemble.

• S'ils travaillent sur ordinateur ils pourront soit imprimer leurs affiches, soit les mettre sur un mur Padlet.

• On pourra ensuite :
– consulter toutes les affiches en classe entière et en discuter ensemble
– demander aux élèves de consulter les affiches à la maison et poster des commentaires sur les affiches des autres groupes.

WORDS – p. 119 Corrigés des exercices

1 **IN PAIRS** *Production libre*

2 a.

Nouns	Adjectives
e.g. politics	e.g. political
nation	national
segregation	segregated
religion	religious
marriage	married
inclusion	inclusive

b.

Nouns	Adjectives
-ic/ics	-al
-ion	-ed
-age	-ous
	-ive

3 *Exemples de productions possibles :*

A couple in the chapter
Carl Frampton is a Protestant boxer who **fell in love** with a Catholic woman called Christine. Their **relationship** was seen as a symbol of a new Northern Ireland because it shows that **mixed-faith couples** can work. Also it is a reminder that you don't **like somebody** or **fancy** them just because of their religion!

A Royal wedding
Prince Harry met Meghan Markle in 2016. Harry **proposed** to Meghan in November 2017 and after a short **engagement** they **got married** in Spring 2018.

4 *Exemple de production possible :*

In the chapter we saw students from a **Catholic school** and a **Protestant school**. There was a video of an **integrated school**. The **mixed-faith school** is the most similar to my school because lots of different people go there and it offers **mixed-sex education** but it is still different because my school isn't religious.

5 *Exemple de production possible :*

The "No More" mural is a **non-sectarian** mural that celebrates peace and **unity**. It shows a **Protestant** boy holding hands with a **Catholic** girl. This represents the fact they now **live in peace**. The poem talks about the **ceasefire** and the end of the **conflict**.

6 **Pronunciation**

/aɪ/	/ɪ/
Ireland divide child	difficult division community children political mixed marriage inclusive

7 a.

Nouns	Adjectives
history	historical
politics	political
territory	territorial
conflict	conflictual

b. *Exemple de productions possibles :*

• These **nouns** are stressed on the **first syllable**.

• In the corresponding **adjectives**, the stress is on the **third from end syllable**.

GRAMMAR – p. 121 Corrigés des exercices

1

Few can question the importance of the 1998 deal in human terms. It **didn't bring** a complete end to violence, but the casualty figures tell their own story. Nearly 1,500 people **died** in Northern Ireland's "Troubles" during the 20 years before the deal. By contrast there **have been** fewer than 150 victims of conflict-related violence over the past two decades. One victim is one too many, but the radically improved trend is clear. The agreement **has provided** a welcome, if imperfect, peace.

2 *Exemples de productions possibles :*

1. Reducing violence → The Good Friday Agreement has reduced violence in Northern Ireland.

2. Promoting links between Northern Ireland and the Republic of Ireland → *The Good Friday Agreement has promoted links between Northern Ireland and the Republic of Ireland.*

3. Better cooperation between communities → *There has been better cooperation between communities since the peace deal.*

4. Making Northern Ireland a popular tourist destination → *The Good Friday Agreement has made Northern Ireland a popular tourist destination / Since the Good Friday Agreement, Northern Ireland has become a popular tourist destination*

3 *Exemples de productions possibles :*

→ *I have never gone skiing.*
→ *I have never broken a bone.*
→ *I have never seen Game of Thrones.*
→ …

4

The Belfast Agreement is also known as **the** Good Friday Agreement, because it was reached on **Ø** Good Friday, 10 April 1998. It was a peace agreement between **the** British and Irish governments, and most of **the** political parties in Northern Ireland, on how **Ø** Northern Ireland should be governed. **The** talks leading to the Agreement addressed issues which had caused conflict during previous decades. **The** aim was establish a new, devolved government for **Ø** Northern Ireland in which **Ø** unionists and **Ø** nationalists would share **Ø** power. A copy of **the** agreement was sent to **Ø** homes all across **the** country.

5 **b. Pronunciation**

/ðə/	/ðiː/
the people	the architecture
the history	the inclusion
the Troubles	the Irish governement
the hope	the agreement

TEST YOUR SKILLS – p. 123

Listening

■ Audio *Annie talks about her school days in the 1990s* (EVAL 8) fourni dans :
→ le coffret classe

■ Grille d'évaluation de la compréhension de l'oral fournie dans :
→ ce guide pédagogique p. 331

Speaking

Fiche support photocopiable fournie dans :
→ ce guide pédagogique p. 332

Reading

Fiche support photocopiable fournie dans :
→ ce guide pédagogique p. 333

Writing

Fiche support photocopiable fournie dans :
→ ce guide pédagogique p. 335

Tous les documents supports et les grilles d'évaluation sont également fournis dans la banque de ressources Didier-Prof

9 CANADIAN MOSAIC

Axe : VIVRE ENTRE GÉNÉRATIONS
Thème : Les identités plurielles
Problématique :
Can you hold on to family traditions in a multicultural society?

Ancrage culturel :
Le multiculturalisme au Canada

Grammaire :
- Quantifier les noms
- Les composés de *some*, *any*, *no* et *every*

Introduction

Ce chapitre, qui s'inscrit dans l'axe « Vivre entre générations » aborde la question de la transmission des traditions et coutumes familiales au Canada, société multiculturelle par excellence. L'auteur de ce chapitre, une enseignante canadienne elle-même issue de l'immigration, tenait à témoigner de ce qui, selon elle, rend le Canada unique au monde et fait la spécificité des adolescents qu'elle accueille dans ses classes. Pour les jeunes gens aux profils très divers qui apportent leurs témoignages au fil des pages se posent des problématiques communes : comment faire vivre la culture de son pays ou de sa nation d'origine – ou celle de ses ascendants – tout en s'inscrivant pleinement dans le mode de vie et la mentalité de son pays de résidence ? Est-il possible d'avoir une identité plurielle ?

La Loi sur le multiculturalisme promulguée en 1988 facilite la valorisation du patrimoine culturel des Canadiens. La majorité de ceux-ci s'identifient ouvertement et fièrement à leur héritage et pratiquent les coutumes et traditions apportées par leurs parents, grands-parents, ou même leurs arrières grands-parents.

Être canadien passe par la transmission de cet héritage entre générations, pour célébrer et partager les différences culturelles.

Petite visite guidée...

Ouverture : « Nos origines »
Une photo, une carte, une fiche d'identité et un audio pour intriguer les élèves et déclencher la parole sur le multiculturalisme au Canada

Histoires familiales

Un extrait de la série *Kim's Convenience* et un témoignage authentique pour évoquer les relations entre parents immigrés et leurs enfants de la « seconde génération »

Trois jeunes Canadiens racontent comment ils restent connectés à leurs origines

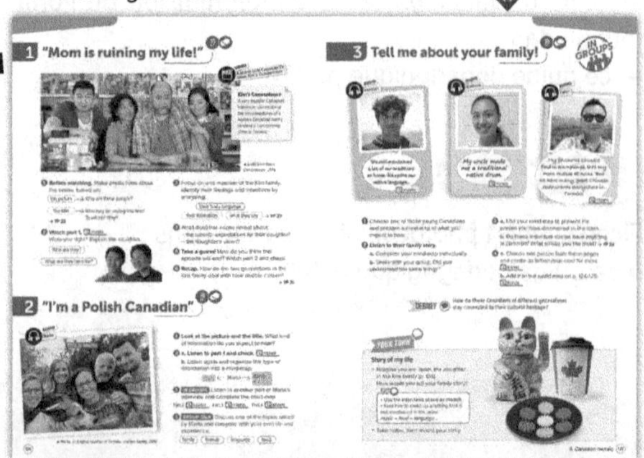

Un héritage complexe
Deux jeunes issus des « Premières Nations » évoquent la manière dont ils vivent leur héritage culturel et la relation complexe qu'ils entretiennent avec leur pays

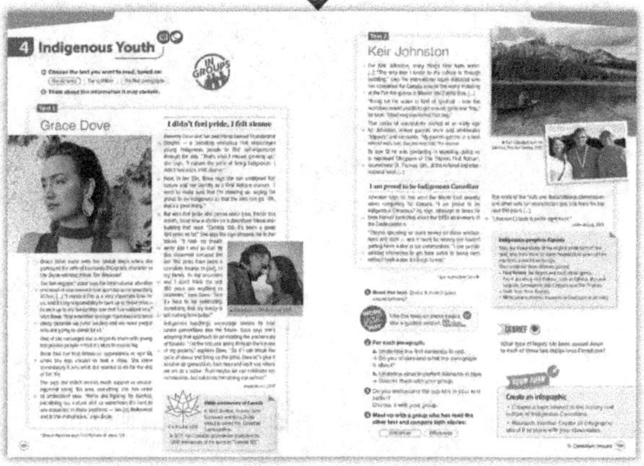

Une identité plurielle
Red Maple Leaves : une histoire d'immigration en bande dessinée

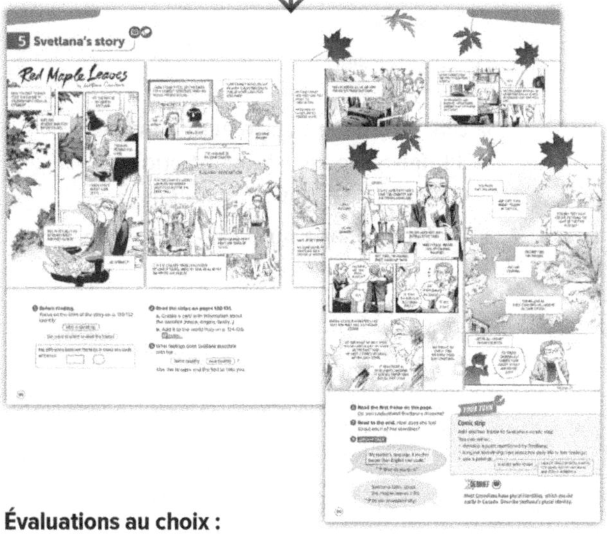

2 tâches finales au choix
– Créer une bande dessinée pour raconter une histoire familiale
– Se présenter à ses camarades lors du premier jour d'école dans un nouveau pays

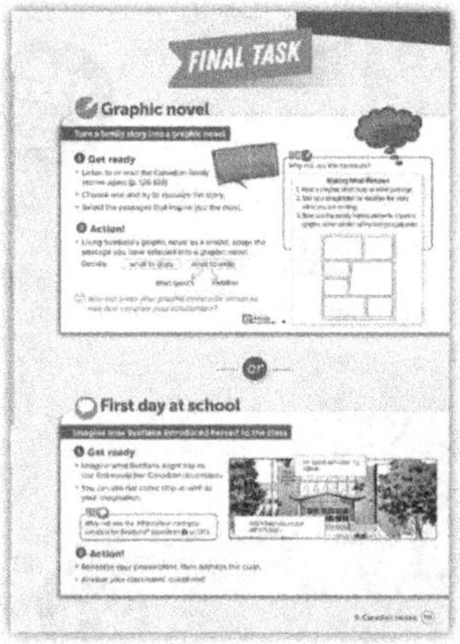

Évaluations au choix :
– *Listening & Writing type Bac*
– *Speaking*
– *Reading*
– *Writing*

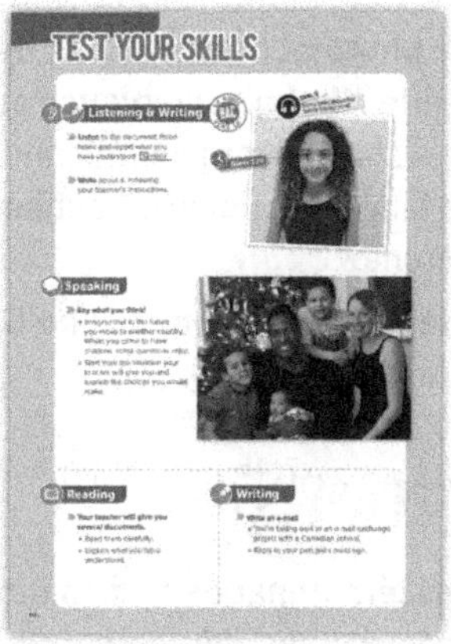

A word from the authors...

"If you were to ask a Canadian, "Where are you from?" the answer is often not Canada. They might instead answer, Italy, Argentina, China, Pakistan... This seemingly strange Canadian response is closely connected to what it means to be Canadian. The majority of Canadians can trace their family roots back many generations, and connect deeply with the language, food, culture and traditions of their family heritage. A large number of Canadians were not even born in Canada. According to the 2016 census, more than one fifth of Canadians were born abroad.

People often wonder if this is a bad thing. Living in Canada, shouldn't we feel Canadian? The beauty of being Canadian, is that being Canadian really means you can be anything you like. One of the greatest fears many immigrant families face when leaving their country, is the loss of their culture in their new homeland. In Canada, with the help of the Multiculturalism Act, passed in 1988, traditions are easily passed from generation to generation. Canadians are even encouraged to celebrate, practice and share their cultures with others.

In a world where more and more frequently people are divided by their differences, Canada's one-of-a-kind cultural diversity brings the hope that it is in fact possible to live peacefully, and be united in our differences.

Marta Lesinski

Un chapitre, plusieurs séquences possibles...

SÉQUENCE #1 B1 • 5 séances

Pour démarrer :

p. 124-125

- **Une photo**, **une carte** et **une fiche d'information** illustrant les origines multiples des jeunes Canadiens
- **Un témoignage audio**

Pour découvrir et s'entraîner :

p. 126

- **Une photo et deux extraits de la série *Kim's Convenience*** montrant les relations intergénérationnelles dans une famille d'origine coréenne installée à Toronto
- **Le témoignage audio** d'une Canadienne d'origine polonaise

p. 127 IN GROUPS

- **Trois témoignages audios** de jeunes Canadiens partagés entre traditions familiales et identité canadienne

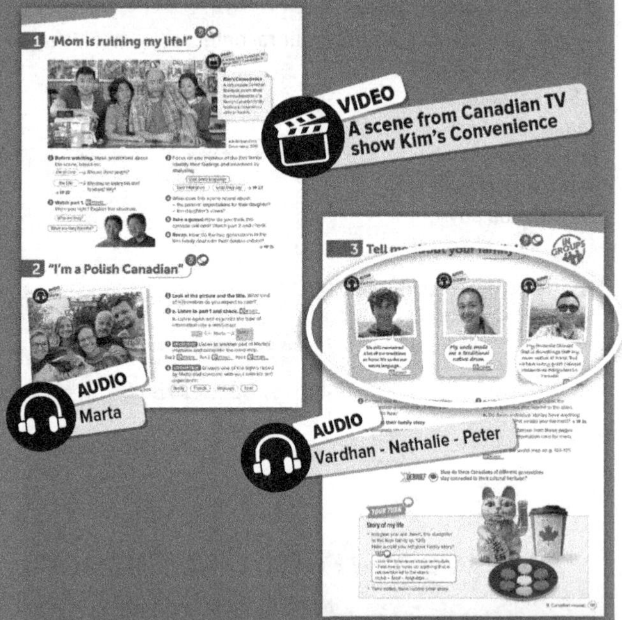

Une tâche finale :

p. 127

- *Story of my life*

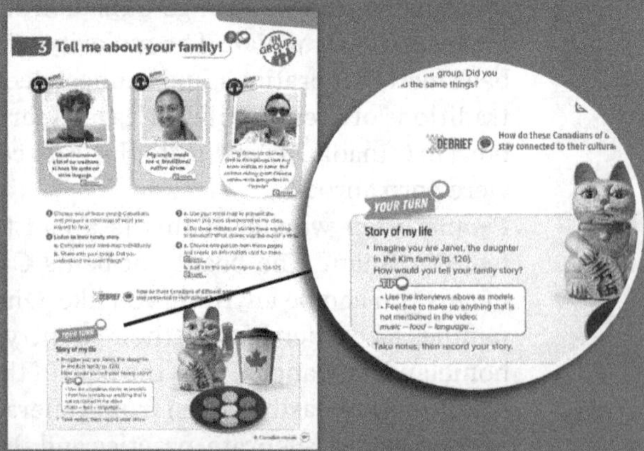

Évaluations p. 138

- Dispositif complet d'évaluation dans la banque de ressources Didier-Prof

SÉQUENCE # 2 B1 / B1+ • 5 séances

Pour démarrer :

p. 124-125

- **Une photo**, **une carte** et **une fiche d'information** illustrant les origines multiples des jeunes Canadiens
- **Un témoignage audio**

Pour découvrir et s'entraîner : IN GROUPS

p. 128-129

- **Deux récits de jeunes Canadiens** appartenant aux Premières Nations
- **Une info culturelle** sur les Premières Nations au Canada

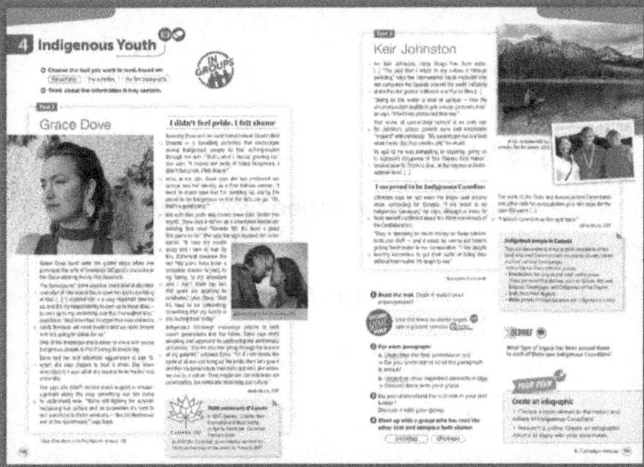

Une tâche finale :

p. 129

- *Create an infographic*

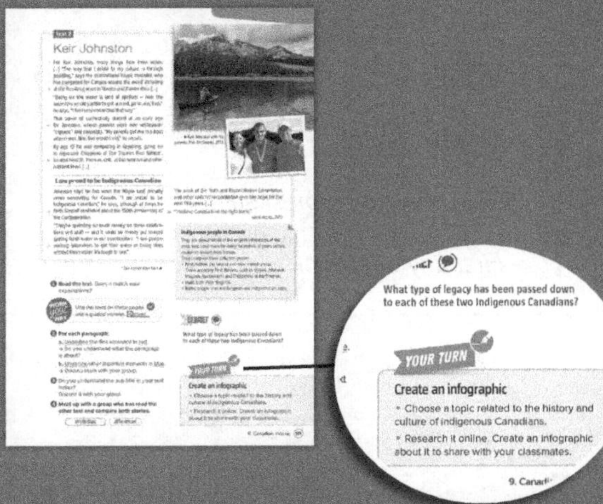

Évaluations p. 138

- Dispositif complet d'évaluation dans la banque de ressources Didier-Prof

SÉQUENCE # 3 B1 / B1+ • 6 à 7 séances

Pour démarrer :

p. 126-127

▶ **Le témoignage audio** d'une Canadienne d'origine polonaise

p. 127 IN GROUPS

▶ **Trois témoignages audios** de jeunes Canadiens partagés entre traditions familiales et identité canadienne

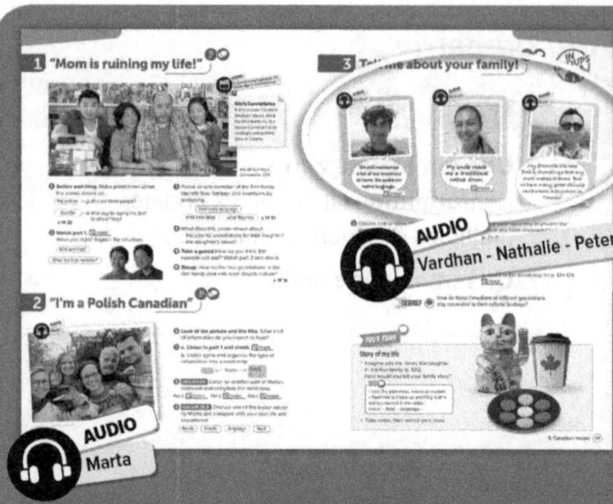

Pour découvrir et s'entraîner :

p. 130-132

▶ **Une bande dessinée :** *Red Maple Leaves*

▶ **Une tâche d'entraînement :** *Comic strip*

Une tâche finale :

p. 133

▶ *Graphic Novel*

OU, au choix du professeur :

▶ *First day at school*

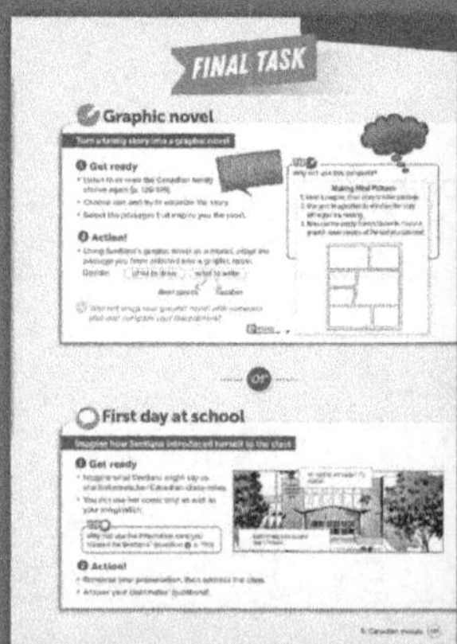

Évaluations p. 138

▶ Dispositif complet d'évaluation dans la banque de ressources Didier-Prof

OUVERTURE – p. 124-125

PRESENTATION DES DOCUMENTS

L'image

• La photo d'ouverture montre une classe typique au Canada. À l'évidence, le groupe d'adolescents est composé de jeunes de différentes origines. Dans la majorité des écoles canadiennes il est très commun de rencontrer des élèves dont les parents sont des immigrants – et il est également fréquent que les élèves eux-mêmes puissent raconter leur propre histoire d'immigration. Cette situation est si générale que dans les grandes villes comme Toronto, Montréal, Vancouver et Calgary, il est rare de croiser quelqu'un qui ne s'identifie pas avec la culture d'un autre pays que le Canada. Souvent, les élèves nommeront jusqu'à cinq ou six pays différents pour évoquer les origines de leurs aïeux. La magie d'une salle de classe au Canada, c'est le fait que les jeunes sont habitués à la discussion sur la façon dont leurs familles ont transmis la langue, les traditions et les coutumes de leurs pays d'origines.

• Beaucoup d'élèves ne parlent pas anglais à la maison, soit parce que les parents sont toujours en train d'apprendre la langue, soit parcequ'ils exigent que la communication se fasse dans leur langue maternelle afin de s'assurer que les enfants seront capables de la parler couramment et de maintenir ainsi le lien avec la famille – grands-parents, oncles, tantes, cousins – restés "au pays". Certains élèves nés au Canada arrivent ainsi à l'école maternelle en parlant uniquement la langue maternelle de leurs parents. Pour répondre à cette situation il existe plusieurs services d'aide à l'apprentissage de l'anglais – la majorité des enfants apprennent rapidement la langue et deviennent bilingues très jeunes.

La carte *"Our Roots"*

• Marta Lesinski, l'auteure de ce chapitre, est enseignante dans une école bilingue de Brampton, une localité située dans la grande banlieue de Toronto, en Ontario. Les élèves y suivent la moitié des cours en français et l'autre en anglais. La majorité ne parlent pas français à la maison et leurs parents n'ont souvent aucune connaissance de la langue française. En 1969, la Loi sur les langues officielles a été introduite par Pierre Trudeau (le père du Premier Ministre actuel du Canada, Justin Trudeau). Ce dispositif législatif prévoit que tous les services aux citoyens soient délivrés dans la langue officielle de leur choix (anglais ou français) et l'enseignement de la langue française est devenue obligatoire à l'école, ce qui a donné naissance aux écoles bilingues partout au Canada.

• La classe de Marta se compose d'élèves aux origines très composites. Ainsi, un élève peut avoir une mère indienne, venue au Canada pour faire ses études, où elle a rencontré son mari, un étudiant écossais. Un autre peut être issu d'un couple où la mère est philippine, née au Canada, et le père également né au Canada, mais de parents jamaïcains.

• Pour partager ces liens ethniques, Marta demande chaque année à ses élèves de créer de petites "fiches d'identité" où ils indiquent les pays d'origine de leurs aïeux. Toutes les fiches sont ensuite disposées sur une carte du monde et Marta utilise de la ficelle pour connecter chaque fiche au(x) pays indiqué(s). Le résultat final est une toile *(web)* culturelle – une manière très efficace de résumer la diversité culturelle des élèves canadiens !

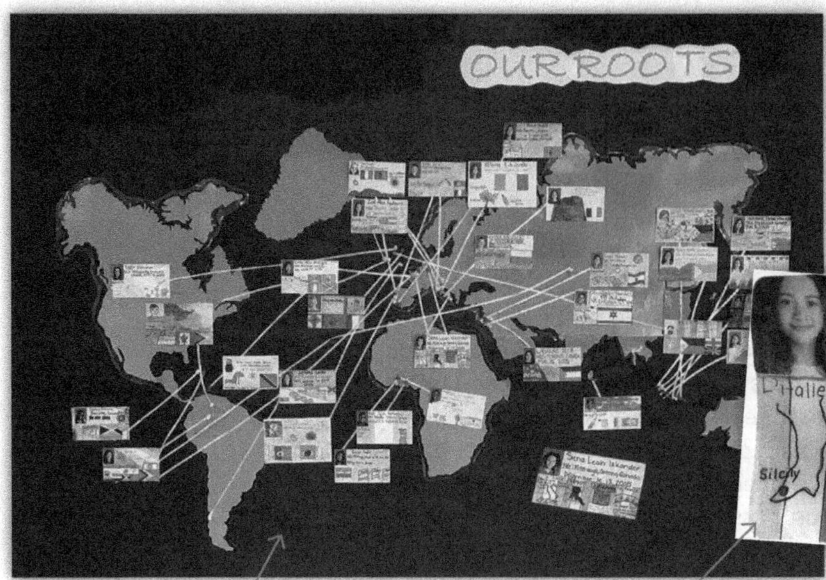

Multicultural map prepared by Marta's pupils

Siena's information card

La fiche d'identité de Siena

À côté de la carte sur le manuel est reproduit un exemple de "fiche d'identité" de l'une des élèves de Marta. Siena s'identifie principalement à ses racines italiennes et égyptiennes, mais on peut voir qu'elle a aussi des ancêtres venus d'Allemagne et de France. Sa mère a transmis plusieurs traditions italiennes à ses enfants et la cuisine italienne est très présente à la table familiale. Sa grand-mère paternelle, quant à elle, prépare de la nourriture égyptienne. Siena ne parle ni italien ni arabe, mais son éducation dans une école de "français immersion" lui a néanmoins permis de devenir bilingue... c'est la raison pour laquelle la fiche d'identité est écrite en français !

L'audio *Marta talks about her class in Toronto*

Marta Lesinski, l'auteure du chapitre, se présente, parle de ses élèves et explique la genèse des documents reproduits sur la double page d'ouverture : carte *"Our roots"* et fiches d'identités.
Le débit est relativement rapide mais les pauses et hésitations, ainsi que le vocabulaire relativement courant faciliteront la compréhension.

SUGGESTIONS DE MISE EN ŒUVRE

1 | Quick survey

• Avant d'aborder les documents de la double page, on peut si cela semble pertinent faire un rapide sondage et noter toutes les origines représentées dans la classe. Selon la manière dont les élèves vivent leurs origines et les traditions culturelles de leur famille, on pourra noter les origines internationales mais aussi régionales :
→ *One of my grand-mothers is Corsican and the other one is Breton!*
→ *My mother is Chilean and my father is French.*
→ *My dad's side of the family is from Tunisia.*
→ *My grand-father on my mom's side was born in Italy but my grand-mother was born in Savoie.*

• Selon les cas, on pourra par la suite établir un parallèle avec la situation dans la classe de Marta à Toronto ou au contraire, pointer le contraste entre les deux classes.

AILLEURS DANS LE MANUEL
Les élèves retrouveront Siena à la page **138** du manuel, puisque son témoignage constituera le document audio support de l'évaluation de la compréhension de l'oral **(EVAL 9)**.
Ce document audio est fourni dans :
→ le coffret classe
→ la banque de ressources Didier-Prof

OUTILS MÉTHODOLOGIQUES ET LINGUISTIQUES

Lexique
Pour s'approprier le vocabulaire nécessaire à l'ensemble de la séquence et maîtriser sa prononciation :
→ *Words* p. 134
→ Plateforme d'entraînement reussirenlangues.fr/IFS2de
PRACTISE ONLINE

Grammaire
– Quantifier les noms
– Les composés de *some*, *any*, *no* et *every*
→ *Grammar* p. 136

2 | Projection de la photographie et de la fiche d'identité

a. à **c.** On laissera les élèves discuter de la composition de la classe sur la photo puis on leur demandera de faire des liens avec la carte multiculturelle, dont toutes les petites "fiches d'identité" connectées aux pays qui y sont notés créent une "toile" de cultures.

• On pourra ensuite inviter les élèves à réfléchir sur le fait que la fiche d'identité de Siena est écrite en français, et on pourra émettre des hypothèses :

→ *Maybe it's her mother tongue?*
→ *Maybe one of her parents is French?*
→ *Maybe she lives in a region where French is the official language?*
→ *But she didn't write the date properly ("Décembre le 13, 2005"), so this is probably not her first language.*

Images fournies dans :
→ la banque de ressources Didier-Prof

• Pour commenter l'image :
→ YP23 *Observing, deducing*

3 | Écoute du document audio

On fera ensuite écouter l'enregistrement *Marta talks about her class in Toronto* et on confirmera ou infirmera les hypothèses.

→ *The teenagers go to a bilingual school.*
→ *Some of their courses are in English and others are in French.*

DEBRIEF – p. 125

What aspect of Canada is shown in these documents?

Ce *Debrief* permettra de faire la synthèse de toutes les trouvailles des élèves. On fera ainsi ressortir l'aspect majeur de la société canadienne découvert lors de l'exploration des documents :

→ *A lot of people in Canada come from different countries.*
→ *These documents show us that Canada is a very multicultural country.*
→ *Many young Canadians speak several languages and have origins from all over the world.*

OUTILS LINGUISTIQUES

Pour évoquer le multiculturalisme au Canada et les orgines multiples des élèves de Marta, les élèves seront amenés :
– à quantifier les noms
– à utliser les composés de *some, any, no* et *every*
→ *Grammar* p. 136

1. "Mom is ruining my life" – p. 126

PRÉSENTATION DES DOCUMENTS

Extrait de la série *Kim's Convenience*

• *Kim's Convenience* est une série canadienne qui suit les tribulations d'une famille d'origine coréenne installée à Toronto. "Appa," le mot coréen pour père, et "Umma" (ou Oma), la mère, sont des immigrants coréens qui parlent anglais avec un accent prononcé et sont les propriétaires d'une petite épicerie de quartier. Leurs deux enfants, Janet et Jung (joué par Simu Liu, qui interprête le rôle d'un super-héros dans le dernier film de Marvel), parlent anglais et coréen. La série met en scène les dynamiques d'une famille immigrante au Canada ; elle illustre ainsi les réussites et les difficultés de la transmission des traditions, des coutumes et de la langue d'origine des parents d'une génération à l'autre.

Kim's Convenience

An hilarious Canadian television sitcom that premiered on CBC Television in October 2016. The series depicts the Korean Canadian Kim family who run a convenience store in the Moss Park neighbourhood of Toronto: parents "Appa" and "Umma"– Korean for "Dad" and "Mom" – along with their daughter Janet and estranged son Jung.

The characters

• **Mr Kim ("Appa"):** the family patriarch, Kim Sang-il was a teacher in his homeland before immigrating to Canada with his wife where they now own and operate 'Kim's Convenience', a grocery store in Toronto's Moss Park neighbourhood. Mr. Kim is traditional, proud and stubborn, practical, opinionated and blunt.

• **Mrs. Kim ("Umma") :** the family matriarch, Kim Yong-mi, 54 at the start of the series, was also a teacher in Korea. She is hardworking and kind but also meddles in the lives of her family. Her life revolves around the store, family, and church, where she volunteers.

• **Janet Kim**, 20 at the start of the series, Mr. and Mrs. Kim's daughter and Jung's sister. Attending OCAD University, where she studies photography, Janet is a talented artist but is frustrated by her parents' traditionalism.

• **Jung Kim**, 24 at the start of the series. Mr. and Mrs. Kim's son and Janet's brother. Jung works at Handy Car Rental, where he is promoted to assistant manager at the beginning of the series. He was a rebellious teenager and was kicked out of the family home by Mr. Kim after stealing from him and remains estranged from his father though he is still in contact with the rest of the family.

• Dans l'extrait choisi, Umma essaie de trouver un petit ami coréen et chrétien pour Janet, mais celle-ci affirme que les garçons coréens, chrétiens... et cools n'existent pas : *"There is no such thing as a cool Korean Christian boyfriend!"* Umma décide alors de l'aider à sa manière. L'épisode illustre une réalité fréquente au Canada, où les parents aimeraient que leurs enfants rencontrent et se marient avec quelqu'un de la même communauté qu'eux-mêmes de manière à assurer la transmission de la langue et de la culture. Des efforts qui ne sont pas toujours couronnés de succès !

SUGGESTIONS DE MISE EN ŒUVRES

1 | Anticipation

On demandera aux élèves d'analyser l'image montrant les quatre membres de la famille Kim et de faire des prédictions sur l'extrait qu'ils vont visionner, en se basant sur la photo et le titre *"Mom is ruining my life!"*. Questions possibles pour lancer la discussion :

→ *Who are these people?*
→ *Where do they come from?*
→ *Do you think they speak English?*
→ *Who may be saying the line: "Mom is ruining my life!"? To whom? Why?*

Nb. Pour faciliter l'anticipation, nous n'avons pas repris dans le titre de cette activité le terme coréen pour *Mom*: "Umma".

2 | Visionnage de l'extrait vidéo – part 1

• On lancera la première partie de la vidéo et on confirmera ou infirmera les hypothèses, puis on les enrichira.

Images fournies dans :

→ la banque de ressources Didier-Prof

• Pour faire des prédictions :

→ YP22 *Anticipating*

• Dans un premier temps, on élucidera le statut des deux jeunes hommes (qui ne figurent pas sur la photo montrant la famille Kim) :

→ *They have answered to Umma's job advertisement. They are both Korean and Christian, as this was requested in the advertisement.*

3 | Émotions et intentions des personnages

Pour analyser les réactions des membres de la famille Kim :
→ **YP23** ***Observing, deducing***

Pour faciliter la compréhension de l'extrait (le débit est rapide), les élèves pourront se concentrer sur un seul personnage et analyser :
– son langage corporel et ses attitudes,
– ses intonations,
– et enfin, ce qu'il dit.

Janet	
Surprise / Misunderstanding	• "Oh sorry, I didn't see you come in!" • "Er... Sorry, I think there is a misunderstanding." • "Umma, you can't ask that!" • "What ad?"
Shame	• "Oh, my god! I'm so sorry about this!"
Anger	• "What! These guys know that I AM the job?" • "Umma's ruining my life!" • "Let's be clear: I'm not taking over the store, and I'm not having many babies, ok?"
Relief	"Thank you!"
Umma	
Satisfaction	• "Yes we is*! Hi! Good to see you, boys!" • "Good... Cool, Christian, Korean..."
Embarrassment	• "Just wait. Janet? Janet!"
Self-confidence	• "You should say thank you. You don't know yet, but Umma's doing you a big favour!" • "I'm helping Janet find a boyfriend."
Appa	
Surprise	• "What are you doing?"
Self-confidence	• "Janet is not a baby any more. She don't* need your help finding boyfriends." • "How can she have a boyfriend when she takes over the store?"
Misunderstanding	• "What's wrong with the store?" • "You have a baby?"

* On pourra faire commenter les erreurs d'anglais et l'accent des parents, en rappelant que ceux-ci sont arrivés adultes au Canada et qu'ils ne maîtrisent donc qu'imparfaitement la langue.

On mettra en commun les trouvailles des élèves pour arriver à un tableau complet de la situation.

4 | Les enjeux pour chacun des personnages

Les éléments explicites étant élucidés, on demandera aux élèves de réfléchir à ce que la scène laisse deviner des motivations et attentes des personnages :

→ *The mother wants her daughter to marry a Korean Christian boy and to have many babies.*
→ *The father wants her to take over the store.*
→ *Janet wants her parents to let her live her life as she wants to.*

5 | Anticipation et visionnage de la deuxième partie de l'extrait

De manière à créer du suspens et préparer les élèves à ce qui va suivre, on leur demandera des faire des prédictions sur la manière dont pourrait se terminer l'extrait.

→ *Maybe Janet is going to say that she already has a boyfriend... and that he is neither Korean nor Christian.*
→ *Maybe the parents will accept her choice.*
→ *Maybe they will all be angry with each other.*

6 | Synthèse

• Pour clore cette activité sur l'extrait vidéo, les élèves pourront réfléchir à la manière dont les deux générations de la famille Kim se situent par rapport à leur double culture :
– les parents souhaitent que leur fille, tout en étant bien intégrée dans la société canadienne, reste fidèle à ses origines coréennes et aux traditions de sa famille en épousant un homme qui ressemble à son père (souhait de Umma), ou en reprenant l'affaire familiale (souhait de Appa) ;
– Janet, quant à elle, aimerait pouvoir faire ses propres choix, mais sans blesser ses parents.

→ *In the end, Janet does go out with a cool Korean Christian boy, and she makes sure that he will fulfill her father's expectations.*
→ *In the end, the father shows that he cares about his daughter's feelings ("Janet has to like you, you understand?" 2'03), but he makes sure that her boyfriend stays connected to his Korean culture ("Stop! What is the Korean Day of Independence?").*

Pour décrire les comportements des membres de la famille Kim :
→ YP7a *Describing habits*

2. "I'm a Polish Canadian" – p. 126

PRÉSENTATION DES DOCUMENTS

Audios *"I'm a Polish Canadian"*

• La famille de Marta – l'auteure de ce chapitre dont les élèves ont entendu un premier témoignage en page d'ouverture – est l'exemple typique d'une famille d'immigrants installée au Canada. Les parents sont nés en Pologne mais tous les enfants (Marta, son frère et sa sœur) sont nés au Canada. Les parents ont essayé de préserver leur culture d'origine tout en s'intégrant dans leur nouveau pays et en essayant de faire en sorte que leurs enfants se sentent pleinement des citoyens canadiens. Marta explique que ses grands-parents habitent toujours en Pologne et que les liens ont été maintenus grâce à leurs fréquents séjours auprès de leurs petits-enfants lorsque ceux-ci étaient plus jeunes. Elle parle aussi en polonais avec ses parents.

• De manière à rendre la mise en œuvre plus dynamique et permettre un travail par groupes, le témoignage de Marta a été divisé en quatre courts documents audios, chacun étant centré sur un thème précis (indiqués dans la question 4) : la famille, les amis, la langue, la nourriture.

SUGGESTIONS DE MISE EN ŒUVRE

1 | Anticipation

• On demandera aux élèves de décrire la photo et de faire des prédictions sur la famille de Marta, en faisant des liens avec le titre de l'activité : *"I'm a Polish Canadian"*. On pourra demander par exemple qui, à leur avis, a prononcé cette phrase, puis où peuvent être nés les divers membres de la famille : d'abord les parents, puis les enfants. À leur avis, que signifie : *"Polish Canadian"*?

• On pourra éventuellement mentionner dès ce moment le terme *"plural identity"*, qui sera utile plus tard, quand on discutera des histoires familiales de Vardhan, Nathalie ou Peter (p. 126). On pourra demander aux élèves de proposer une définition avant l'écoute de l'audio, et on pourra la compléter peu à peu au fur et à mesure de l'avancée du chapitre.

2 | Écoute du premier audio *Marta*

On lancera l'audio IFS2403 et à la suite de l'écoute, on notera les retours des élèves sous la forme d'une *mind-map*, comme celle qui est proposée dans le manuel. On complètera cette carte mentale au fur et à mesure des restitutions des élèves.

Marta **Part 1 – Family**	• Born in Toronto but parents are from Poland. • Father fled communism in 1983. Applied for a refugee status to Canada. • After three years appart, mother joined him. • Marta was born shortly after. Then came her brother and her sister. • Rest of the extended family still lives in Poland. • Her grand-parents would come and visit every year when Marta and her siblings were growing up.

3 | Écoute des 3 autres documents audio

• Selon le degré d'autonomie des élèves et le temps dont on dispose, on pourra procéder de différentes façons pour l'écoute des trois audios qui suivent – toujours sous forme de travail de groupes. Par exemple :

a. On peut demander à chaque groupe d'écouter l'un des audios puis de discuter pour définir le thème principal du document et synthétiser ses trouvailles en complétant la *mind-map* amorcée avec l'audio 1, de manière à enrichir petit à petit le portrait de Marta.

b. Autre possibilité : les enregistrements étant très courts, on peut demander à chaque groupe d'écouter les trois audios l'un à la suite de l'autre et discuter de ce qu'il a compris au sujet de Marta, ses amis, la langue et la nourriture au Canada.

• En fin de séance, on procèdera à une mise en commun en classe entière et on discutera tous ensemble des informations collectées.

Part 2 – Food	• Marta is really proud of her diverse community. • She loves that in Toronto, you can travel the entire world just by going to different restaurants. • They have food from every culture on earth.

Part 3 – Friends	• Most of her friends are immigrants or first generation Canadians – their parents came from another country. • One of her best friends is Croatian*. She came to Canada when she was 5. • Her other best friend was born in Canada but her entire family comes from Iran. • Her brother's girlfriend is a Chinese American. • So, she really has people from all over the world very close to her.

* On donnera le mot, qui n'est pas reconnaissable à l'oral pour nos élèves.

Part 4 - Language	• Marta's first language was Polish. She didn't speak English when she started school. • This situation is very common in Canada: many children start school without speaking any English. • They have a lot of programs for kids in Canada to help them learn English.

4 | *Group talk*

Ce *group talk* pourra être mené à l'intérieur des groupes précédents, ou en en constituant de nouveaux de manière à mélanger les apports des divers groupes.
Lors de la phase de récapitulation on pourra faire conclure les élèves en soulevant la question *"How does Marta stay connected to her cultural heritage?"*
→ *Marta stays connected to her cultural heritage by speaking Polish with her parents, or by eating Polish food.*
→ *Also, Marta's grandparents would come every year to Canada and they probably told her many aspects of her Polish family background.*

3. Tell me about your family - p. 127

PRÉSENTATION DES DOCUMENTS

Les documents audio

Les trois documents audios sont des témoignages de jeunes Canadiens aux profils très différents, tous issus de l'immigration. Les trois jeunes gens parlent de leur famille, de leur héritage culturel et de la manière dont celui-ci se transmet d'une génération à l'autre. Ils évoquent leurs plats préférés, les langues qu'ils parlent – à la maison et en dehors – et la manière dont ils se situent, entre appartenance à des cultures et traditions familiales qui semblent très présentes, et citoyenneté canadienne.

• Vardhan est né en Inde et il est arrivé au Canada quand il était très jeune. Sa famille est Hindu et sa mère cuisine de la nourriture indienne. Lui-même cuisine des dosas de temps en temps pour ses amis, afin de partager sa culture avec eux.

• Nathalie est l'une des élèves de Marta. Elle a des origines italienne (par sa mère) et indigène (par son père). Nathalie et ses parents sont nés au Canada mais restent très connectés à leurs cultures familiales. La jeune fille ne parle pas la langue natale de ses grand-parents italiens, mais elle a eu l'occasion de visiter la réserve dans laquelle son grand-père Mohawk a grandi. Elle parle souvent de ses racines en classe avec fierté.

• Peter est né en Chine ; il est arrivé au Canada lorsqu'il avait 10 ans. Il parle exclusivement le mandarin avec ses parents et mange de la nourriture chinoise à la maison. Il essaie de rentrer en Chine une fois par an pour rendre visite à ses grands-parents, rester en contact avec son pays d'origine et préserver sa maîtrise de la langue.

SUGGESTIONS DE MISE EN ŒUVRE

1 | Anticipation

• On organisera les élèves par groupes, chaque groupe travaillant sur l'un des trois jeunes.

• À partir des photos de la page 127 et des citations, les groupes pourront se préparer à l'écoute des témoignages en créant une *mind-map* sur le modèle de celle qu'ils auront créée lors de l'activité précédente (*"I'm a Polish Canadian"*, p. 126 du manuel).

Photos et citations des 3 jeunes fournies dans :
→ la banque de ressources Didier-Prof

2 | Écoute des documents audio

a. et **b.** À la suite de l'écoute, les élèves commenceront à remplir leur *mind-map* de façon individuelle. Ils pourront ensuite comparer leurs trouvailles avec celles de leurs camarades du même groupe et compléter ensemble leurs repérages.

Vardhan	• Born in India. • Moved to Toronto with parents and older sister when he was 10 years old, in 2000. • Didn't have any family in Toronto, but found social and emotional support from the Indian community. • It felt like a new world for him. • Parents worked hard and long hours. Mother had to take language classes to be able to integrate in Canada. • It was difficult being far away from their family.
Nathalie	• She says she's Italian, Native Canadian, Ukrainian, Irish and Chinese. • Dad's side of the family: Native Canadian, Ukrainian, Irish and Chinese, but mostly celebrates the native side. They are Mohawk, a part of the Six Nations.* • They practice a lot of traditions and talk about native things. Her uncle is a Native painter. • Her mother was born in Canada but Nathalie's grandparents on her mother's side were born in Italy. • She feels very proud to be Italian and Mohawk together as it is unique.
Peter	• Was born in China and moved to Canada when he was 6 with his family. • Most of his family stayed in China. He visits them quite often, but technology (video conferencing, free long-distance calls, etc.) makes it much easier for him to stay in touch. • When he arrived to Canada he didn't speak English at all, but now he considers English to be his primary language, and Mandarin his secondary language. • He speaks Mandarin at home, and celebrates most of Chinese festivals. • His mother makes great dumplings, his favourite Chinese food.

AILLEURS DANS LE MANUEL
Un encart culturel est consacré aux peuples indigènes et aux Premières Nations à la page 129 du manuel.

3 | Mise en commun

a. La mise en commun pourra se faire de différentes manières :
– chaque groupe peut désigner un rapporteur pour présenter à la classe le jeune Canadien sur lequel le groupe aura travaillé ;
– ou les membres du groupe se distribuent la parole pour évoquer divers aspects du témoignage et brosser un portrait complet : pays d'origine / circonstances de l'arrivée au Canada / liens avec le pays d'origine / traditions célébrées dans la famille / langues parlées...

b. On s'interrogera alors sur ce que ces trois jeunes gens ont en commun.

Exemples de réponses possibles :

→ *Vardhan, Nathalie and Peter all have origins outside of Canada.*
→ *Even if they are very well integrated into the Canadian society, they all say that they are proud of their origins / family roots.*
→ *They all stay connected to their family culture through food, language or by celebrating traditions like festivals.*
→ *Their parents and community have passed down their traditions to the second generation.*
→ *Vardhan, Nathalie and Peter celebrate Canada's multiculturalism.*

4 | Création d'une fiche d'information

a. À la suite de la mise en commun, les élèves pourront créer une petite fiche d'identité sur le modèle de celle de Siena et de ses camarades, observées sur la double page d'ouverture du chapitre (p. 124 - 125). Un modèle de fiche à télécharger et à compléter est proposé aux élèves mais ils peuvent bien sûr s'ils le souhaitent créer leur propre fiche en laissant libre court à leur créativité.

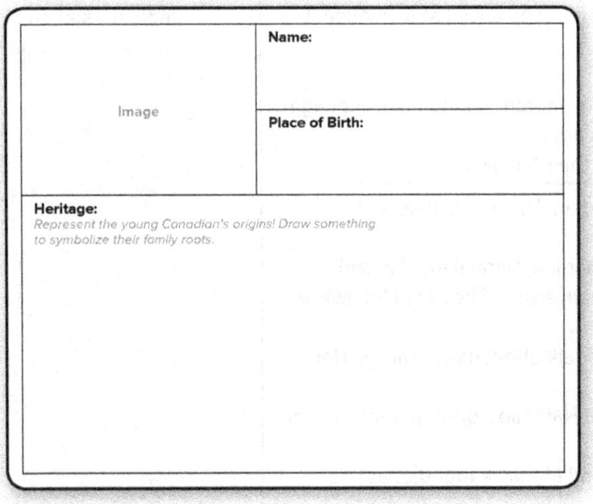

b. Une fois les fiches terminées, on pourra les placer sur la carte de la page 124 - 125.

DEBRIEF – p. 127

How do these Canadians from different generations stay connected to their cultural heritage?

Cette synthèse pourra être réalisée en groupes, dans le prolongement de l'activité précédente. De manière à bien prendre en compte les différentes

OUTILS MÉTHODOLOGIQUES ET LINGUISTIQUES

Lexique
Pour se préparer à cette prise de parole, les élèves pourront s'appuyer sur les pages Langue de la fin du chapitre afin de s'approprier le vocabulaire et sa prononciation :
→ ***Words* p. 134 - 135**
→ **Plateforme d'entraînement reussirenlangues.fr/IFS2de**

Pour exprimer ses réactions :
→ **YP2a *First reactions***

• Fiche d'identité fournie dans :
→ le site e IFS2410
→ la banque de ressources Didier-Prof
→ le manuel numérique

• Carte fournie dans :
→ le site e IFS2401
→ la banque de ressources Didier-Prof
→ le manuel numérique

générations les élèves pourront s'appuyer sur ce qu'ils ont appris des membres de la famille Kim – parents et enfant –, sur Marta et sa famille, Vardhan, Nathalie, Peter et leurs familles.

YOUR TURN – p. 127

Story of my life

• Il aurait été dommage de quitter la famille Kim sans donner à Janet une occasion de présenter sa famille !
Cette tâche de production orale en continu permettra aux élèves de réinvestir le travail mené sur les témoignages des jeunes Canadiens rencontrés sur cette double page. Elle constituera une bonne préparation à la tâche finale *"First day at school"* p. 133 du manuel.
• Selon leur degré d'assurance, ils pourront rester très proches des présentations entendues (Marta, Vardhan, Peter, etc.), ou s'en éloigner davantage pour proposer une prestation plus personnelle.

Exemple de début de production possible :

→ *Hi, my name is Janet and I live in Toronto. I was born here, in Canada, but both my parents were born in Korea. They were teachers there...*
My parents are still very connected to their country of origin. I had a traditional upbringing at home. My brother and I spoke Korean with our parents, we went to church and ate Korean food... But with my friends, it's different!
....

4. Indigenous Youth – p. 128-129

PRÉSENTATION DES DOCUMENTS

Les deux textes reproduits sur cette double page ont été publiés sur le site d'information cbc.ca au moment de la commémoration du 150e anniversaire de la Confédération canadienne, en 2017. À cette occasion, le site a voulu donner la parole à des jeunes issus des Premières Nations afin qu'ils expriment leur ressenti sur un événement qui a profondément divisé le pays. Nous avons sélectionné les témoignages de Grace Dove, une jeune comédienne, et de Keir Johnston, un kayakiste de haut niveau.

Encart culturel *150th anniversary of Canada*

• En 2017, le Canada a célébré avec faste le 150e anniversaire de la Confédération. L'événement a créé beaucoup de tensions et de débats au Canada car cette commémoration n'a pas la même signification pour tout le monde. Pour la population indigène du Canada, l'événement a agi comme un rappel des traumatismes vécus par les générations antérieures, colonisées par les Européens au XVIe siècle puis forcées à s'assimiler en abandonnant leurs terres, traditions, langues et croyances.

• Les autorités canadiennes créèrent même des pensionnats spécialisés, les *"residential schools"*, où les enfants des communautés indigènes, retirés de force à leurs parents, étaient envoyés pour les contraindre à oublier leurs

CBC.ca
The English-language online service of the Canadian Broadcasting Corporation. It was introduced in 1996. Under its previous names, the CBC's online service first went live in 1993. The Web-based service of the CBC is one of Canada's most visited web sites. It currently contains over one million pages of information. CBC also runs the French-language website **Ici.Radio-Canada.ca**.

traditions ancestrales. Cette acculturation forcée passait par la scolarisation en anglais et l'évangélisation. Ces pensionnats, créés dans les années 1820, ont perduré jusqu'à la fin du XXe siècle, la dernière *residential school* ayant été fermée en 1990. Les histoires d'abus physiques et sexuels, les mauvaises conditions de vie, l'absence de contact avec la famille, la solitude, l'interdiction de parler la langue maternelle, figurent parmi les traumatismes qui ont profondément marqué les communautés autochtones et le déracinement des jeunes indigènes a eu de graves conséquences sur leur santé mentale.

• En 2008, le premier ministre Stephen Harper a présenté des excuses officielles au nom de l'État canadien. Depuis, le gouvernement œuvre avec les peuples autochtones pour avancer vers la réconciliation, mais il reste beaucoup de travail à mener pour y parvenir.

The Truth and Reconciliation Commision

La Commission de vérité et de réconciliation du Canada (2008-2015) a eu comme missions de reconnaître officiellement l'existence des *residential schools*, d'organiser des « événements de vérité et de réconciliation » pour commémorer les souffrances infligées aux jeunes indigènes et à leurs familles, et de sensibiliser tous les citoyens canadiens à cette part sombre de l'histoire de leur pays.
Enfin, la commission a sensibilisé le public aux mauvaises conditions de vie dans les régions du nord et les réserves indiennes partout au Canada.

Texte *Grace Dove*

Grace Dove est une jeune Canadienne née en Colombie-Britannique dans la réserve de Canim Lake ; elle appartient à la tribu Shuswap. Le public l'a notamment découverte dans le film *The Revenant*, nominé dans 12 catégories aux Oscars en 2015. Son père, lui-même cinéaste, l'a emmenée plusieurs fois à Hollywood au cours de son enfance et elle a suivi l'enseignement de la Vancouver Film School.
Il y a toujours très peu de représentations des peuples indigènes au cinéma, en particulier dans les films Hollywoodiens. Son rôle dans *The Revenant* est donc une énorme réussite personnelle, mais aussi une réussite pour sa communauté. Dans le texte que nous avons reproduit sur la page 128, Grace évoque la manière dont elle a vécu ce succès et dans quelle mesure elle reste connectée à sa culture indigène.

Texte *Keir Johnston*

Ce jeune kayakiste a été plusieurs fois médaillé lors de compétitions nationales et internationales. Les croyances des peuples indigènes sont très liées à la nature. Ils ont un respect profond pour celle-ci car ils croient que les esprits de leurs ancêtres se trouvent dans tous les éléments naturels. Pour Keir, être dans l'eau est une activité spirituelle, et c'est sa manière à lui de rester connecté à sa culture.
Il pense que le Canada est en bonne voie vers la réconciliation, même s'il y a toujours beaucoup à faire pour y parvenir totalement.

SUGGESTIONS DE MISE EN ŒUVRE

1 | Constitution des groupes et lecture des textes

• On privilégiera là encore un travail par groupes de manière à motiver la lecture et favoriser ensuite les échanges entre élèves pour partager leurs découvertes.

Avant de répartir les textes entre les différents groupes, on pourra commencer par lire ensemble les deux encarts culturels :
– la définition de *"Indigenous people in Canada"* (p. 129),
– l'explication concernant le 150e anniversaire du Canada (p. 128).

• Toujours en classe entière, on balaiera les deux textes principaux, leurs titres et les photos qui les accompagnent, et les élèves pourront faire des hypothèses sur ces deux jeunes gens et les informations contenues dans les textes.

• Les élèves pourront alors choisir le texte sur lequel ils travailleront et on constituera des groupes de 3 à 5 élèves.

2 | Premiers repérages

a. et **b.** Les textes sont relativement longs mais leur structure sera facilitatrice pour la compréhension. Nous proposons donc de faire des repérages en deux temps.

• Commencer par souligner en rouge la **première phrase** de chaque paragraphe : elle contient à chaque fois l'information principale qui sera développée dans le paragraphe (elle constitue parfois aussi un paragraphe à elle seule !).

• Une fois ces phrases élucidées et la structure générale du texte dégagée, on pourra reprendre chaque paragraphe et y souligner en bleu les **informations complémentaires** pour arriver à une compréhension plus fine.

• Pour les élèves qui souhaitent être accompagnés dans leur repérages, nous proposons sur la fiche IFS2411 un schéma où ils pourront consigner leurs trouvailles.

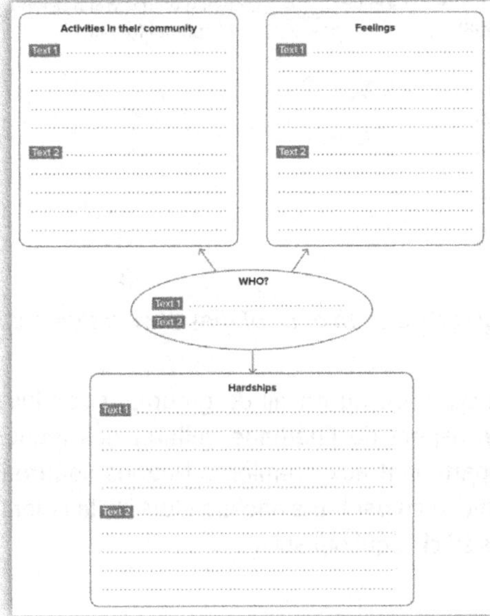

DIFFÉRENCIATION PÉDAGOGIQUE

Work your way
Selon leur degré d'autonomie, les élèves pourront choisir de travailler sur les versions « brutes » des textes fournies dans le manuel p. 128 et 129, ou sur l'une des versions guidées proposées dans :
→ le site e IFS2411
→ la banque de ressources Didier-Prof
→ le manuel numérique

3 | Analyse des sous-titres

Les sous-titres des deux textes ont trait aux sentiments de Grace et Keir vis-à-vis de leur double identité canadienne et indigène :
– Grace Dove : *"I didn't felt pride, I felt shame"*
– Keir Johnston : *"I am proud to be Indigenous Canadian"*
Ces sous-titres constitueront un levier pour discuter des enjeux de ces deux témoignages, à savoir la manière contrastée dont ces jeunes gens concilient les deux aspects de leur identité.

Exemples de productions possibles :

→ *Grace Dove says that when she grew up, she didn't feel the pride of being Indigenous. Instead, she felt shame. This means that it probably was not well-considered to be Indigenous. There weren't many Indigenous actors in movies, for example.*

→ *Keir Johnston, on the contrary, says that he is proud to be Indigenous Canadian. He has been celebrated all around the world for his performances in kayaking, and kayaking is precisely the way he relates to his Indigenous roots.*

4 | Mise en commun des informations des deux textes

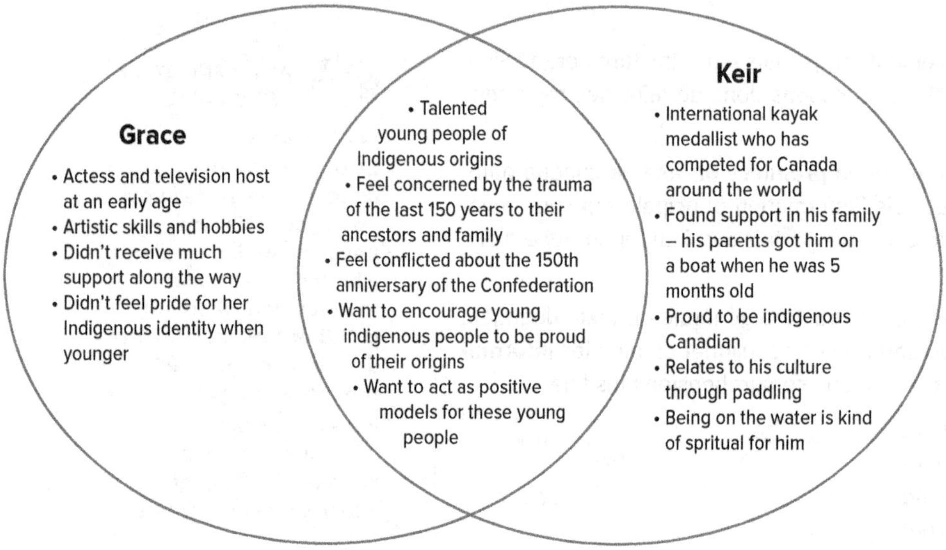

DEBRIEF – p. 129

What type of legacy has been passed down to each of these two Indigenous Canadians?

Le *Debrief* permettra de faire la synthèse du travail de groupe et conduira les élèves à envisager un autre aspect de l'héritage culturel des jeunes Canadiens : les adolescents appartenant aux Premières Nations souffrent aujourd'hui encore du traumatisme vécu par leurs ancêtres lors de la colonisation du Canada et au cours des siècles qui ont suivi.

YOUR TURN – p. 129

Create an infographic

• Si les élèves sont motivés par la thématique de cette double page, on pourra leur proposer cette tâche qui leur permettra d'en apprendre davantage sur les cultures indigènes du Canada.
Quelques sujets possibles:
– Les histoires de la création de la terre *(Creation stories)*
– La signification des totems *(totem poles)* et les inukshuks
– La spiritualité chez les peuples indigènes

– La vie dans les réserves
– La vie dans les pensionnats indiens (ou *residential schools*)
– Le rôle et l'importance des pow wows
– L'importance de la nature pour les peuples indigènes
– Les problèmes et difficultés courantes pour les peuples indigènes

• Les élèves pourront mener leurs recherches sur internet, à la maison ou au CDI. Une fois les informations rassemblées, ils pourront les mettre en forme sur un mur Padlet ou sur papier avant de les partager avec leurs camarades.

5. Svetlana's story – p. 130-132

PRÉSENTATION DES DOCUMENTS

La bande dessinée *Red Maple Leaves*

• *Red Maple Leaves*, de Svetlana Chmakova, est un extrait de l'histoire d'immigration autobiographique de l'auteure publiée dans *Piece by Piece*, une compilation d'histoires d'immigration canadienne.

• Svetlana est née en Russie et elle est arrivée au Canada à l'âge de 15 ans. Elle y a terminé ses années de lycée avant de suivre des cours d'animation à Sheridan College. Sa bande dessinée exprime la dualité de son identité russe et canadienne, une expérience très canadienne !

SUGGESTIONS DE MISE EN ŒUVRE

1 | Anticipation

Avant de se lancer dans la lecture des planches, on s'arrêtera un moment sur la forme spécifique de ce récit.
– On fera identifier qui est le narrateur *("By the way, my name is Svetlana")*.
– On s'assurera que les élèves ont compris que la lecture se fait de haut en bas puis de gauche à droite sur chaque page.
– On fera également noter qu'il y a deux types de "bulles" :
→ *The square frames are used for the thoughts of the narrator or for the narration.*
→ *The curvy frames are used when someone is speaking.*

2 | Lecture des premières planches (p. 130 - 131)

• Ces points étant élucidés, les élèves pourront se lancer dans la lecture des quatre premières planche, p. 130 et 131. On pourra leur recommander d'être attentifs aux informations liées à la langue, au pays d'origine, etc.

• Les informations collectées pourront être compilées sur la petite fiche d'information déjà utilisée pour Vardhan, Peter et Nathalie à la page 127. Cette fiche leur permettra de mettre en évidence l'héritage culturel de Svetlana.

3 | Reflexion sur les émotions et sentiments de la narratrice

Cette question permettra d'entrer dans une analyse plus fine des sentiments de Svetlana envers son pays natal et de l'évolution de son regard sur son pays d'accueil.

Home country (Russia)	New country (Canada)
• nostalgia • many memories • homesickness • Comfort / ease	• challenging • strange at first • home • grew to love it • friendship

4 | *GROUP TALK*

On installera les élèves par groupes de 3 à 5 et on leur demandera de choisir la citation dont ils souhaitent discuter.

> "How do you pack a life anyway?"
> → What do you think?

• Pour ce sujet de discussion, on incitera les élèves à se mettre à la place de Svetlana en imaginant qu'ils doivent quitter leur pays et qu'ils ne peuvent prendre avec eux qu'une seule valise : quels sont les objets qu'ils choisiraient d'emporter ?

> "My mom made sure we always remembered what home feels like."
> → Imagine what her mother did.

• Les élèves qui auront choisi cette citation de Svetlana s'interrogeront sur les parties de leur culture qu'ils aimeraient absolument garder s'ils vivaient dans un nouveau pays, et à tout ce qui fait qu'ils se sentiraient "chez eux" dans leur nouveau foyer. On pourra penser à la langue, à la nourriture, aux traditions, célébrations, festivals ou fêtes...

5 | *AT HOME – "We became landed immigrants."*

À la maison les élèves rechercheront le terme *"landed immigrant"*.

> **Landed immigrant:** an old classification for a person who has been admitted to Canada as a non-Canadian citizen permanent resident. To become a landed immigrant from outside Canada, one had to legally enter Canada, or "land", at one of the designated ports of entry.

6 | Lecture de la case : *"So... Now... Am I Russian? Or am I Canadian?"*

Cette case contient toute la problématique du récit de Svetlana : compte tenu de son histoire partagée entre son pays natal et celui qui l'a accueillie, à quelle culture appartient-elle, et finalement, qui est-elle ?

7 | Lecture de la fin de la bande dessinée

Réponse à la question 6 dans les cases suivantes :

→ *Svetlana feels homesick sometimes, but she has adapted to her new country and feels connected to both Russian and Canadian cultures.*

→ *Svetlana feels she is Russian AND Canadian.*

8 | *GROUP TALK*

"My mother's language. It reaches deeper than English ever could."

→ What do you think?

• On pourra demander aux élèves si certains d'entre eux parlent une autre langue que le français ; si c'est le cas, on pourra leur proposer de partager avec la classe un mot ou une phrase de cette langue qui ne peuvent être traduits dans une autre langue.

Voici quelques exemples des mots français qui n'ont pas de traduction directe en anglais :
flaner = *to walk aimlessly*
dépaysé = *the feeling of not being in your own country*
retrouvailles = *the sweetness of a reunion, long overdue*

• Les mots qui évoquent certains sentiments ne sont pas toujours faciles à traduire – c'est un phénomène qui existe entre toutes les langues. Certains scientifiques ont constaté que les gens qui parlent plusieurs langues ont souvent plus d'empathie, parcequ'ils ressentent une large palette de sentiments liés à des mots spécifiques à chacune de ces langues.

Svetlana talks about the maple leaves a lot.

→ Do you understand why?

• Svetlana évoque les feuilles d'érable à deux reprises : au tout début de la bande dessinée *("Have you ever thought that the colour of Canadian maple leaves is strange? Dark red.")* et à la toute fin, lorsqu'elle fait le constat que la feuille d'érable change de couleur en fonction des saisons. En été, les feuilles d'érables sont vertes. C'est seulement à l'automne, lorsque les arbres commencent à perdre leurs feuillage, qu'ils deviennent rouge vif. Cette dualité de couleurs de la feuille d'érable est une métaphore pour l'identité culturelle de Svetlana.

DEBRIEF – p. 129

"Most Canadians have plural identities, which coexist easily in Canada. Describe Svetlana's plural identity."

Ce *Debrief* pourra être proposé en petite tâche d'écriture à faire à la maison. Les élèves pourront s'appuyer sur les réflexions menées notamment à la suite des témoignages de Vardhan, Nathalie et Peter pour décrire les identités plurielles de Svetlana et ceux qui le souhaitent pourront lire leur texte à la classe lors de la séance suivante.

YOUR TURN – p. 132

Comic strip

• Aboutissement naturel des trois pages consacrées à l'autobiograhie de Svetlana Chmakova, cette tâche d'écriture va permettre aux élèves de faire preuve de créativité et constituera une bonne préparation à la tâche finale *Graphic novel*, p. 133.

• Le travail demandé ici est plus modeste : il s'agira d'ajouter une nouvelle case à l'histoire de Svetlana. Pour développer leurs idées, plusieurs options sont proposées. Les élèves pourront :

– élaborer un point mentionné par Svetlana – par exemple *"My sister and I went to school. Everything was new and strange."*

– Imaginer une nouvelle situation.

– Utiliser l'une des idées suggérées dans le manuel pour démarrer leur récit :

CLASSES WERE TOUGH

LACK OF ENGLISH SKILLS MADE FOR SOME PRETTY AWKWARD AND FUNNY MOMENTS.

FINAL TASK – p. 133

SUGGESTIONS DE MISE EN ŒUVRE

Selon le parcours mené au sein de ce chapitre, on choisira l'une ou l'autre des deux tâches finales.

Graphic novel

Préparation

• Réfléchir à une histoire susceptible d'être mise en images, l'adapter dans le format spécifique de la bande dessinée et s'assurer de la justesse de la langue est une tâche complexe. Il s'agit donc de procéder par étapes.

• Les élèves commenceront par se remettre en mémoire les histoires familiales de tous les jeunes Canadiens rencontrés dans le chapitre afin de choisir celle qui les inspire le plus (documents audios et textes des pages 126 à 129).

• Il s'agira ensuite de réfléchir à la manière de mettre en images l'histoire familiale qu'ils auront choisie.

• Les élèves pourront sélectionner les passages qui les inspirent et qui se prêtent le mieux à une mise en page illustrée (par exemple pour Vardhan : *"I moved to Toronto with my parents and my older sister."* ; *"Later that winter was also the first time I'd seen snow which I loved."* ; etc.).

Action !

• En s'inspirant des planches de la bande dessinée *Red Maple Leaves* p. 130-132, les élèves vont ensuite pouvoir passer à la phase de création !

On commencera par choisir ce qui sera écrit :

– soit sous forme de bulles de dialogues

– soit sous forme de narration

• Les élèves qui le souhaitent pourront utiliser la fiche *Making Mind Pictures*, qui comporte des conseils et des cases de BD prêtes à être remplies.

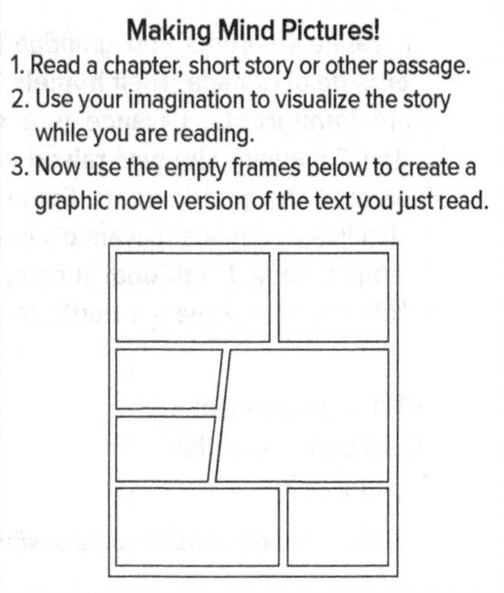

Making Mind Pictures!

1. Read a chapter, short story or other passage.
2. Use your imagination to visualize the story while you are reading.
3. Now use the empty frames below to create a graphic novel version of the text you just read.

Fiche *Making Mind Pictures* fournie dans :
→ le site IFS2421
→ la banque de ressources Didier-Prof
→ le manuel numérique

• Une fois leur planche réalisée et relue, ils pourront l'échanger avec celle de l'un de leurs camarades, comme nous le suggérons en TIP, pour procéder à une inter-correction.

First day at school

Préparation

• Cette tâche de production orale va donner aux élèves l'occasion de se projeter dans la situation d'un élève récemment installé au Canada, comme Vardhan, Peter ou Svetlana – dont ils vont jouer le personnage – l'ont raconté dans leurs témoignages.

• Lors de la phase de préparation, ils pourront prendre des notes sur ce qui les a frappés dans le récit de Svetlana et qu'ils aimeraient raconter lors de leur présentation :

son histoire familiale | ses sentiments et émotions | ...

• On les encouragera également à réécouter les témoignages de Marta, Vardhan, Peter et Nathalie en s'entraînant éventuellement à imiter leurs intonations *("Hi! my name is...")*.

Action !

• Les élèves répéteront leur présentation en s'appuyant sur leurs notes, puis en essayant de s'en détacher le plus possible.

• À la fin de leur présentation, les élèves répondront aux questions de leurs camarades.

OUTILS LINGUISTIQUES

Lexique et phonologie
Pour réviser le vocabulaire utile et s'entraîner à le prononcer :
→ *Words* p. 134 – 135 et exercices interactifs du manuel numérique
→ Plateforme d'entraînement reussirenlangues.fr/IFS2de

Grammaire
– Quantifier les noms
– Les composés de *some*, *any*, *no* et *every*
→ *Grammar* p. 136

WORDS – p. 135 Corrigés des exercices

❶ *Exemples de productions possibles :*

A newcomer
a. A new immigrant, someone who was not born in Canada, someone who has just arrived.
b. E.g. This could be a refugee.
A native
a. Someone who is of indigenous descent, a descendant of the original inhabitants of a place.
b. Natalie is part Native, since her father's side of the family is of Mohawk descent.
First-generation
a. Someone who was born in another country, but has become a Canadian citizen.
b. Vardhan and Peter are first-generation Canadians, because they were not born in Canada, but are now Canadian.
Second-generation
a. Someone who was born in Canada, but at least one of their parents was born in another country.
b. Marta and Janet are second-generation Canadians. They were born in Canada, but their parents were not born in Canada.

❷ *Exemple de production possible :*

Svetlana's **country of origin** is Russia. Her **mother tongue** is Russian. She **moved to a new country**, Canada, and became a Canadian **citizen**.

❸ *Exemple de production possible :*

Layanne's parents and grandparents were **born outside** of Canada. Their **homeland** is Israel. They are **immigrants**. Layanne is a **second-generation** Canadian. She was **raised** in Canada by her parents and grandparents. Some of her **relatives** also live in Canada. Layanne's mother and grandmother **cook traditional meals**, like tabbouleh. This helps preserve her **heritage**.

❹ **1.** a descendant
2. second-generation
3. homesick

❺ *Exemple de production possible :*

This image shows that Canada is a very **mixed country**. There are many different people living in Canada, who have different **family backgrounds**. Some were **born outside of Canada**, others are **natives**, but most of the time they accept each other's cultures. You can live in Canada and practise your **religion**, your **traditions**, and speak your **mother tongue**. Even if **newcomers** may **feel homesick** sometimes and **keep their family traditions**, they usually **adapt to their new culture**.

❻ *Production libre.*

GRAMMAR – p. 137 Corrigés des exercices

❶ **1.** many
2. most - many
3. many
4. much

❷ **1.** some
2. any
3. any - some
4. some

❸ **a. 1.** many
2. all
3. all
4. many

b. 1. Are there any cultural festivals in Canada?
2. Do all indigenous people in Canada live on reserves?
3. Do all Canadians speak English and French?
4. Do Canadians have more than one citizenship?

❹ **1. each** → *On parle d'un événement qui se reproduit chaque année.*
2. every → *On parle ici d'un ensemble d'éléments, en l'occurrence la totalité de la durée en années de la loi sur les permis de travail.*
3. each → *Il faut un passeport pour chaque membre la famille.*
4. all → *La liste doit répertorier tous les effets personnels.*

5. every → *On parle d'un ensemble de citoyens qui participent à une cérémonie.*
6. every → *C'est l'ensemble des cultures, religions, etc. qui sont respectées.*
7. all → *Ici, le mot à trouver est suivi d'un mot au pluriel, ce ne peut donc être que "all".*

❺ **1.** anyone
2. everywhere
3. something
4. no one
5. nothing
6. nowhere

TEST YOUR SKILLS – p. 138

Listening & Writing

■ **Audio** *Siena talks about her family background* (EVAL 9) fourni dans
→ le coffret classe

■ Grille d'évaluation de la compréhension de l'oral fournie dans :
→ ce guide pédagogique p. 336

■ Fiche support photocopiable fournie dans :
→ ce guide pédagogique p. 337

Speaking

Fiche support photocopiable fournie dans :
→ ce guide pédagogique p. 338

Reading

Fiche support photocopiable fournie dans :
→ ce guide pédagogique p. 339

Writing

Fiche support photocopiable fournie dans :
→ ce guide pédagogique p. 341

Tous les documents supports et les grilles d'évaluation sont également fournis dans la banque de ressources Didier-Prof

10 TAKING A STAND

CHAPITRE FLASH

Axe : SPORT ET SOCIÉTÉ

Thème : Le sport comme terrain de protestation, notamment contre l'injustice raciale

Problématique :
Should the sports arena be a place for protest?

Ancrage culturel :
* Les mouvements de lutte pour l'égalité raciale aux États-Unis : années 1960, années 2000

Grammaire :
- Exprimer un contraste
- Exprimer un jugement

Introduction

Ce chapitre «flash» propose en cinq pages une analyse brève de la lutte pour l'égalité raciale de certains sportifs américains. Le fait que Muhammad Ali, boxeur iconique des années 1960, et Colin Kaepernick, footballeur de très haut niveau un demi-siècle plus tard, aient sacrifié leur carrière et leurs titres pour défendre une cause à laquelle ils croyaient nous permet d'aborder plusieurs questions — le courage, le patriotisme, l'injustice raciale, l'importance du sport dans la société américaine...

Le sport est souvent considéré comme un simple divertissement. Dans ce chapitre, nous constatons qu'il peut devenir un théâtre de protestation, une arme puissante dans une lutte politique qui dépasse largement le domaine du jeu.

Deux citations, l'une d'Ali, l'autre de Kaepernick, illustrent bien la façon dont ils se sont servis de leur célébrité sportive pour protester contre l'implication des États-Unis dans la guerre du Vietnam, ou pour défendre le mouvement *"Black Lives Matter"*:

"I have nothing to lose by standing up for my beliefs. We've been in jail for four hundred years." (Ali, p. 141)

"This is bigger than football... There are bodies in the street." (Kaepernick, p. 140)

Petite visite guidée...

Ouverture : un geste symbolique
pour déclencher la parole, faire identifier le personnage et commenter le paradoxe de son geste (acte d'abnégation pour dénoncer un traitement injuste)

Deux athlètes engagés
Travail de groupe sur :

Colin Kaepernick
– Un engagement qui s'inscrit dans l'histoire des protestations des sportifs américains.
– une réaction publique qui a évolué au fil du temps.

Muhammad Ali
Un refus d'aller faire la guerre du Vietnam d'abord critiqué par les Américains mais aujourd'hui applaudi.

Débat :
Pour ou contre la séparation du sport et de la politique ?

Tâches finales au choix :
- Créer un “press kit” (ensemble de documents) pour nourrir un article de presse sur d'autres athlètes activistes
- Trouver un geste symbolique et persuader des collègues athlètes de soutenir une cause

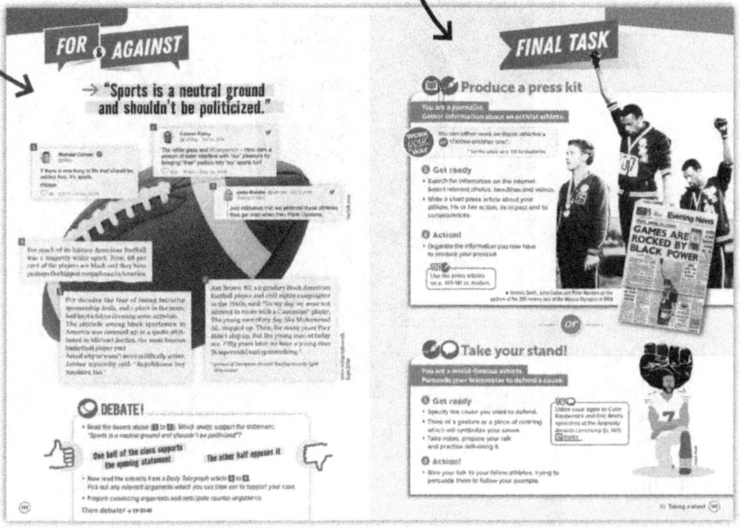

Évaluations au choix :
- *Speaking,*
- *Reading & Writing*

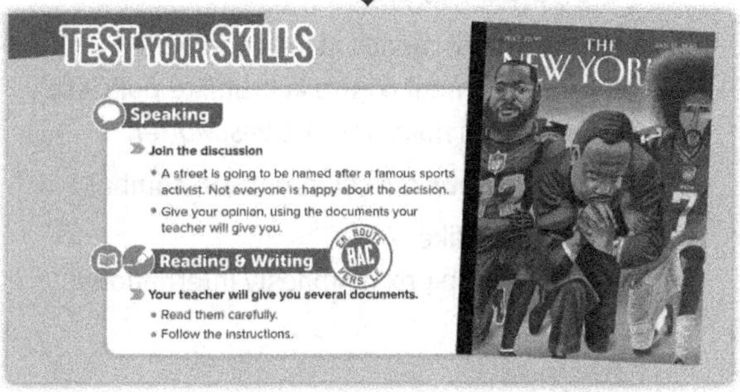

A word from the authors...

“No doubt because sporting qualities such as physical strength, intelligence, boldness and agility helped early settlers to conquer their newly-discovered land, sport has always been considered as an integral part of American culture. It is seen as a vehicle for highly-respected values – justice and fair play, individual leadership and collective teamwork. In the American education system, sports occupy a significant place and it is rumoured that outstanding athletic abilities can even help you obtain admission to a prestigious university.

But sports such as baseball and American fooball, basketball and boxing are also hugely popular and have often contributed to smoother social and racial integration.

On the other hand, over the past fifty years, when social injustice and racial inequalities have reared their ugly head, certain African-American sports stars have had the courage to use their celebrity to stand up for their rights – no matter how damaging it may have been to their careers.

In the 1960s, the world boxing champion Muhammad Ali refused to fight for the USA in Vietnam while his African-American brothers were being mistreated and humiliated in his home town. In more recent times, the star footballer Colin Kaepernick decided to kneel instead of standing for the national anthem to protest against police brutality towards black people and to support the movement “Black Lives Matter”.

James Walters

Un chapitre, plusieurs séquences possibles...

SÉQUENCE #1 B1 • 3 à 4 séances

Pour démarrer :

p. 139

- Une **image** de Colin Kaepernick qui a défrayé la chronique
- Un **reportage vidéo** pour rappeler les faits et les réactions suscitées

Pour découvrir et s'entraîner : IN GROUPS

p. 140

Group A - Colin Kaepernick : la protestation originale d'un sportif d'aujourd'hui

- Un **article de presse**
- Une **image** montrant le lien avec le mouvement contre la brutalité policière envers les noirs, *Black Lives Matter*
- Deux **vidéos** qui célèbrent son combat :

– publicité Nike
– remise d'un prix d'Amnesty International

p. 141

Group B - Muhammad Ali : la même lutte il y a 50 ans

- Un **article de presse** sur son refus d'aller faire la guerre au Vietnam
- Une **une de journal** sur sa punition — la prison pour le champion du monde de boxe...
- Un **encadré sur la guerre du Vietnam** pour contextualiser sa lutte

Tâche finale :

p. 143

- *You are a journalist. Gather information about an activist athlete.*

Évaluations p. 145

- Dispositif d'évaluation dans la banque de ressources Didier-Prof

SÉQUENCE #2 B1 / B1+ • 5 à 6 séances

Pour démarrer :

p. 139

- Une **image** de Colin Kaepernick qui a défrayé la chronique
- Un **reportage vidéo** pour rappeler les faits et les réactions suscitées

Pour découvrir et s'entraîner : IN GROUPS

p. 140-141

- **Étude comparative** des deux sportifs et de leurs sacrifices

Group A : un ensemble documentaire sur Colin Kaepernick

Group B : un ensemble documentaire sur Muhammad Ali

– Pourquoi la présence de Trump (tweet + titre) ?
– Évolution de l'opinion publique entre les années 1960 et aujourd'hui

p. 142

Débat - Pour fournir des arguments à chacun :

- Trois **tweets** rendant compte des réactions suscitées par le geste de Kaepernick
- Trois **extraits d'article** pour comprendre les enjeux

Tâche finale :

p. 143

- *You are a world-famous athlete. Persuade your teammates to defend a cause.*

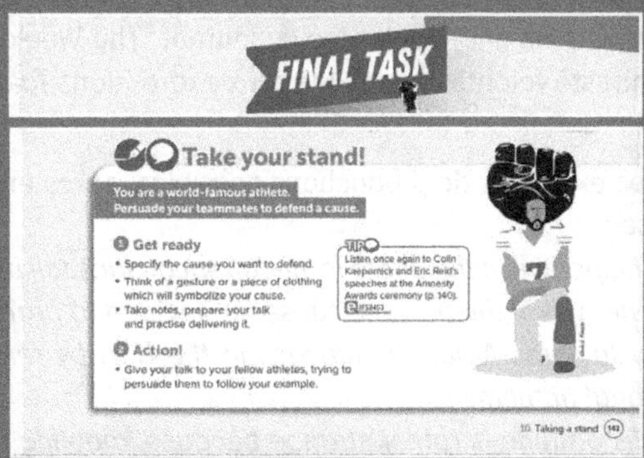

Évaluations p. 145

- Dispositif d'évaluation dans la banque de ressources Didier-Prof

OUVERTURE – p. 139

PRÉSENTATION DES DOCUMENTS

L'illustration

La photo de Colin Kaepernick, un joueur de football américain, agenouillé, a fait la couverture de *Time* en octobre 2016. Voici l'explication et la réaction de la chaîne de télévision NBC Sports :

> Colin Kaepernick started a movement and it landed him on the cover of *Time* magazine.
> The 49ers quarterback will be featured in the Oct. 3 issue. Kaepernick elected to remain seated during the national anthem, and a national conversation sprung from his non-violent protest. The magazine cover shows Kaepernick kneeling, with a headline of: 'The Perilous Fight.' Below the headline reads: 'National anthem protests led by Colin Kaepernick are fueling a debate about privilege, pride and patriotism.'
> NBC Sports

La vidéo (time code : 00 to 1'10)

• Il s'agit d'un extrait de flash d'information de la chaîne américaine ABC News, daté du 2 septembre 2016, que nous vous proposons sous forme de lien pour des questions de droits.

• Le présentateur annonce le titre de son information: *"49ers quarterback anthem protest – Kaepernick sits out star-spangled banner again"* avant de laisser la parole à sa reporter Kayna Whithworth sur le terrain où s'est disputé le match à San Diego. Celle-ci détaille le comportement de Colin Kaepernick et de certains de ses coéquipiers lors du match qui vient de se jouer, en le resituant dans son contexte.
Les réactions outrées du public sont également montrées, et laissent anticiper l'opprobe dont le joueur a fait l'objet et les sanctions qu'il a subies.

SUGGESTIONS DE MISES EN ŒUVRE

1 | et 2 | Anticipation à partir de l'image

• On projettera le photomontage de la page d'ouverture et on laissera les élèves réagir librement, guidés par les deux premières questions de la rubrique *React*, pour se concentrer sur :
– la personne montrée,
– les raisons possibles de son apparition en Une des journaux,
– comment les élèves interprètent son attitude.

• Pour prendre la parole, les élèves pourront s'appuyer sur :
– leur connaissance de l'événement illustré (ou du mouvement *Black Lives Matter*),
– le lien entre la photo et la Une du journal "The Week",
– le contraste volontaire entre les deux expressions *Taking a stand* et *Bending a knee*.

Voici des exemples de productions possibles, après enrichissement de toute la classe :

→ *The person in the photo is the American football player Colin Kaepernick and he was in the news because he decided to protest against police brutality towards African-Americans in the USA by refusing to stand for the national anthem.*

→ *His attitude is rather strange because kneeling is often considered as a gesture of respect or submission rather than one of protest. Perhaps he*

Image fournie dans :
→ la banque de ressources Didier-Prof

OUTILS LINGUISTIQUES

• Pour donner leurs premières réactions et impressions :
→ YP 2a *First reactions* et YP2b *First impressions*
• Pour émettre des hypothèses :
→ YP22 *Anticipating*

wishes his gesture to be considered as one of humility and in that way attract the attention and sympathy of a great number of Americans.

• On pourra prendre en note les propositions des élèves sous forme de carte mentale (ou *mind-map*) afin de pouvoir les modifier ou les compléter après le visionnage de la vidéo.

3 | Visionnage de la vidéo

On visionnera la video et on laissera les élèves réagir librement. On pourra ensuite demander à un élève de venir au tableau pour recueillir les propositions de ses camarades. La classe pourra ainsi enrichir et/ou modifier les hypothèses émises à partir de la photo d'ouverture.

OUTILS LINGUISTIQUES

Lexique
Pour s'approprier une partie du vocabulaire nécessaire à l'ensemble de la séquence et maîtriser sa prononciation :
→ *Words* p. 145
→ Plateforme d'entraînement reussirenlangues.fr /IFS2de
PRACTISE ONLINE

Grammaire
- Exprimer un contraste
- Exprimer un jugement
→ *Grammar* p. 144

DEBRIEF – p. 139

What impact do you think Kaepernick's gesture had?
À ce stade, les élèves peuvent évoquer :

Le soutien de certains de ses coéquipiers.	*"One of Colin Kaepernick's teammates joined him in taking a knee and a Seattle Seahawks player also didn't stand for their national Anthem."*
Le soutien des associations que Kaepernick a aidées et à qui il compte verser des sommes importantes pour lutter contre les inégalités raciales.	*"But this morning, Kaepernick says he's willing to make real change and plans on donating a million dollars to charities that he's been working with to help end racial inequality."*
Les réactions hostiles d'une partie du public	*"the crowd booing every time he took a snap."*

Ils pourront éventuellement anticiper sur :
– l'effet "boule de neige" que son action a pu produire, et le fait que d'autres joueurs ont pu suivre son exemple,
– le fait que son geste a pu être très médiatisé et donc avoir eu un large impact,
– les sanctions et préjudices qu'il a pu encourrir en représailles.

Sports activists – p. 140-141

PRÉSENTATION DES DOCUMENTS

• La double page présente deux ensembles documentaires centrés chacun sur un sportif américain de haut niveau ayant publiquement pris position contre les inégalités raciales aux États-Unis, à deux époques bien différentes.

• Ces deux personnalités, tournant le dos au principe de neutralité que d'aucuns revendiquent dans le domaine sportif (cf débat *For & Against* p. 142), ont utilisé leur notoriété pour porter à l'attention du public américain les injustices subies par la communauté afro-américaine. Ce faisant, ils ont marqué l'histoire de la lutte contre les discriminations. Muhammad Ali, comme Smith, Carlos et Norman aux JO de Mexico en 1968 et d'autres avant eux, apparait comme un précurseur ayant ouvert la voie pour les générations suivantes, dont Colin Kaepernick reprend aujourd'hui le flambeau.

Page 140 - Colin Kaepernick

L'article *You cannot glorify Muhammad Ali and vilify Colin Kaepernick*

L'article du *New Jersey Opinion* se concentre sur Colin Kaepernick qui, en 2016, est devenu le centre de l'attention médiatique en s'agenouillant pendant l'hymne national afin de protester contre les violences policières envers les minorités.

La vidéo *Nike campaign featuring Kaepernick*

• La campagne publicitaire de Nike a provoqué un scandale outre-Atlantique, où Kaepernick a été accusé d'avoir cherché à profiter de sa célébrité — injustifiée, selon certains — pour des raisons purement commerciales.

• Des images étonnantes des exploits les plus fous de sportifs de très haut niveau — certains lourdement handicapés — servent à illustrer l'idée mise en avant par Kaepernick (et par Nike) : quels que soient les obstacles qui se dressent devant vous, il faut croire, rêver, être prêt à tout sacrifier et viser la plus haute marche du podium.

• En anglais, le message essentiel de la publicité serait sans doute le suivant : *"You've got to be the best in the world. You've got to be the best ever. To do that, you've got to believe. You've got to dream, whatever your handicap. And so much the better if your dreams are completely crazy!"*

La vidéo *Colin Kaepernick wins Amnesty International top award*

Le document vidéo, diffusé sur la chaîne d'information Al Jazeera Australie, rend compte de la cérémonie de remise d'un *"top award"* à Colin Kaepernick par Amnesty International en avril 2018.
– Le commentaire évoque les actes de Kaepernick qui lui ont valu cette distinction.
– Le joueur revient ensuite sur ses motivations, qui sont églement commentées par son co-équipier Eric Reid.
– La vidéo se conclue par l'évocation des représailles dont Kaepernick a fait l'objet mais qui, en parallèle, font aussi de lui un modèle pour les générations à venir.

Page 141 - Muhammad Ali

L'article

David Remnick, pour *The New Yorker*, décrit le refus de participer à la guerre du Vietnam du boxeur, champion du monde, Muhammad Ali dans les années 1960, et la réaction virulente de l'armée et des dirigeants sportifs de l'époque.

La vidéo *Ali's biography*

• Cette vidéo présente les débuts de Muhammad Ali et son parcours jusqu'au moment où il change de nom et se convertit à l'islam. Elle retrace les événements qui l'ont peu à peu amené à se politiser et à prendre position dans le contexte de la discrimination raciale aux États-Unis, et constituera donc un bon préalable avant d'aborder la lecture de l'article du *New Yorker* qui, lui, démarre précisément au moment où Ali change de nom.

• On y voit une série de photos du jeune champion ainsi que des Unes de presse qui feront écho à celle de la page d'ouverture sur Colin Kaepernick.

Le débit est rapide mais les mots importants sont fortement accentués, ce qui facilitera la compréhension.

SUGGESTIONS DE MISES EN ŒUVRE

• On divisera la classe en groupes (A et B) ; les premiers travailleront sur les documents de la page de gauche portant sur Colin Kaepernick, les autres sur les documents de la page de droite, sur Muhammad Ali.

• On pourra éventuellement demander à chaque groupe de répartir les rôles de chacun de manière à ce que chaque élève prenne en charge un aspect spécifique (rapporteur, gardien du temps, etc.) et que tous soient actifs.

• Nous proposons ci-dessous une mise en oeuvre possible, mais on peut aussi parfaitement laisser les élèves en complète autonomie après leur avoir distribué une *logpage* où ils pourront compiler leurs trouvailles avant la restitution en classe entière. On donnera aux groupes un temps précis pour explorer leur ensemble documentaire et remplir leur *Sports activist logpage* – bien entendu, la condition pour faire ce travail en autonomie sera de mener tous leurs échanges en anglais !

1 | Visionnage des extraits vidéo

• On pourra démarrer la séance par la projection d'une courte vidéo pour chacun des groupes, de manière à approfondir les connaissances des élèves sur le sportif qu'ils ont choisi et faciliter la compréhension de l'article de presse.

• Dans chaque groupe, on pourra donner à l'élève rapporteur une feuille avec les questions ou mots-clés suivants pour qu'il puisse prendre en notes les réactions et réponses du groupe :

GROUP A — *Colin Kaepernick wins Amnesty International top award*
1. Audience reaction?
2. Reasons?
3. Eric Reid's role?
4. Donald Trump?
5. Nelson Mandela?
6. Consequences for Kaepernick?
7. Children in Amsterdam?

GROUP B — *Ali's biography*
1. Importance of a bike?
2. What happened in Rome?
3. Ali's feelings on his return to Louisville?
4. Incident in a restaurant?
5. Consequences?
6. The "Big Ugly Bear"?
7. Change of name?

2 | Lecture des articles

• Chaque groupe procède à la lecture de son texte en prenant des notes. Certains membres de chaque groupe peuvent s'occuper :
– des documents périphériques : tweet de Donald Trump, p. 140 (groupe A) et informations sur la guerre du Vietnam, p. 141 (groupe B),
– ou des documents visuels (manifestants du mouvement *"Black Lives Matter"*, p. 140 (groupe A) ou une du *Houston Post*, p. 141 (groupe B)).

• Après discussion dans les groupe, les élèves peuvent ensuite compiler leurs trouvailles dans la partie réservée à leur champion sur leur *Sports activist logpage* de manière à se preparer pour la mise en commun.

AILLEURS DANS LE MANUEL

Pour répartir les rôles au sein des groupes on peut si on le souhaite utiliser la partie 3 *Choose your role* dans la fiche *Create your team* du chapitre 1 *Trapped in the Tower of London.*

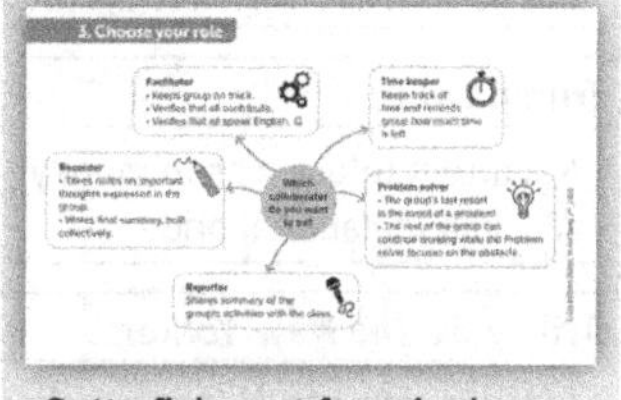

Cette fiche est fournie dans :
→ la banque de ressources Didier-Prof
→ le site e IFS2003
→ le manuel numérique

La *logpage* est fournie sur :
→ la banque de ressources Didier-Prof
→ le site e IFS2451
→ le manuel numérique

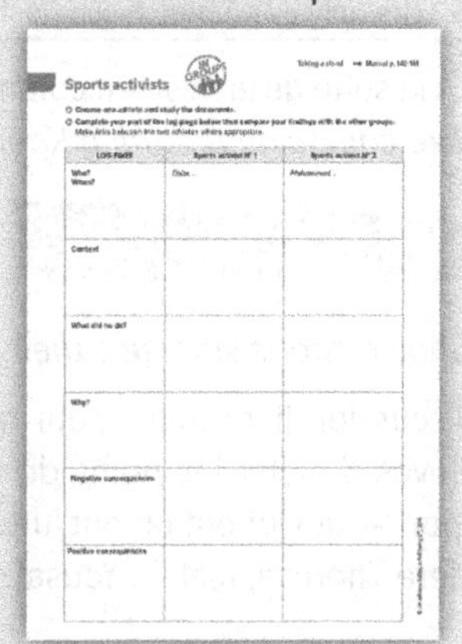

3 | Mise en commun

Lors de la séance de mise en commun des informations, on pourra veiller à la présence de certains points-clés qui ne doivent pas être passés sous silence :

Article de *New Jersey Opinion*
• Meaning of and contrast between "glorify" and "vilify". • Repetition of "We celebrate..." • Series of glorified sports stars from minorities (including Billie Jean King first tennis champion openly lesbian). • Praise of Kaepernick's courage and sacrifice of career. • Hated now, but no doubt glorified in the future. • Key sentence: "This is bigger than football... There are bodies in the street".

Trump tweet
• Recurrent references to money • Allusion to national pride

Article de *The New Yorker*
• Initial reaction to Ali's name change and his refusal to fight in Vietnam. • Humiliation of African-Americans in the 60s. • Common causes shared by "brown people in Vietnam" and "Negro people in Louisville". • Ali's refusal of name "Cassius Clay". • Double punishment: army jury (prison) and boxing authorities (title taken away). • Sacrificed his career. • Key phrase: "I have nothing to lose by standing up for my beliefs. We've been in jail for four hundred years".

Encadré sur la guerre du Vietnam
• Reasons for the war: to stop the spread of communism. • Draft of 2 million young Americans (civilians, not professional soldiers). • "The only war America ever lost".

• À la suite de la mise en commun, on peut procéder au visionnage de la vidéo *Nike campaign featuring Kaepernick.*

DEBRIEF – p. 141

Should sports stars use their fame for a cause?

Discussion libre mais, pour que celle-ci reste concrète, on demandera aux élèves de citer les noms de célébrités — même en dehors du domaine du sport — qui luttent ou ont lutté pour une cause qui leur était chère : Mandela, Mère Theresa, Malala Yousafzai, Bono,... et d'autres de leur choix.

FOR & AGAINST – p. 142

"Sports is a neutral ground and shouldn't be politicized."

PRÉSENTATION DES DOCUMENTS

Les six courts documents proposés en support pour le débat proviennent de deux sources.

Les *tweets*

Ces *tweets* d'internautes ont été postés sur le site de débat en ligne thetylt.com – on y trouve des opinions contrastées concernant le sujet du débat :

– un seul *tweet* soutient l'idée qu'il ne faut jamais mélanger sport et politique (n° 1, Michael Connel) ;
– les élèves devront repérer l'ironie dans le deuxième *tweet* (Colson Haley), qui se plaint que les « personnes de couleur » osent gâcher le plaisir des autres en introduisant leurs revendications politiques dans l'arène du sport ;
– le troisième *tweet* suggère qu'on ne peut pas à la fois aduler (*"pedestal"*) certains sportifs et râler lorsqu'ils expriment leurs opinions.

Les extraits d'article

Ces trois courts extraits proviennent d'un article publié dans *The Telegraph* : *Colin Kaepernick: NFL Black Lives Matter protests recall rebellious spirit of 1960s sporting greats*. Le journaliste rappelle les actions de grandes figures du sport qui, avant Kaepenick, ont pris position pour défendre une cause, mais aussi les craintes qui ont pu en paralyser d'autres.

SUGGESTIONS DE MISES EN ŒUVRE

Plusieurs modalités sont possibles pour mener ce débat. On privilégiera autant que possible des débats entre groupes de 4 élèves maximum. Si une telle activité peut ne pas être notée, on veillera à l'évaluer dans une visée formative, en donnant par avance les critères d'évaluation qui pourront être les suivants :

– Capacité à s'exprimer en continu
– Capacité à interagir
– Qualité de l'argumentation
– Correction et richesse de la langue
– Qualité d'écoute et place au sein du groupe

Les principes du débat seront donnés en amont ; les élèves ne choisissent pas leurs partenaires ni l'opinion qu'ils défendent.

Les 6 documents sont fournis dans :
→ la banque de ressources Didier-Prof

1. Les élèves prennent connaissance en autonomie des 3 tweets proposés en support et réfléchissent à la position de chaque tweet sur le sujet.

2. Le professeur constitue les équipes (de façon hétérogène) et attribue les positions à défendre. S'il y a plusieurs débats en simultané, il est possible de nommer des élèves jurés dont le rôle sera de lancer et modérer le débat, puis de désigner l'équipe vainqueur. Les élèves-jurés évaluent, mais n'attribuent pas de notes.

3. Les élèves explorent les trois extraits de *The Telegraph* et relèvent les arguments qui peuvent soutenir leur position, puis les reformulent avec leurs propres mots.

Exemples d'arguments possibles :

***The Telegraph* – Arguments en faveur de la «non-politisation» du sport**	
Extrait 4	Sous prétexte qu'ils sont désormais majoritaires (68%) dans le football américain, les sportifs afros-américains tirent avantage de leur supériorité pour faire entrer le débat sur le terrain du sport.
Extrait 5	Si les vedettes du sport se mettent à exprimer leurs opinions politique, ils risquent de faire fuir les sponsors et leurs équipes n'auront plus de ressources.
Arguments en faveur de la politisation du sport	
Extrait 4	Les sportifs afros-américains sont désormais majoritaires (68%) dans le football américain, ils ont donc gagné en visibilité et en influence et peuvent utiliser celles-ci pour se faire entendre de manière efficace.

Extrait 6	Dans les années 1960, Muhammad Ali et d'autres sportifs afro-américains ont eu le courage de se faire entendre, mais la génération d'après n'a plus osé… jusqu'au geste de protestation de Colin Kaepernick en faveur du mouvement *"Black Lives Matter"*. Il faut donc tirer partie de ce renouveau !

4. Chaque équipe dispose de quinze minutes pour se préparer :
– organiser les arguments extraits des six documents et en trouver d'autres,
– les illustrer d'exemples du chapitre ou provenant de leur propre expérience,
– se préparer à contrer les arguments des autres.

Chaque groupe peut avoir accès à un dictionnaire et aux *Yellow Pages* (p. 183-212). Pendant ce temps, les élèves jurés prennent connaissance de la grille d'évaluation avec l'aide du professeur.

Exemples de productions possibles :

IN FAVOUR	COUNTER-ARGUMENTS
• Sports should be purely for entertainment and pleasure. • Sports stars have no special entitlement or right to make their opinions public. • Impressionable young people may follow their stars' opinions without thinking. • Sports should help you to forget everyday realities.	• Everything in life is political — even sport! • If sports gives you a platform to speak, then you should use it. • Fans should think for themselves and not be influenced by their idols' opinions. • If sports reveal unacceptable realities — racist chants, acts of violence — then protest becomes essential.

5. Les jurés lancent le débat, qui durera dix minutes. Les débatteurs ont droit à des notes non rédigées. Une fois le temps écoulé, chaque équipe dispose d'une minute pour faire la synthèse de ses arguments. Les jurés délibèrent et désignent les vainqueurs à partir de la grille d'évaluation. Ils argumentent leur choix.

OUTILS LINGUISTIQUES

Pour formuler leurs arguments et contredire leurs opposants :
→ YP 38 *Opinions*,
YP 39 *Agreeing / Disagreeing*

FINAL TASK – p. 143

SUGGESTIONS DE MISE EN ŒUVRE

Selon le parcours mené au suivi de ce chapitre, on choisira l'une ou l'autre de ces tâches finales.
• Étroitement liées aux documents étudiés dans le chapitre, elles permettront aux élèves de reproduire à leur façon, soit à l'écrit, soit à l'oral, le travail journalistique déjà étudié dans les articles du *New Yorker* ou du *New Jersey Opinion,* ou le type d'éloquence déjà entendu dans les discours de Colin Kaepernick et d'Eric Reid lors de la remise des *Amnesty Awards* (vidéo, p. 140)
• Les notes prises lors du travail de groupe p. 140 et 141 (*Sports activists logpage*) peuvent être revues afin de lancer ces activités à partir de bases solides. Ce travail, qui implique des recherches et un travail écrit, peut être proposé comme devoir à la maison en préparation de la tâche finale.

Produce a press kit

1 | Préparation

• Recherche sur internet d'informations sur les athlètes présentés ici ou sur un athlète de son choix.
• Choix de photos, vidéos ou gros titres.

OUTILS LINGUISTIQUES

Cette tâche finale permet de réinvestir les outils lexicaux et grammaticaux vus dans le chapitre :
→ *Words* p. 145
→ *Grammar* p. 144

• Rédaction de l'article de manière structurée, par exemple :
1. Action 2. Impact 3. Consequences

2 | Action

Mise en forme des documents et informations trouvés afin de produire un dossier de presse. Les élèves pourront ensuite éventuellement poster leur dossier sur un mur Padlet ou les afficher sur les murs de la classe. Ils pourront ainsi consulter les dossiers de leurs camarades et discuter des divers athlètes et actions qu'ils auront découverts.

Take your stand!

1 | Préparation

• Choix de la cause qu'ils veulent défendre.
• Choix d'un geste, vêtement ou accessoire pour symboliser la cause défendue.
• Prise de notes et préparation du discours.

2 | Action

• On définira un temps de parole pour chaque intervenant de manière à avoir le temps d'écouter les discours de chacun puis de débattre des propositions. Si nécessaire, on pourra diviser la classe et tenir deux parlements afin que tout le monde puisse parler.
• On pourra désigner un élève pour jouer le rôle du *Speaker* : il distribuera les temps de parole et modérera le débat pendant la tenue du parlement.

OUTILS LINGUISTIQUES

Cette tâche finale permet de réinvestir les outils lexicaux et grammaticaux vus dans le chapitre :
→ *Words* p. 145
→ *Grammar* p. 144

AILLEURS DANS LE MANUEL

Un entraînement au discours est proposé dans le chapitre 2 :
→ *How to make a speech* p. 40

GRAMMAR – p. 144

Exercices autocorrectifs fournis dans :
→ la banque de ressources Didier-Prof
→ le manuel numérique

WORDS – p. 145

Exercices autocorrectifs fournis sur :
→ la plateforme d'entraînement reussirenlangues.fr/IFS2de PRACTISE ONLINE

TEST YOUR SKILLS – p. 145

Speaking

Fiche support photocopiable fournie dans :
→ ce guide pédagogique p. 342

Reading & Writing

Fiche support photocopiable fournie dans :
→ ce guide pédagogique p. 343

Tous les supports et les grilles d'évaluation sont fournis dans la banque de ressources Didier-Prof

11 CLICHÉ !

Axe : REPRÉSENTATIONS DE SOI ET RAPPORT À AUTRUI

Thème : Stéréotypes culturels, racisme, représentations

Problématique :
How can we broaden our vision of other cultures?

Ancrage culturel :
Regard de l'autre, regard sur l'autre : focus sur la question raciale aux États-Unis

Grammaire :
- Les adverbes
- Le discours indirect

Introduction

De nombreux pays à travers le monde ont pour langue officielle l'anglais ; mais cette langue commune n'abolit pas toutes les différences et beaucoup d'incompréhensions peuvent exister entre peuples du monde anglophone. Au sein même d'un pays – ou d'une ville – les accents peuvent varier, et le manque de connaissance ou d'interaction entre communautés peut conduire à des malentendus et parfois à des stéréotypes.

Inscrit dans l'axe *Représentations de soi et rapport à autrui*, ce chapitre explore ces interactions entre groupes anglophones et la manière dont les représentations véhiculées par la littérature et les médias peuvent influencer – en positif ou en négatif – la façon dont chacun perçoit les autres. Chimamanda Ngozi Adichie, James Baldwin, Trevor Noah, trois personnalités brillantes qui ont réfléchi à ces questions avec nuance seront nos guides à travers le chapitre.

Nous espérons que celui-ci encouragera les élèves à réfléchir de manière critique à la façon dont ils forment leurs opinions sur les autres et aux problèmes qui peuvent survenir si nous formons nos jugements trop rapidement, sans réellement connaître les gens.

Petite visite guidée...

Ouverture : une image et un audio pour faire réfléchir les élèves à la question des clichés en découvrant le regard de jeunes britanniques sur... les Français

Comment l'ignorance engendre les clichés

Tourisme humanitaire : aide ou condescendence ? Un compte Instagram parodique pour réfléchir avec humour aux ressorts du "volontourisme"

Une conférence TED de Chimamanda Ngozi Adichie sur "le danger d'une histoire unique", qui limite la capacité à comprendre l'autre

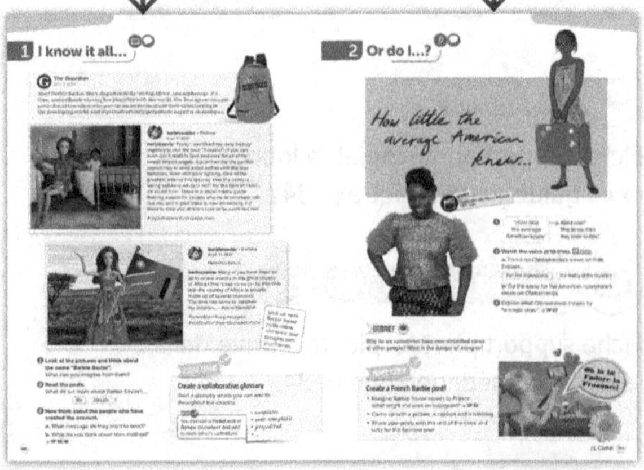

Americanah : la condition d'étranger aux États-Unis

Un extrait du roman *Americanah*, sur l'expérience d'une étudiante nigérienne aux USA

Un extrait du roman lu par Chimamanda Ngozi Adichie

Hollywood et les stéréotypes

L'anayse de James Baldwin sur la représentation des Afro-Américains au cinéma

Des témoignages de "consultants en diversité" qui travaillent à nuancer les représentations à Hollywood

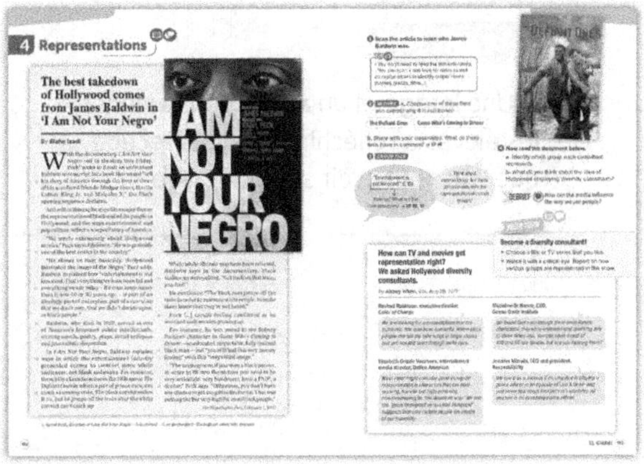

Comment dépasser les stéréotypes ?

Un témoignage de Trevor Noah sur les ressorts du racisme et la manière dont il peut être dépassé

2 tâches finales au choix

→ Rédiger un blog post

→ Choisir une citation du chapitre, l'illustrer et la présenter

Évaluations au choix :

Listening, speaking, reading & writing

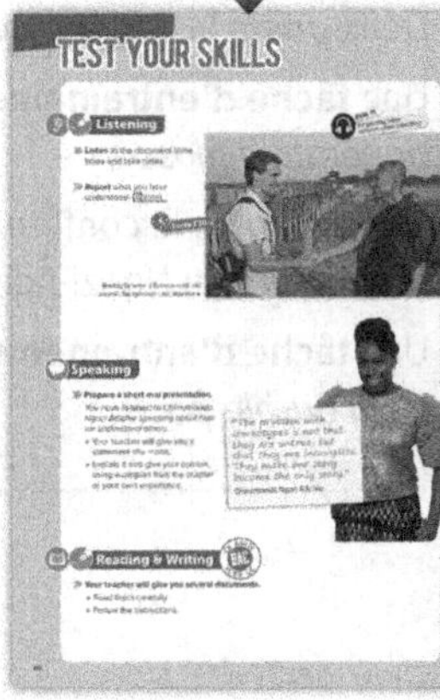

A word from the authors...

"Having grown up in Ireland, moved to England as a teenager and then to France as an adult, I have had quite a few opportunities to hear about what people imagine about the countries that I come from. In my experience it has been mainly harmless, often funny and sometimes true (yes, it does always rain in Ireland and yes, British and Irish people do drink an awful lot of tea). I don't think that all stereotypes should have to be challenged aggressively because often they are based on a lack of knowledge or an incomplete understanding about a topic. However, challenged they should nonetheless be, and particularly in cases where stereotypes are damaging to the groups of people concerned by them. Like many people who know of them, I am a great fan of both Chimamanda Ngozi Adichie and Trevor Noah and think they are both excellent in calling out stereotypes and shifting people's perspectives on them. Chimamanda's experience as a Nigerian and Trevor's experience as a South African in the USA have no doubt played a role in this. It is this idea of how certain English-speaking people view other English-speaking people from different backgrounds that is at the heart of the chapter. I think it can only be beneficial for our students to reflect on such issues at a time when they are becoming young adults and discovering the wider world. I hope that the chapter is helpful in contributing to this!

Annie Coghlan

Un chapitre, plusieurs séquences possibles…

SÉQUENCE #1 A2 / B1 • 4 à 5 séances

Pour démarrer :

p. 146-147

▶ Une **image** et un **audio** pour amener les élèves à réfléchir aux idées reçues que l'on peut avoir sur les Français

Pour découvrir et s'entraîner :

p. 148-149

▶ Deux ***posts*** Instagram de Barbie Savior

▶ Une **tâche d'entraînement** : *Create a collaborative glossary*

▶ Une **vidéo** de la conférence TED de Chimamanda Ngozi Adichie

▶ Une **tâche d'entraînement** : *Create a French Barbie post!*

Une tâche finale :

p. 149

▶ *Write a post for social media giving your reaction to Chimamanda Ngozi Adichie's TED talk*

OR

▶ *Give your own TED talk*

Évaluations p. 160

▶ Dispositif complet d'évaluation dans la banque de ressources Didier-Prof

SÉQUENCE #2 B1 / B1+ • 4 à 5 séances

Pour démarrer :

p. 149

▶ Une **image** pour anticiper

Pour découvrir et s'entraîner :

p. 149

▶ Une **vidéo** de la conférence TED de Chimamanda Ngozi Adichie

p. 150-151

▶ Un **extrait littéraire** du roman *Americanah*

▶ Un **extrait audio** du roman *Americanah*

▶ Une **tâche d'entraînement** : *Act it out!*

Une tâche finale :

p. 155

▶ *Write Ifemelu's next blog post*

Évaluations p. 160

▶ Dispositif complet d'évaluation dans la banque de ressources Didier-Prof

SÉQUENCE # 3 B1 / B1+ • 6 à 7 séances

Pour démarrer :

p. 149

▶ Une **image** pour anticiper

Pour découvrir et s'entraîner :

p. 149

▶ Une **vidéo** de la conférence TED de Chimamanda Ngozi Adichie

p. 150-151

▶ Un **extrait du roman** *Americanah*

▶ Une **tâche d'entraînement** : *Act it out!*

p. 152-153

▶ Un **article** sur la représentation des Africains-Américains dans les films hollywoodiens

▶ Un **article** sur les « consultants en diversité » à Hollywood

Une tâche finale :

p. 153

▶ *Become a diversity consultant*

Évaluations p. 160

▶ Dispositif complet d'évaluation dans la banque de ressources Didier-Prof

SÉQUENCE #4 B1 / B1+ • 5 à 6 séances

Pour démarrer :

p. 149

▶ Une **image** pour anticiper

Pour découvrir et s'entraîner :

p. 149

▶ Une **vidéo** de la conférence TED de Chimamanda Ngozi Adichie

p. 152-153

▶ Un **article** sur la représentation des Africains-Américains dans les films hollywoodiens

p. 154

▶ Une **vidéo** de Trevor Noah sur *The Breakfast Show*

▶ Une **tâche d'entraînement** : *Join the* Breakfast Club *discussion*

Une tâche finale :

p. 155

▶ *Bring a quote to life*

Évaluations p. 160

▶ Dispositif complet d'évaluation dans la banque de ressources Didier-Prof

OUVERTURE – p. 146-147

PRÉSENTATION DES DOCUMENTS

L'illustration et le document audio de cette double page d'ouverture mettent tous deux l'accent sur des stéréotypes couramment énoncés à propos des Français. Les élèves pourront ainsi démarrer le chapitre en partant de leurs propres expériences et sentiments pour réfléchir à la façon dont les ressortissants d'autres pays peuvent les percevoir, et à ce qu'ils éprouvent en se voyant ainsi dépeints. Bien entendu, les représentations ne sont pas nécessairement offensantes, mais elles permettent néanmoins de réfléchir à l'impact des vues réductrices sur un pays et les comportements supposés de ses habitants.

L'illustration d'ouverture

L'image d'ouverture est signée de l'illustratrice britannique Jackie Parsons, qui utilise la technique du collage pour créer des illustrations complexes mêlant illustration et photos retravaillées. On y voit un jeune homme à moustaches coiffé d'un béret, un collier d'oignon autour du cou, brandissant une baguette de pain et un verre de vin rouge sur fond de tour Eiffel et proclamant – fièrement, semble-t-il – « Je ne parle pas anglais ». Autant de stéréotypes passéistes sur les Français qui feront réagir les élèves et leur permettront d'entrer dans le thème de ce chapitre en réalisant qu'ils peuvent eux aussi être l'objet de clichés !

Le document audio

Cet enregistrement a été réalisé avec les élèves de la Highgate School de Londres. Ces lycéens, qui ont sensiblement le même âge que nos élèves, s'expriment librement sur les représentations qu'ils se font des Français, les images et les stéréotypes qui leur viennent à l'esprit lorsqu'ils pensent à la France.

SUGGESTIONS DE MISE EN ŒUVRE

1 | Analyse de l'image et du titre

• On pourra montrer l'image d'abord, en cachant éventuellement le texte qui figure dans la bulle. Les élèves commenteront librement l'image et feront des hypothèses en imaginant ce qui pourrait être écrit dans la bulle.

• On dévoilera ensuite le texte et le titre du chapitre. En les analysant, les élèves pourront proposer des réponses de ce type :

→ *The title and the image match up because the image illustrates clichés or stereotypes about French people like the fact that they smoke, drink wine, carry baguettes and onions, wear stripes and don't speak English.*

2 | Formulation d'hypothèses sur le contenu de l'audio

On pourra ensuite montrer le titre de l'audio et demander aux élèves d'imaginer qui va parler et ce qui pourrait être dit.

Quelques hypothèses possibles :

→ *French people are bad at English.*
→ *French people are into wine and cheese.*
→ *French people are all smokers.*
→ *French people are rude.*
→ ...

Illustration fournie dans :
→ la banque de ressources Didier-Prof

OUTILS LINGUISTIQUES

Lexique

Pour s'approprier une partie du vocabulaire nécessaire à l'ensemble de la séquence et maîtriser sa prononciation :
→ *Words* p. 156
→ Plateforme d'entraînement reussirenlangues.fr/IFS2de
PRACTISE ONLINE

Grammaire

– Le discours indirect
– Les adverbes
→ *Grammar* p. 158

3 | Écoute du document audio

À la suite de l'écoute on laissera les élèves réagir librement aux commentaires des jeunes britanniques. Ils pourront émettre des réactions de ce type :

French people...	Agree or disagree?
...are quite stylish	• I agree because France is one of the fashion capitals of the world. • I disagree because it depends where you go in France. • I disagree that we have an individual style. I think it just seems that way to British students because our style is different to theirs.
... like cheese and wine	• I agree because we produce so much cheese and wine as a country! • I love cheese but not everyone in France does so it's still a stereotype to say we all love it.
... smoke a lot	• I don't smoke so I don't think it's true... • I don't smoke but I still think it's generally true that French people smoke a lot. I've been to other countries and they don't smoke as much generally.
... have a strong café culture	• I think this is true!

4 | Réactions aux stéréotypes entendus

Les élèves pourront discuter en classe entière ou en binômes. Quelques réactions possibles :

→ *I think people have these ideas because of what they see on TV.*

→ *I think they have these ideas because when they visit France they see certain things and then imagine it is true for everyone.*

→ *They might think these things because they saw some French people doing them.*

→ *I would like to tell them that they're right about some of the things they think but that not everyone is the same.*

DEBRIEF – p. 147

What are some of the stereotypes people have about French people and why?

Cette phase de récapitulation permettra de faire le point sur les stéréotypes entendus à propos des Français. Elle constitue un préalable important à ce chapitre en mettant l'accent sur le fait que tous les groupes peuvent faire l'objet de représentations partielles, erronées et souvent assez ridicules, et que les clichés qui circulent sur tel ou tel pays ou communauté ne doivent pas être pris pour argent comptant.

→ *Some of the stereotypes people have about French people are that they are stylish, like wine and cheese, smoke a lot and enjoy going to cafés. They probably think these things based on their experiences of French people on holiday or on TV.*

1. I know it all... p. 148

PRÉSENTATION DES DOCUMENTS

• « Barbie Savior » est un compte Instagram satirique qui met en évidence les comportements condescendants et offensants que certains voyageurs occidentaux adoptent lorsqu'ils se rendent dans des lieux qu'ils considèrent comme « exotiques », en particulier lorsqu'ils effectuent des voyages de bénévolat ou du *"voluntourism"*. Les fondateurs de Barbie Savior ont recours à l'humour pour dénoncer ce que certains nomment le *"White Savior Complex"*. Ce terme désigne les personnes de pays riches (où la population est majoritairement blanche) qui aident les habitants de pays en voie du développement mais d'une manière qui peut être perçue comme un intérêt personnel, en négligeant la complexité de la culture aidée. Bien sûr, on peut contester ce terme et juger contre-productif de critiquer les personnes qui essaient d'aider les autres, mais on ne peut nier le fait qu'il existe parfois une relation déséquilibrée entre certains groupes – ceux qui aident et ceux qui reçoivent de l'aide. De même, la tendance à lire le monde à travers son propre objectif doit être interrogée.

• Les images et les textes de cette page sont relativement simples mais l'humour implicite et le recours au second degré nécessitent une lecture qui dépasse le sens purement explicite.

POUR ALLER PLUS LOIN

Les créateurs de Barbie Savior ont également participé à la publication d'un petit guide que l'on peut trouver en ligne : A social media guide for volunteers and travellers, à l'intention notamment des personnes qui souhaitent mettre à profit un congé ou une année sabbatique pour faire une expérience dans l'humanitaire. Les élèves pourront consulter avec profit la *Checklist before you post on social media* : https://cms.qz.com/wp-content/uploads/2017/12/faef1-saih-social-media-guide-2017.pdf

SUGGESTIONS DE MISE EN ŒUVRE

1 | Observation de l'image

On pourra projeter les images et le titre du compte Instagram sans montrer le texte, et on demandera aux élèves d'imaginer de quoi il s'agit. Quelques hypothèses possibles :

→ *Maybe it is a joke account because it uses Barbie dolls.*

→ *It seems like Barbie Savior is in Africa because of the flag and the landscape so maybe she is working as a volunteer.*

→ *Maybe she thinks she is saving people who live there.*

Posts Barbie Savior fournis dans :
→ la banque de ressources Didier-Prof

OUTILS LINGUISTIQUES

Pour formuler des hypothèses concernant les *posts* :
→ YP21 *Making hypotheses* et YP22 *Anticipating*

2 | Lecture des publications

En lisant les articles, les élèves pourront proposer les réponses suivantes :

Barbie Savior's...	
life	**attitude**
• She lives in Namibia. • She works with the "less fortunate" probably as a volunteer.	• She seems vain because she talks about taking selfies and her beauty regime. • She seems big-headed because she thinks people should want to be more like her. • She seems to care more about taking selfies than really helping people. • She is quite ignorant because she doesn't know that Africa is a continent, not a country.

OUTILS LINGUISTIQUES

Lexique

La rubrique *Views, Attitude and behaviour* et la section Representation permettront aux élèves d'enrichir leur vocabulaire ici.
→ *Words* p. 156

Grammaire

En rapportant des propos de Barbie Savior, les élèves auront besoin d'utiliser le discours indirect.
→ *Grammar* p. 158

3 | Réflexion sur les intentions

Il est important que les élèves examinent les documents de cette page avec un œil critique de manière à en décrypter l'ironie et comprendre les intentions réelles des auteurs des *posts*.

Cette réflexion pourra être menée en petits groupes.

The creators	
a. What message do they want to send?	• Barbie Savior is a parody of someone who volunteers for selfish reasons without understanding the place or the people she is visiting. • Through this account, the creators are criticising people who travel to other countries and think they are better than the people who live there just because they are from wealthier countries. • They are also criticising people who are ignorant about the countries they are visiting.
b. What do you think about their method?	• I think that their method is intelligent because it uses comedy to address a serious issue. • I think their approach is effective because it's quite eye-catching and I think using Instagram makes it visible and accessible.

YOUR TURN – p. 148

Create a collaborative glossary

On encouragera les élèves à ajouter les termes utiles qu'ils découvrent au cours du chapitre à travers un glossaire collaboratif. Ceci leur permettra d'éventuellement corriger ou enrichir les définitions de leurs camarades et de proposer des exemples du terme en contexte.

2. Or do I…? p. 149

PRÉSENTATION DES DOCUMENTS

La vidéo

• L'intervention de Chimamanda Ngozi Adichie a été diffusée sur le site TED et s'intitule *The Danger of a Single Story* (« Le danger d'une histoire unique »).

• Cette romancière, nouvelliste et essayiste nigériane très engagée sur les questions liées aux discriminations, qu'elles soient liées au genre ou aux origines ethniques, est aussi une oratrice talentueuse, comme le montre sa prise de parole sur TED. Pour des questions de droits la vidéo est ici proposée sous forme de lien, et le passage qui nous a semblé le plus pertinent dans le cadre de ce chapitre est situé entre 2'59 et 5'56 minutes, lorsque la romancière évoque la question des stéréotypes à travers sa propre expérience. Son discours évoque l'influence des histoires et des approches narratives dans les mécanismes de domination culturelle, sociale, raciale, économique et politique, lorsque ces histoires sont univoques ou ne proviennent que d'une seule partie de la société ou du monde, résonnant ainsi comme une «histoire unique». Mais elle insiste aussi sur le pouvoir des histoires –

Chimamanda Ngozi Adichie (born 1977)
Novelist Chimamanda Ngozi Adichie was born to a middle-class Igbo family in Enugu, Nigeria. Her mother became the first female registrar at the University of Nigeria, while her father was a professor of statistics there. She studied medicine and pharmacy at the University of Nigeria then moved to the US to study communications and political science. From day one, she became alert to racial generalisations, having to address the 'story of catastrophe' perspective her American room-mate had of the entire African continent. Adichie's three novels all focus on contemporary Nigerian culture, its political turbulence and at times, how it can intersect with the West. She published *Purple Hibiscus* in 2003, *Half of a Yellow Sun*in 2006 and *Americanah in* 2013. Chimamanda divides her time between Nigeria, where she regularly teaches writing workshops, and the United States.

d'autres histoires, venant de toutes sortes d'endroits et de personnes – pour contrebalancer cette histoire unique, en nous faisant accéder à une vision du monde plus complète et plus humaine.

• Chimamanda Ngozi Adichie a une approche extrêmement pédagogique en ne se montrant jamais accusatrice. Au contraire, elle commence par raconter qu'elle a elle-même véhiculé des stéréotypes et a été tentée de réduire une autre personne à une « histoire unique » en faisant référence à l'un des employés de sa famille, nommé Fide. Ce court récit personnel nous rappelle que nous sommes tous susceptibles, par facilité ou par ignorance, de nous laisser aveugler par des clichés qui nous font faussement juger les autres. Adichie nous alerte sur le fait que, lorsque nous considérons d'autres personnes, il nous faut changer de perspective afin de mieux se comprendre.

• Le thème de la discussion TED interagit bien avec les publications de Barbie Savior car la romancière remet en cause l'attitude des personnes qui agissent comme Barbie Savior lorsqu'elle réduit ses *"sweet African angels"* à une seule histoire, celle du besoin et de la pauvreté. Elle réduit également le continent africain tout entier à une seule histoire (et à un seul pays !).

AILLEURS DANS LE MANUEL
Un extrait du roman *Americanah* est proposé à la lecture dans ce chapitre, page 150.

SUGGESTIONS DE MISE EN ŒUVRE

1 | Anticipation

• On pourra projeter l'image et éventuellement cacher un élément de la phrase *"How little the average American knew..."*, comme par exemple *"little"* ou *"knew"*.

Image fournie dans :
→ la banque de ressources Didier-Prof

Les élèves pourront alors deviner les éléments manquants.

• Une fois que la phrase entière sera reconstituée au tableau, on pourra entourer les termes *"how little"* et *"knew"*, les flécher et noter les questions *"about what?"* et *"why do you think they knew so little?"*. On pourra noter les hypothèses avec des points d'interrogation au tableau :

How little the average American knew...	
About what?	Maybe it's about the culture or origins of the girl. It seems like she has come to America from another country because she has a suitcase and distances herself from Americans by referring to "the average American".
Why do you think they knew so little?	Maybe they knew so little because they had never met someone from her country or because they had never experienced her culture before.

OUTILS LINGUISTIQUES

Lexique
La rubrique *Views, Attitude and behaviour* et la section Representation permettront aux élèves d'enrichir leur vocabulaire ici.
→ *Words* p. 156

Grammaire
En rapportant des propos de Barbie Savior, les élèves auront besoin d'utiliser le discours indirect.
→ *Grammar* p. 158

2 | Visionnage de la vidéo

On pourra ensuite demander aux élèves de regarder la vidéo et d'expliquer le lien avec cette phrase.

a. Focus on Chimamanda's views on Fide. Explain...	**Her first impressions** Chimamanda saw Fide and his family as poor and nothing else.
	The reality of the situation When she visited Fide's village she saw a beautiful basket that his brother had made. She realized that they were talented and could make beautiful things so they *weren't just defined by being poor*.
b. Do the same for the American roommate's views on Chimamanda.	**Her first impressions** Chimamanda's roommate was shocked that she spoke English so well. She assumed she listened to "tribal music" and that she didn't know how to use a stove. She assumed that she should have pity on Chimamanda *simply because she was African*.
	The reality of the situation The reality of the situation was that English was the official language of Nigeria, Chimamanda's home country, and that Chimamanda listened to Mariah Carey, not tribal music.

3 | Explication *"A single story"*

Cette étape peut se faire à l'écrit ou à l'oral. Une réponse possible pourrait être :

→ *A single story is when we only know one thing about a person or a group of people and we make judgements based only on that. It can also be when we have a stereotypical idea about a culture and so we make assumptions about the entire culture based on that stereotype.*

OUTILS LINGUISTIQUES

→ Pour expliquer les intentions de l'auteur :
YP27 ***Expressing intentions***

DEBRIEF – p. 149

Why do we sometimes have over-simplified views of other people? What is the danger of doing so?

Le *Debrief* peut se faire à la maison ou en classe selon le temps dont on dispose. Après reformulation et enrichissement en classe, on pourra aboutir à une synthèse de ce type :

→ *We sometimes have over-simplified views of other people because we only know certain details about their life or their culture but we imagine that they are nothing more than that one detail. The danger of doing so is that we reduce people to stereotypes. Sometimes that will mean that we are patronizing and insulting to people who we think are weaker than we are. It can lead to us making racist or sexist assumptions.*

YOUR TURN – p. 149

Create a French Barbie post!

• Cette tâche va permettre aux élèves de créer leur propre publication dans le style de Barbie Savior sur la page 148, mais en partant cette fois de leur propre culture.

• On les encouragera à procéder méthodiquement :

1. Commencer par faire un *brainstorming* des stéréotypes que Barbie Savior pourrait avoir sur la France – les témoignages des jeunes britanniques entendus lors des activités de la double page 146-147 pourront être réinvestis ici.

2. Sélectionner une idée et imaginer comment ils pourront la communiquer, en prenant en compte l'aspect visuel et le texte d'accompagnement.

3. Rédaction d'un premier jet.

4. Révision du premier jet pour vérifier la grammaire et l'orthographe et enrichir le lexique.

5. Illustration du texte.

• Cette tâche peut être réalisée en salle informatique ou à la maison. Si elle se fait en classe, on pourra demander aux élèves de choisir des images à la maison (images de magazines, coupures de presse, *flyers*, etc.) pour éventuellement faire un collage dans le même style que les publications de Barbie Savior.
Ils pourront soit publier les *posts* sur l'ENT de l'établissement ou un mur Padlet, soit les afficher dans la classe, puis consulter et commenter les publications de leurs camarades. Ils pourront ensuite voter pour leur publication préférée.

3. Americanah p. 150-151

PRÉSENTATION DES DOCUMENTS

Le texte

• Troisième roman de Chimamanda Ngozi Adichie, *Americanah* a été publié en 2013 et a rencontré un large succès international. Le terme *"Americanah"* est utilisé par les Nigérians pour désigner d'autres Nigérians influencés par le temps qu'ils ont passé aux États-Unis. Le roman raconte l'histoire d'Ifemelu, qui a quitté le Nigéria pour étudier aux États-Unis et s'est rendue célèbre en tant que blogueuse, partageant ses observations sur les relations inter-raciales et l'immigration aux États-Unis.

• En réponse à une question sur l'utilisation de l'igbo dans ses écrits, Adichie a déclaré :

"**I've always had Igbo [in my writing].** And I've always had well-meaning advice, often about how American readers will be confused, or they won't get something. I don't set out to confuse, but I also think about myself as a reader. I grew up reading books from everywhere and I didn't necessarily understand every single thing—and I didn't need to. So, I think for me, what was more important, for the integrity of the novel, was that I capture the world I wanted to capture, rather than to try to mold that world into the idea of what the imagined reader would think".

L'igbo est une langue parlée au Nigéria par environ 20 à 35 millions de personnes, les Igbos, en particulier dans le sud-est du Nigéria, anciennement le Biafra, et dans des parties du sud-sud-est du Nigéria, principalement dans les régions du delta du fleuve Niger.

Americanah
A 2013 novel for which Chimamanda Ngozi Adichie won the 2013 National Book Critics Circle Fiction award. Americanah tells the story of a young Nigerian woman, Ifemelu, who immigrates to the United States to attend university. The novel traces Ifemelu's life in both countries, threaded by her love story with high school classmate Obinze. It was Adichie's third novel, published on May 14, 2013 by Alfred A. Knopf. A television miniseries, starring and produced by Lupita Nyong'o, is currently in development.

Cette attitude explique sans doute en partie le commentaire du *Guardian* qui figure sur la couverture du livre reproduite dans le manuel (p. 150) :

"There are some novels that tell a great story and others that make you change the way you look at the world. Americanah is a book that manages to do both".

• L'extrait sélectionné ici est illustré par la couverture de l'une des nombreuses éditions dont le roman a fait l'objet.

SUGGESTIONS DE MISE EN ŒUVRE

1 | Lecture du titre et de l'introduction

À partir du titre et de l'introduction, les élèves pourront faire les hypothèses suivantes :

"You can just say black"	
Who might say this?	Ifemelu might say this.
To whom?	She might say it to Dom, Kimberly and Laura.
Why?	Maybe Don, Kimberly and Laura are not black and they are not comfortable talking about race or using the term "black". Ifemelu is from Nigeria so she is probably black and explaining to them that they can use the term without causing offense.

2 | Lecture de l'extrait

a. et **b.** Ces consignes permettront aux élèves de s'engager de manière active dans le texte en les amenant à structurer leur lecture et à visualiser ce qui se passe.

En les encourageant à se concentrer sur le comportement des personnages, on cherchera à aider les élèves à comprendre l'implicite.

"What a beautiful name," Kimberly said. "Does it mean anything? I love multicultural names because they have such wonderful meanings, from wonderful rich cultures."

Kimberly was smiling the kind of kindly smile of people who thought "culture" the unfamiliar colourful reserve of colourful people, a word that always had to be qualified with "rich". She would not think that Norway had a "rich culture".

Cette observation nous permet de comprendre que Kimberly sourit, ce qui est gentil, mais qu'ici "kindly" est néanmoins associé avec une attitude assez condescendante.
Elle ne sourit pas gentiment tout court, elle se croit magnanime en exprimant cet avis.

Les guillemets ici ne désignent pas du discours direct, mais permettent plutôt au narrateur de s'éloigner de cet usage du terme et d'attirer l'attention du lecteur pour le déconstruire.

OUTILS LINGUISTIQUES

Lexique

Les rubriques *Views* et *Attitude and behavior* seront utiles pour les élèves à ce stade

→ *Words* p. 156

Grammaire

L'extrait de *Americanah* donnera l'occasion de travailler sur les adverbes et sur le discours direct et indirect.

→ *Grammar* p. 158

3 | IN PAIRS Casting activity

Casting call	
Ifemelu	**Female lead** • Physical appearance: Young female of Nigerian origin • Character's personality: Kind, observant, at times quite direct
Kimberly	**Female supporting character** • Physical appearance: Blonde, slim • Character's personality: Talkative, effusive and enthusiastic, smily and friendly, slightly patronizing and ignorant of other cultures.

4 | AT HOME Écoute d'un extrait d'*Americanah*

On pourra :

– laisser les élèves découvrir l'enregistrement sans guidage à la maison et en discuter librement en début de classe lors de la séance suivante ;

– leur demander de le mettre en lien avec l'extrait du texte reproduit p. 150 ;

– leur demander d'écouter le texte lu par Chimamanda Ngozi Adichie et de choisir leur citation préférée, puis de la présenter en classe et d'expliquer pourquoi ils l'ont sélectionnée. Ceci pourra les aider s'ils font la tâche finale *"Bring a quote to life"* p. 155.

DEBRIEF – p. 151

What links can you see between this text and...

Barbie Savior | Chimamanda's TED talk → p. 148-149

Cette étape peut se faire à l'écrit ou à l'oral. Après enrichissement et reformulation en classe entière, on pourra aboutir à une production de ce type :

→ *This text is similar to the Barbie Savior posts because the characters Laura and Kimberly make assumptions about Africa and its people based on limited information in the same way that Barbie Savior is patronizing when she makes assumptions about Africa.*

YOUR TURN – p. 151

Act it out!

• Les étapes que les élèves auront suivies préalablement les auront préparés pour cette tâche car ils ont déjà identifié le discours direct, les actions des personnages, et se sont fait une idée sur ces derniers.

• Il s'agit ensuite d'adapter ces informations et de les réorganiser. Ceci permettra de vérifier la bonne compréhension du document.

On pourra fournir un modèle de script outline aux élèves et l'étudier brièvement pour clarifier qu'il faut non seulement y faire figurer le discours mais aussi les didascalies, ainsi que le cadre.

• Si on ne dispose pas de suffisamment de temps pour les interprétations en classe, on pourra demander aux élèves de filmer leur interprétation et de les envoyer au professeur, de les mettre sur l'ENT de l'établissement ou sur un mur Padlet.
Les autres groupes pourront éventuellement commenter les choix de leurs camarades. Si jamais il y a des désaccords, ceci amènera les élèves à s'appuyer sur le texte pour justifier leurs choix.

4. Representations p. 152-153

PRÉSENTATION DES DOCUMENTS

L'article du *Washington Post*

I Am Not Your Negro est un documentaire de Raoul Peck qui se concentre sur un manuscrit inachevé de James Baldwin intitulé *Remember This House*. Celui-ci traite de la question des relations interraciales aux États-Unis et vise à encourager les étudiants à réfléchir au rôle des médias dans la perpétuation des stéréotypes.

Les témoignages des « consultants en diversité » à Hollywood

Le site Vox a interviewé six « consultants en diversité » de plus en plus souvent employés par les *majors* d'Hollywood pour s'assurer que les histoires produites par ces dernières proposent des représentations plus fidèles à la réalité et moins stéréotypées que cela ne fut le cas dans le passé. Une prise de conscience devenue indispensable en regard des discussions de plus en plus vives sur les réseaux sociaux à propos des clichés véhiculés par l'industrie des loisirs. Chacun de ces consultants évoque les représentations concernant un groupe bien spécifique, et il s'agira pour les élèves de retrouver lesquels.

James Baldwin
(1924 – 1987)
Writer and playwright James Baldwin was born in Harlem, New York. One of the 20th century's greatest writers, Baldwin broke new literary ground with the exploration of racial and social issues in his many works. He was especially known for his essays on the black experience in America.

POUR ALLER PLUS LOIN
L'article complet peut être trouvé sur le site de Vox : https://www.vox.com/culture/2017/8/28/16181026/hollywood-representation-diversity-tv-movies

SUGGESTIONS DE MISE EN ŒUVRE

1 | Balayage du texte

On pourra demander aux élèves de faire un schéma heuristique (ou carte mentale) à partir des tout premiers éléments qu'ils repèreront dans l'article.

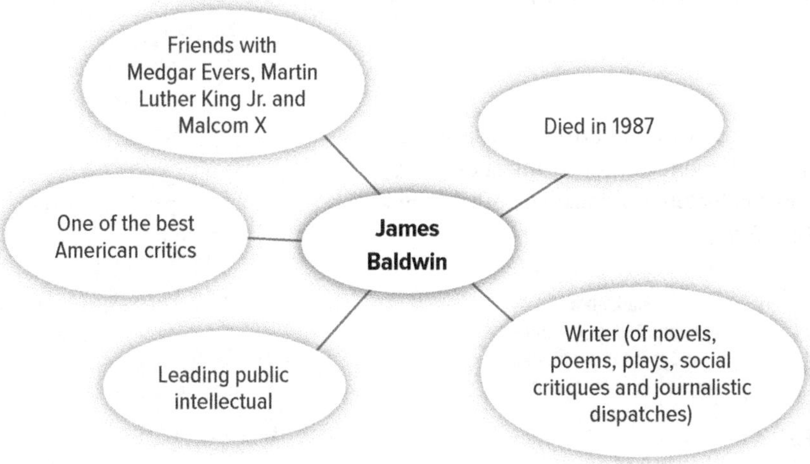

OUTILS LINGUISTIQUES

Lexique
La rubrique *In the media* aidera les élèves à varier leur vocabulaire ici.
→ *Words* p. 156

2 | IN PAIRS Lecture de l'article

a.

Film	Why it is mentioned
The Defiant Ones	• This film is mentioned to illustrate the way in which Hollywood entertainment is targeted towards white audiences rather than black ones. • In this film, there is a scene with two escaped prison convicts chasing a runaway train. One is white and one is black. • The black convict manages to get on the train but the white one doesn't. In the end, the black convict jumps off to stay with the white one. Baldwin argues that this is because the film wants to reassure white audiences that black people don't hate them.
Guess Who's Coming to Dinner	• This film is mentioned because it features a black man played by Sidney Poitier. • The character was respectable and educated so Raoul Peck felt proud to see him on screen. However, at the same time he felt uncomfortable because ultimately the character was very elitist and not a realistic representation for most people. It implied that to be accepted as a black person you have to be highly educated, have a good job and be handsome as well.

b. Cette étape peut se faire en classe entière ou en petits groupes comprenant un binôme ayant travaillé sur *The Defiant Ones* et un autre ayant travaillé sur *Guess Who's Coming to Dinner*.
Les élèves devront expliquer clairement le film sur lequel ils ont travaillé pour pouvoir ensuite les comparer.

Après enrichissement et reformulation, on pourra aboutir à une réponse de ce type :

→ *Both films feature black characters but the representations are not always positive in terms of the message they send to black audiences.*
→ *In one film, the black character sacrifices himself for his white friend. This might seem like a nice thing to do but it suggests that the most important thing was to make white audiences feel comfortable. According to Baldwin, black audiences didn't support his decision to sacrifice himself.*
→ *In the other, the representation of the black character is very positive because he is smart and handsome. However, the message sent to black audiences was that to be successful as a black person, you need to be nearly perfect in a lot of areas.*

3 | *GROUP TALK*

• Comme pour la question précédente, les élèves pourront choisir le sujet dont ils veulent discuter. On pourra également garder la question *"Think about cinela today..."* et l'aborder après la lecture du deuxième article : *How can TV and movies get representation right?*

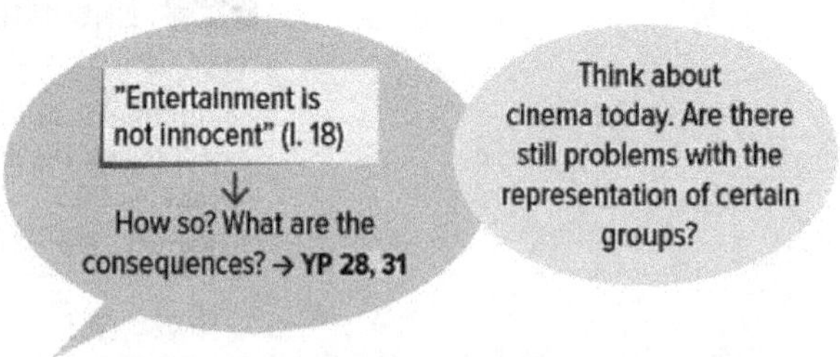

• On pourra ensuite demander aux élèves de présenter brièvement leurs idées aux autres groupes afin de faire une mise en commun.
Quelques productions possibles après mise en commun et enrichissement :

"Entertainment is not innocent" **→ How so?** **→ What are the consequences?**	• Entertainment is not innocent because it can control the representation of certain groups of people. Sometimes those representations are inaccurate or negative. The consequences are that it can influence the way certain groups perceive others. It can also be a problem because some of us cannot identify with the way we are represented in the cinema.
Think about cinema today. Are there still problems with the representation of certain groups?	• I think that there are still problems with the representation of certain groups. For example, we do see more female leading roles and we see more strong female characters but they are often still very physically attractive and not necessarily realistic representations of women. • I think that some groups are under-represented in cinema like, for example, Asians. A film came out called *Always Be My Maybe* which was a mainstream film with mainly Asian actors. However, there are not many films like that. ...

4 | Lecture de l'article *How can TV and movies get representation right?*

a.

Consultant	The group they represent
Rashad Robinson	The organisation Color of Change seems to represent people of colour and particularly black people.
Elizabeth Grizzle Voorhees	The organisation Define American seems to represent immigrant groups.
Madeline Di Nonno	The Geena Davis Institute represents women.
Jennifer Mizrahi	RespectAbility represents people with disabilities.

b. Cette question pourra éventuellement donner lieu à un mini débat entre les élèves afin de savoir qui est pour, ou contre, le recours à des « consultants en diversité » à Hollywood et que chacun puisse exprimer ses arguments.
En préparation à ce mini-débat on pourra proposer un *brainstorming* afin de déterminer avantages et inconvénients :

Advantages	Disadvantages
• If there are diversity consultants, groups who are not currently represented might be included more. • If there are diversity consultants, it is more likely that representations will be better and more accurate. • Etc.	• If we have too many diversity consultants then it means that films might include certain characters just because they have to in order to not offend anyone. • If we need to have diversity consultants, then we have bigger problems and need to address the core issue of who dominates the film-making industry and why they represent certain groups in negative ways. • Etc.

OUTILS LINGUISTIQUES

Pour exprimer l'accord ou le désaccord :
→ YP 38 *Opinions*, YP 40 *Criticizing* et YP41 *Praising*

DEBRIEF – p. 153

How can the media influence the way we see people?

Cette étape peut se faire à l'oral ou à l'écrit.
Exemple de production possible, après enrichissement en classe :

→ *The media can influence the way we see people because of the way it represents various groups of people. If we don't know people from certain groups, we might base our vision of them on what we see in the media, and that representation might not be accurate. Equally it can be damaging in terms of the way we see ourselves based on the way people like us are shown.*

YOUR TURN – p. 153

Become a diversity consultant!

On pourra commencer par demander aux élèves d'établir des critères qui vont guider leur analyse du film qu'ils auront choisi. Par exemple :

Main character or side character?	...
How often do they speak?	...
...	...

Les élèves pourront :
– soit terminer cette tâche à la maison ;
– soit choisir un film ou une série en groupes, le regarder chez eux puis comparer leurs observations en classe.

5. "These things take time…" p. 154

PRÉSENTATION DES DOCUMENTS

L'image du *Daily show*

• Tomi Lahren est une commentatrice politique républicaine très connue aux États-Unis. Elle a attiré l'attention du public pour sa chronique *Final Thoughts* dans l'émission *The Blaze*, dans laquelle elle a souvent critiqué la politique libérale. Elle est considérée comme une figure controversée en raison de sa ligne dure vis-à-vis de l'immigration et de mouvements tels que *Black Lives Matter* et les manifestations de la NFL.

• Comme cela est brièvement expliqué dans la note culturelle sur fond marron située sous la photo, Trevor Noah a été vertement critiqué pour avoir invité Lahren dans son émission, *The Daily Show*. Certains ont affirmé qu'il avait eu tort d'offrir ainsi à Lahren une tribune pour répandre ses idées, tandis que d'autres ont déclaré qu'en l'interviewant, Trevor Noah s'était donné l'occasion d'avoir lui aussi un impact sur les fans de Lahren. C'est bien la position de Trevor Noah, pour qui éviter le contact avec une personne qui a un point de vue différent n'est pas une solution pour progresser ni pour vaincre le racisme.

• Ce sujet ayant suscité une forte polémique aux États-Unis, il devrait naturellement amener les élèves à exprimer leur opinion : devrions-nous offrir une tribune nationale aux personnes ayant des opinions racistes ou offensantes ? Quel est le meilleur moyen de faire face à une telle situation ?

***The Daily Show* with Trevor Noah**
An Emmy and Peabody Award-winning program that looks at the day's top headlines through a sharp, reality-based lens. Along with the help of The World's Fakest NewsTeam, Trevor Noah covers the biggest news stories in politics, pop culture and more.

AILLEURS DANS LE MANUEL
On pourra trouver des extraits de la très belle biographie de Trevor Noah dans le chapitre *Born a crime* (p. 43 - 51). Le chroniqueur et humoriste y raconte son enfance en Afrique du Sud, à la fin de l'Apartheid.

SUGGESTIONS DE MISE EN ŒUVRE

1 | Lecture de l'information et du titre de Vanity Fair

On pourra projeter la photo ainsi que le gros titre et demander aux élèves d'imaginer pourquoi certaines personnes ont considéré que la conversation entre Trevor Noah et Tomi Lahren était scandaleuse. On pourra ensuite montrer le texte de l'encart sur fond marron pour qu'ils puissent vérifier leurs hypothèses.

Documents fournis dans :
→ la banque de ressources Didier-Prof

a.

	Imagine why...
"a high point"	Maybe it was seen as a high point because two people with totally opposing views were talking together and trying to understand one another.
"a disgrace"	It was seen as a disgrace because some people thought Trevor Noah shouldn't allow someone with offensive views to talk on his show.

b. On pourra noter les hypothèses au tableau avec un point d'interrogation. Les élèves pourront vérifier leurs idées lors du visionnage de la vidéo.

→ *Maybe Trevor Noah invited her on the show because he wants to have guests with different views instead of just having guests who think the same as him.*
→ *Maybe Trevor Noah had her on the show because he wanted to debate with her and try to change her views.*
→ *Maybe Trevor Noah invited her on the show to try to reach her viewers and share his views with them.*

2 | Visionnage de la vidéo

Après avoir regardé la vidéo, les élèves pourront expliquer que :

→ *Trevor Noah invited Tomi Lahren on the show because he believes that the best way to fight racism is to be in contact with people because "racism does not stand up well to contact" and "it's hard to hate black people if you have black friends" and vice versa.*

3 | Analyse de point de vue

Explain Trevor Noah's views on...	
Race	Trevor Noah argues that the idea of race has been created to oppress people.
Racism	Trevor Noah argues that when people interact regularly with people of a different race, racism doesn't hold up. Also, if race is just a construct and racism is based on race, then it too is a construct.

Certains élèves auront peut-être des difficultés à bien comprendre ce que dit Trevor Noah à cause des mots *"construct"* et *"fallacy"* et parce le débit est rapide. S'ils arrivent à identifier le mot *"construct"* sans en comprendre le sens, on peut les encourager à s'appuyer sur la construction du mot et sa ressemblance avec le français pour imaginer ce qu'il signifie dans ce contexte *("has been created")*.

DEBRIEF – p. 154

→ *How can we begin to move past stereotypical representations of other people?*

Les élèves pourront discuter de cette question clé du chapitre en classe, ou écrire leur réponse à la maison. On pourra les encourager à inclure les idées de Trevor Noah mais aussi leurs propres suggestions.

Exemple de production possible :

> → *We can begin to move past stereotypical representations of other by spending time with them if possible. If not, we should be careful not to base our views of certain groups on just one thing. Maybe we could research more about different cultures and discover books, films and music from them as well.*

YOUR TURN – p. 154

Join the *Breakfast Club discussion*

Cette tâche peut être menée en classe ou à la maison.
• Les élèves pourront s'enregistrer à la maison et mettre l'enregistrement sur l'ENT de l'établissement ou sur un mur Padlet.

• On pourra aussi choisir de diviser la classe en deux ou trois groupes. Chaque groupe choisira deux ou trois élèves qui joueront les intervenants invités dans l'émission.

FINAL TASK – p. 155

SUGGESTIONS DE MISE EN ŒUVRE

Selon le parcours mené au sein de ce chapitre, on choisira l'une ou l'autre des deux tâches finales.

Write Ifemelu's next blog post

1 | Préparation

• On encouragera les élèves à commencer par faire un *brainstorming* pour trouver une idée de récit. Comme suggéré dans le manuel, ils pourront s'appuyer sur l'extrait d'*Americanah* étudié en classe (p. 150-151). Une autre option possible, si on a traité le discours de Chimamanda Ngozi Adichie *The Danger of a Single Story* (p. 149), serait de décrire les expériences de la romancière lorsqu'elle est arrivée aux États-Unis.

• Ils pourront ensuite faire un plan pour organiser leurs idées et identifier le vocabulaire et les structures grammaticales dont ils auront besoin.

2 | Action !

On encouragera les élèves à rédiger un premier jet puis à le relire attentivement pour vérifier la grammaire et l'orthographe et enrichir le lexique. Ils pourront aussi se relire entre eux puis incorporer les idées et les corrections proposées par leurs camarades.

Create and present a typography poster

1 | Préparation

• Les élèves ne se souviendront probablement pas d'une citation complète mais ils pourront consulter à nouveau le document du chapitre qui les a le plus marqués afin d'y sélectionner leur citation.

• Une autre option sera de demander aux élèves, au fur et à mesure de la découverte des documents de la séquence, de choisir une ou deux citations qu'ils aiment particulièrement et de les noter pour plus tard. Ils pourront ainsi se référer rapidement à leurs choix au moment de la tâche finale afin de choisir la citation qu'ils souhaiteraient utiliser pour leur poster.

• Ils pourront alors analyser plus finement la citation et réfléchir à la meilleure manière de la présenter graphiquement puis de la présenter à l'oral.

2 | Action !

• Les élèves pourront travailler sur ordinateur (dans la salle informatique ou à la maison) ou sur papier (en classe ou à la maison).
On pourra ensuite faire une exposition en classe de tous les posters ; chaque élève pourra afficher ou projeter son poster au tableau.

• On demandera alors à chaque élève d'expliquer son choix, de dire pourquoi la citation l'a frappé et d'expliquer ce qu'elle signifie pour eux.

WORDS – p. 156-157 Corrigés des exercices

❶ **1.** offensive
2. offend
3. prejudiced
4. reductive
5. you **assume** or you **make assumptions**

❷ **1.** has a **limited understanding of**
2. In *Americanah*, Kimberley is kind but she is sometimes **patronizing**. She also **believes** OR **is under the impression that** it is offensive to say the word 'black' and she **believes** OR **is under the impression** she has to say that every black person is beautiful.
3. radio show / broadens your mind / learn from it
4. portrays / perpetuates stereotypes

❸ **b.** *Exemple de production possible :*
→ There are still problems with representation of certain groups in the entertainment industry which is why some companies hire diversity consultants.

❹ **a. 1.** show respect
2. broaden your mind
3. assume
b. *Exemples de productions possibles :*
1. We can **show respect** to other people by not making assumptions about them when we don't really know a lot about them.
2. Reading can help **broaden your mind**.
3. If you aren't sure about something it is better to ask and learn than to **assume**.

❺ *Exemples de productions possibles :*
1. I would like to see more people like me **in a TV series**.
2. We form a lot of opinions based on what we see **on TV**.
3. There are sometimes problems with how different groups are represented **in films**.
4. I saw a great film **at the cinema** last night.
5. *Americanah* is **a book** that is going to be adapted to the screen.
6. James Baldwin criticised the representation of black people **in cinema**.
7. *Americanah* is **a novel** I would like to read.
8. Do you ever analyse what you see **on screen**?
9. Trevor Noah discussed his interview with Toni Lahren on **the radio**.

Pronunciation

❻ **a. 1.** simple – simplistic
2. represent – representation
3. assume – assumption

GRAMMAR – p. 158-159 Corrigés des exercices

❶ **b.** *Exemples de productions possibles :*
→ Calvin asked Hobbes if he knew where babies came from.
→ Hobbes said he didn't know so Calvin said he wondered how to find out.
→ Hobbes said he would look at the back of Calvin's shirt to check and then said that Calvin came from Taiwan.

❷ *Exemples de productions possibles :*
a. Kimberly actually said that they had never been to Africa but that they would love to go.
b. *Exemple de production possible :*

"I come from a conventional, middle-class Nigerian family."

Chimamanda Ngozi Adichie (→ p. 149)

I love Chimamanda Ngozi Adichie. I really admire how she grew up in such poverty and has now made it in life!
→ Chimamanda didn't grow up in poverty. She said that she comes from a conventional, middle-class Nigerian family.

❸ **a.**

E.g. quiet → quietly

puzzled / confused / irritated

happy / excited

sad / disappointed

b. *Exemples de productions possibles :*
→ "I don't get this at all," he said puzzledly.
→ "What do you mean?" he asked confusedly.
→ "Stop talking to me!" he shouted irritatedly.
→ "I can't wait for the holidays," she said happily.
→ "Sadly, not everyone can be here with us today," said the school principal.

❹ *Exemples de productions possibles :*
1. She looked at him and said **angrily** "I don't know what we're doing here". He stared at her sadly and replied, **"I thought everything was going really well between us..."**.
2. She looked at him and said **worriedly**, "I don't know what we're doing here". He stared at her **coldly** and replied, **"You should have thought about that before you came..."**.

Pronunciation

❺ **a.** really – actually – necessarily – brightly – sadly – exactly - unfortunately - ordinarily
b. 1. She smiled brightly.
2. We really should plan a trip.
3. "Do you need more time?" "Not necessarily".

TEST YOUR SKILLS – p. 160

Tous les supports et les grilles d'évaluation sont fournis dans la banque de ressources Didier-Prof

Listening :

■ Audio *Respecting other cultures when travelling* (EVAL 11) fourni dans
→ le coffret classe

■ Grille d'évaluation de la compréhension de l'oral fournie dans :
→ ce guide pédagogique p. 345

Speaking

Fiche support photocopiable fournie dans :
→ ce guide pédagogique p. 346

Reading & Writing

Fiche support photocopiable fournie dans :
→ ce guide pédagogique p. 347

12 CHAPITRE FLASH

GOOD JOB!

Axe : LES UNIVERS PROFESSIONNELS, LE MONDE DU TRAVAIL

Thème : L'orientation scolaire et professionnelle au lycée

Problématique :

How can we make the right choices for our future?

Ancrage culturel :
Les initiatives de la Grande-Bretagne pour rapprocher élèves et professionnels

Grammaire :
- Envisager l'avenir
- Les propositions circonstancielles de temps

Introduction

"Well, what do you want to be when you grow up?" Cette question, posée si souvent par les parents, enseignants et amis bien intentionnés, suscite rarement l'enthousiasme des adolescents... Néanmoins, alors que les choix de cursus se font de plus en plus tôt, elle devient cruciale pour nos élèves – et leurs choix d'orientation seront d'autant mieux vécus qu'ils s'y seront préparés de manière active.

Cette question, qui se trouve dans l'extrait du roman de Nicola Yoon, *The Sun Is Also A Star* (p. 164), est donc au cœur de ce chapitre "flash", *Good job!* Le chapitre s'inscrit clairement dans l'axe "les univers professionnels, le monde du travail" et propose en six pages un aperçu de l'approche anglo-saxonne, qui a expérimenté bien avant la France la mise en place de parcours « par modules » dès le lycée. Les élèves pourront ainsi explorer la manière dont nos voisins britanniques appréhendent l'orientation scolaire et s'y préparent, comparer des parcours d'élèves et des discours de conseillers d'orientation ou de bénévoles.

Le chapitre prend la forme d'une mission proposée aux élèves (voir encadré à la page 161). On peut résumer cette mission à partir des titres choisis pour les documents principaux du chapitre — *"1. Get prepared, 2. Meet advisors, 3. Look into your heart, 4. Take action"*.

Au fil de ces pages, ils auront l'occasion de se préparer puis d'assister à un atelier sur l'orientation. Ils y rencontreront des conseillers qui les aideront à réfléchir à leurs aptitudes, à leurs possibilités, à leurs exigences et, surtout, à ce qui compte pour eux dans le choix de leur futur métier.

Petite visite guidée...

Ouverture : une photographie et un document audio
Pour amorcer la réflexion sur la manière de faire ses choix d'orientation scolaire et professionnelle

YOUR MISSION :
Participer à un atelier pour bien préparer son orientation

1. *Get prepared*
Un article d'une lycéenne britannique sur la pression provoquée par la nécessité de faire des choix d'orientation très tôt pour les A-levels

2. *Meet advisors*
Deux interviews audio et deux témoignages écrits pour partager l'expérience de conseillers d'orientation et de bénévoles venant du monde professionnel britanniques

3. *Look into your heart*
Extrait de roman : rencontre avec deux jeunes New-Yorkais qui confrontent leurs rêves d'avenir et leurs choix d'orientation

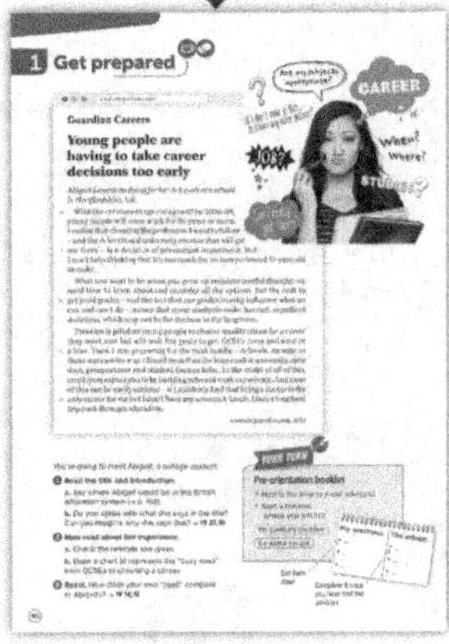

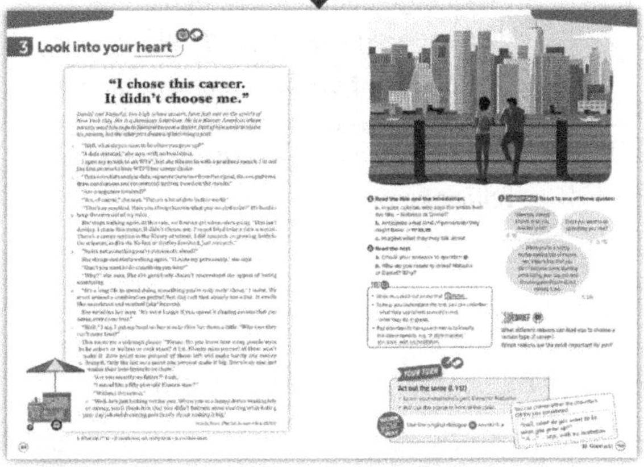

4. *Take action*
L'initiative *Inspiring the future* en GB. Rapprocher mondes professionnel et scolaire pour aider tous les élèves à faire des choix éclairés en matière d'orientation

2 tâches finales au choix
– Organiser une « semaine de l'orientation » et proposer des idées d'ateliers
– Participer à une *mock interview* avec Patrick Caldwell, bénévole à l'association *Inspiring the Future*

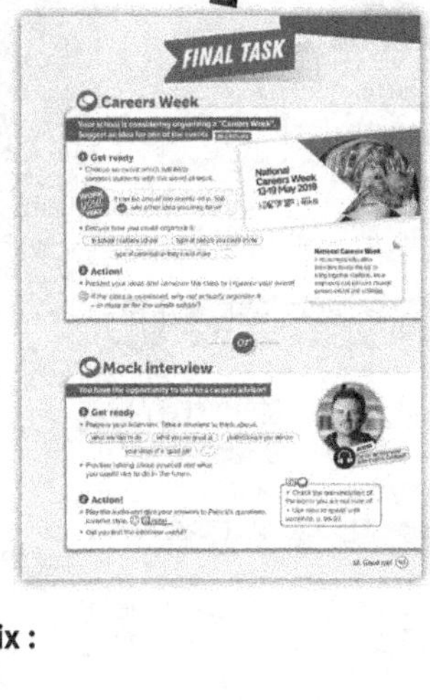

Évaluations au choix :
– *Listening & Writing*
– *Reading*

A word from the authors...

"Finding the right job is one of the most difficult challenges facing our students. Many teenagers are driven by the desire to please their parents or the social pressure to find work in an intellectually-prestigious profession. Others yearn to find a job which really suits their personality, their skills and their tastes, even if it is not as highly considered or as well-paid as other professions.
By presenting the views and the approach of students and careers advisors in the UK and the USA, as well as the various initiatives taken to bring students and professionals closer together, the documents in this chapter aim to play down the difficulties and pressures of job-hunting and encourage our students to regard their future careers with a more open mind. Depending on the level of your class or the time available, this chapter can be approached as a 'careers guidance workshop' in the UK, focusing on the mission described on the opening page and the documents entitled 'Meet advisors' and 'Take action'. On the other hand, if you consider that your class will be interested in the high-pressure obstacle race described by a British A-level student in *The Guardian* (p. 162) and the contrast between two New York teenagers — a dreamer and a down-to-earth realist — in Nicola Yoon's novel (p. 164), then the second sequence described in the following pages will be more suitable."

James Walters

Un chapitre «flash», deux séquences possibles...

SÉQUENCE #1 B1 • 3 à 4 séances

Pour démarrer :

p. 161

- Une **image** pour réfléchir et discuter de ce que signifie *"a good job"*
- Un **document audio** : comment faire les bons choix de matières en vue des *A-levels* ? Les conseils de lycéens britanniques

Pour découvrir et s'entraîner : IN GROUPS

p. 162-163

- Une **tâche d'entraînement** : préparer ses questions dans la perspective de participer à un atelier sur l'orientation
- **Workshop *Meet advisors*** : rencontre avec deux femmes ingénieurs, un "start-uppeur" et une conseillère d'orientation
- Une **tâche d'entraînement** : retour d'expérience à la suite de l'atelier et réalisation d'un livret d'aide à l'orientation

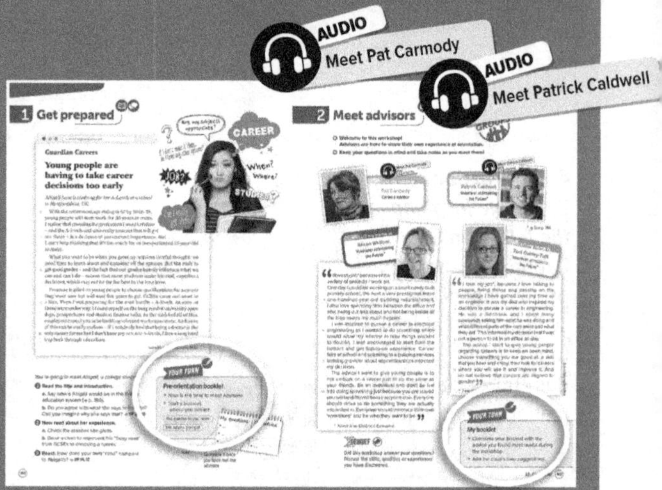

p. 166

- Une **vidéo** sur une expérience britannique visant à mieux faire connaître le monde professionnel et ouvrir les perspectives d'orientation de tous les élèves
- Une **page web** présentant 5 types d'activités pour accompagner les élèves dans leur parcours d'orientation

Une tâche finale :

p. 167

- *Your school is considering organizing a "Careers Week". Suggest an idea for one of the events.*

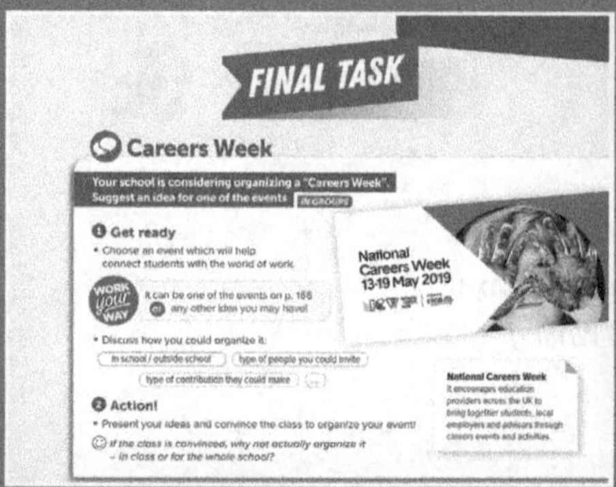

Évaluations p. 169

- Dispositif complet d'évaluation dans la banque de ressources Didier-Prof

SÉQUENCE # 2 B1 / B1+ • 5 à 6 séances

Pour démarrer :

p. 161

- Une **image** pour réfléchir et discuter de ce que signifie *"a good job"*
- Un **document audio** : comment faire les bons choix de matières en vue des *A-levels* ?

Pour découvrir et s'entraîner :

p. 162

- Un **article** sur la pression subie par une jeune Anglaise avant ses *"A-levels"*
- Une **tâche d'entraînement** : préparer ses questions dans la perspective de participer à un atelier sur l'orientation

p. 163

IN GROUPS

- **Workshop *Meet advisors***
- Une **tâche d'entraînement** : retour d'expérience à la suite de l'atelier

p. 164-165

- Un **extrait de roman** : deux jeunes New-Yorkais discutent de leurs rêves d'avenir
- Une **tâche d'entraînement** : jouer l'extrait

p. 166

- Une **vidéo** sur une expérience britannique visant à mieux faire connaître le monde professionnel
- Une **page web** présentant 5 activités pour accompagner les élèves dans leur orientation

Une tâche finale :

p. 167

- *Your school is considering organizing a "Careers Week". Suggest an idea.* OU
- *Mock interview: talk to a careers advisor*

Évaluations p. 169

- Dispositif complet d'évaluation dans la banque de ressources **Didier-Prof**

OUVERTURE – p. 161

PRÉSENTATION DES DOCUMENTS

La photographie

La photo d'ouverture montre une jeune fille équipée de protections en train de poncer *(sand)* une pièce de bois d'un air déterminé.

Prise dans un *"college of further education"* (lycée technique / professionnel) du nord de l'Angleterre, l'image pourra servir de levier pour commencer à entrer dans la problématique du chapitre : comment faire les bons choix pour son avenir académique et professionnel ?

Le titre

Le titre du chapitre — *Good job!* — peut avoir deux sens :
1. (sans le point d'exclamation) "un bon métier",
2. (avec le point d'exclamation, surtout aux États-Unis) "Bravo !", "Bien joué !"

Le document audio

• Il s'agit d'un enregistrement d'élèves de première de la Highgate School de Londres qui s'expriment spontanément en réponse aux questions *"How do you pick the subjects that you choose for your A-levels? Can you give any form of advice?"*.

• Le débit est relativement lent et les jeunes britanniques s'expriment chacun à leur tour, en expliquant les choix qu'ils ont été amenés à faire pour leurs *A-levels* de manière assez pédagogique, en donnant des exemples précis. Les informations importantes sont clairement accentuées, ce qui devrait être facilitateur pour la compréhension.

OUTILS LINGUISTIQUES

Pour s'approprier le vocabulaire nécessaire à l'ensemble de la séquence et maîtriser sa prononciation :
→ *Words* p. 169
→ Plateforme d'entraînement reussirenlangues.fr/IFS2de
PRACTISE ONLINE

SUGGESTIONS DE MISE EN ŒUVRE

1 | Projection de la photo d'ouverture

• On laissera les élèves réagir librement à l'image de la jeune menuisière.
• On pourra relancer les élèves avec quelques questions :
→ *Do you think being a carpenter is a 'good job'?*
→ *What is 'a good job'?*
→ *Would you rather do manual work or intellectual work / office work?*
→ *Are some jobs unsuitable for boys? Are some jobs unsuitable for girls?*

Photo fournie dans :
→ la banque de ressources Didier-Prof

• Avant d'aborder le travail sur le document audio et pour que les élèves puissent mieux comprendre le parcours et les grandes étapes des études au Royaume-Uni, on pourra regarder ensemble le document *"Education system in the UK"* à la page 169.

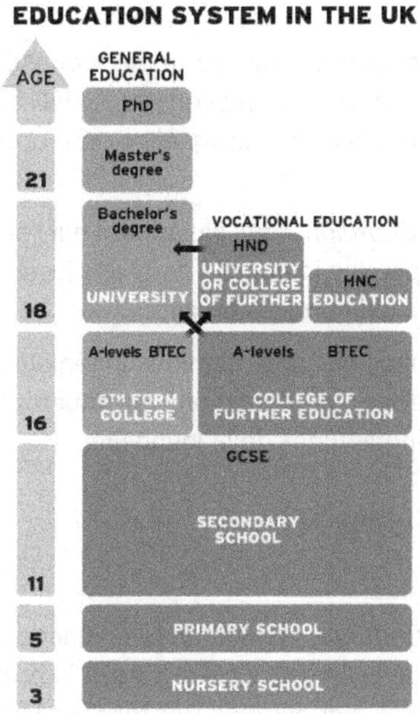

Infographie *"Education system in the UK"* fournie dans :
→ la banque de ressources Didier-Prof

2 | Écoute du document audio

On pourra prélever les informations suivantes :

How did [these British students] choose their A-level subjects?	
Student 1	She chose her subjects by thinking of her future university course. She selected a mixture of subjects which would fit in with her studies, for example, Science and Maths if she wanted to study Medicine. Her approach was to plan for the distant future.
Student 2	He gives the advice offered by his school which could be divided into two opposing options: either choose a set of similar subjects (French, Geography, History and English) as he has done or mix scientific and literary subjects as his friends have done. The first option enables you to transfer knowledge. The second one offers change and variety.
Student 3	She has chosen half scientific subjects and half other subjects in order to leave her options open. She found this mixture of different subjects very enjoyable.

DIFFÉRENCIATION PÉDAGOGIQUE

• Dans une classe où les élèves éprouvent des difficultés à comprendre l'anglais à l'oral et à prendre la parole, on peut faire écouter :
1. les questions posées au début de l'enregistrement,
2. la réponse de *"Student 1"*,
3. la réponse de *"Student 3"*.

• Dans une classe où les élèves sont plus à l'aise, on peut travailler — en écoute fractionnée — sur l'ensemble du document.

DEBRIEF – p. 161

How are you going to make your own choices?

• Après avoir réfléchi à ce qu'est *"a good job"* et avoir entendu les conseils de lycéens britanniques pour choisir leurs matières en vue des *A-levels*, les élèves vont pouvoir commencer à s'interroger sur leurs propres projets et critères pour faire leurs choix d'orientation. Ce *Debrief* peut être amorcé à l'oral en fin de séance, et donné en petite tâche écrite pour la séance suivante.

• On pourra faire une rapide mise en commun au début de la séance suivante et noter les réponses de manière à pouvoir les reprendre plus tard et voir en quoi elles ont pu (éventuellement) évoluer au cours de la séquence.

POUR ALLER PLUS LOIN – Pour accompagner les élèves dans leur réflexion, on pourra leur suggérer de rassembler leurs idées en utilisant un diagramme tel que celui-ci, en leur demandant de remplir chaque section de bulle.

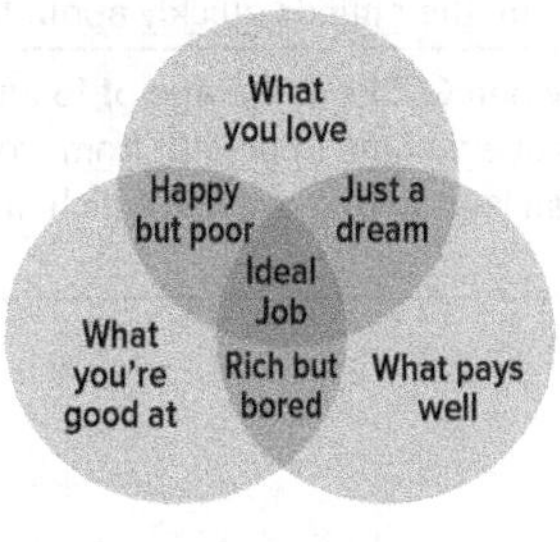

OUTILS LINGUISTIQUES

Grammaire

Pour répondre à ce *Debrief* les élèves seront amenés à envisager l'avenir avec *Will*, le présent simple ou *Be going + to*, et à utiliser des propositions circonstancielles de temps
→ *Grammar* p. 168

1. Get prepared – P. 162

La double-page 162-163 se présente comme une sorte de « questions / réponses » (ou plutôt « inquiétudes / conseils »...) concernant le délicat problème du choix d'une orientation – et des carrières auxquelles celle-ci pourra éventuellement donner accès.

• En page de gauche, l'article de *The Guardian* – et l'illustration qui l'accompagne – soulignent la pression subie par une jeune fille de 17 ans juste avant les examens qui vont déterminer son avenir professionnel.

• En page de droite, les conseils donnés par deux femmes ingénieurs, par un "start-uppeur" et par une conseillère d'orientation constitueront des réponses plutôt encourageantes aux inquiétudes de la jeune fille.

PRÉSENTATION DU DOCUMENT

L'article de *The Guardian*

Publié dans la rubrique *"Careers"* du *Guardian*, il s'agit du témoignage d'une lycéenne britannique de 17 ans, Abigail Lane, qui s'élève contre la pression subie par les lycéens pour faire des choix d'orientation très tôt dans leur cursus scolaire, bien avant les examens qui détermineront leur orientation – les "A-levels". Cette inquiétude sera sans doute partagée par un certain nombre de nos élèves qui devront eux-mêmes faire des choix de « majeures » dès la seconde.

SUGGESTIONS DE MISE EN ŒUVRE

1 | Anticipation à partir du titre et de l'introduction de l'article

• Si on souhaite approfondir l'étude du système d'éducation au Royaume-Uni (voir Parcours #2 ci-dessus), l'article du *Guardian* est un très bon point de départ.

• On fera anticiper le contenu de l'article à partir de l'image et du titre :

→ *Have you asked yourself the same questions as the girl in the picture?*

→ *Which one(s) seem(s) the most important to you?*

1a et 1b Réponse possible :

→ *Abigail would be in the "General education" column in the lowest orange square, just where "A-levels" and "BTEC" are written.*

2 | Lecture de l'article

a. On fera prendre des notes sur les raisons pour lesquelles Abigail pense qu'on la pousse à choisir sa future carrière trop tôt. Voici un exemple des notes qu'on pourrait prendre (les raisons sont soulignées) :

Paragraph 1	Today's students will work for a long time ("50 years or more") but must make crucial career decisions when they are inexperienced teenagers.
Paragraph 2	Career decisions need long reflection but students must hurry to get good results and make up their minds quickly about their future job.
Paragraph 3	The obstacle race between GCSEs at the age of 16 and A-levels at 18 goes so fast that you have no time to benefit from work experience. This desperate rush can lead to bad choices which are difficult to correct.

Article et illustration fournis dans :
→ la banque de ressources Didier-Prof

OUTILS LINGUISTIQUES

Pour exprimer les intentions et les objectifs d'Abigail Lane avec cet article :
→ YP27 *Expressing intentions* et YP30 *Expressing purpose*

b. Voici une représentation visuelle de la “busy road” :

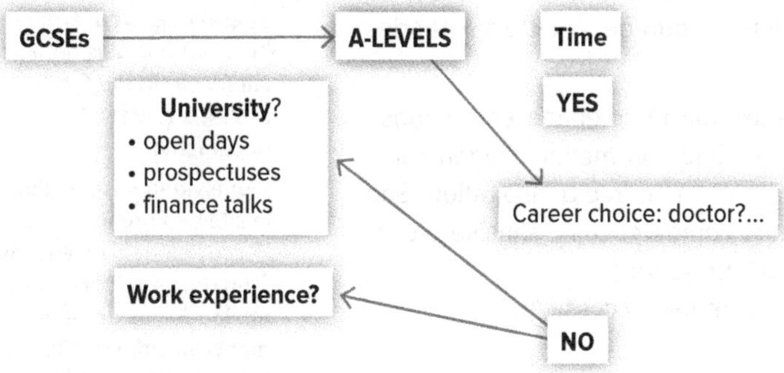

YOUR TURN – p. 162

Pre-orientation booklet

• Cette tâche d’entraînement permettra aux élèves de préparer un petit livret en prévision de l’atelier avec les conseillers d’orientation de la page 163.

• Individuellement ou en binômes, ils noteront toutes les questions qu’ils se posent en laissant de la place pour les réponses qu’ils pourront éventuellement récolter au cours de l’atelier.

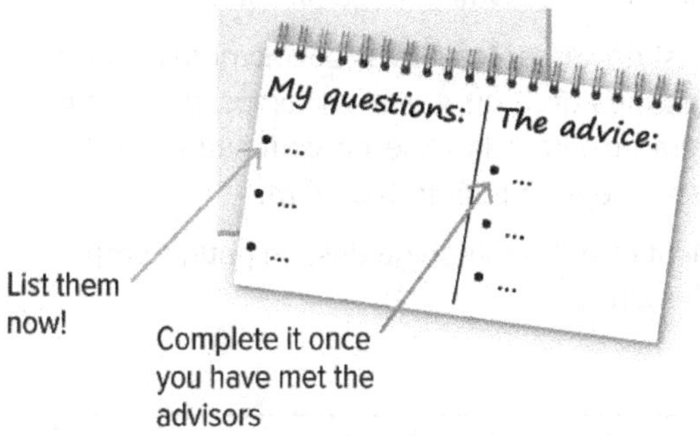

2. Meet advisors – P. 163

IN GROUPS

PRÉSENTATION DU DOCUMENT

Les témoignages des « conseillers d’orientation »

• **Document audio *Meet Pat Carmody* :** ce document est extrait d’une vidéo à destination des lycéens et étudiants britanniques pour les accompagner dans leurs choix d’orientation. Pat Carmody, une conseillère d’orientation à l’université de Kent, à Canterbury, donne des conseils simples et concrets en insistant sur la nécessité pour les étudiants de faire des recherches personnelles et de parler avec des professionnels.

• **Document audio *Meet Patrick Caldwell* :** ce document audio a été aimablement enregistré pour *In Full Swing 2de* par un jeune cadre dans une start-up, Patrick Caldwell, qui est également bénévole pour *Inspiring the future*. Cet organisme a pour objectif de favoriser l’égalité des chances en organisant des événements qui rapprochent monde professionnel et élèves de tous milieux sociaux.

• **Témoignage de *Alison Weldord* :** ce témoignage écrit rend compte du parcours d’une jeune ingénieure (également bénévole pour *Inspiring the* *future*) qui expose les critères qui ont motivés ses choix de carrière et donne pour conseil aux élèves de choisir une voie qui corresponde vraiment à leurs motivations, sans se laisser influencer par leur entourage... quitte à sortir des sentiers battus.

• Témoignage de Toni Oakley-Tulk : ce deuxième témoignage écrit expose les raisons pour lesquelles Toni Oakley-Tulk aime son métier d'ingénieur – raisons qui pourront surprendre les élèves – et sa source d'inspiration. Son conseil aux élèves est de tirer partie de leurs compétences... sans se préoccuper de savoir si cela correspond ou non à leur genre.
Les quatre documents, relativement courts, sont très accessibles.

SUGGESTIONS DE MISE EN ŒUVRE

• Au cours de cet atelier, les élèves découvriront les témoignages écrits et oraux des conseillers d'orientations de manière à pouvoir ensuite compléter leur *Pre-orientation booklet* (*Your turn My booklet* p. 163 du manuel). Différentes mises en œuvre sont possibles en fonction du temps que l'on souhaite consacrer à cette activité, de la motivation et du niveau des élèves.

• L'une des approches possible est de laisser les élèves découvrir les quatre documents en autonomie, en groupes de 3 ou 4, sur un temps clairement défini au préalable. On procèdera ensuite à la mise en commun entre les différents groupes de manière à se préparer pour le *Your Turn*.

• Pour les élèves qui souhaiteraient être davantage guidés, on pourra proposer une grille telle que celle ci-dessous :

Exemple de grille complétée :

	What I love...	What inspired me...	What qualities are needed...	Advice
Alison Welford	Working both indoors and outdoors on a lot of different projects.	Being interested in how things work and being able to have practical experience.	A love of variety and not being afraid to be different from other people.	Be an individual and pursue your own interests — even if they are considered strange.
Toni Oakley-Tulk	Talking to people, fixing things and transmitting my knowledge.	Helping my dad to repair cars — which made me sure I didn't want an office job.	Easy contact with people and curiosity about how things work.	Be open-minded, know that jobs are not linked to your gender and use a skill you enjoy.
Pat Carmody	Helping young people to find a job which pays well and gives satisfaction.	–	A willingness to try, a certain flexibility, good communication skills and an interest in the firm.	Be ready to explore all the possibilities offered by the internet and talk to people who work.
Patrick Caldwell	Connecting students and workers and seeing talented people grow.	Not having the chance as a student to talk to workers and to do mock interviews.	Confidence to know first choices are not definitive and careers don't follow a straight line.	Choose a job that makes you excited to get out of bed in the morning and focus on it.

AILLEURS DANS LE MANUEL

• Les élèves trouveront des informations plus détaillées sur *Inspiring the future* p. 164, à travers deux documents :
– une vidéo mise en ligne sur le site de l'organisme à l'occasion de son lancement,
– un document présentant quelques-uns des événements visant à familiariser les élèves de tous âges avec le monde professionnel.

• Les élèves qui le souhaitent pourront consulter leur site, qui regorge de témoignages et de ressources très accessibles : www.inspiringthefuture.org

• Les ateliers initiés par *Inspiring the future* ont inspiré les tâches finales de ce chapitre, de manière à placer nos élèves dans des conditions très proches de celles que vivent leurs camarades britanniques.

DIFFÉRENCIATION PÉDAGOGIQUE

• Dans une classe hétérogène, on peut faire travailler les élèves qui ont plus de difficultés sur les deux textes écrits (Alison Welford et Toni Oakley-Tulk) et les élèves qui sont plus à l'aise sur les deux documents audio (Pat Carmody et Patrick Caldwell).

• On procèdera ensuite à la mise en commun en demandant à un ou plusieurs élèves de venir prendre en notes au tableau les retours de leurs camarades.

• Dans une classe de bon niveau, à la suite du temps de lecture et d'écoute on pourra simplement poser quelques questions :

1. *Which advisor loves talking to people, fixing things and transmitting knowledge?*
2. *Which one advises you to explore all the possibilities of the internet?*
3. *Which one loves working indoors and outdoors on a lot of different projects?*
4. *Which one says you need flexibilty and good communication skills?*
5. *Which one was inspired by watching her father repair cars?*

YOUR TURN – p. 163

My Booklet

À la suite de la mise en commun, on fera compléter le livret en demandant aux élèves de sélectionner les conseilsqui leur ont semblé les plus utiles.

DEBRIEF – p. 163

Did this workshop answer your questions?
Discuss the skills, qualities or experiences you have discovered.

On pourra mener ce *Debrief* sous la forme d'un débat sur les conseils des conseillers d'orientation et sur ce que les élèves ont appris grâce à ces quatre témoignages.

3. Look into your heart – P. 164-165

PRÉSENTATION DES DOCUMENTS

Le texte

Le texte *"I chose this career. It didn't choose me."* est un extrait du roman de Nicola Yoon, *The Sun Is Also a Star*, publié en 2016. La version cinématographique du roman est sortie en mai 2019.

The Sun Is Also a Star
Natasha: I'm a girl who believes in science and facts. Not fate. Not destiny. Or dreams that will never come true. I'm definitely not the kind of girl who meets a cute boy on a crowded New York City street and falls in love with him. Not when my family is twelve hours away from being deported to Jamaica. Falling in love with him won't be my story.
Daniel: I've always been the good son, the good student, living up to my parents' high expectations. Never the poet. Or the dreamer. But when I see her, I forget about all that. Something about Natasha makes me think that fate has something much more extraordinary in store—for both of us.
The Universe: Every moment in our lives has brought us to this single moment. A million futures lie before us. Which one will come true?
goodreads.com

Nicola Yoon
Nicola Yoon is the number one best-selling author of *Everything, Everything*, which is now a major motion picture, and *The Sun Is Also a Star*, a National Book Award finalist, Michael L. Printz Honor Book and Coretta Scott King New Talent Award winner. She grew up in Jamaica and Brooklyn, and lives in Los Angeles with her family.

L'extrait reproduit dans le manuel contient la question-clé du chapitre *Good job! ("Well, what do you want to be when you grow up?")*. Il permettra aux élèves de réfléchir à trois aspects de cette question :

– la rencontre et les perspectives professionnelles de deux jeunes New-Yorkais d'origine étrangère : une Jamaïcaine et un Koréen ;
– les approches contrastées des deux personnages principaux : un « rêveur » et une « réaliste » ;
– l'ambition de parents immigrés aux États-Unis qui souhaitent vivement la réussite de leur progéniture.

SUGGESTIONS DE MISE EN ŒUVRE

1 | Anticipation à partir du titre et de l'introduction

On demandera aux élèves de regarder l'illustration (pour situer l'action et visualiser les personnages) et de lire le titre et l'introduction du texte.

a. Exemple de réponse possible :
→ *The words probably come from Natasha's mouth because they are decisive, down-to-earth and realistic and we learn from the introduction that Daniel is, at least partially, a dreamer.*

b. Exemple de réponse possible :
→ *Apparently, Daniel is something of a romantic or an escapist. This might explain why he would like to become a poet instead of obeying his parents and going to Yale to study to become a doctor. If the words of the title are spoken by Natasha then she, on the other hand, seems to be determined and practical.*

c. Les élèves répondront librement à la question. On pourra noter leurs hypothèses au tableau sous forme de *spidergram* afin de les valider ou de les compléter plus tard.

Texte et illustration fournis dans :
→ la banque de ressources Didier-Prof

OUTILS LINGUISTIQUES
Pour exprimer leurs hypothèses :
→ YP23 *Observing, deducing* et YP25 *Inferring meaning*

2 | Lecture du texte

Dans une classe hétérogène on suivra les conseils du "TIP" en proposant aux élèves de faire leurs repérages à la couleur, sur une version imprimée du texte.

TIP
- Work on a print-out of the text.
- To help you understand the text, you can underline:
  - what they say (direct speech) in red,
  - what they do in green.
- Pay attention to the speech marks to identify the direct speech. e.g. *"A data scientist," she says, with no hesitation.*

Texte à imprimer fourni dans :
→ la banque de ressources Didier-Prof
→ le site e IFS2553
→ le manuel numérique

3 | *Group talk*

• Avant d'aborder l'activité de *Group talk*, il pourrait être intéressant de comparer les citations de Natasha et Daniel avec les paroles des quatre conseillers d'orientation de la page 163.

• On fera relire ou ré-écouter les avis des conseillers, puis on fera un tableau vide en demandant aux élèves de répondre aux questions surlignées en gris ci-dessous :

Review the opinions of the people interviewed on p. 163 and answer the questions about Natasha and Daniel's quotes. Then give your own opinion.

QUOTE FROM TEXT — AND QUESTION	GOOD IDEA, SUPPORTED BY...	BAD IDEA, CONTRADICTED BY...	YOUR OPINION
Daniel: "Have you always known what you wanted to be?" → QUESTION: What does Patrick think about knowing exactly what you want to be when still at school?	–	***Patrick Caldwell:*** "Too often students think that careers are linear or they feel pressure to make all of the correct decisions while they are at school. [...] I've had the opportunity to work in multiple countries, industries and professions and none of these were what I thought I wanted to do in school – I wanted to be a lawyer."	
Daniel: "Don't you want to do something you love?" → QUESTION: Do Alison, Toni and Pat think it's important to love your job?	***Alison Welford:*** "I love my job because of the variety of projects I work on. [...] Everyone should strive to do something they are actually interested in." ***Toni Oakley-Tulk:*** "I love my job because I love talking to people, fixing things and passing on... knowledge" ***Pat Carmody:*** "Think about what you like doing. Think about what motivates you to do a job and make you get up in the morning [...] So that you can go to work every day with a smile on your face and get satisfaction out of what you're doing."	–	
Natasha: "When you're a happy doctor making lots of money, you'll thank him that you didn't become some starving artist hating your day job and dreaming pointlessly about making it big." → QUESTION: Happiness or money? What do Pat and Patrick think is the most important aspect of a future job?	***Pat Carmody:*** "The ideal is to have a job that earns you money and you also enjoy doing."	***Patrick Caldwell:*** "I think, find something that makes you excited when you get out of bed in the morning and focus on being great at that!"	

• L'activité donnera aux élèves l'occasion de s'exprimer et de confronter leurs avis, soit avec leurs partenaires de l'activité précédente (p. 163), soit en formant de nouveaux groupes de 3 ou 4 élèves.

• Selon le temps dont on dispose et la motivation des élèves, on pourra proposer aux groupes de choisir l'un des trois sujets de discussion, ou bien de traiter les trois. Dans ce dernier cas, on pourra nommer un *time keeper* pour chaque groupe afin de s'assurer que l'on aura un temps suffisant pour aborder chaque question.

Have you always known what you wanted to be?
(l. 9)

Don't you want to do something you love?
(l. 17)

When you're a happy doctor making lots of money, you'll thank him that you didn't become some starving artist hating your day job and dreaming pointlessly about making it big.
(l. 35)

• Enfin, on pourra éventuellement procéder à une mise en commun en classe entière, un rapporteur par groupe rendant compte des conclusions des discussions.

DEBRIEF – p. 165

What different reasons can lead you to choose a certain type of career? Which reasons are the most important for you?

Ce *Debrief* pourra être amorcé à l'oral en fin de séquence et donné en petite tâche écrite pour la séance suivante.

YOUR TURN – p. 165

Act out the scene

• Cette activité de mise en voix du dialogue pourra être préparée à partir de la version imprimée du texte proposée sur la banque de ressources et le manuel numérique (e IFS2553). Pour faciliter le travail sur le dialogue, on fera surligner avec des markers fluo les propos de chaque personnage.

• On incitera les élèves à tenir compte dans leur «jeu d'acteur» des personnalités de Natasha et de Daniel :

Natasha	• She seems to be quite self-confident, determined, practical and realistic. • She is scientific, down-to-earth and does not care if she spends her life doing a job which she doesn't really love.
Daniel	• He is artistic, idealistic and really wants to find an occupation he can be passionate about. • Daniel, on the other hand, gives the impression that he is not very sure of himself, rather envious of Natasha and in two minds about his career choices.

DIFFÉRENCIATION PÉDAGOGIQUE

WORK YOUR WAY

Pour les élèves motivés par l'expression écrite, on pourra proposer de jouer une ré-écriture du dialogue en demandant aux élèves de changer certains éléments – les personnages (traits de caractères, origines...), les carrières envisagées, etc.

You can change either the characters *OR* the jobs considered:

"Well, what do you want to be when you grow up?"
" A ..." ... says, with no hesitation.

4. Take action– P. 166

L'objectif de cette page est de faire réfléchir nos élèves aux initiatives qu'ils pourraient prendre pour mieux définir leurs projets d'avenir, en partant de l'initiative du gouvernement britannique *Inspiring the future* – un projet largement basé sur le volontariat de personnes issues du monde professionnel et dont les élèves ont déjà eu un petit aperçu à la page 163 à travers les témoignages de Patrick Caldwell, Alison Welford ou Toni Oakley-Tulk. Après la découverte des documents de cette page, il s'agira pour les élèves de passer à leur tour à l'action pour organiser leurs propres événements.

PRÉSENTATION DES DOCUMENTS

La vidéo

Le reportage proposé ici a été réalisé au moment du lancement de *Inspiring the future* en 2012 ; cet organisme vise à mettre en contact le plus tôt possible dans leur parcours scolaire les élèves et les professionnels *("get employers into schools")*. Comme le souligne la journaliste au début du reportage, il s'agit de généraliser dans les écoles publiques des pratiques déjà largement répandues dans les écoles privées ; le projet s'inscrit donc clairement dans une volonté de favoriser l'égalité des chances et de promouvoir la mobilité sociale : *"children, no matter where they come from, can get very succesfull careers"*. En favorisant les contacts entre élèves et professionnels bénévoles représentant tous les corps de métiers, les autorités espèrent ouvrir les perspectives de tous les élèves et leur donner des modèles qui les inspireront pour trouver leur propre voie. Ces *volunteers* donnent bénévolement de leur temps pour parler de leur parcours, présenter leur métier, les formations et expériences qui les ont amenés à leur situation actuelle, mais aussi parler de sujets tels que l'égalité professionnelle homme / femme ou la sécurité au travail, animer des ateliers, etc.

Page *Volunteering events*

La page est issue du site de *Inspiring the future* et présente cinq « événements » proposés par l'association aux établissements scolaires. Ces événements ont des portées différentes, de la présentation de métiers *(speed networking)* aux sessions d'entraînements à des entretiens d'embauche *(mock interviews)*.

SUGGESTIONS DE MISE EN ŒUVRE

1 | Visionnage de la vidéo

• Afin d'aider les élèves à répondre à la question introductive *("What events can schools organize to help pupils think about their future?")*, on fera visionner l'extrait vidéo sur la création d'*Inspiring the Future*, une initiative gouvernementale lancée en 2012 par le vice-Premier Ministre de l'époque, Nick Clegg.

• On fera ressortir les objectifs principaux de ce projet :

Aim	The aim of this project is to inspire youngsters by inviting successful employers and celebrities into schools.
For state or private schools?	The government wants to give pupils in state schools access to the same kind of help and advice that private schools enjoy.
Type pf mobility?	They hope to encourage social mobility by helping students from less privileged schools to become successful in their future jobs.
Statistics?	Nick Clegg would like 100,000 successful adult volunteers to join the project so that a million children could benefit from their advice by 2014.
Why invite celebrities?	A famous actress (Joanna Lumley) and a well-known chef (Gary Lee) talk about their careers and the children who meet them in the workshops seem inspired.

2 | Recueil des réactions des élèves

a. et **b.** On laissera les élèves réagir librement et on fera prendre en note au tableau leurs retours.

3 | Lecture du document *Volunteering events*

• Après lecture des cinq événements proposés par *Inspiring the Future*, on demandera aux élèves de classer les activités :

Which ones are aimed at teaching practical techniques?	→ Mock interviews, CV Workshops
Which ones depend on volunteers' ability to inspire students?	→ Speed networking, Assembly talks or presentations
Which one connects the worlds of work and school?	→ Subject talks

OUTILS LINGUISTIQUES

• Pour formuler leurs réactions au reportage :
→ YP40 *Criticizing* et YP41 *Praising.*
• Pour parler des objectifs du reportage et de l'initiative de gouvernement
→ YP27 *Expressing intentions* et YP30 *Expressing purpose*

• On ouvrira ensuite la discussion pour faire choisir aux élèves les activités qui leur sembleront les plus intéressantes et utiles, en donnant la possibilité à chacun d'exprimer ses préférences.

FINAL TASK P. 167

SUGGESTIONS DE MISE EN ŒUVRE

Selon le parcours mené au sein de ce chapitre, on choisira l'une ou l'autre des deux tâches finales.

Careers Week IN GROUPS

Cette tâche pourra prendre plus ou moins d'ampleur en fonction de l'implication des élèves dans la problématique du chapitre.
• On pourra poursuivre la réflexion entamée en p. 166 et demander aux élèves de choisir un événement parmi ceux proposés par *Inspiring the future* – ou un autre de leur choix –, de réfléchir à son organisation concrète et de présenter leur projet à la classe.

• Avec une classe motivée, on pourra aller jusqu'au bout du projet en faisant venir des professionnels susceptibles d'intervenir pour présenter leur métier et leur parcours, animer des ateliers, etc., ... en anglais si possible !

Mock interview

1 | Préparation

• Pour se préparer à la *mock interview*, les élèves rassembleront leurs idées sur les questions travaillées au cours du chapitre :

what you like to do | what you are good at | professionals you admire | your ideas of "a good job" | ...

• Ils pourront également s'entraîner en s'enregistrant.

2 | Action!

La *mock interview* pourra être jouée en classe ou en labo de langue.
Questions de Patrick Caldwell :

– What are some of the things that you find you do well?
– What do you like to do for fun?
– Now think about the reasons why you enjoy doing those things.
– What do they have in common and how do they make you feel?
– Who do you admire?
– What's something that you've always wanted to try?
– What accomplishment has made you the most proud?
– What's your favourite class and why?
– What do you read about in your free time?
– If you could do any job for a day, what would it be?
– As a kid, what did you want to be when you grew up?
– Great! Keep asking yourself questions like these and you'll make important discoveries about who you are. Stay open to the places and interests they lead to.

OUTILS LINGUISTIQUES

Lexique
Pour réviser le vocabulaire de la séquence et maîtriser sa prononciation :
→ *Words* p. 169

Grammaire
– La proposition relative
– L'expression du but
→ *Grammar* p. 168

DIFFÉRENCIATION PÉDAGOGIQUE

Pour les élèves qui ont plus de mal à comprendre l'anglais parlé, on peut faire préparer l'interview à la maison en fournissant les questions de Patrick Caldwell.

GRAMMAR – p. 168

Exercices autocorrectifs fournis dans :
→ la banque de ressources Didier-Prof
→ le manuel numérique

WORDS – p. 169

Exercices autocorrectifs fournis dans :
→ la plateforme d'entraînement réussirenlangues.fr/IFS2de PRACTISE ONLINE

TEST YOUR SKILLS – p. 169

Listening & Writing

- Audio *Advice from British students* (EVAL 12) fourni dans :
→ le coffret classe
- Grille d'évaluation de la compréhension de l'oral fournies dans :
→ ce guide pédagogique p. 349
- Fiche support photocopiable fournie dans :
→ ce guide pédagogique p. 351

Tous les documents supports et les grilles d'évaluation sont également fournis dans la banque de ressources Didier-Prof

Reading

Fiche support photocopiable fournie dans :
→ ce guide pédagogique p. 351

Corrigé : voir page suivante

Who says what?	Lucy Tobin	Emily Huns	David Fairhurst	Julian Lovelock	Ian Harding
1. Keep cool! Take it easy! You can change courses later.	☑ "possible to study other subjects and then switch into future training later on"				
2. Talk to several students about their experiences.			☑ "Interrogate the students too. They will all have diffe-rent experiences so speak to a few,"		
3. Studies are long so choose something that really motivates you.					☑ "Find your spark! Given you will spend three or four years of your life studying for a degree"
4. Find a subject you like and while studying do a part-time job or training course.		☑ "Choose a subject that you are genui-nely going to enjoy and do well at. Then, while you're studying, do some work experience each year"			
5. Don't worry even if your family keeps on harassing you.	☑ "If you are... being hounded* by parents or teachers claiming your whole life hinges* on this decision – relax."				
6. Decide if you want to study near to your home or far away.				☑ "The location of the university is important too: do you want to go to a different part of the country or stay close to home?"	
7. Check whether you can pursue the hobbies you like.				☑ "What about the opportunities for your other hobbies and talents – music, drama, or sport, for example?"	
8. You're sure to find a good job if you are passionate and motivated.					☑ "If a student is enthusiastic, engaged, and driven then their future is secure"

13 CREATE YOUR OWN...

Axe : CRÉATION ET RAPPORT AUX ARTS
Thème : L'expression créative
Problématique :
How can fiction stimulate creativity?

Ancrage culturel :
L'art au service de la créativité dans les jeux et la fiction anglophones.

Grammaire :
- Les prépositions
- Émettre des hypothèses avec *may*, *might*, ou *perhaps*
- Relater une suite d'événements : la concordance des temps

Introduction

« Je n'ai pas d'imagination ! ». Telle est souvent la crainte formulée par les élèves face aux activités d'expression créative. D'où vient l'imagination ? Qu'est-ce qui favorise la création ?

Dans ce chapitre, les élèves vont s'apercevoir que c'est bien souvent la création artistique elle-même qui nourrit et stimule... la création artistique ! Une peinture inspire un poème, le processus d'écriture inspire un film, un genre cinématographique inspire sa parodie, etc.

Nous proposons donc plusieurs ateliers motivants, ludiques et très accessibles d'expression créative orale et écrite, à partir de différents supports artistiques : peinture, poème, jeu ou film.

Ces activités sont destinées à favoriser l'interaction mais aussi la coopération et la médiation, et à aider les élèves à améliorer leur expression.

Chaque *workshop* peut-être mené indépendamment des autres, ou bien en association entre eux (cf. parcours possibles ci-après). Ils peuvent être proposés en lien avec d'autres séquences du manuel ou en guise de pause entre deux séquences.

Petite visite guidée...

Ouverture : une œuvre d'art
pour accrocher les élèves, et un poème qui s'en est inspiré pour amorcer la réflexion sur la création.
+ un atelier créatif très motivant !

Un atelier de création d'intrigues
à partir d'un « générateur d'intrigues ».

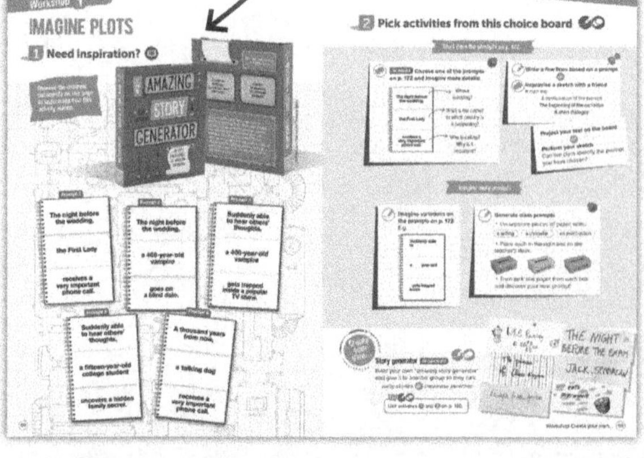

Un atelier d'invention d'histoires
à partir d'un jeu de cartes.

Un atelier de création de personnages
à partir d'un extrait de film, d'un tutoriel
et de textes méthodologiques.

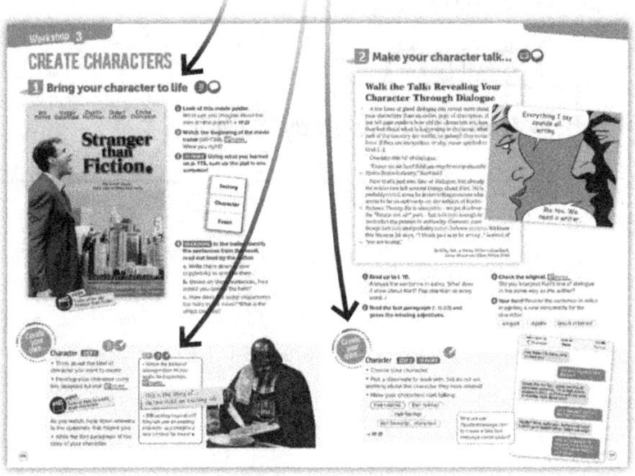

Atelier de création de personnages ***(suite)***

Une tâche finale : écrire une histoire à partir de *prompts*

Travail sur la langue

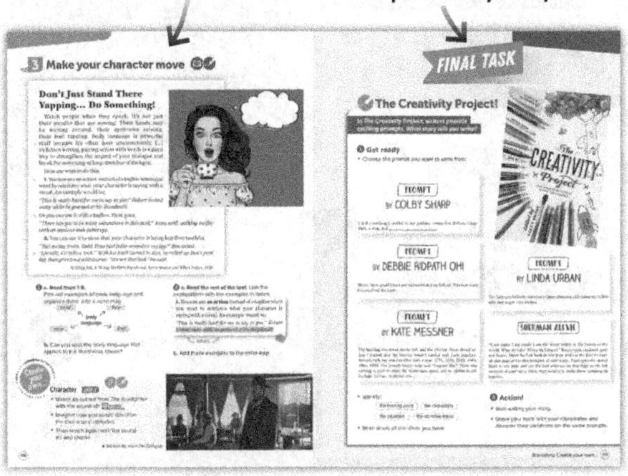

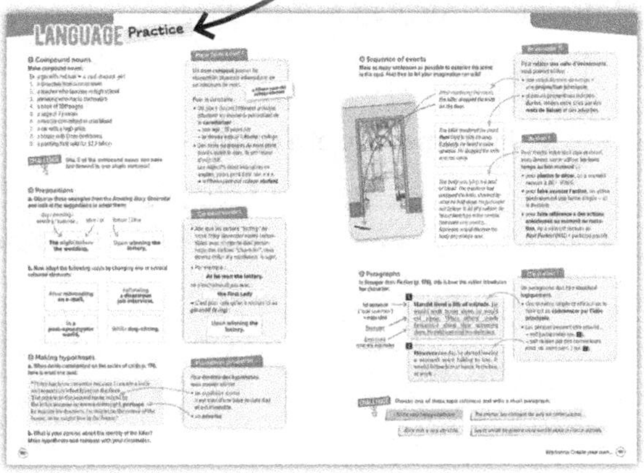

A word from the authors...

“Creativity is to be encouraged in the classroom and it is often stimulated by art not only because art triggers emotional responses, but also because it usually contains an implicit message that the spectator may feel the need to make explicit or elucidate in a very personal way.

For example, when I used Warhol's *Marilyn Diptych* in class, one of the first questions was “why did Warhol choose to make this painting?” The students tried to provide answers to this question but, as it often happens in the context of a classroom, they felt expected to take a rather academic approach and start with an aesthetic analysis instead of letting the work of art “speak” to them.

So when they discovered the poem, which did give a voice to Warhol's Marilyn, it helped them indulge in a more emotional response.

This opened up unexpected perspectives for the students and the creative project I suggested *(Create your own diptych and poem)* was met with much enthusiasm. Interestingly enough, the original artwork did its job of inspiring my students as most of them created their own personal variations on the concept, which I absolutely loved discovering. Some of these works can be seen on the *In Full Swing* website and on our Facebook page.

Mélanie Herment

Un chapitre, plusieurs séquences possibles…

SÉQUENCE #1 A2 / B1 • 2 séances

Pour démarrer :

p. 170-171

▶ **Une œuvre** de Andy Warhol

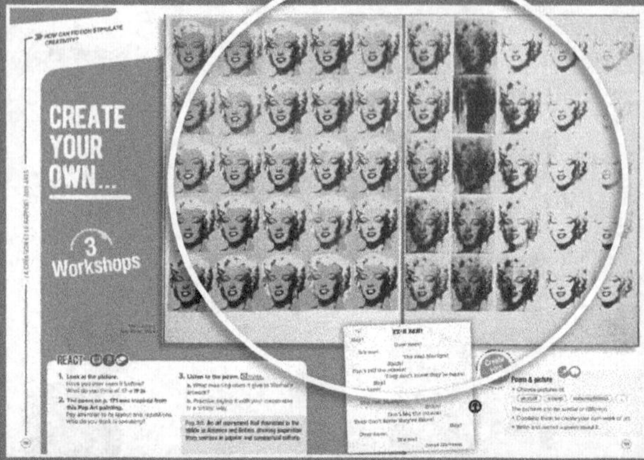

Pour découvrir et s'entraîner :

p. 171

▶ **Un poème** à lire et à écouter

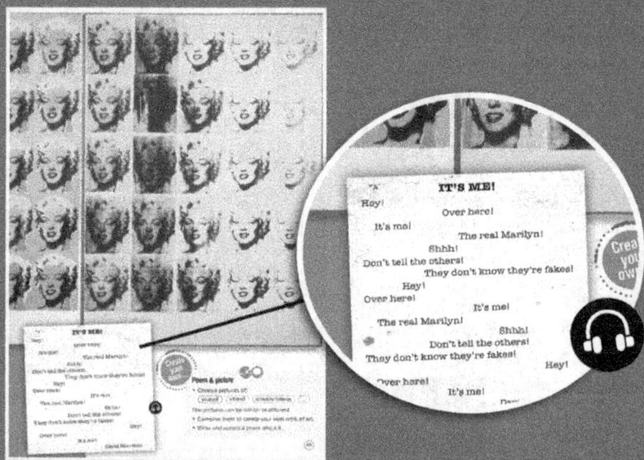

Tâche finale :

p. 171

▶ *Create your own poem and picture*

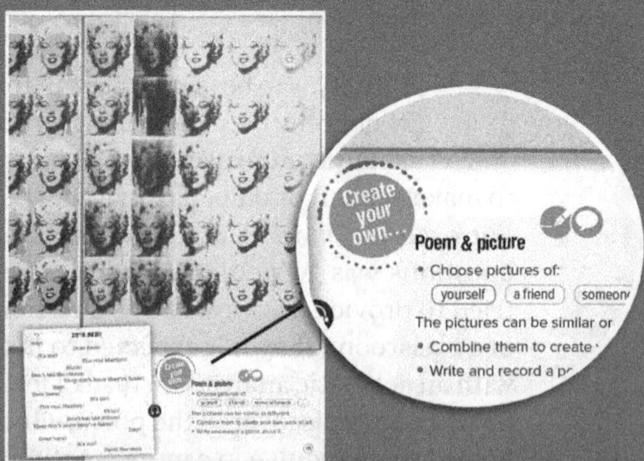

SÉQUENCE # 2 A2 / B1 • 2 séances

Pour démarrer :

p. 172

▶ **Un jeu** de création d'intrigues

Pour découvrir et s'entraîner :

p. 173

▶ **Des activités** au choix à l'oral et à l'écrit

Tâche finale :

p. 173

▶ *Create your own Story Generator*

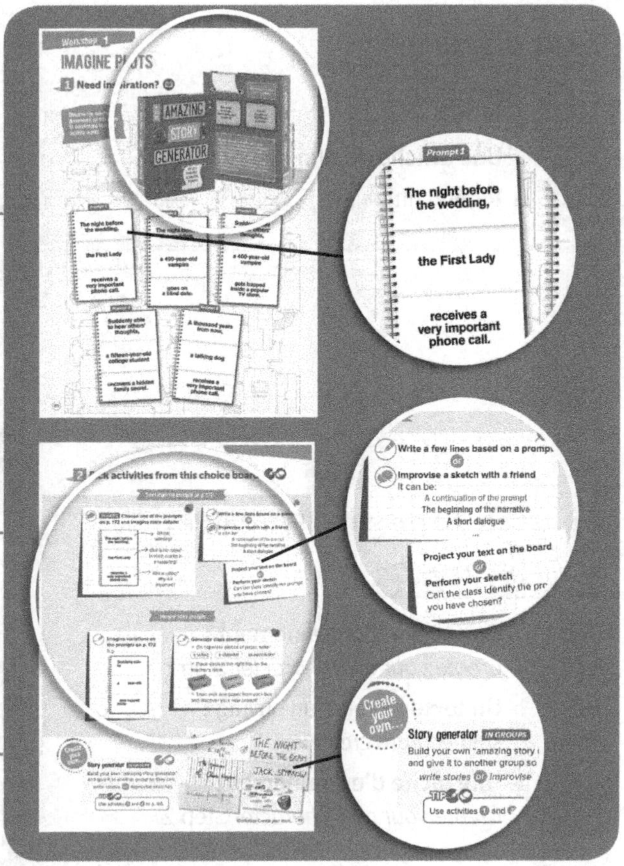

SÉQUENCE # 3 A2+ / B1+ • 3 séances

Pour démarrer :

p. 174

▶ **Un jeu** d'invention d'histoires à partir de cartes

▶ **Audio :** un exemple d'histoire inventée en manipulant les cartes

Pour découvrir et s'entraîner :

p. 175

▶ **Des activités** au choix à l'oral et à l'écrit

Tâche finale :

p. 175

▶ *Create your own Storytelling card game*

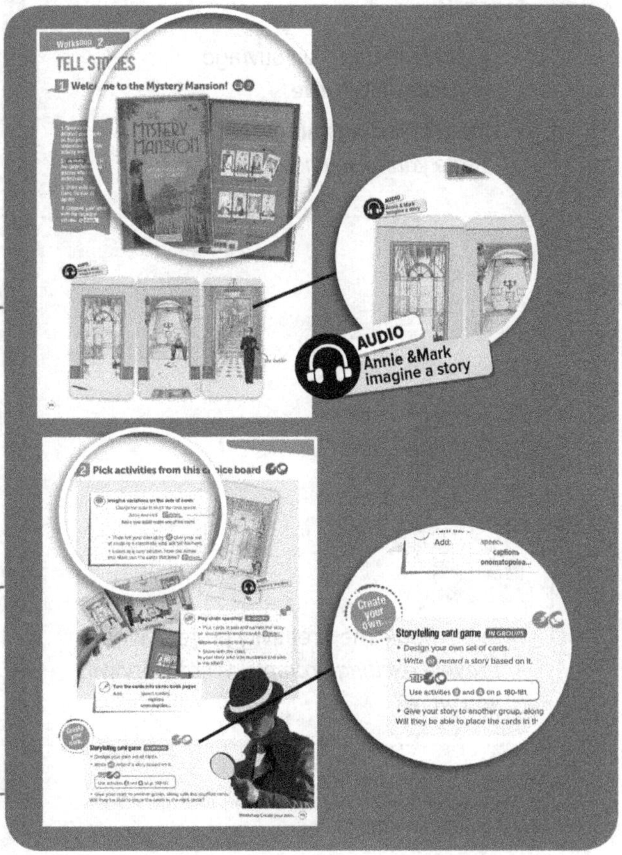

SÉQUENCE # 4 A2+ / B2+ • 4 séances

Pour démarrer :

p. 176

- **Une affiche de film**
- **Vidéo :** un trailer

Pour découvrir et s'entraîner :

p. 176-177

- **Une tâche d'entraînement :** *Create your own character* Step 1
- **Un texte** extrait d'un ouvrage sur l'écriture créative
- **Une tâche d'entraînement :** *Create your own character* Step 2

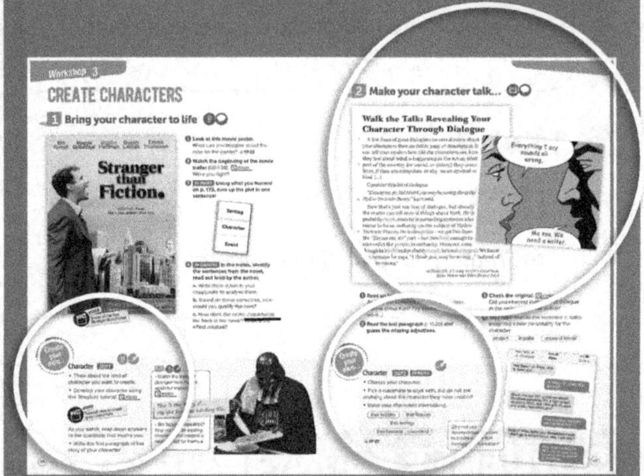

p. 178

- **Un texte** extrait d'un ouvrage sur l'écriture créative
- **Une tâche d'entraînement :** *Create your own character* Step 3

Une tâche finale :

p. 179

- *In the book* The Creativity project, *writers provide exciting prompts. What story will you write?*

SÉQUENCE # 5 B1 / B2 • 4 à 5 séances

Pour démarrer :

p. 172-173

▶ **Workshop 1**
Create your own Story Generator

OU

p. 174-175

▶ **Workshop 2**
Create your own Story telling card game

Pour s'entraîner :

p. 176-177

▶ **Workshop 3 : développer les personnages** imaginés dans le *Create your own* réalisé en démarrage de séquence.

p. 178

▶ **Une tâche d'entraînement :**
Create your own character Step 3

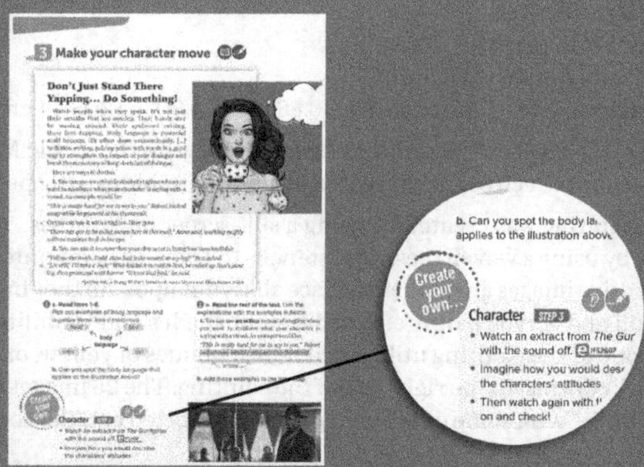

Une tâche finale :

p. 179

▶ *In the book* The Creativity project, *writers provide exciting prompts. What story will you write?*

OUVERTURE – p. 170-171

PRÉSENTATION DES DOCUMENTS

L'image d'ouverture

Le tableau reproduit ici est l'une des plus célèbres sérigraphies d'Andy Warhol. Elle a été réalisée en 1962, dans les semaines qui ont suivi la mort de Marilyn Monroe, à partir d'un portrait de l'actrice qui avait servi à promouvoir le film *Niagara* (Henry Hathaway, 1953).

Tableau fourni dans :
→ la banque de ressources **Didier-Prof**
→ le manuel numérique

Dans cette partie très colorée, le tableau peut être interprété comme une représentation de la *persona* de Marilyn Monroe telle qu'elle est perçue par le grand public et façonnée par Hollywood.

La partie en noir et blanc serait une représentation de « l'autre côté du miroir » – littéralement, la part sombre de l'actrice...

...jusqu'à l'effacement presque complet de celle-ci.

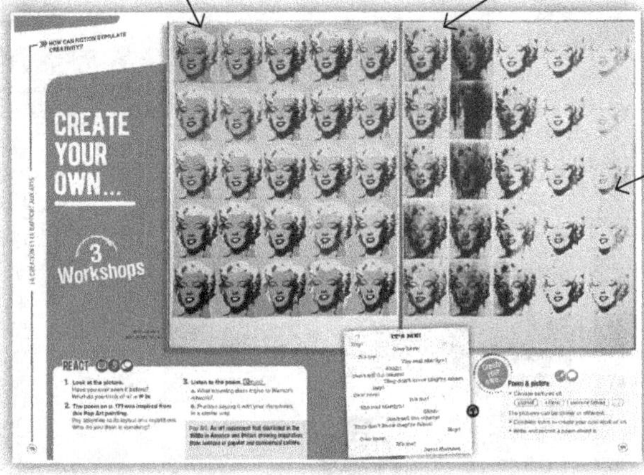

Marilyn Diptych
Artist: Andy Warhol - **Year:** 1962
Medium: Acrylic on canvas
Location: Tate – **Dimensions:** 80.88 in × 114.00 in (205.44 cm × 289.56 cm)

Andy Warhol used this painting to pay homage to the iconic Marilyn Monroe. The 50 images of the actress' face created an unforgettable artistic portrayal.

The painting was created by using a silk-screening process. Warhol used this procedure by using a woven mesh and stencils to transfer paint onto an enamel canvas. The repetitive images are at their surface alike, but upon further investigation you see how the oil and acrylic paints create different shades and visibility of Marilyn's face. The left side of the painting utilizes color. Bright hues of yellow, orange and green provide a stark contrast to the right side of the painting. The 25 images on the right are in black and white, with some of the images being distorted and the actresses face barely seen.

L'inscription de l'œuvre dans le mouvement du **Pop Art** méritera d'être soulignée et explicitée car elle permet d'ouvrir la discussion sur le tableau.

Le poème

• Le poème *It's Me*, de l'écrivain américain David Lee Harrison, lui a été inspiré par le tableau de Warhol. D'une structure très simple, il donne voix aux différents portraits de Marilyn qui composent la sérigraphie. Chaque portrait se considère comme « la vraie Marilyn » et pense que les autres ne sont que des copies, ce qui créé un effet comique puisqu'en effet,

IT'S ME!
Hey!
Over here!
It's me!
The real Marilyn!
Shhh!
Don't tell the others!
They don't know they're fakes!
Hey!
Over here!
It's me!
The real Marilyn!
Shhh!
Don't tell the others!
They don't know they're fakes!
Hey!
Over here!
It's me!
David Harrison

Andy Warhol
(1928 – 1987)
An American artist, part of the pop art movement. He was famous for exploring popular culture in his work, using brands like Coca Cola and Campbell's Soup. He ventured into a wide variety of art forms, including performance art, filmmaking, video installations and writing, and controversially blurred the lines between fine art and mainstream aesthetics.

Pop Art
A modern art movement that developed in the 1950s and 60s, Pop art has themes and techniques drawn from popular mass culture, such as advertising and comic books.
The artists used mechanical means of reproduction or rendering techniques. Objects of the everyday life got isolated and modified or processed in collages, visually expressing the culture of mass consumption that was seizing the US public.

chacun n'est que la copie des autres – mais lequel peut réellement prétendre représenter la « vraie » Marilyn, toute la question est là...

• Il est composé de deux strophes identiques et du début d'une troisième (*"Hey! Over there! It's me!"*), qui permet au lecteur de comprendre que la suite est sans doute également une répétition, mais laisse malgré tout la possibilité d'imaginer autre chose.

• Le poème a généralement un effet très fort sur les élèves, leur ouvrant de nouvelles perspectives sur l'œuvre de Warhol et leur permettant de s'interroger différemment sur celle-ci. Il est en outre d'une grande simplicité, ce qui rassurera l'élève lecteur mais aussi l'élève écrivain, en leur montrant qu'il est possible d'écrire de la poésie avec des mots très simples.

Reproduction du poème fournie dans :
→ la banque de ressources Didier-Prof

Mise en voix du poème fournie dans :
→ la banque de ressources Didier-Prof
→ le site e IFS2600
→ le manuel numérique

SUGGESTIONS DE MISE EN ŒUVRE

1 | Projection de l'image et recueil des réactions des élèves

On pourra procéder en 3 temps.

a. Projeter la partie gauche de l'œuvre (colorée) et laisser les élèves réagir librement – ils identifieront probablement l'actrice, et peut-être l'artiste ou le mouvement. Puis, leur demander ce qu'ils s'attendent à voir sur la partie droite.

b. Révéler la partie droite de l'œuvre (noir et blanc), et laisser les élèves réagir librement, notamment pour exprimer leur ressenti.

c. On pourra ensuite les inviter à commenter l'œuvre mais aussi à formuler les questions qu'elle soulève pour eux : *"Why so many repetitions of the same portrait?"* ; *"Why Marilyn?"* ; *"Why is the painting divided into 2 parts, a coloured one and a black and white one?"*, etc.

OUTILS LINGUISTIQUES

On pourra aider les élèves à mettre des mots de plus en plus précis sur leur ressenti vis à vis de l'œuvre : *surprising, striking, stunning, intriguing, inspiring, accessible...*

→ YP 2.a. *First reactions*

2 | Lecture du poème

Il pourra être lu directement dans le manuel ou projeté. On pourra procéder en 2 temps :

– laisser quelques minutes aux élèves pour en prendre connaissance ;

– inviter les élèves à échanger entre eux sur le poème : qu'en pensent-ils ? Comment le comprennent-ils ?

POUR ALLER PLUS LOIN

On pourra faire lire aux élèves le petit encart en bas de la p. 171 puis leur demander s'ils trouvent que cette œuvre peut être qualifiée de *Pop / popular art*. Puis on pourra engager une discussion collective ou en groupes sur la fonction de l'art, son accessibilité, sa démocratisation, etc.

Lire de la poésie en langue étrangère

Les élèves peuvent être effrayés par la poésie, notamment en langue étrangère, car ils la perçoivent parfois comme trop éloignée du langage de communication qu'ils connaissent. Or la poésie est bien LE langage qui permet de communiquer des sensations, des sentiments, difficiles à exprimer autrement. Il est donc souhaitable d'exposer le plus souvent possible les élèves à la poésie et de leur donner des stratégies transférables rassurantes :

• leur apprendre à s'affranchir des vers pour retrouver le sens : s'ils lisent à voix haute sans s'arrêter à la fin d'un vers juste parce que c'est la fin de la ligne, ils rétabliront une partie de la « narration » ;

• les inviter à écouter des mises en voix, parfois dès la première lecture ;

• se poser 3 questions très simples :

– qui parle ?

– pour exprimer quels sentiments ? / dire quoi ?

– comment ces éléments sont-ils formulés ?

Ces questions, qui n'engagent pas le lecteur dans une analyse très approfondie, lui permettront de s'apercevoir qu'un poème est, au même titre qu'un texte de fiction, la narration de quelque chose. Il s'agit alors de retrouver ce qui est raconté pour apprécier pleinement sa forme narrative.

DIFFÉRENCIATION PÉDAGOGIQUE

Avec des groupes qui sembleraient frileux vis-à-vis de la poésie, on pourra envisager une animation pour révéler le poème : à l'aide d'un logiciel tel que Powerpoint on fera apparaître chaque vers l'un après l'autre sur l'écran, de sorte que la mise en page du poème ne gêne pas les élèves qui le découvrent.

3 | Écoute d'une mise en voix du poème

• Cette mise en voix a été enregistrée par nos soins. Les variations de ton et de volume sont intéressantes car elles contribuent à concrétiser le sens des mots sur la page.

• On pourra inviter les élèves à l'écouter, puis à la répéter avant de proposer leur propre interprétation.

Create your own… Poem and picture p. 171

• Ce projet consiste à **réaliser son propre tableau,** puis à **rédiger un poème** qui s'en inspire et à **l'enregistrer**.
• Il est préférable de laisser les élèves aussi libres que possible dans leurs créations :
– portrait simple ou sérigraphié ;
– s'ils choisissent la sérigraphie : répétition d'un même portrait ou utilisation de portraits différents ;
– choix du portrait : soi-même, un proche, une célébrité…
• Lors de la mise en œuvre test en classe, les élèves ont produit des œuvres très différentes les unes des autres, fort inventives, et la diversité de ces productions a donné lieu à une séance de mise en commun particulièrement riche.
• On encouragera également les élèves à rédiger les poèmes qu'ils souhaitent : les élèves moins à l'aise pourront s'inspirer très étroitement du poème de David Harrison tandis que d'autres s'en détacheront davantage pour produire des textes très variés.
• Mise en commun testée en classe :
– demander aux élèves d'envoyer leurs œuvres (tableau + poème) par mail ;
– en classe, projeter les œuvres picturales et laisser les élèves les observer ;
– distribuer les poèmes qui accompagnent les œuvres en ayant pris soin de masquer les noms de leurs auteurs : demander aux élèves de faire correspondre chaque poème à l'œuvre picturale correspondante.
– On pourra procéder de la même manière avec les enregistrements des poèmes.
• Lors de l'enregistrement de leur poème, certains élèves ont choisi de créer une petite « mise en scène sonore », de manière à reproduire la mise en page du poème de Harrison : certains vers ont été prononcés en se positionnant à gauche du micro, tandis que d'autres l'étaient en se situant à droite.

Exemples de productions d'élèves fournis dans :
→ la banque de ressources Didier-Prof
→ la page Facebook de la collection

WORKSHOP 1 – Imagine plots p. 172-173

PRÉSENTATION DES DOCUMENTS

The Amazing Story Generator

Cet ouvrage publié par Chronicle Books est destiné à motiver l'écriture en permettant la création d'intrigues aléatoires. Il est intéressant de constater qu'il suscite aussi bien l'enthousiasme d'écrivains professionnels que celui des élèves : la lecture des avis très positifs postés sur internet montre qu'une bonne partie

Couverture fournie dans :
→ la banque de ressources Didier-Prof

des acheteurs de l'ouvrage sont des écrivains. On pourra d'ailleurs si on le souhaite faire lire quelques-uns de ces avis aux élèves.

• **Couverture et 4e de couverture**
Elles permettront aux élèves de découvrir le principe du jeu et la composition de chaque association de bandelettes – à chaque fois : **un contexte, un personnage, une action**.

• **Les pages**
Nous avons proposé 5 intrigues générées à partir du *Story Generator* (nommées « *prompts* » dans le manuel). Elles serviront de point de départ aux élèves pour toutes les activités proposées en page 173. Chaque bandelette est rédigée de telle façon qu'elle puisse être syntaxiquement compatible avec toutes les autres, ce qui motive le recours à des tournures impersonnelles (par exemple, au gérondif) qui seront intéressantes à observer avec les élèves.

Les 5 *prompts* sont fournis dans :
→ la banque de ressources Didier-Prof

SUGGESTIONS DE MISE EN ŒUVRE

1 | Découverte des documents - Mise en œuvre collective

a. Projection de la couverture de l'ouvrage et élucidation du principe du livre.
b. Projection d'un ou plusieurs prompts et observation de leur structure.
c. En groupes Les élèves choisissent un *prompt* et imaginent une histoire à l'oral, en interaction.
d. Mise en commun : dans chaque groupe, un ou deux élèves racontent à la classe ce qu'ils ont imaginé.

OUTILS LANGUISTIQUES

Pour s'entraîner à rédiger leurs *prompts*, les élèves pourront utiliser la rubrique *Language practice* p. 180 du manuel :
❶ *Compound nouns*
❷ *Prepositions*

2 | Activités créatives - En autonomie

• À la suite, ou à la place de l'activité précédente, on pourra proposer aux élèves les activités créatives de la p. 173. Lors de la mise en œuvre test en classe, tous les élèves ont voulu **créer de nouveaux *prompts***.
Des bandelettes de papier leur ont été distribuées et chacun a dû écrire une intrigue comprenant :
– un contexte
– un personnage
– une action

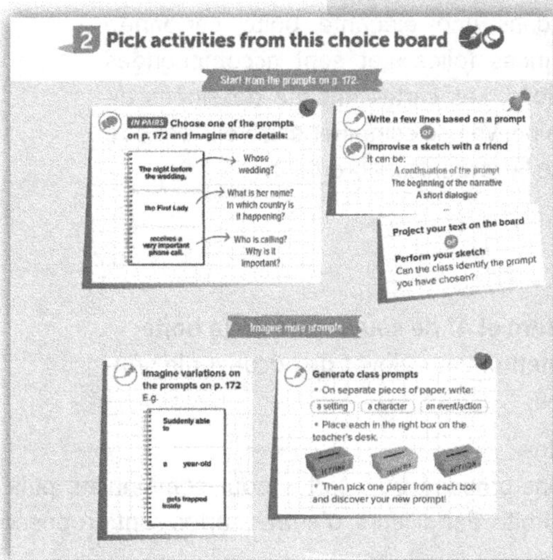

• Chaque élève est ensuite venu placer ses bandelettes dans les trois boîtes correspondantes que j'avais amenées (*setting, character, action*). Une fois les boîtes remplies, je suis passée dans les rangs et j'ai demandé aux élèves de piocher une bandelette dans chaque boîte. Ils ont ainsi découvert de nouveaux *prompts* qui les ont généralement beaucoup fait rire et échanger entre eux. Certains ont choisi d'imaginer des histoires à partir de ces contraintes, tandis que d'autres ont troqué certaines de leurs bandelettes avec celles de leurs camarades.
Quoiqu'ils aient choisi de faire, ils ont beaucoup échangé – en anglais, c'était la condition pour mener l'activité et leur laisser de la liberté – et ont pris beaucoup de plaisir à écrire et à lire les histoires ainsi obtenues.

Create your own... Story generator p. 173

• En guise de projet final pour cette séquence, on peut proposer à chaque groupe de créer son propre générateur d'intrigues. Les élèves peuvent ensuite relier les bandelettes dans un petit classeur. Les différents groupes échangent ensuite leurs générateurs et peuvent écrire un court récit ou imaginer un sketch à partir du *prompt* obtenu.

• Lors de la mise en œuvre test en classe, les élèves ont réécrit proprement leurs bandelettes à la maison – souvent en y ajoutant des illustrations et de nouvelles idées – puis ils les ont ramenées en classe et je les ai reliées grâce à un petit classeur à spirales. Je le leur ai montré, ils l'ont un peu manipulé puis je l'ai rangé. Je le leur ai proposé à nouveau à la fin de l'année lors d'une de nos dernières séances... pour leur plus grande joie ! J'ai invité successivement plusieurs élèves à venir générer une intrigue à l'aide du classeur puis à l'énoncer devant la classe, qui devait alors imaginer une histoire en *chain speaking*.

Exemples de productions d'élèves fournis dans :
→ la banque de ressources Didier-Prof
→ la page Facebook
N'hésitez pas à partager avec nous les créations de vos élèves !

WORKSHOP 2 – Tell stories p. 174-175

PRÉSENTATION DES DOCUMENTS

The Mystery Mansion

Ce jeu de cartes est destiné à faire imaginer des intrigues policières. Les 20 cartes sont présentées dans une élégante boîte cartonnée style « années folles » et sont accompagnées d'instructions. Les cartes ont été dessinées de manière à pouvoir se combiner entre elles et que l'on puisse les organiser librement.

• **Couverture et 4ᵉ de couverture de la boîte**
Elles permettront aux élèves de découvrir le principe du jeu.

• **Les cartes**
Nous avons proposé trois cartes pour commencer, puis une quatrième en page de droite. Par ailleurs, d'autres cartes sont proposées en supplément.

• **Les audios**
Nous avons demandé à deux anglophones, Mark et Annie, auteurs sur la collection mais pas sur ce chapitre, de réagir spontanément à ces cartes, d'émettre des hypothèses puis d'imaginer un récit :
– à partir des trois cartes de la p. 174,
– puis à partir de ces mêmes cartes, mais organisées différemment et agrémentées d'une quatrième carte.
Leurs enregistrements sont aussi savoureux que riches. Ils seront d'une très grande utilité aux élèves qui vont pouvoir :
– écouter deux anglophones converser de façon très naturelle : les pauses sont nombreuses et leur débit assez lent puisqu'ils réfléchissent en même temps qu'ils parlent ; on les entend réagir à tour de rôle à ce que chacun dit ;

• Visuels de la boîte fournis dans :
→ la banque de ressources Didier-Prof

• Cartes supplémentaires disponibles dans :
→ la banque de ressources Didier-Prof
→ le site e IFS2602
→ le manuel numérique

– découvrir ou reconnaître les outils linguistiques qu'ils emploient pour émettre des hypothèses (auxiliaires et adverbes de modalité) puis pour raconter un récit (prétérit simple et *BE* + *-ing*, connecteurs logiques).

SUGGESTIONS DE MISE EN ŒUVRE

1 | Découverte des documents - Mise en œuvre collective

On suivra la mise en œuvre proposée dans le manuel p. 174.

1. Projection de la couverture de l'ouvrage et élucidation du principe du jeu.

2. Projection ou découverte dans le manuel des trois premières cartes. À deux, les élèves les observent, émettent des hypothèses quant à leur contenu puis imaginent une histoire.

3. Mise en commun collective : les groupes vont confronter leurs hypothèses et leurs histoires.

4. Écoute de la proposition de Mark et Annie.

Couverture et cartes fournies dans :
→ la banque de ressources Didier-Prof

Enregistrement fourni dans :
→ la banque de ressources Didier-Prof
→ le site e IFS2601
→ le manuel numérique

Variante
1. Projection de la couverture de l'ouvrage et élucidation du principe du jeu.
2. Projection ou découverte dans le manuel des trois premières cartes. À deux, les élèves les observent et émettent des hypothèses quant à leur contenu MAIS ils ne racontent pas encore.
3. Écoute de la première partie du 1er enregistrement de Mark et Annie IFS2601 (00 - 1'27 *"he would have had access to the knife"*).
4. Comparaison des hypothèses des élèves avec celles de Mark et Annie + travail sur l'émission d'hypothèses.
5. Les élèves imaginent une histoire et la racontent (en groupes ou en classe entière, en *chain speaking*).
6. Écoute de la deuxième partie de l'enregistrement (à partir de 1'28 *"So what do you think happened then?"*), et comparaison avec les récits des élèves.

DIFFÉRENCIATION PÉDAGOGIQUE

Cette mise en œuvre alternative pourra être proposée à des groupes qui se sentiraient moins à l'aise avec la production écrite et auraient besoin d'être davantage guidés.

2 | Activités créatives - En autonomie

À la suite de l'activité précédente, on pourra proposer aux élèves les activités créatives de la p. 175, toutes destinées à favoriser l'interaction entre les élèves et l'expression, qu'elle soit orale ou écrite.

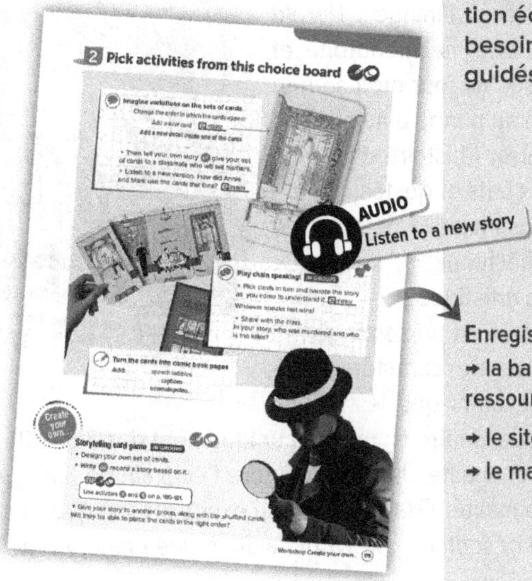

Imagine variations on the set of cards
Si les élèves souhaitent travailler avec des cartes supplémentaires, on pourra les inviter à écouter le deuxième enregistrement de Mark et Annie (e IFS2603).

Enregistrement fourni dans :
→ la banque de ressources Didier-Prof
→ le site e IFS2603
→ le manuel numérique

Play chain speaking
Les élèves se verront remettre des cartes qu'ils poseront face cachée contre la table, puis ils les piocheront à tour de rôle. Ils raconteront alors le récit que leur inspirent les cartes au fur et à mesure qu'ils les découvrent. À chaque nouvelle carte piochée ils devront décider où la placer – avant ou après celles qui auront déjà été posées face découverte sur la table – pour poursuivre le récit.

Turn the cards into comic book pages
Un travail d'expression écrite motivant consistera à transformer chaque carte en planche de BD, en y ajoutant des indications, des bulles, etc.

Create your own... Storytelling card game p. 175

• En guise de projet final, on peut proposer à chaque groupe de créer son propre jeu narratif. Il faudra donc que le groupe :
– imagine une histoire ;
– l'écrive et/ou l'enregistre ;
– créé un jeu de cartes illustrant cette histoire.

• Chaque groupe remettra son récit et les cartes dans le désordre à un autre groupe, qui devra les remettre dans l'ordre imposé par le récit. Si le récit est enregistré, il pourra être mis à disposition des autres élèves sur un mur collaboratif et mis en lien derrière un QR code qui pourra figurer sur une des cartes.

OUTILS LANGUISTIQUES

Pour rédiger leur histoire, les élève pourront utiliser la rubrique Language practice p. 180-181 du manuel :
❸ *Making hypotheses*
❹ *Sequence of events*

WORKSHOP 3 – Create character p. 176-178

1. BRING YOUR CHARACTER TO LIFE

PRÉSENTATION DES DOCUMENTS

• **L'affiche et la bande-annonce du film *Stranger than Fiction***

L'intrigue du film *Stranger than Fiction*, avec Will Ferrell, Emma Thompson et Dustin Hoffman, est parfaitement résumée dans la bande-annonce associée à l'image : Harold Crick (Will Ferrell) vit une vie monotone et solitaire à Chicago jusqu'au jour où il se met à entendre un écrivain en panne d'inspiration (Emma Thompson) narrer l'histoire de sa vie et commenter tous ses faits et gestes.
Le film est assez amusant et le postulat de départ parfait pour réfléchir à :
– ce qu'est la création artistique ;
– la manière dont on créé un personnage ;
– les différentes façons de caractériser ce personnage : en effet, alors que les élèves pourraient être tentés de le faire en utilisant uniquement des adjectifs qualificatifs décrivant sa personnalité, ils vont entendre l'écrivain de *Stranger than Fiction* définir la personnalité d'Harold Crick en exposant son quotidien :
→ *"Harold lived a life of solitude. He would walk home alone, he would eat alone..."*
→ *"You have a voice speaking to you?" / "About me, accurately, and with a better vocabulary."*
La bande-annonce ne devrait pas poser de problèmes de compréhension car en plus d'être dites, les informations essentielles apparaissent à l'écrit sur des écrans noirs.

• **Le tutoriel video : *How to create great characters***

Ce tutoriel vidéo très clair est produit par *Storybird*, un site d'écriture créative fort intéressant. Dans cette vidéo, un professeur accompagne le spectateur pas à pas dans la construction de son personnage. Il est amusant de remarquer qu'elle envisage l'écriture d'un personnage féminin (elle utilise le pronom *she* du début à la fin). La vidéo est divisée en 4 parties :

Introduction **(du début à 1'20 :** ***"let's go!"*****)**	• Importance de **bien connaître ses personnages** pour leur donner vie et imaginer leurs péripéties. • Principe du tutoriel : on prend une feuille et un stylo et on note les réponses aux questions qui vont être posées, chacun à son rythme et en faisant des pauses si besoin est.
1. Basics **(1'21 à 1'47 :** ***"...to just cover the basics"*****)**	Les **informations élémentaires** à propos du personnage. Le professeur propose de commencer par le nom du personnage (on prendra cependant soin de dire aux élèves qu'ils n'ont pas besoin de le choisir tout de suite, ils pourront y revenir plus tard)
2. Background **(1'47 à 2'27 :** ***"...a family tree if that helps"*****)**	La **famille**, l'**environnement** du personnage.
3. Self-image **(2'28 à 3'00 :** ***"through her own eye"*****)**	**Personnalité** du personnage au moment où l'histoire commence ; comment il ou elle est / comment il ou elle se voit.
4. Desires **(3'01 à 3'54 :** ***"...to answer these questions"*****)**	Les **souhaits** du personnage et les **obstacles** qui se dressent sur sa route afin de faire avancer l'histoire ; quelle est la fin souhaitée pour cette histoire ?
Summary **(3'55 à la fin)**	L'écrivain est invité à relire ses notes pour résumer en une phrase ce que son personnage souhaite et les obstacles qu'il rencontre afin d'avoir le **point de départ** de l'histoire.

Storybird propose un autre tutoriel vidéo du même type à propos de l'intrigue (***Storymapping***). On pourra y renvoyer les élèves qui le souhaitent.

SUGGESTIONS DE MISE EN ŒUVRE

1 | Projection de l'affiche et recueil des réactions des élèves

On laissera les élèves réagir librement et on pourra inscrire leurs hypothèses au tableau afin de les vérifier à la suite du visionnage de la bande-annonce.

Affiche fournie dans :
→ la banque de ressources Didier-Prof

2 | Visionnage de la bande-annonce (au moins jusqu'à 1'10)

• IN PAIRS Les élèves se concertent pour vérifier les hypothèses émises précédemment et se préparent à un éventuel visionnage supplémentaire pour repérer de nouvelles informations.

Bande annonce fournie dans :
→ la banque de ressources Didier-Prof
→ le site IFS2604
→ le manuel numérique

Modalités de visionnage
Nous recommandons de diffuser une partie seulement de la bande-annonce afin de donner envie aux élèves de regarder le film. On pourra donc, au choix, diffuser :
- du début à 1'10 (*"shut up and leave me alone!"*) : cet extrait permet de ne pas trop en révéler tout en montrant l'essentiel de ce qu'on souhaite faire découvrir aux élèves ;
OU
- du début à 1'48 (*"What? Why? Hello? Oh come on!"*) : poursuivre jusqu'à ce stade permettra de montrer aux élèves :
→ la réflexion engagée sur le genre d'œuvre qu'écrit l'auteur / dans lequel évolue Harold Crick : *"The thing to determine conclusively is whether you're in a comedy or a tragedy. Have you met anyone recently who might loathe the very core of you?" / "I'm an IRS agent, everyone hates me.'"*
→ le passage où l'écrivain trouve finalement un moyen de tuer son personnage. On pourra alors demander aux élèves d'imaginer ce moyen et éventuellement de l'expliquer à l'écrit.

• 2e visionnage et concertation rapide entre les élèves.

3 | IN PAIRS Résumé de l'intrigue en une phrase

• Les élèves rassemblent les informations collectées et en rendent compte en une phrase, sur le modèle des intrigues de l'ouvrage *The Amazing Story Generator* (p. 173). On pourra proposer à deux ou trois groupes de venir écrire leur proposition au tableau simultanément, puis on laissera la classe valider et commenter.

• On pourra ensuite apporter d'éventuelles informations supplémentaires autour de l'intrigue ainsi résumée, sous forme d'éléments fléchés. Voici des productions possibles :

As she is writing her new novel,
a famous writer, Karen Eiffel,
starts influencing a man's life.

One day, as he is brushing his teeth,
a lonely middle-aged man, Harold Crick,
starts hearing a writer narrating his life.

4 | IN GROUPS Travail sur la narration dans la bande-annonce

a. Les élèves vont devoir transcrire les phrases narrées par l'écrivain dans la bande-annonce, afin de pouvoir les analyser et identifier la manière dont elle caractérise ses personnages.
Cette activité ne prendra pas très longtemps car les phrases ne sont pas nombreuses et les élèves peuvent se répartir le travail, mais il leur sera fort utile. Voici la narration que l'on entend dans l'extrait, elle est reconnaissable à son introduction (*"This is the story of..."*) mais aussi par le ton de l'auteur :

> *"This is the story of a man named Harold Crick. Harold lived a life of solitude. He would walk home alone, he would eat alone. When others' minds fantasized about their upcoming day, Harold counted brushstrokes."*

b. À partir de cette description il est possible de déduire la personnalité de Harold : *lonely, solitary.*

c. Toutefois, l'observation de la narration permet de s'apercevoir que le personnage n'est pas caractérisé à l'aide de ces adjectifs. C'est la description de son mode de vie qui permet de comprendre ce dernier. L'effet obtenu est bien plus fort puisque, comme le montrent les images de la bande-annonce, on peut se représenter visuellement la vie de Harold Crick, mieux le connaître et ressentir une plus grande empathie.
Les élèves pourront se servir de cette technique lorsqu'ils passeront à leur tour à l'écriture.

OUTILS LINGUISTIQUES

Syntaxe / structure

• Le petit paragraphe sur Harold Crick reconstitué à partir de la bande-annonce est reproduit et commenté dans le manuel p. 181 (❺ *Paragraphs*). Il servira à faire observer la structure interne du paragraphe et le phénomène de juxtaposition, si fréquent en anglais.

• Toutefois, on peut également recourir à des connecteurs logiques pour rendre explicite la structure d'un paragraphe, comme nous le montrons dans la suggestion de suite au texte (2).

Grammaire

• L'observation de ce passage sera également l'occasion de rappeler l'utilisation du modal *Would* dit « fréquentatif », c'est-à-dire pour exprimer la répétition d'une action.

Create your own... Character step 1 – p. 176

Il s'agit à présent pour les élèves de créer leur propre personnage et de rédiger un court paragraphe à son propos, à la manière de celui de *Stranger than Fiction*.
Si les élèves disent rencontrer des difficultés, nous leur proposons différents types d'aides.

• **Ils peuvent s'inspirer d'un personnage existant** (Darth Vader dans le manuel) et imaginer son quotidien ou une aventure dans un contexte totalement différent (et éventuellement incongru !) de son environnement habituel. Ils peuvent aussi choisir des personnes de leur entourage dont ils changeront l'identité et certaines charactéristiques.

OUTILS LANGUISTIQUES

Pour s 'entraîner à rédiger leur histoire, les élève pourront utiliser la rubrique *Language practice* p. 181 du manuel :
❺ *Paragraphs*

• Nous leur recommandons **d'utiliser le tutoriel vidéo de *Storybird*** de manière à pouvoir réfléchir à leur personnage en étant accompagnés pas à pas. Ce tutoriel vidéo pourra être exploité de différentes façons :
– Visionnage de l'introduction et de la 1e partie en classe pour que chacun en comprenne le principe, puis poursuite du visionnage et développement du personnage à la maison.
– ***IN GROUPS*** Visionnage de l'introduction en classe entière, puis visionnage de chaque partie par différents membres d'un même groupe et mise en commun des questions posées pour constituer un *Character questionnaire* qui pourra être tapé et distribué à tous.

DIFFÉRENCIATION PÉDAGOGIQUE

Regarder cette vidéo est une excellente occasion d'exposer les élèves à de l'anglais oral. Toutefois, si on estime que la vidéo risque de compliquer la tâche des élèves, on pourra les aider en leur donnant le questionnaire déjà tapé, ou une fiche avec un schéma heuristique comprenant les différentes rubriques qui figurent dans la vidéo ainsi que des mots clés liés aux questions posées.

Ainsi, ils pourront tout de même regarder la vidéo, dont le contenu aura déjà été partiellement découvert, et compléter leur fiche.

2. MAKE YOUR CHARACTERS TALK p.177

PRÉSENTATION DES DOCUMENTS

• Le texte

Spilling Ink, A Young Writer's Handbook, de Anne Mazer et Ellen Potter (2010) est un ouvrage de méthodologie pour s'entraîner à l'écriture créative. Le livre est particulièrement efficace car très vivant – l'auteur raconte régulièrement sa propre expérience d'écrivain – et très éclairant car il contient de nombreux exemples d'amélioration de textes, comme on le voit dans les deux extraits qui figurent dans le manuel (p. 177 et 178).
Ce premier extrait porte sur l'écriture de **dialogues efficaces**. Dans le manuel nous avons masqué certains mots afin de rendre la lecture plus motivante pour les élèves, le texte de *Spilling Ink* devenant à la fois un exercice de compréhension de l'écrit et un support méthodologique.

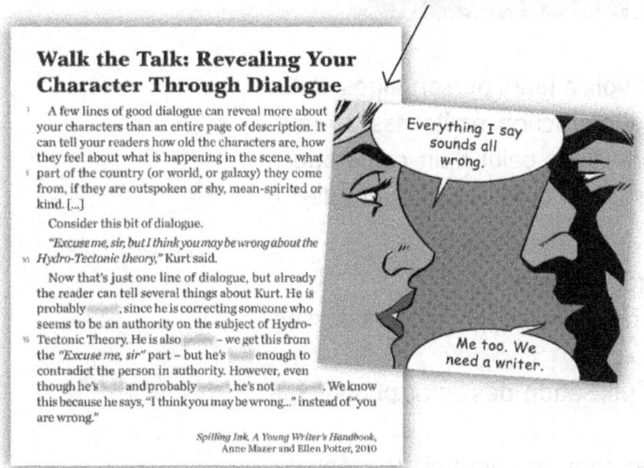

Walk the Talk: Revealing Your Character Through Dialogue

A few lines of good dialogue can reveal more about your characters than an entire page of description. It can tell your readers how old the characters are, how they feel about what is happening in the scene, what part of the country (or world, or galaxy) they come from, if they are outspoken or shy, mean-spirited or kind. [...]

Consider this bit of dialogue.

"Excuse me, sir, but I think you may be wrong about the Hydro-Tectonic theory," Kurt said.

Now that's just one line of dialogue, but already the reader can tell several things about Kurt. He is probably [illegible], since he is correcting someone who seems to be an authority on the subject of Hydro-Tectonic Theory. He is also [illegible] – we get this from the *"Excuse me, sir"* part – but he's [illegible] enough to contradict the person in authority. However, even though he's [illegible] and probably [illegible], he's not [illegible]. We know this because he says, "I think you may be wrong..." instead of "you are wrong."

Spilling Ink, A Young Writer's Handbook, Anne Mazer and Ellen Potter, 2010

SUGGESTIONS DE MISE EN ŒUVRE

1 | Lecture de la première partie du texte (l. 0 - 10)

On peut laisser les élèves échanger à deux sur ce qu'ils ont compris puis analyser la réplique de Kurt en italique (l. 9 - 10). Dans le manuel, nous les invitons à faire attention à chaque mot mais on pourra aussi, si on le souhaite, afficher la réplique au tableau et surligner certains éléments dans une même couleur afin d'aider les élèves à analyser le discours. Par exemple :

Couleur 1 : "*Excuse me*" et "*Sir*" – qui montrent que le personnage est poli

Couleur 2 : "*I think*" et "*you may*" – qui montrent que le personnage est humble et prudent

Version avec mots floutés fournie dans :
→ la banque de ressources Didier-Prof

2 | Lecture de la deuxième partie du texte (l. 11 - 20)

Les élèves chercheront à deviner le sens des adjectifs qui ont été floutés dans le texte – nous avons indiqué dans les consignes qu'il s'agit d'adjectifs mais c'est un point qu'il serait aussi intéressant de les laisser déduire eux-mêmes à l'aide du co-texte (ici, tous les mots manquants sont précédés de *Be*). **On les laissera réfléchir à deux.**

3 | Vérification de la version originale

On pourra confier le recueil des propositions à un élève. Lors de la mise en œuvre test en classe j'avais donné le texte complet à un élève, qui avait donc pour rôle de recueillir les propositions de ses camarades :
– si elles étaient correctes, il pouvait les inscrire au tableau,
– si elles étaient incorrectes, il devait donner des indices supplémentaires à ses camarades pour les aider à trouver le mot manquant.
Cette activité est très intéressante pour travailler sur la synonymie.

Version originale fournie dans :
→ la banque de ressources Didier-Prof
→ le site e IFS2606
→ le manuel numérique

4 | Activité de transfert : écriture

Enfin, nous proposons de réécrire la réplique en choisissant un autre trait de personnalité pour le personnage. Cela peut donner des productions du type :
arrogant : *"Excuse me sir but (I know) you're wrong about the Hydro-Tectonic theory."*
impolite: *"You're clearly wrong about the Hydro-Tectonic theory."*
unsure of himself: *"Excuse me sir but don't you think that there's a possibility you might be wrong about the Hydro-Tectonic theory...?"*

Create your own... Character step 2 – p. 177

• Il s'agit à présent pour les élèves de donner voix à leurs personnages. Pour se faire, nous leur proposons une activité d'interaction écrite assez amusante : chacun fait converser son personnage avec celui d'un camarade ; les élèves peuvent utiliser le personnage qu'ils ont créé auparavant (*Step 1* p. 176) ou en imaginer un nouveau.

• Cette activité peut être réalisée de différentes façons :
– **sur papier :** une feuille est placée entre les deux élèves qui écrivent dessus tour à tour, comme dans un « cadavre exquis » ;
– **en ligne :** « pour de vrai » si on autorise l'utilisation des smartphones en classe ;
– **en ligne avec le logiciel ifaketextmessage.com,** qui permet de créer de fausses conversations par sms. On peut dans ce cas emmener les élèves en salle informatique ou leur demander de réaliser l'activité chez eux.

3. MAKE YOUR CHARACTERS MOVE p. 178

PRÉSENTATION DES DOCUMENTS

• Le texte

Il s'agit d'un deuxième extrait de l'ouvrage *Spilling Ink, A Young Writer's Handbook* portant sur la description du comportement et des gestes des personnages. L'auteur y propose plusieurs façons de donner corps à ces derniers :

1. en remplaçant un verbe introducteur de discours par l'**attitude** qui accompagne la réplique du personnage, ou en ajoutant une description de cette attitude à la suite du verbe de discours ;
2. En décrivant l'**écart éventuel** entre les propos du personnage et ce qu'il pense vraiment.

Don't Just Stand There Yapping… Do Something!

Watch people when they speak. It's not just their mouths that are moving. Their hands may be waving around, their eyebrows raising, their foot tapping. Body language is powerful stuff because it's often done unconsciously. [...] In fiction writing, pairing action with words is a good way to strengthen the impact of your dialogue and break the monotony of long stretches of dialogue.

Here are ways to do this.

1. You can use an action instead of a tag line when you want to reinforce what your character is saying with a visual. An example would be:

"This is really hard for me to say to you." Robert looked away while he gnawed at his thumbnail.

Or you can use it with a tagline. Here goes:

"There has got to be toilet somewhere in this mall," Anna said, walking swiftly with an anxious look in her eye.

2. You can use it to show that your character is being less than truthful:

"Tell me the truth, Todd. How bad is the wound on my leg?" Ron asked. "Lie still, I'll take a look." With his back turned to Ron, he rolled up Ron's pant leg, then grimaced with horror. "It's not that bad," he said.

Spilling Ink, A Young Writer's Handbook, Anne Mazer and Ellen Potter, 2010

• La vidéo

Il s'agit d'un extrait de *The Gunfighter*, réalisé par Eric Kissac, un court-métrage très drôle et de qualité qui permettra aux élèves de parfaire leur écriture narrative. Il met en scène un cow-boy solitaire qui fait son entrée dans le saloon d'une petite ville de l'Ouest américain. Mais la voix narrative, en racontant à voix haute ce qui est censé être implicite, change le cours de la situation…

***The Gunfighter* (2014)**
In the tradition of classic westerns, a narrator sets up the story of a lone gunslinger who walks into a saloon. However, the people in this saloon can hear the narrator, and the narrator may just be a little bit bloodthirsty....

SUGGESTIONS DE MISE EN ŒUVRE

1 | Lecture de la première partie du texte (l. 1-8)

a. Élucidation du sens du paragraphe et relevé des expressions de langage corporel qu'on peut commencer à organiser logiquement.

body language
- *Head:* …
- *Face: raising your eyebrows*
- *Arms: waving around your hands*
- *Feet: tapping your feet*

b. Observation de l'image qui accompagne le texte

Appariement de l'expression du visage de la femme avec la bonne expression du 1er paragraphe : *raising your eyebrows*.
On pourra ensuite inviter les élèves à imaginer ce que le personnage pourrait penser.

L'image est fournie dans :
→ la banque de ressources Didier-Prof

2 | Lecture du reste du texte et élucidation du sens

a. Pour favoriser l'accès au sens, nous proposons aux élèves un petit exercice d'appariement entre le conseil prodigué par l'auteur de *Spilling Ink* et l'exemple proposé. On pourra demander à des élèves de venir s'acquitter de cet exercice au tableau en projetant le texte.

b. Puis on pourra ajouter les **expressions employées** dans les exemples au schéma heuristique amorcé précédemment, qui sera complété au fur et à mesure de l'année.

body language
- ***Head:*** ...
- ***Face:*** *raising your eyebrows; looking away; gnawing at one's thumbnail; grimacing with horror*
- ***Arms:*** *waving around your hands*
- ***Feet:*** *: tapping your feet; walking swiftly*

→ Des rappels et des activités sont proposés p. 182 :
❻ ***Speech verbs*** et ❼ ***Body language***.

OUTILS LINGUISTIQUES

Lexique et grammaire

- Ces activités nécessiteront le recours à des verbes introducteurs de discours qu'on pourra recommander aux élèves de varier pour enrichir leur lexique – même si les anglophones préfèrent des verbes simples et assez neutres car ils considèrent que c'est la réplique qui doit être pertinente et riche.
- Les élèves pourront aussi enrichir le lexique permettant de décrire le langage corporel. Ils en trouveront dans les textes du chapitre, mais aussi dans nombre de textes du manuel qu'on pourra les encourager à relire pour faire des prélèvements qui enrichiront leur banque lexicale.
- Une fiche *Écrire un dialogue* est fournie dans :
  → la banque de ressources Didier-Prof
  → le site e IFS2608
  → le manuel numérique

Create your own... Character step 3 – p. 178

Dans cette activité, nous invitons les élèves à visionner un extrait du film *The Gunfighter*, qui met en abîme le processus narratif. Cela leur permettra d'affiner leurs techniques d'écriture et de réfléchir à la manière dont ils veulent faire parler et réagir leur personnage de manière très ludique.
On suivra la mise en œuvre proposée dans le manuel :
1. Visionnage de la vidéo sans le son
2. Recueil des propositions des élèves qui décrivent ce qu'ils voient dans la scène
3. Visionnage avec le son
4. Visionnage supplémentaire et relevé de certaines expressions qui peuvent leur sembler utiles et transférables

DIFFÉRENCIATION PÉDAGOGIQUE

Avec une classe qui se sent à l'aise, on pourra diffuser d'emblée la vidéo avec le son afin de maximiser l'effet comique.

FINAL TASK – p. 179

SUGGESTIONS DE MISE EN ŒUVRE

The creativity project

L'ouvrage utilisé en support de la tâche finale, intitulé *The Creativity project, An Awesometastic story collection*, est un livre très original destiné à donner envie d'écrire à tout le monde ! Il est composé de trois parties :
1. des intrigues rédigées par des écrivains et soumises à **d'autres écrivains** qui produisent une œuvre (souvent un récit) à partir de ces *prompts* ;

2. des intrigues rédigées par des écrivains et proposées **aux lecteurs** pour qu'ils écrivent à leur tour ;
3. des **biographies** des auteurs impliqués dans le projet.
Il est donc possible d'utiliser des *prompts* des deux premières parties et, pour la partie 1, de montrer ensuite aux élèves des exemples de productions rédigées par des écrivains.

Les 5 *prompts* sont fournis dans :
→ la banque de ressources Didier-Prof

PROMPT
BY COLBY SHARP

I had everything I needed in my pockets: twenty-five dollars, ChapStick, a map, and ____________________.

PROMPT
BY DEBBIE RIDPATH OHI

Weird. How could I have not noticed that door before? This was crazy. I reached for the knob.

PROMPT
BY KATE MESSNER

The building was seven stories tall, and the elevator doors closed before I noticed that the buttons weren't labeled with floor numbers. Instead, each one was inscribed with a year: 1775, 1850, 1920, 1944, 1962, 1980. The seventh button only said "Surprise Me." There was nothing to push to make the doors open again, and no option to call for help. I'd have to choose one....

PROMPT
BY LINDA URBAN

The fairy-tale/folktale character of your choosing calls home to explain why they might miss curfew.

SHERMAN ALEXIE

"I am stuck! I am stuck! I am the worst writer in the history of the world! What do I do? Where do I begin?" Relax—just randomly grab two books. Open the first book to any page and use the first sentence on that page as the first sentence of your story. Then open the second book to any page and use the first sentence on that page as the last sentence of your story. Now, start writing to make those sentences fit together.

1 | Get ready

• Nous avons sélectionné 5 *prompts* et les avons fait figurer tels qu'ils apparaissent dans l'ouvrage d'origine. Cette sélection a été faite de manière à ce qu'ils soient particulièrement motivants pour nos élèves, de longueurs et de niveaux de difficulté différents, ce qui permettra à chacun de s'emparer d'une intrigue.
• Il serait toutefois judicieux d'inciter les élèves à lire tous les *prompts* avant de démarrer la tâche afin qu'ils puissent faire leur choix en connaissance de cause. La proposition de Sherman Alexie, l'auteur de *The Absolutely True Diary of a Part-Time Indian* (2007), par exemple, est un peu plus longue à lire mais ce que l'écrivain propose est terriblement amusant !

2 | Action

• Les élèves pourront **publier leurs écrits sur un espace de partage** ou un mur collaboratif tel que Padlet, sur lequel on pourra activer les commentaires afin que les lecteurs puissent donner leur avis sur les productions de leurs camarades.
• Il nous semble important que les élèves se trouvent motivés à écrire. Partant de ce principe, nous recommandons de **leur laisser autant de liberté que possible**. Si, en commençant à écrire, ils ressentent l'envie ou le besoin de changer des éléments du *prompt* de départ, ou s'ils finissent par s'en éloigner, laissons-les faire, le résultat n'en sera que plus surprenant pour nous !

Language practice – p. 180-182 Corrigés des exercices

❶ **1.** a small-town detective
2. a high school teacher
3. a computer hacker
4. a 300-page book
5. a 7-movie saga
6. a cold-blooded murder
7. a high-priced car
8. a three-bedroom house
9. a $2.7 billion painting

Challenge : *exemple de production possible :*

The 300-page book features a small-town detective who has to investigate on the murder of a computer hacker.

❷ *Exemples de productions possibles :*

- Before sending an e-mail…
- Following a fantastic au-pair interview…
- In a post-apocalyptique America…
- After pet-sitting

❸ *Exemples de productions possibles :*

The killer **may be** the man in the second picture, but it seems a bit too easy, so I can imagine that the killer **may actually be** the butler. **Perhaps** the butler poisoned the drinks and served them to the man in the first picture.

❹ *Exemples de productions possibles :*

A woman **sneaked** into the bedroom through the French windows. The owner of the house **was sleeping**. The woman slowly **made** her way to the bed, **lifted** her right hand that **carried** the knife but **as** she was about to stab the owner, the latter **woke up**, scaring the woman who **threw** her knife away **and fled** through the doors.

❺ *Exemples de productions possibles :*

I had a very happy childhood. My parents would spend time with me, helping with my homework, reading to me, playing with me. We had great family rituals; for instance, we would watch a movie together every Sunday afternoon. I loved it! **Moreover**, I lived in the country, which I think is beneficial to a child. I could spend time outdoors, in a quiet environment.

❻ **1.** she offered / suggested / proposed
2. they threatened
3. he begged / implored
4. he lamented
5. she boasted / bragged
6. he whispered / murmured
7. he admitted / confessed
8. she added
9. he stammered

Challenge : *production libre.*

❼ **1.** He turned his head swiftly. **Image 2**
2. He looked down, shamefully. **Image 3**
3. He rolled his eyes, exasperated. **Image 1**
4. He frowned, visibly embarrassed. **Image 3**
5. He swivelled his head. **Image 2**

ÉVALUATIONS

Vous trouverez ici toutes les ressources pour les évaluations annoncées dans les pages **Test your skills** *du manuel.*

Suggestion de grille d'évaluation et de notation pour l'expression orale (LV1/LV2)

Pour chacune des 3 colonnes, situer la prestation du candidat à l'un des 4 degrés de réussite et attribuer à cette prestation le nombre de points indiqué (sans le fractionner en décimales), de 0 (absence totale de production) à 6 ou 8.

A. S'exprimer en continu		B. Prendre part à une conversation		C. Intelligibilité/ recevabilité linguistique	
Degré 1		**Degré 1**		**Degré 1**	
Produit des énoncés très courts, stéréotypés, ponctués de pauses et de faux démarrages.	LV1 : 1 pt LV2 : 1 ou 2 pts	Peut intervenir simplement, mais la communication repose sur la répétition et la reformulation.	LV1 : 2 pts LV2 : 2 pts	S'exprime dans une langue qui est partiellement compréhensible.	LV1 : 1 ou 2 pts LV2 : 1 ou 2 pts
Degré 2		**Degré 2**		**Degré 2**	
Produit un discours simple et bref à propos de la notion présentée.	LV1 : 3 pts LV2 : 4 pts	Répond et réagit de façon simple.	LV1 : 3 pts LV2 : 4 pts	S'exprime dans une langue compréhensible malgré un vocabulaire limité et des erreurs.	LV1 : 3 ou 4 pts LV2 : 3, 4 ou 5 pts
Degré 3		**Degré 3**		**Degré 3**	
Produit un discours articulé et nuancé, pertinent par rapport à la notion présentée.	LV1 : 4 pts LV2 : 5 pts	Prend sa part dans l'échange, sait – au besoin – se reprendre et reformuler.	LV1 : 4 pts LV2 : 6 pts	S'exprime dans une langue globalement correcte (pour la morphosyntaxe comme pour la prononciation) et utilise un vocabulaire approprié.	LV1 : 5 ou 6 pts LV2 : 6 ou 7 pts
Degré 4		**Degré 4**		**Degré 4**	
Produit un discours argumenté, informé et exprime un point de vue pertinent par rapport à la notion présentée.	LV1 : 6 pts LV2 : 6 pts	Argumente, cherche à convaincre, réagit avec vivacité et pertinence.	LV1 : 6 pts	S'exprime dans une langue correcte, fluide, qui s'approche de l'authenticité.	LV1 : 7 ou 8 pts LV2 : 8 pts
Note A, sur 6 S'exprimer en continu	**........../6**	**Note B, sur 6 Prendre part à une conversation**	**........../6**	**Note C, sur 8 S'exprimer en continu**	**........../8**

Appréciation :

Note de l'élève (total A + B + C) = ... /20

Suggestion de grille d'évaluation et de notation pour l'expression écrite

Sujet 1		Sujet 2	
A. Traitement du sujet	**B. Recevabilité linguistique**	**A. Traitement du sujet**	**B. Recevabilité linguistique**
• Consignes non respectées • Hors sujet partiel • Contresens **0,5 à 1,5 pt**	• S'exprime dans une langue simple et très fautive • N'est pas toujours compréhensible **0,5 à 2,5 pts**	• Consignes non respectées • Hors sujet partiel • Contresens **0,5 à 1,5 pt**	• S'exprime dans une langue simple et très fautive • N'est pas toujours compréhensible **0,5 à 2,5 pts**
• Consigne respectée • Sujet compris mais traitement plat et superficiel • Construction vague **1,5 à 3,5 pts**	• S'exprime dans une langue simple et assez fautive, mais est toujours compréhensible **3 à 5 pts**	• Consigne respectée • Sujet compris mais traitement plat et superficiel • Construction vague **1,5 à 3,5 pts**	• S'exprime dans une langue simple et assez fautive, mais est toujours compréhensible **3 à 5 pts**
• Effort de construction • Prise en compte des spécificités du type d'écrit • Traitement adéquat et pertinent du sujet • Diversité des idées **4 à 7,5 pts**	• S'exprime dans une langue globalement correcte • Utilise un vocabulaire adapté et une syntaxe adéquate **5,5 à 8 pts**	• Effort de construction • Prise en compte des spécificités du type d'écrit • Traitement adéquat et pertinent du sujet • Diversité des idées **4 à 7,5 pts**	• S'exprime dans une langue globalement correcte • Utilise un vocabulaire adapté et une syntaxe adéquate **5,5 à 8 pts**
• Idées qui s'enchaînent bien • Développement organisé • Références culturelles • Touche personnelle **8 à 10 pts**	• S'exprime dans une langue très correcte • Utilise un vocabulaire riche et une syntaxe élaborée • Est capable de nuancer **8,5 à 10 pts**	• Idées qui s'enchaînent bien • Développement organisé • Références culturelles • Touche personnelle **8 à 10 pts**	• S'exprime dans une langue très correcte • Utilise un vocabulaire riche et une syntaxe élaborée • Est capable de nuancer **8,5 à 10 pts**
Note Sujet 1 (total A + B) = ... /20		**Note Sujet 2 (total A + B) = ... /20**	
Appréciation : **Note de l'élève (total sujet 1 + sujet 2) = ... /20**			

Speaking

→ Manuel p. 21

Tell the story!

- You have just escaped from the Tower and the journalists want to know all about it.
- Explain what happened.

Speaking

→ Manuel p. 21

Tell the story!

- You have just escaped from the Tower and the journalists want to know all about it.
- Explain what happened.

Speaking

→ Manuel p. 21

Tell the story!

- You have just escaped from the Tower and the journalists want to know all about it.
- Explain what happened.

Speaking

→ Manuel p. 21

Tell the story!

- You have just escaped from the Tower and the journalists want to know all about it.
- Explain what happened.

Élève : .... Classe: .... Date : ....

Listening & Writing

EN ROUTE VERS LE BAC

→ Manuel p. 42

Niveau : A1 A2 B1 B2
Note : ...... **/20**

Document **Barack Obama's back-to-school speech** EVAL 2

Niveau	Critères	Éléments de réponse possibles en français
Pré A1	• Le document n'est pas compris. Seuls des éléments isolés sont repérés. Pas de liens établis entre eux. • Le sujet ou le thème du document n'est pas identifié clairement. **2 pts**	
A1	• Des mots isolés, des expressions courantes sont relevés et mis en relation pour construire une amorce de compréhension du document. • Seules les idées les plus simples sont perçues. **8 pts** au premier semestre, **6 pts** ensuite	
A2	Certaines informations ont été comprises mais le relevé est incomplet, conduisant à une compréhension encore lacunaire ou partielle. **12 pts** au premier semestre, **10 pts** ensuite	• Discours de Barack Obama. • Message positif aux élèves : il faut faire de son mieux / faire des efforts. • Les élèves ont parfois l'impression qu'on peut devenir riche et avoir du succès sans faire de véritable effort. • Mais certaines des personnes qui ont eu le plus de succès ont aussi connu des échecs. • C'est le cas des gens qui ont construit l'Amérique.
B1	• Les informations principales ont été relevées. L'essentiel a été compris. • Compréhension satisfaisante. **18 pts** au premier semestre, **16 pts** ensuite **20 pts** si B1 niveau visé	• Discours de Barack Obama. • Message positif aux élèves : il faut faire de son mieux / faire des efforts. • La télévision donne parfois l'impression qu'on peut devenir riche et avoir du succès sans faire de véritables efforts. • Mais en réalité, avoir du succès est difficile / ils n'aimeront pas forcément tout ce qu'ils feront / ils ne réussiront pas tout du premier coup *(repérer 1 élément sur les 3)*. • Mais certaines des personnes qui ont eu le plus de succès ont aussi connu des échecs. • On doit apprendre de ses échecs / utiliser ses échecs pour s'améliorer. • Alors même lorsque les élèves doivent lutter / se sentent découragés / ont l'impression que les autres les ont laissé tomber *(1 élément sur les 3)*, ils ne doivent pas abandonner. • C'est ce qu'ont fait les gens qui ont construit l'Amérique – ils aimaient trop leur pays pour abandonner.
B2	• Des détails significatifs du document ont été relevés et restitués conformément à sa logique interne. Le contenu informatif a été compris, ainsi que l'attitude du locuteur (ton, humour, point de vue, etc.) • Compréhension fine. **20 pts** si B2 niveau visé	• Discours de Barack Obama. Message aux élèves : quoiqu'ils aient choisi de faire, ils doivent s'y consacrer pleinement. • La télévision donne parfois l'impression qu'il est possible de devenir riche et d'avoir du succès sans travailler dur, qu'on peut devenir rappeur / champion de basket / star d'un reality show *(un élément sur les 3)*, • mais il y a peu de chances que cela arrive. • Avoir du succès est difficile : ils n'aimeront pas nécessairement tous leurs cours / ne s'entendront pas avec tous leurs enseignants / tous leurs devoirs ne leurs sembleront pas utiles sur le moment / ils ne réussiront pas nécessairement tout du 1er coup *(au moins 2 éléments)*. • Mais certaines des personnes qui ont eu le plus de succès ont aussi connu des échecs. • Ces personnes ont compris qu'on ne doit pas laisser les échecs nous définir, mais qu'ils nous enseignent des choses et nous aident à comprendre comment nous améliorer. • Alors, même lorsque les élèves doivent lutter / se sentent découragés / ont l'impression que les autres les ont laissé tomber *(2 éléments sur 3)*, ils ne doivent pas se laisser tomber eux-mêmes. • Quand on renonce vis-à-vis de soi-même, on renonce vis-à-vis de son pays. • Ton déterminé, solennel.

Listening & Writing

→ Manuel p. 42

Listening

- You are going to listen to a document entitled: ***Barack Obama's back-to-school speech***.
- Listen to the document three times, then report in French what you have understood.

Writing

Subject *Do you think that risk-taking should be encouraged in schools?*

Listening & Writing

→ Manuel p. 42

Listening

- You are going to listen to a document entitled: ***Barack Obama's back-to-school speech***.
- Listen to the document three times, then report in French what you have understood.

Writing

Subject *Do you think that risk-taking should be encouraged in schools?*

Listening & Writing

→ Manuel p. 42

Listening

- You are going to listen to a document entitled: ***Barack Obama's back-to-school speech***.
- Listen to the document three times, then report in French what you have understood.

Writing

Subject *Do you think that risk-taking should be encouraged in schools?*

Listening & Writing

→ Manuel p. 42

Listening

- You are going to listen to a document entitled: ***Barack Obama's back-to-school speech***.
- Listen to the document three times, then report in French what you have understood.

Writing

Subject *Do you think that risk-taking should be encouraged in schools?*

À l'intention du professeur : nous proposons ici deux sujets d'expression orale au choix.

Speaking

→ Manuel p. 42

Subject 1

Give a short oral presentation.

- Read the statement. →
- Explain it and give your opinion, using examples from the chapter or your own experience.

"I have not failed. I've just found 10,000 ways that won't work!"
Thomas A. Edison

Thomas A. Edison (1847-1931)
An American inventor and businessman who has been described as America's greatest inventor. He is credited with developing many devices in fields such as electric power generation, sound recording, and motion pictures.

Speaking

→ Manuel p. 42

Subject 2

Give a short oral presentation.

- Look at the image below.
- Explain it and give your opinion, using examples from the chapter or your own experience.

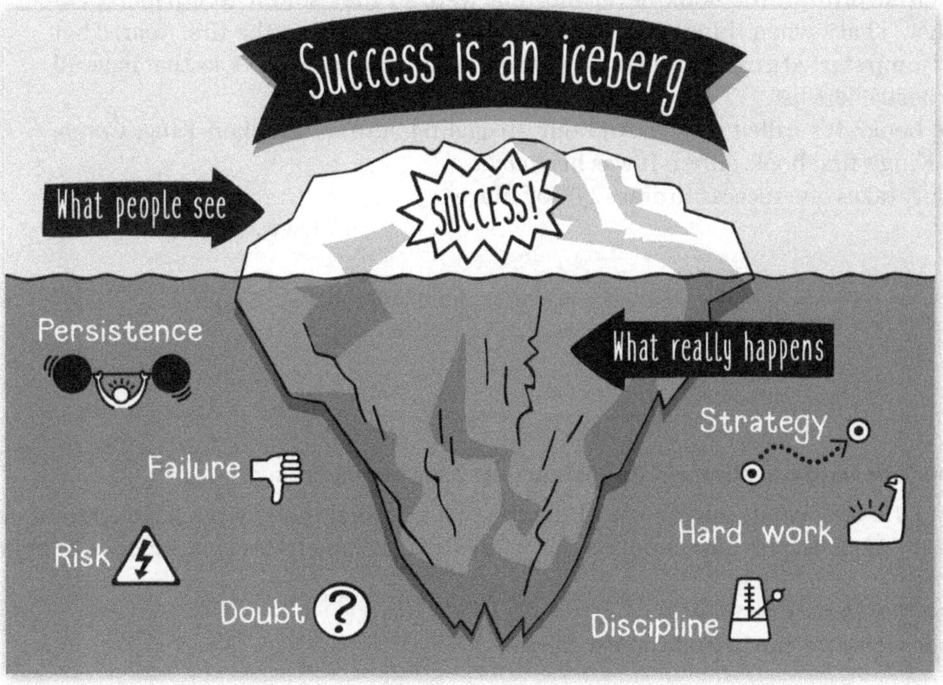

TEST YOUR SKILLS

2 From a flop to the top
Axe : Les univers professionnels, le monde du travail

Élève : .... Classe: .... Date : ....

Reading

→ Manuel p. 42

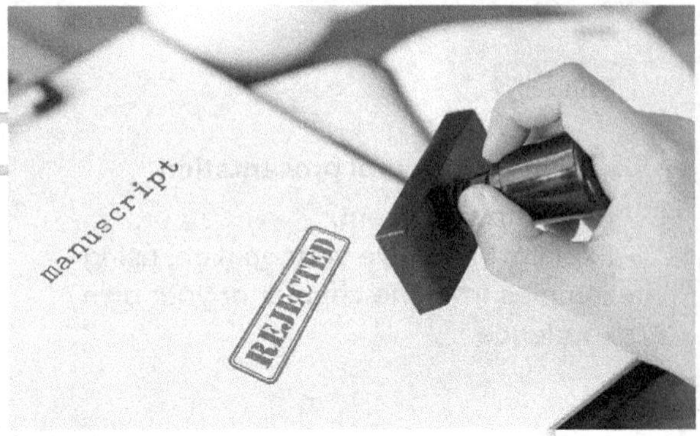

← → C www.riskology.co

It Only Takes One Success To Erase 1,000 Failures

By Tyler Tervooren

It was 1974 when a frustrated writer crumpled up[1] three pages of—what he considered at the time—trash.

Life was hard. He worked from a makeshift[2] desk in the laundry room of his double-wide trailer[3]. Too poor to buy his own, he had to borrow a typewriter from his wife who worked the second shift at Dunkin' Donuts to help pay the bills for their struggling family of four.

Later that day, his wife pulled the pages out of the trash and told him to keep going. To keep writing. He was ready to throw in the towel. To him, the days of writing were done. It was time to grow up and focus on his "real job."

But his wife insisted. "You've got something good here. Keep going." So, he did.

When the book was done, he sent it out to a list of publishers. The response was exactly what he expected: *No*. Rejection letter after rejection letter came in the mail. 30 in total. "It's a fine story, but it's not right for us," they all said.

Then, one day, it all changed.

He got a call from his wife at work. He knew it was important because they were too poor to afford a telephone at home. The book had been picked up by a small publishing house, and they were paying him $2,500. It wasn't "quit your job money," but at least he could afford groceries for the family now; they weren't on the brink of poverty.

The first print of the book never did that well, so they sold it to a paperback[4] publisher. That's when things took off—1 million copies sold in the first year. That "trash" jump started a career, and it paved the way for another 60+ books that have all hit the bestsellers list.

The book? It's called *Carrie*. And our struggling author? Stephen King. *Carrie* wasn't King's first book, either. It was his *fourth*.

It only takes one success to erase 1,000 failures.

www.riskology.co, 2019

1. crumple up: *chiffonner*
2. makeshift: *improvisé*
3. double-wide trailer: large mobile home
4. paperback: *un livre de poche*

Answer the following questions in English, using your own words.

a. After reading the text, what can you say about the main character and what happened to him?
b. Explain the link between his story and the title of the text: *"It only takes one success to erase 1,000 failures."*
c. What helped him to succeed?
d. Explain the lessons we can learn from his story.

Writing

→ Manuel p. 42

Choose one of the following subjects.

Subject 1 **Write an imaginary success story.**

It can be: *your own* *a famous person's* *a fictional character's*

OR

Subject 2 **Write a comment on a forum.**

This picture was posted on a forum entitled "What is success?". Send your comment!

- What is the message?
- Do you agree with it?
- Give examples to support your point of view.

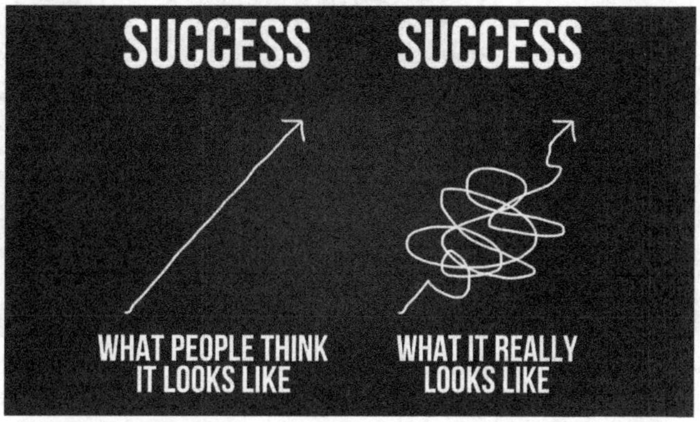

Writing

→ Manuel p. 42

Choose one of the following subjects.

Subject 1 **Write an imaginary success story.**

It can be: *your own* *a famous person's* *a fictional character's*

OR

Subject 2 **Write a comment on a forum.**

This picture was posted on a forum entitled "What is success?". Send your comment!

- What is the message?
- Do you agree with it?
- Give examples to support your point of view.

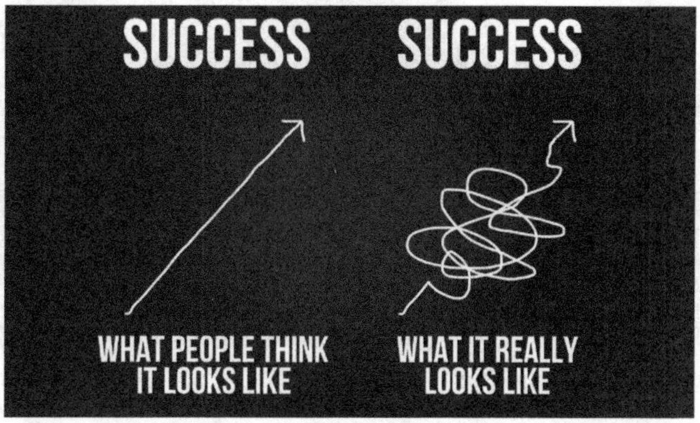

Speaking

→ Manuel p. 51

You are the expert!

- You are visiting a photo exhibition about apartheid with a friend.
- You come across the following pictures. Choose the one that strikes you the most:
  - explain the context to your friend,
  - comment on how the people in the picture might feel,
  - comment on what their life might be like.

South Africa, Cape Town, 1989.

A South-African family with their gardeners and maids, The Cape province, circa 1990

Speaking

→ Manuel p. 51

You are the expert!

- You are visiting a photo exhibition about apartheid with a friend.
- You come across the following pictures. Choose the one that strikes you the most:
  - explain the context to your friend,
  - comment on how the people in the picture might feel,
  - comment on what their life might be like.

South Africa, Cape Town, 1989.

A South-African family with their gardeners and maids, The Cape province, circa 1990

Élève : .... Classe: .... Date : ....

Reading & Writing

EN ROUTE VERS LE BAC

→ Manuel p. 51

When I was born, my mother hadn't seen her family in three years, but she wanted me to know them and wanted them to know me, so the prodigal daughter returned. We lived in town, but I would spend weeks at a time with my grandmother in Soweto, often during the holidays. I have so many memories from the place that in my mind it's like we lived there, too. [...]

Whenever we went to Soweto, my grandmother refused to let me outside. If she was watching me it was, "No, no, no. He doesn't leave the house." Behind the wall, in the yard*, I could play, but not in the street. And that's where the rest of the boys and girls were playing, in the street. My cousins, the neighbourhood kids, they'd open the gate and head out and roam free and come back at dusk. I'd beg my grandmother to go outside.

"Please. *Please,* can I go play with my cousins?"

"No! They're going to take you!"

For the longest time I thought she meant that the other kids were going to steal me, but she was talking about the police. Children could be taken. Children were taken. The wrong color kid in the wrong color area, and the government could come in, strip your parents of custody, haul you off to an orphanage. To police the townships, the government relied on its network of *impipis,* the anonymous snitches who'd inform on suspicious activity. There were also the blackjacks, black people who worked for the police. My grandmother's neighbour was a blackjack. She had to make sure he wasn't watching when she smuggled me in and out of the house.

My gran still tells the story of when I was three years old and, fed up with being a prisoner, I dug a hole under the gate in the driveway, wriggled through, and ran off. Everyone panicked. A search party went out and tracked me down. I had no idea how much danger I was putting everyone in. The family could have been deported, my gran could have been arrested, my mom might have gone to prison, and I probably would have been packed off to a home for colored kids.

So I was kept inside. Other than those few instances of walking in the park, the flashes of memory I have from when I was young are almost all indoors, me with my mom in her tiny flat, me by myself at my gran's. I didn't have any friends. I didn't know any kids besides my cousins. I wasn't a lonely kid – I was good at being alone. I'd read books, play with the toy that I had, make up imaginary worlds. I lived inside my head. I still live inside my head. To this day you can leave me alone for hours and I'm perfectly happy entertaining myself. I have to remember to be with people.

Trevor Noah, *Born a Crime*, 2016

* a yard: *une cour*

Reading

Answer the following questions in English, using your own words.

a. Identify the nature and main theme of the document.

b. Identify the thoughts and feelings of the people in the text:
- the narrator,
- his grandmother,
- his mother.

c. Comment on the following quotation:
"I still live inside my head. To this day you can leave me alone for hours and I'm perfectly happy entertaining myself. I have to remember to be with people." (l. 33-34)

d. Explain the purpose of this text and the literary genre it belongs to.

Writing

Choose one of the following subjects.

Subject 1 **Tell the story of the moment when Trevor goes missing from Trevor's grandmother's perspective.**

Subject 2 *"I'd read books, play with the toy that I had, make up imaginary worlds".* (l. 31-32)
Imagine and describe one of Trevor's imaginary world's he used to make up.

Élève : .... Classe: .... Date : ....

Listening

→ Manuel p. 70

Document **Should fairy tales change with the times?** EVAL 4

Niveau : A1 A2 B1 B2
Note : ...... /20

Niveau	Critères	Éléments de réponse possibles en français
Pré A1	• Le document n'est pas compris. Seuls des éléments isolés sont repérés. Pas de liens établis entre eux. • Le sujet ou le thème du document n'est pas identifié clairement. **2 pts**	
A1	• Des mots isolés, des expressions courantes sont relevés et mis en relation pour construire une amorce de compréhension du document. • Seules les idées les plus simples sont perçues. **8 pts** au premier semestre, **6 pts** ensuite	
A2	Certaines informations ont été comprises mais le relevé est incomplet, conduisant à une compréhension encore lacunaire ou partielle. **12 pts** au premier semestre, **10 pts** ensuite	• Une écrivaine britannique. • Les enfants du XXIe siècle peuvent réécrire les contes de fée. • Les filles ne sont pas obligées d'attendre un prince, les garçons peuvent préférer les filles qui se débrouillent toutes seules / tuent le dragon *(repérer 1 élément sur les 2 soulignés)*. • Les histoires doivent être équilibrées. • Dans les contes, les sorcières sont indépendantes, les garçons sont transformés en animaux. *(repérer 1 élément sur les 2)* • Quelle histoire raconter ?
B1	• Les informations principales ont été relevées. L'essentiel a été compris. • Compréhension satisfaisante. **18 pts** au premier semestre, **16 pts** ensuite **20 pts** si B1 niveau visé	• Interview d'une écrivaine britannique. • Important : les enfants du XXIe siècle peuvent réécrire les contes de fée. / remettre en question les modèles présentés. *(1 élément sur les 2)* • 1 ou 2 exemples donnés : – les filles n'ont pas besoin d'attendre un prince qui vienne les délivrer – les garçons peuvent préférer les filles qui se débrouillent / tuent le dragon. *(1 élément sur les 2)*. • Les histoires doivent être équilibrées. • Les sorcières sont puissantes / indépendantes. *(1 élément sur les 2)* • Dans certains contes, les garçons sont transformés en animaux / les filles peuvent rendre leur forme humaine aux garçon. *(repérer 1 élément sur les 2)* • Les parents doivent chercher des histoires qui offrent un bon modèle aux filles comme aux garçons.
B2	• Des détails significatifs du document ont été relevés et restitués conformément à sa logique interne. Le contenu informatif a été compris, ainsi que l'attitude du locuteur (ton, humour, point de vue, etc.) • Compréhension fine. **20 pts** si B2 niveau visé	• Une écrivaine britannique répond à une interview sur la BBC. • Les enfants du XXIe siècle peuvent remettre en question les modèles présentés dans les contes / réécrire les contes / être créatifs. *(repérer 2 éléments sur les 3)*. • Dans les contes : – les filles n'ont pas besoin qu'un prince vienne les délivrer / les épouse, – les garçons peuvent apprécier les filles indépendantes et courageuses. *(repérer 1 élément détaillé sur les 2)*. • Les histoires doivent être équilibrées et donner des modèles aux garçons et aux filles. • Exemples donnés : – les sorcières (indépendantes / elles ont des pouvoirs), – dans certains contes, les garçons sont transformés en animaux / les filles les embrassent / leur rendent leur forme humaine. *(repérer 2 éléments détaillés sur les 3)*. • L'auteur s'est interrogé pour trouver des histoires qui offrent un bon modèle aux filles comme aux garçons.

Speaking

→ Manuel p. 70

Give a short oral presentation

- You're at a protest march and you see interesting slogans on posters.
- Choose one and say what you think of it, using examples from the chapter or your own experience.

Speaking

→ Manuel p. 70

Give a short oral presentation

- You're at a protest march and you see interesting slogans on posters.
- Choose one and say what you think of it, using examples from the chapter or your own experience.

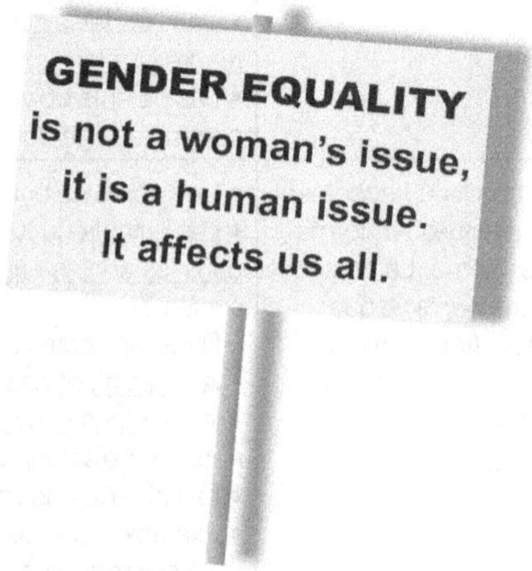

Élève : .... Classe: .... Date : ....

Reading

One thing I remember from the early years is my uncle Scott's wedding, which happened soon after we moved to Paintbrush Falls. Uncle Scott is my dad's younger brother. He likes to say he makes his money making money. I used to think that meant he was in his basement printing up counterfeit bills. Then I realized he didn't have a basement. My dad says his job has something to do with banking. Whatever. Frankly, Uncle Scott is kind of a snob, but I didn't know that back then. All I knew was that I got to dress up in my best clothes – actually liked wearing ties, what can I tell you? – and go to this grown-up party in Schenectady.

The wedding was awesome, especially at the beginning when Aunt Lainy walked down the aisle and at the end when she and Uncle Scott kissed. Uncle Scott is very handsome and Aunt Lainy is very beautiful, so it was sort of like a fairy tale. [...]

The party afterwards was even more awesome than the wedding. There was this huge bowl of fizzy punch with different colors of sherbet floating around in it and a *fountain* in the middle of it! And the wedding cake, which must have been taller than I was, had, like, a zillion sugar flowers all over it, with little gold leaves! Looking back, I'll bet the whole thing was way tacky[1], but at the time I felt like I was in *a movie*.

That was the beginning of my wedding obsession. I had this doll Aunt Pam gave me (she had me so figured out) (a lot more than my poor grandparents, who gave me a fire engine for Christmas the year after the truck) (again: loved the box).

Anyway, I wanted a wedding dress for the doll – formerly known as Cinderella Beauty and renamed Lainy – and Mom took me to the mall, but we couldn't find one, so she got this woman she knew to make one that would look just like Aunt Lainy's dress. It took more than a month, and when we finally went to pick it up, I practically peed in my pants, I was so excited. But when the woman saw me, she laughed and said, "I never made a doll's dress for a boy before!" I totally wanted to die.

(This was my first clue that maybe to other people there was something "wrong" with me.) (Not that it stopped me from dressing up or playing wedding.)

My mom says that I played wedding for about a year and that I kept asking everybody if they would marry me. Even Jeff[2]. (That was the only time anyone can remember Jeff threatening to clobber me on a regular basis.) I had my Lainy doll marry my Ken doll. I also had her marry some of my Barbies. And G.I. Joe. (I hated that the soldier doll had my name. I mean, please. I didn't play with him much. He was another Christmas present from my clueless grandparents. One time when they were visiting, my grandpa asked me if G.I. Joe had been in any wars lately. I said, "No, but he and Ken got married last week." Every Christmas since then, my grandparents have sent me a check.)

James Howe, *Totally Joe*, 2005

1. tacky: *in bad taste* – 2. Jeff: *Joe's big brother*

Answer the following questions in English, using your own words.

a. After reading the text, what can you say about:
– the main topic of the text?
– the narrator?

b. Focus on the following quote and explain the underlined parts:
"I had this doll Aunt Pam gave me. (<u>she had me so figured out</u>) (a lot more than my <u>poor</u> grandparents, who gave me a fire engine for Christmas the year after the truck) (again: loved the box)." (l. 17-19)

c. Explain the last sentence from the text.

Writing

→ Manuel p. 70

Take part in a forum

• Occasionally, new faces appear on English banknotes.
Join the debate online on who should be the next new face!
• Write a comment giving your opinion and justifying it (100 words).
You can use the elements below or suggest your own personality.

▲ Jane Austen, the new face of the £10 banknote

Margaret Thatcher
(1925-2013)

- First female Prime Minister in the UK
- Longest-serving Prime Minister in the 20th century (1979-1990)
- Nicknamed "The Iron Lady" because of her uncompromising politics and leadership style

Emma Watson
(born 1990)

- English actress
- Played Hermione Granger in the *Harry Potter* films
- Helped launch the UN Women campaign HeForShe

?

Choose your own celebrity

Writing

→ Manuel p. 70

Take part in a forum

• Occasionally, new faces appear on English banknotes.
Join the debate online on who should be the next new face!
• Write a comment giving your opinion and justifying it (100 words).
You can use the elements below or suggest your own personality.

▲ Jane Austen, the new face of the £10 banknote

Margaret Thatcher
(1925-2013)

- First female Prime Minister in the UK
- Longest-serving Prime Minister in the 20th century (1979-1990)
- Nicknamed "The Iron Lady" because of her uncompromising politics and leadership style

Emma Watson
(born 1990)

- English actress
- Played Hermione Granger in the *Harry Potter* films
- Helped launch the UN Women campaign HeForShe

?

Choose your own celebrity

Speaking

→ Manuel p. 79

Give your opinion on TV!

• You are at a student rally on climate change. An Australian TV company wants to interview you for the news.

• Explain why you are there mentioning:
– the situation in the world today,
– what other young people are doing in the world,
– what more can be done.

Speaking

→ Manuel p. 79

Give your opinion on TV!

• You are at a student rally on climate change. An Australian TV company wants to interview you for the news.

• Explain why you are there mentioning:
– the situation in the world today,
– what other young people are doing in the world,
– what more can be done.

Speaking

→ Manuel p. 79

Give your opinion on TV!

• You are at a student rally on climate change. An Australian TV company wants to interview you for the news.

• Explain why you are there mentioning:
– the situation in the world today,
– what other young people are doing in the world,
– what more can be done.

Speaking

→ Manuel p. 79

Give your opinion on TV!

• You are at a student rally on climate change. An Australian TV company wants to interview you for the news.

• Explain why you are there mentioning:
– the situation in the world today,
– what other young people are doing in the world,
– what more can be done.

Writing

→ Manuel p. 79

Post a comment

- Someone has posted this picture from a student climate protest.
- Write a comment giving your opinion on the movement using the picture and the quotation.

Climate protest on February 15, 2019 in London

"For way too long, the politicians and the people in power have gotten away with not doing anything to fight the climate crisis, but we will make sure that they will not get away with it any longer. We are striking because we have done our homework and they have not."

Greta Thunberg

Writing

→ Manuel p. 79

Post a comment

- Someone has posted this picture from a student climate protest.
- Write a comment giving your opinion on the movement using the picture and the quotation.

Climate protest on February 15, 2019 in London

"For way too long, the politicians and the people in power have gotten away with not doing anything to fight the climate crisis, but we will make sure that they will not get away with it any longer. We are striking because we have done our homework and they have not."

Greta Thunberg

Élève : .... Classe: .... Date : ....

Listening

➜ Manuel p. 98

Document **An NPR interview with Andy Aldrin** EVAL 6

Niveau : A1 A2 B1 B2
Note : ...... /20

Niveau	Critères	Éléments de réponse possibles en français
Pré A1	• Le document n'est pas compris. Seuls des éléments isolés sont repérés. Pas de liens établis entre eux. • Le sujet ou le thème du document n'est pas identifié clairement. **2 pts**	
A1	• Des mots isolés, des expressions courantes sont relevés et mis en relation pour construire une amorce de compréhension du document. • Seules les idées les plus simples sont perçues. **8 pts** au premier semestre, **6 pts** ensuite	
A2	Certaines informations ont été comprises mais le relevé est incomplet, conduisant à une compréhension encore lacunaire ou partielle. **12 pts** au premier semestre, **10 pts** ensuite	• Buzz Aldrin est obsédé par Mars. • Il veut envoyer des humains sur la planète rouge. Sa question : quel impact ? • Le fils de Buzz, Andy Aldrin, explique qu'ils développent des programmes / des technologies *(1 élément repéré sur les 2 soulignés)* pour mettre des humains sur Mars. • Le plus gros problème est psychologique. • Ces gens ne seront plus américains ou chinois, ils seront martiens !
B1	• Les informations principales ont été relevées. L'essentiel a été compris. • Compréhension satisfaisante. **18 pts** au premier semestre, **16 pts** ensuite **20 pts** si B1 niveau visé	• Une émission de la NPR. • Buzz Aldrin : un astronaute sur Apollo 11 / a marché sur la lune / veut envoyer des hommes sur Mars. *(2 éléments repérés sur les 3 soulignés).* • Sa question : quels sont les impacts de la vie sur Mars ? • Le journaliste interview Andy Aldrin, fils de Buzz / directeur d'un institut / sur ces challenges. *(1 élément repéré sur 3).* • Andy Aldrin explique qu'ils développent des programmes / des plans / des technologies *(2 éléments sur 3)* pour mettre des humains sur Mars de façon permanente. • C'est différent de ce que font les autres / un énorme programme de recherche. *(1 élément repéré sur 2)* • Le plus gros problème est psychologique. • Si des gens s'installent sur une autre planète de façon permanente, ils ne seront plus américains ou chinois, ils seront martiens !
B2	• Des détails significatifs du document ont été relevés et restitués conformément à sa logique interne. Le contenu informatif a été compris, ainsi que l'attitude du locuteur (ton, humour, point de vue, etc.) • Compréhension fine. **20 pts** si B2 niveau visé	• Une interview de la NPR avec Andy Aldrin. • Le journaliste parle de Buzz Aldrin : un astronaute sur Apollo 11 / le 2e homme à avoir marché sur la lune / il veut envoyer des hommes sur Mars / pour qu'ils s'y installent de façon permanente. *(3 éléments détaillés repérés sur les 4).* • Il s'interroge sur les impacts psychologiques d'une installation sur Mars. • Le journaliste interviewe Andy Aldrin, fils de Buzz / directeur d'un institut / sur les défis sociologiques / sur ce que ça fait d'être le fils d'un astronaute. *(2 éléments repérés sur 4).* • Andy Aldrin présente sa structure : ils développent des programmes, des plans, des technologies pour installer des humains sur Mars de façon permanente. • C'est différent de ce que font les autres et c'est un énorme programme de recherche. • Si des gens s'installent sur une autre planète de façon permanente, le plus gros problème sera psychologique. C'est un très gros stress. • Ils ne seront plus américains ou chinois, ils seront martiens, agiront comme des martiens. Mais nous ne le comprenons pas encore.

Speaking

→ Manuel p. 98

Give a short oral presentation

- You have attended the Starmus Festival and you have heard stricking opinions.
- Read the statements below, choose one and say what you think of it, using examples from the chapter.

The Starmus International Festival is an international gathering focused on celebrating astronomy, space exploration, music, art, and allied sciences such as biology and chemistry.

"If we have the power to convert Mars into something that looks like Earth, then we have the power to fix our own oceans and our home atmosphere, right? If you have the power of geo-engineering, you don't have to leave the planet you're on, turn another one into Earth, and move there. Just fix Earth."

Neil deGrasse Tyson,
American astrophysicist

"Mother Nature has hurled at the Earth a number of extinction cycles. The dinosaurs, for example, didn't have a space program. And that's why the dinosaurs are not here today."

Michio Kaku,
American physicist

Speaking

→ Manuel p. 98

Give a short oral presentation

- You have attended the Starmus Festival and you have heard stricking opinions.
- Read the statements below, choose one and say what you think of it, using examples from the chapter.

The Starmus International Festival is an international gathering focused on celebrating astronomy, space exploration, music, art, and allied sciences such as biology and chemistry.

"If we have the power to convert Mars into something that looks like Earth, then we have the power to fix our own oceans and our home atmosphere, right? If you have the power of geo-engineering, you don't have to leave the planet you're on, turn another one into Earth, and move there. Just fix Earth."

Neil deGrasse Tyson,
American astrophysicist

"Mother Nature has hurled at the Earth a number of extinction cycles. The dinosaurs, for example, didn't have a space program. And that's why the dinosaurs are not here today."

Michio Kaku,
American physicist

Reading & Writing

EN ROUTE VERS LE BAC

→ Manuel p. 98

Text 1

Space is about to get a funding boost but there are ethical questions to consider, experts say

Earthrise, 1968 – Photo taken by NASA astronaut Bill Anders

In 1968, NASA astronaut Bill Anders took a photo which had a profound impact on the way humankind saw itself.

Known as *Earthrise*, the photo – taken from a spacecraft in lunar orbit – showed our planet rising above the horizon of the moon.

When it was published, the image had a galvanising effect on the environmental movement. [...]

The Earthrise photo made it easier for humanity to see itself as a whole, and to glimpse what was at stake if we trashed our planetary home.

Ever since, the image has been regarded as a moral stimulant – a reminder of the fragility of human existence and of our collective destiny on "spaceship Earth". [...]

But not everybody who shared those concerns was on board. A few years before Mr Anders took his iconic snap[1], an ebullient English historian and pacifist, Arnold J. Toynbee, began publicly voicing reservations about the entire space program.

Professor Toynbee's main objection was an ethical one; space was costing money and vital resources at a time when humanity faced bigger challenges, such as poverty and the threat of nuclear war.

He dismissed the space race as a "childish competition" between two superpowers, and suggested it was premature to be looking to the moon and stars when our own house was not in order.

"It's rather scandalous, when human beings are going short of necessities, to do this," Professor Toynbee said. [...]

Climate change has also caused some to rethink human involvement in space.

"Let's be clear. If we had the same enthusiasm and the same budget available for the technologies to solve some of the problems we have now, we'd probably be able to do it," said renewable energy advocate Giles Parkinson.

"The other thing that disturbs me is this idea that space travel might be our saviour," Mr Parkinson said.

"It seems to be loading the dice[2] and taking enormous risks to think that if we stuff this planet up, because of global warming and other environmental impacts, then we can all live happily on another planet."

www.abc.net.au

1. snap : *photo* – 2. loading the dice : *piper, truquer les dés*

Text 2

Hemmingway Goode and his daughter Imogen have left Earth and are now approaching their new home planet.

Imogen Goode put her hands on the glass and pressed her nose against the cold window. Below them, she could see the orange and red swirl of the planet Prollyx, a gas giant embraced by two rings. Concentrating, she distinguished the tiny shadow of a moon, a dark circle against the bright planet.

"Is that it, daddy?" she said and pressed her finger against the glass.

Hemmingway smiled. "Yes, sweet heart. That's ORM-614," he said.

"And no one lives there?" she asked.

"Not at the moment," Hemmingway said. "We'll be the first."

"Will there be aliens?"

"No, darling," Hemmingway said and laughed lightly.

"Awww."

"Disappointed?" Hemmingway said. She shrugged her shoulders.

"I was wanting to meet some aliens."

"I'm sure you'll have some fun, darling," Hemmingway said. He looked down at her feet. "Are you really taking that?" he asked, pointing to the red plastic bucket[1] at her feet.

"Momma said there was sand on the moon," Imogen said and folded her arms crossly.

"There is," Hemmingway replied.

"So then, I can build sandcastles, can't I?" she said.

"Sandcastles? Well, I guess so. But remember, you'll be wearing an environment suit, darling," Hemmingway said. "You'll find it difficult to build anything wearing that."

She looked doubtfully down at the bucket and spade. "I promised Grandpa I would build the biggest and best sandcastle on the moon. I promised."

"I know you did, sweet heart," Hemmingway said. He reached down and picked up the bucket. It was an old thing, from an era long ago, when the oceans on Earth were not poisoned and people spent their holidays at the beach, building sandcastles and swimming in the seas...

Hemmingway handed the bucket and spade[2] to Imogen and kissed the top of her head. "You build your sandcastles if you want to, sweet heart," he said softly.

"I'll build the biggest and best castle of them all," Imogen said and hugged him back. "For Grandpa."

"For Grandpa," Hemmingway echoed, as they looked down at the small moon orbiting the planet.

M.F.W. Curran, *Sandcastles on the Moon*, 2013

1. bucket : *seau* – 2. spade : *pelle*

●●●

Reading

After reading the two texts, answer the following questions in English.
Use your own words.

a. After reading text 1, explain why the photo *Earthrise* has had such a profound impact.

b. What are the "ethical questions to consider" quoted in the article?

c. After reading text 2, what can you say about the main characters and the situation they are in?

d. Comment on the last sentence from the text: *"For Grandpa," Hemmingway echoed, as they looked down at the small moon orbiting the planet."*

e. In both texts we find downright lies. Quote them and explain.

Writing

Choose one of the following subjects.

Subject 1 *"Space was costing money and vital resources at a time when humanity faced bigger challenges".* (Text 1, l. 23-25)

Comment on this quote in the light of today's efforts to reach and inhabit Mars.

Subject 2 **Tell the Goode family's settlement on ORM-614 from Imogen's perspective.**

Subject 3 **Imogen is now in her late 20s, living on ORM-614 with her aging father, sheltered hundreds of feet below the rocky surface of the far-away moon. She blames her father's generation for accepting their exile. He tries to justify himself. Write their dialogue.**

Élève : .... Classe: .... Date : ....

Listening & Writing

EN ROUTE VERS LE BAC

→ Manuel p. 107

Document **Shane talks about pressure** EVAL 7

Niveau : A1 A2 B1 B2
Note : ...... /20

Niveau	Critères	Éléments de réponse possibles en français
Pré A1	• Le document n'est pas compris. Seuls des éléments isolés sont repérés. Pas de liens établis entre eux. • Le sujet ou le thème du document n'est pas identifié clairement. **2 pts**	
A1	• Des mots isolés, des expressions courantes sont relevés et mis en relation pour construire une amorce de compréhension du document. • Seules les idées les plus simples sont perçues. **8 pts** au premier semestre, **6 pts** ensuite	
A2	Certaines informations ont été comprises mais le relevé est incomplet, conduisant à une compréhension encore lacunaire ou partielle. **12 pts** au premier semestre, **10 pts** ensuite	• Monologue d'un *student athlete*. • Sujet : la pression sur les *student athletes*. • Il mentionne les pressions exercées par ses camarades et par les adultes. • Certaines personnes veulent que les élèves donnent la priorité au sport. • D'autres veulent que les élèves donnent la priorité aux études.
B1	• Les informations principales ont été relevées. L'essentiel a été compris. • Compréhension satisfaisante. **18 pts** au premier semestre, **16 pts** ensuite **20 pts** si B1 niveau visé	• Témoignage d'un *student athlete*. • Sujet : les différentes pressions exercées sur les *student athletes*. • Cette pression peut venir des <u>entraîneurs</u>, <u>coéquipiers</u>, <u>parents</u>, <u>enseignants</u>, de <u>la communauté dans son ensemble</u>, et aussi de <u>soi-même</u> *(3 éléments repérés sur 6)*. • Les entraîneurs, les coéquipiers et la communauté veulent que la priorité soit donnée au sport. • Les parents et les enseignants veulent que la priorité soit donnée aux études. • Finalement, les *student athletes* se mettent une forte pression à eux-mêmes.
B2	• Des détails significatifs du document ont été relevés et restitués conformément à sa logique interne. Le contenu informatif a été compris, ainsi que l'attitude du locuteur (ton, humour, point de vue, etc.) • Compréhension fine. **20 pts** si B2 niveau visé	• Témoignage d'un *student athlete*. • Être un *student athlete* est une chance et un privilège, mais cela implique de fortes pressions : – les entraîneurs ont des attentes élevées ; pour être sélectionnés et participer aux matchs, les *student athletes* doivent les impressionner en jouant à un très haut niveau ; – les coéquipiers comptent sur vous, et si vous n'êtes pas à la hauteur (devoirs, problèmes de santé), vous pouvez les perdre ; – les parents veulent que les élèves fassent de leurs études la priorité, avant le sport ; – les enseignants veulent que les succès scolaires soient au même niveau que les succès sportifs ; – la communauté soutient ses *student athletes* jour après jour, et quand on représente sa ville, son équipe, on ne veut pas les décevoir. *(3 éléments précis sur les 5 listés ci-dessus, ou 4 sur 5 avec moins de details)* • Tout ceci aboutit au fait que la plus forte pression, c'est celle que les *student athletes* exercent sur eux-mêmes.

Listening & Writing

→ Manuel p. 107

Listening

- You are going to listen to a document entitled: ***Shane talks about pressure in high school***.
- Listen to the document three times, then report in French what you have understood.

Writing

Choose one of the following subjects (120 words minimum).

Subject A You've decided to miss the big game in order to study for the big test! Justify your decision in an email to your teammates, using information from the chapter.

Subject B

> "After the pep rally he went to class, but it was impossible to concentrate. He sat there in a daze, the messages of algebra and biology and English lost to him. Like most of his other teammates on game day, he couldn't be bothered with classes. They were irrelevant, a sidelight to the true purpose of going to Permian High School: to play football for the Panthers."
>
> *Friday Night Lights*

Write a short paragraph explaining the role of sports in this player's life.

Listening & Writing

→ Manuel p. 107

Listening

- You are going to listen to a document entitled: ***Shane talks about pressure in high school***.
- Listen to the document three times, then report in French what you have understood.

Writing

Choose one of the following subjects (120 words minimum).

Subject A You've decided to miss the big game in order to study for the big test! Justify your decision in an email to your teammates, using information from the chapter.

Subject B

> "After the pep rally he went to class, but it was impossible to concentrate. He sat there in a daze, the messages of algebra and biology and English lost to him. Like most of his other teammates on game day, he couldn't be bothered with classes. They were irrelevant, a sidelight to the true purpose of going to Permian High School: to play football for the Panthers."
>
> *Friday Night Lights*

Write a short paragraph explaining the role of sports in this player's life.

Speaking

→ Manuel p. 107

Give your opinion

You're on an exchange in an American high school.

- Say which of these images most represents American high school sports to you.
- Explain why. Use examples from the chapter or your own experience.

Speaking

→ Manuel p. 107

Give your opinion

You're on an exchange in an American high school.

- Say which of these images most represents American high school sports to you.
- Explain why. Use examples from the chapter or your own experience.

Élève : .... Classe: .... Date : ....

Listening

→ Manuel p. 122

Document **Annie talks about her school days in the 1990s** EVAL 8

Niveau : A1 A2 B1 B2
Note : ...... /**20**

Niveau	Critères	Éléments de réponse possibles en français
Pré A1	• Le document n'est pas compris. Seuls des éléments isolés sont repérés. Pas de liens établis entre eux. • Le sujet ou le thème du document n'est pas identifié clairement. **2 pts**	
A1	• Des mots isolés, des expressions courantes sont relevés et mis en relation pour construire une amorce de compréhension du document. • Seules les idées les plus simples sont perçues. **8 pts** au premier semestre, **6 pts** ensuite	
A2	Certaines informations ont été comprises mais le relevé est incomplet, conduisant à une compréhension encore lacunaire ou partielle. **12 pts** au premier semestre, **10 pts** ensuite	• Annie raconte son enfance en Irlande du Nord. • Elle est catholique. • Son école catholique était située dans une communauté protestante. • Son école a rencontré des problèmes à cause de cela. • Il y avait des écoles mixtes mais à l'époque elle trouvait ça étrange. • Maintenant elle trouve les écoles mixtes bien.
B1	• Les informations principales ont été relevées. L'essentiel a été compris. • Compréhension satisfaisante. **18 pts** au premier semestre, **16 pts** ensuite **20 pts** si B1 niveau visé	• Interview de Annie, qui raconte son enfance en Irlande du Nord pendant les années 90. • Elle a grandi pendant le conflit. • Elle est d'une famille catholique. • Son école était catholique, donc ses amis l'étaient aussi. • Sa mère a fait des efforts pour qu'elle rencontre des personnes d'autres communautés. • À part ça, tout son univers était catholique. • Son école était située dans une communauté protestante. • Son école a rencontré des problèmes à cause de cela. Elle a été attaquée. • Il y avait des écoles mixtes dans les années 90 mais elle trouvait ça étrange. • Maintenant il y a plus d'écoles mixtes et elle en voit l'intérêt.
B2	• Des détails significatifs du document ont été relevés et restitués conformément à sa logique interne. Le contenu informatif a été compris, ainsi que l'attitude du locuteur (ton, humour, point de vue, etc.) • Compréhension fine. **20 pts** si B2 niveau visé	• Interview de Annie, qui raconte son enfance en Irlande du Nord / pendant les années 90 / vers la fin du conflit. *(2 éléments soulignés repérés sur 3)* • Elle est d'une famille catholique. • Son école était catholique, donc ses amis l'étaient aussi. • Sa mère a fait des efforts pour qu'elle rencontre des personnes d'autres communautés • À part ça, tout son univers était catholique. • Il y a une sorte de ségrégation dans les communautés et dans l'éducation, qui a parfois mené à des problèmes. • Son école primaire catholique était située dans une communauté majoritairement protestante. • Son école a rencontré des problèmes à cause de cela et a subi trois attentats à la bombe. • Elle pense que ces attentats ont eu lieu parce que la présence de l'école dans ce quartier était perçue comme une provocation. • Il y avait quelques écoles mixtes pendant les années 90 mais à l'époque elle trouvait ça étrange. • Il n'y avait qu'une école mixte dans sa ville à l'époque. • Maintenant il y en a davantage et elle en voit tout l'intérêt.

Speaking

→ Manuel p. 123

You are the guide!

- You are visiting Northern Ireland and come across a peace gate.
- Explain to your friend what you know about it including:
  – why the gate was built,
  – how the residents who live either side of the gate might feel.

▲ An interface gate in Belfast

Speaking

→ Manuel p. 123

You are the guide!

- You are visiting Northern Ireland and come across a peace gate.
- Explain to your friend what you know about it including:
  – why the gate was built,
  – how the residents who live either side of the gate might feel.

▲ An interface gate in Belfast

Élève : .... Classe: .... Date : ....

Reading

→ Manuel p. 123

The passionate kiss that is the heartening symbol of a new Belfast becoming more oblivious to sectarianism

You could not imagine a more heartening symbol of a Belfast that is oblivious[1] to sectarianism.

Christine and Carl[2] could only have met on neutral territory like Kelly's nightclub in Portrush, having grown up in hard areas on opposite sides of a sectarian divide.

Talking about their love across the divide story, Frampton told an interviewer at the weekend: "Poleglass in west Belfast is a completely republican area. The first time we went on a date I was so nervous I ended up getting drunk. I forgot to pay for her food. She still takes the mickey out of me."

And drawn on whether it had been difficult falling in love with a Catholic girl, he replied: "It didn't matter to me but I knew it annoyed some people and it was difficult – especially with me being from an interface area where there was trouble all the time." [...]

But the miracle is that occasionally the divide counts for nothing. And boxing can make the old quarrel irrelevant.

[Boxer] Barry McGuigan rated Frampton's achievement in evading sectarianism higher than his own.

"Carl comes from this area where your territory is marked. There have been many horrible things said to him but he's had the equanimity not to be involved. While I spent loads of my life in Belfast it was easy for me to stay separate and look at it from the outside. Even though I lived in a republican town it wasn't as severe or nasty."

McGuigan paid tribute to Carl's fiancee Christine too. Mum to Carl's two-and-a-half-year-old daughter, she has a criminology degree. McGuigan represents them as part of a new generation that is free from the old sectarian expectations.

"Carl comes from a hardened loyalist area and Christine comes from a hardened republican area. And they've risen above it all.

"Christine is a beautiful girl, really sensible, clever, bright. This is the next generation."

Barry McGuigan had entered a mixed marriage himself at a time when that could be seen as letting your side down and could attract a brick through your window and worse in some areas.

[Carl Frampton] never bought the myth that most people endorse sectarianism. "I saw trouble I shouldn't have seen. But 95% of the people there are good and they're coming out to support me. [...]

He added: "In boxing we're allowed to come together. Protestants and Catholics, the north and south, everyone. I'm in an Irish vest, even on a mural in Tiger's Bay, because boxing brings the communities together."

It's worth noting this mural has never been defaced with political slogans.

What is evident from the stories of boxers who have come out of definable communities here is that they don't have to disown their past, their roots or their connections in order to distance themselves from sectarianism; they are able to be themselves and win respect across the divide for what they do best. [...]

Carl and Christine maybe wouldn't want to be symbols of new possibility, but for now, that's precisely what they are.

Malachi O'Doherty,
The Belfast Telegraph, October 21, 2013

1. oblivious: *inconscient* - 2. Carl Frampton, a north-irish boxer

●●●

Answer the following questions in English, using your own words.

a. Identify the nature and main theme of the document.

b. Give as much information as you can about the people mentioned in the document and the links between them.

c. Explain what the journalist means when he says:
"the miracle is that occasionally the divide counts for nothing. And boxing can make the old quarrel irrelevant." (l. 21-23)

d. Explain why this text has been written.

Writing

→ Manuel p. 123

You are the expert!

- You have decided to organise an exhibition at your school.
- Write a short explanatory text to present the exhibition, using the documents below:

Derry – Londonderry

Derry Girls, TV series, 2018

So in love: protestant boxer Carl Frampton with his catholic girlfriend Christine.

Writing

→ Manuel p. 123

You are the expert!

- You have decided to organise an exhibition at your school.
- Write a short explanatory text to present the exhibition, using the documents below:

Derry – Londonderry

Derry Girls, TV series, 2018

So in love: protestant boxer Carl Frampton with his catholic girlfriend Christine.

Élève : .... Classe: .... Date : ....

Listening & Writing

EN ROUTE VERS LE BAC

→ Manuel p. 13

Niveau : A1 A2 B1 B2
Note : ...... /20

Document **Siena talks about her family background** EVAL 9

Niveau	Critères	Éléments de réponse possibles en français
Pré A1	• Le document n'est pas compris. Seuls des éléments isolés sont repérés. Pas de liens établis entre eux. • Le sujet ou le thème du document n'est pas identifié clairement. **2 pts**	
A1	• Des mots isolés, des expressions courantes sont relevés et mis en relation pour construire une amorce de compréhension du document. • Seules les idées les plus simples sont perçues. **8 pts** au premier semestre, **6 pts** ensuite	
A2	Certaines informations ont été comprises mais le relevé est incomplet, conduisant à une compréhension encore lacunaire ou partielle. **12 pts** au premier semestre, **10 pts** ensuite	• Siena dit qu'elle est égyptienne, italienne, allemande et française. *(2 éléments repérés parmi les 4 soulignés)* • Elle parle de sa famille. • Être canadien, c'est être capable de célébrer la diversité. • Toronto est un endroit très multiculturel. • Elle pratique beaucoup de choses que sa famille a ramenées d'Italie. • Elle n'est pas canadienne, mais elle se sent canadienne.
B1	• Les informations principales ont été relevées. L'essentiel a été compris. • Compréhension satisfaisante. **18 pts** au premier semestre, **16 pts** ensuite **20 pts** si B1 niveau visé	• Siena parle des origines de sa famille. • Elle est égyptienne, italienne, allemande et française. *(3 éléments repérés parmi les 4)* • Elle parle de sa famille : – son grand-père a immigré au Canada après la guerre – sa grand-mère / ses deux parents sont nés au Canada – son arrière-grand-mère est venue au Canada *(2 éléments repérés parmi les 4 soulignés)* • Être canadien pour elle, c'est : – être capable de célébrer la diversité / de partager sa nationalité / de pratiquer sa religion / être ouvert avec soi-même. *(2 éléments repérés parmi les 4 soulignés)* • Toronto est une ville très multiculturelle. • Siena pratique beaucoup de choses que sa famille a ramenées d'Italie. • Au final elle n'est pas Canadienne, mais elle se sent canadienne.
B2	• Des détails significatifs du document ont été relevés et restitués conformément à sa logique interne. Le contenu informatif a été compris, ainsi que l'attitude du locuteur (ton, humour, point de vue, etc.) • Compréhension fine. **20 pts** si B2 niveau visé	• Siena parle de ses racines : elle est égyptienne, italienne, allemande et française. • Elle parle de sa famille : – son grand-père a immigré au Canada à 7 ans, après WW2, c'était difficile, – sa grand-mère / ses deux parents sont nés au Canada, – son arrière-grand-mère (du côté de sa mère) est venue au Canada, – son grand-père est venu après la guerre, sa famille a eu des moments difficiles parce qu'ils n'avaient nulle part où vivre. *(3 éléments précis parmi les 4 listés ci-dessus, ou 4 éléments sur 4 avec moins de détails)* • Être canadien pour elle, c'est : être capable de célébrer la diversité / de partager sa nationalité / de pratiquer sa religion / d'être ouvert avec soi-même. *(3 éléments parmi les 4 soulignés)* • Toronto est une ville très multiculturelle. • Siena pratique beaucoup de choses que sa famille a ramenées d'Italie, en particulier la cuisine. • Elle n'est pas canadienne, mais elle se sent canadienne. • Conclusion : on peut être canadien et s'identifier avec une autre culture en même temps.

Listening & Writing

EN ROUTE VERS LE BAC

→ Manuel p. 138

Listening

- You are going to listen to a document entitled: ***Siena talks about her family background***.
- Listen to the document three times, then report in French what you have understood.

Writing

Choose one of the following subjects (120 words minimum).

Subject 1 **In which ways can one pass on their cultural heritage to their descendants? Use examples from the chapter.**

Subject 2 *"If someone asks me, I'm not Canadian. But I do feel Canadian."*
Give your interpretation of this quotation from Siena's interview, using other examples from the chapter.

Listening & Writing

EN ROUTE VERS LE BAC

→ Manuel p. 138

Listening

- You are going to listen to a document entitled: ***Siena talks about her family background***.
- Listen to the document three times, then report in French what you have understood.

Writing

Choose one of the following subjects (120 words minimum).

Subject 1 **In which ways can one pass on their cultural heritage to their descendants? Use examples from the chapter.**

Subject 2 *"If someone asks me, I'm not Canadian. But I do feel Canadian."*
Give your interpretation of this quotation from Siena's interview, using other examples from the chapter.

Listening & Writing

EN ROUTE VERS LE BAC

→ Manuel p. 138

Listening

- You are going to listen to a document entitled: ***Siena talks about her family background***.
- Listen to the document three times, then report in French what you have understood.

Writing

Choose one of the following subjects (120 words minimum).

Subject 1 **In which ways can one pass on their cultural heritage to their descendants? Use examples from the chapter.**

Subject 2 *"If someone asks me, I'm not Canadian. But I do feel Canadian."*
Give your interpretation of this quotation from Siena's interview, using other examples from the chapter.

Speaking

→ Manuel p. 138

Give a short oral presentation

Imagine you are an immigrant to Canada, and you are raising a child who has been born in Canada.

- Will you pass cultural traditions from your native land onto your child? Why or why not?
- How might this affect how he/she sees the world?

Use the prompt to help you get started:

As a newcomer to Canada, I would want my child...

Speaking

→ Manuel p. 138

Give a short oral presentation

Imagine you are an immigrant to Canada, and you are raising a child who has been born in Canada.

- Will you pass cultural traditions from your native land onto your child? Why or why not?
- How might this affect how he/she sees the world?

Use the prompt to help you get started:

As a newcomer to Canada, I would want my child...

Speaking

→ Manuel p. 138

Give a short oral presentation

Imagine you are an immigrant to Canada, and you are raising a child who has been born in Canada.

- Will you pass cultural traditions from your native land onto your child? Why or why not?
- How might this affect how he/she sees the world?

Use the prompt to help you get started:

As a newcomer to Canada, I would want my child...

Reading

→ Manuel p. 138

Text 1

Who Needs Canada? Immigrants Need Canada: My Personal Immigration Story

My immigration story is by no means as astonishing as many other immigrants' who are welcomed into Canada. We were not refugees, nor were we investors purchasing a company. [...]

"We're going to apply for immigration to Canada." When my parents first sat myself and my two brothers down, we were 11 years old. It was a scorching summer day in Pretoria, South Africa, and we had just climbed out of the pool, not expecting our lives to change that day. Our parents hoped to move us abroad to a more stable country, with far less crime and more opportunity.

"Where is Canada?" I had asked. It wasn't a country I had been familiar with, but it was a country I was about to enter into a long and complicated relationship with.

On February 1st, 2009 the wheels of our Boeing 737 met the Vancouver tarmac. The day we arrived we visited the local Safeway to fill up the empty fridge in our furnished rental. We spent over an hour marveling at the selection of chocolate chip cookies (an entire aisle?!) and glossy fruit.

[Two days later] I was standing in front of a large, light-blue cement building with metallic red doors. Claremont Secondary. Every movie with a North American high school had led me to this moment. We didn't have to wear a uniform. There were lockers. They call it Grad here, but it's basically The Prom, right? Imagining my Canadian high school experience as a Hollywood movie wasn't quite realistic, but the familiarity calmed my nerves. After meeting with a counsellor, I was escorted to my first class: Math 11, with Mr Spoor. My new life was about to begin.

When the door swung open, something peculiar happened... half of the students didn't raise an eyebrow. A couple smiled. Others kept writing. You see, where I'm from, any new student – especially one from another country – sparked a wave of curiosity across the school.

I spent the following few years making friends the normal way, meeting, greeting, it was casual. The Hollywood high school experience I had imagined delivered in some ways (we had actually had a school mascot) and didn't in others.

Throughout my highschool experience and into university, something dawned on me. [...] This country was a true melting pot for the world. Diversity, here, was the norm. It was nothing surprising, shocking, or out of the ordinary for Canadians. It was just the way it was. Unquestioned. From that point forward, I felt that I had truly found a new home: a home where "where are you from?" is frequent (I'm a firm believer in hanging onto what's left of my accent) but the why and how, isn't required. It's obvious: Canada is a great place to live. Eight years on, I am dumbfounded* by the unquestioned acceptance from those around me. It humbles me to be the best Canadian I can be. Who needs Canada? I need Canada, my family needs Canada, immigrants need Canada.

www.sfu.ca

*dumbfounded : *stupéfait*

Text 2

SOHAN AND SARA KOONAR

"My immigrant experience was extremely easy and inclusive," he says. [...]

He's been married almost as long, to a Italian woman named Nadia. The two have three children – Sara, David and Michael, as well as two grandchildren.

"We let them be your typical Canadian kids without having to live in two different worlds." – Sohan Koonar says.

His daughter, Sara, is glad for her mixed identity. She said she thinks it made her more open-minded.

But while she grew up feeling both Sikh and Catholic, Italian and Indian, she says her parents were also eager to integrate.

"I think my parents both really embraced Canadian culture," she says.

"My dad is the biggest hockey fan, he knows more about the Maple Leafs than anyone I know."

She grew up around her dad's large, protective Indian family, who had all moved to Canada by the time she was five or six.

Sohan said raising children in Canada was different than in India – even next-door neighbours were often strangers. His worst fear was that his kids would get into drugs, but he thinks that having family around as well as embracing their friends kept them out of trouble.

Both sets of grandparents were disappointed that he and Nadia didn't teach their children Italian or Punjabi, but they had their reasons.

www.huffingtonpost.ca

Answer the following questions in English, using your own words.

a. After reading text 1, what can you say about the narrator?

b. Explain the link between his/her story and the title "Immigrants need Canada".

c. After reading text 2, describe the immigrant experience for the Koonar's, using examples from the text.

d. *"Both sets of grandparents were disappointed that he and Nadia didn't teach their children Italian or Punjabi, but they had their reasons."* (text 2, l. 19-20) What reasons could they have?

e. What message are the narrators trying to communicate in those two stories?

Writing

→ Manuel p. 138

Write an e-mail

You're taking part in an e-mail exchange project with a Canadian school.

Reply to one of your pen pals' messages.

Hello!

My name is Zeeba, and I am of Iranian descent! My siblings were born in Dubai when my father worked there, but I was born in Canada when my family relocated for my dad's job.

Would you ever consider moving to Canada? Why or why not?

Hi,

My name is Kim, and I have Chinese origins. My parents arrived to Canada in 2001 for political reasons, and I was born here. I speak Mandarin to my parents, and we eat a lot of traditional foods at home.

What about you? What cultural and religious traditions do you and your family have? Is that important for you?

Writing

→ Manuel p. 138

Write an e-mail

You're taking part in an e-mail exchange project with a Canadian school.

Reply to one of your pen pals' messages.

Hello!

My name is Zeeba, and I am of Iranian descent! My siblings were born in Dubai when my father worked there, but I was born in Canada when my family relocated for my dad's job.

Would you ever consider moving to Canada? Why or why not?

Hi,

My name is Kim, and I have Chinese origins. My parents arrived to Canada in 2001 for political reasons, and I was born here. I speak Mandarin to my parents, and we eat a lot of traditional foods at home.

What about you? What cultural and religious traditions do you and your family have? Is that important for you?

Speaking

→ Manuel p. 145

Join the discussion!

The mayor of your town has decided to name one of the main streets “Arthur Ashe Avenue” — after the famous African American tennis player.

- Play the role of the mayor and give a short oral presentation to explain your decision.

OR

- Play the role of an opponent who thinks that the choice is a bad one.

You can use the elements below to support your oral presentation.

Arthur Ashe (1943 – 1993)

First African American player to compete in the international sport of tennis at the highest level of the game. After an early retirement from sports due to heart surgery, Ashe used his sportsman profile and legendary poise to promote human rights, education, and public health.

Tony Smith
Great choice! He was a fantastic tennis player – and a pioneer in the fight against racial discrimination in sport.

Abigail Turner-Coates
Love Arthur Ashe – but he was famous forty years ago! I'd prefer someone like Kaepernick – easier for kids to identify with.

Julia Morin
Why choose an American for a street in a French town? Can't we find a role model from our own country? How about Yannick Noah?

Speaking

→ Manuel p. 145

Join the discussion!

The mayor of your town has decided to name one of the main streets “Arthur Ashe Avenue” — after the famous African American tennis player.

- Play the role of the mayor and give a short oral presentation to explain your decision.

OR

- Play the role of an opponent who thinks that the choice is a bad one.

You can use the elements below to support your oral presentation.

Arthur Ashe (1943 – 1993)

First African American player to compete in the international sport of tennis at the highest level of the game. After an early retirement from sports due to heart surgery, Ashe used his sportsman profile and legendary poise to promote human rights, education, and public health.

Tony Smith
Great choice! He was a fantastic tennis player – and a pioneer in the fight against racial discrimination in sport.

Abigail Turner-Coates
Love Arthur Ashe – but he was famous forty years ago! I'd prefer someone like Kaepernick – easier for kids to identify with.

Julia Morin
Why choose an American for a street in a French town? Can't we find a role model from our own country? How about Yannick Noah?

Élève : .... Classe: .... Date : ....

Reading & Writing

EN ROUTE VERS LE BAC

→ Manuel p. 145

Text 1

www.bbc.com/sport/

Colin Kaepernick is taking a stand like Muhammad Ali, says Osi Umenyiora

BBC Sport, 6 September 2018

Two-time Super Bowl winner Osi Umenyiora says Colin Kaepernick will go down in history alongside Muhammad Ali for taking a stand over his beliefs. Kaepernick became the first NFL[1] player to kneel during the national anthem to highlight racial injustice. But US president Donald Trump criticised sportswear company Nike for using the player to front a new advert.

"I think everybody against it now will look back in the future with regret," Umenyiora told BBC Radio 5 live. "He'll be regarded as someone that did something special."

Umenyiora who played for the New York Giants and the Atlanta Falcons during 11 years in the NFL, compared Kaepernick with boxing legend Ali and his stand against the Vietnam War in 1967.

"Looking further back down the line, back in history, we've already seen what Muhammad Ali, what Rosa Parks have done," Umenyiora added. "And when you look into the future, Colin Kaepernick is going to go down as this particular type of athlete, somebody who took a stand for something he believed in. "So Nike is eventually going to come down on the right side of history [on this]. We respect the office of the President of the United States but I'm not quite sure what he is doing." Nike's new advertising campaign, which features Colin Kaepernick, celebrates the 30th anniversary of its 'Just Do It' slogan.

Ali, who had changed his name from Cassius Clay two years earlier, was the world heavyweight champion when he refused to enlist into the US Army because of his religious beliefs. He also referenced the mistreatment of black Americans, saying he refused to co-operate with the US government in oppressing another race of people. As a result he was stripped of his championship, indicted for draft evasion[2], fined $10,000 and sentenced to five years in prison. But he did not serve time and his conviction was overturned[3] on appeal.

Rosa Parks was a civil rights activist who defied segregation laws in 1955 by refusing to give up her seat to a white passenger on a bus in Montgomery, Alabama. The United States Congress has called her "the first lady of civil rights" and "the mother of the freedom movement".

www.bbc.com/sport/american-football

1. NFL = National Football League
1. indicted for draft evasion = *accusé d'insoumission*
2. his conviction was overturned = *sa condamnation fut annulée*

"In Creative Battle" by Mark Ulriksen

The New Yorker, January 8th 2018

"I asked myself, 'What would King be doing if he were around today?'" the San Francisco-based artist Mark Ulriksen says, about the civil-rights leader, the inspiration for this week's cover. (The cover's title draws from Martin Luther King, Jr's 1964 Nobel Peace Prize acceptance speech, in which he spoke of a "creative battle to end the long night of racial injustice.")

"This is 49er* country, and my mom and I have been going back and forth – she's upset that players have brought politics into sports, but I say, How would you feel if you had to show up at work every day and salute a country that treats black people like second-class citizens? I'm glad that Colin Kaepernick and Michael Bennett are making it political. I'm sure that if King were around today, he'd be disappointed at the slow pace of progress: two steps forward, twenty steps back. Or ten yards back, as the metaphor may be."

*49er = *franchise de la National Football League basée à San Francisco*

Reading

After reading the two texts, answer the following questions in English. Use your own words.

a. Say in what ways Colin Kaepernick, Muhammad Ali and Rosa Parks are considered to be similar by Osi Umenyiora.

b. Explain how Nike is involved in this situation.

c. *"So Nike is eventually going to come down on the right side of history".* (text 1, l. 15-16) Comment on this sentence.

d. Explain why the title "In Creative Battle" was chosen by Mark Ulriksen for the cover of *The New Yorker.* (text 2).

e. Say why the artist mentions his mother in his explanation of the painting.

Writing

Choose one of the following subjects.

Subject 1 **A brand new stadium has just been built in your town. The mayor has decided to organize a contest to find a name for it.**

Choose a famous sports star (or activist!...) and write a letter to the mayor explaining your choice.

Subject 2 *"[My mom] is upset that players have brought politics into sports".* (Text 2, line 13-14)

What do you think about the reaction of Mark Ulriksen's mother?

Élève : .... Classe: .... Date : ....

Listening

→ Manuel p. 160

Document **Respecting other cultures when travelling** EVAL 11

Niveau : A1 A2 B1 B2
Note : ...... **/20**

Niveau	Critères	Éléments de réponse possibles en français
Pré A1	• Le document n'est pas compris. Seuls des éléments isolés sont repérés. Pas de liens établis entre eux. • Le sujet ou le thème du document n'est pas identifié clairement. **2 pts**	
A1	• Des mots isolés, des expressions courantes sont relevés et mis en relation pour construire une amorce de compréhension du document. • Seules les idées les plus simples sont perçues. **8 pts** au premier semestre, **6 pts** ensuite	
A2	Certaines informations ont été comprises mais le relevé est incomplet, conduisant à une compréhension encore lacunaire ou partielle. **12 pts** au premier semestre, **10 pts** ensuite	• Conversation sur le voyage. • L'interlocuteur parle d'un voyage au Maroc. • Au restaurant, les autres clients mangeaient avec les mains. • L'interlocuteur était gêné ; il a décidé d'essayer. • Il voulait prendre des photos et les mettre en ligne. • En voyage, il sourit et rit de lui-même
B1	• Les informations principales ont été relevées. L'essentiel a été compris. • Compréhension satisfaisante. **18 pts** au premier semestre, **16 pts** ensuite **20 pts** si B1 niveau visé	• Conversation : l'interlocuteur parle de son attitude lorsqu'il voyage. • Il se rappelle un voyage au Maroc. • Il était dans un restaurant. <u>Pas de couverts</u> ; <u>les autres clients mangeaient avec leur mains</u>. *(1 élément repéré sur les 2 soulignés)* • Il était <u>gêné</u> / <u>voulait demander des couverts</u>. *(1 élément repéré sur les 2)* • Il a regardé comment font les autres et fait la même chose. • Il a aussi vu que les gens s'habillaient d'une manière différente. • Il voulait prendre des photos et les partager en ligne. • Mais il s'est dit qu'il s'agissait de personnes, et pas d'objets qu'on peut exposer en ligne. • En voyage, il sourit tout le temps et rit de lui-même.
B2	• Des détails significatifs du document ont été relevés et restitués conformément à sa logique interne. Le contenu informatif a été compris, ainsi que l'attitude du locuteur (ton, humour, point de vue, etc.) • Compréhension fine. **20 pts** si B2 niveau visé	• Conversation : l'interlocuteur répond à une question sur ce qu'il fait quand il voyage. • Il parle d'un voyage au Maroc. Il était assis dans un restaurant à l'extérieur. • Pas de couverts et les autres clients mangeaient avec leurs mains. • Il <u>n'avait jamais vu cette pratique</u> / <u>était gêné</u> / <u>voulait demander des couverts</u> *(2 éléments repérés sur les 3 soulignés)* • Il <u>a adopté une nouvelle attitude</u> : lorsqu'on voyage <u>et qu'on ne connaît pas les coutumes du pays</u>, on devrait <u>regarder comment font les autres</u> et <u>essayer</u>. *(3 éléments repérés sur les 4)* • Il a aussi vu que les gens s'habillaient très différemment de chez lui. • Il voulait prendre des photos et les partager en ligne parce que c'était nouveau pour lui. • Après <u>réflexion</u> / <u>discussion avec des amis</u> / <u>des recherches en ligne</u> *(2 éléments sur 3)*, il s'est dit : – qu'il s'agissait de personnes, pas d'objets qu'on peut exposer en ligne, – que l'on peut juste observer et prendre plaisir à découvrir de nouvelles cultures. • Lorsqu'il voyage, il sourit tout le temps et est prêt à rire de lui-même.

Speaking

→ Manuel p. 160

Prepare a short oral presentation

• You have listened to Chimamanda Ngozi Adichie speaking about how we understand others. Read the following statements she has made:

"The problem with stereotypes is not that they are untrue, but that they are incomplete. They make one story become the only story".

+

"It is impossible to talk about the single story without talking about power. [...] How [stories] are told, who tells them, when they're told, how many stories are told, are really dependent on power. Power is the ability not just to tell the story of another person, but to make it the definitive story of that person."

• Give your interpretation of <u>one of the quotations</u> using examples from the chapter and your own experience if it is relevant.

• Suggest ways in which we can move beyond "single stories" of people.

Speaking

→ Manuel p. 160

Prepare a short oral presentation

• You have listened to Chimamanda Ngozi Adichie speaking about how we understand others. Read the following statements she has made:

"The problem with stereotypes is not that they are untrue, but that they are incomplete. They make one story become the only story".

+

"It is impossible to talk about the single story without talking about power. [...] How [stories] are told, who tells them, when they're told, how many stories are told, are really dependent on power. Power is the ability not just to tell the story of another person, but to make it the definitive story of that person."

• Give your interpretation of <u>one of the quotations</u> using examples from the chapter and your own experience if it is relevant.

• Suggest ways in which we can move beyond "single stories" of people.

Élève : .... Classe: .... Date : ....

Reading & Writing

EN ROUTE VERS LE BAC

→ Manuel p. 160

Ifemelu is a Nigerian student living in the USA. She works as a baby-sitter for a wealthy white American family. Kimberly is the mother of the children she takes care of and Laura is Kimberly's sister.

"I met the most charming Nigerian man today," [said Laura]. "We get there and it turns out a new doctor has just joined the practice and he's Nigerian and he came by and said hello to us. He reminded me of you, Ifemelu. I read on the Internet that Nigerians are the most educated immigrant group in this country. Of course, it says nothing about the millions who live on less than a dollar a day back in your country, but when I met the doctor I thought of that article and of you and other privileged Africans who are here in this country."

Laura paused and Ifemelu, as she often did, felt that Laura had more to say but was holding back. It felt strange, to be called privileged [...].

"I've never been called privileged in my life!" Ifemelu said. "It feels good."

"I think I'll switch and have him be Athena's doctor. He was wonderful, so well-groomed and well-spoken. I haven't been very satisfied with Dr Bingham since Dr Hoffman left, anyway."

Laura picked up the menu again. "In graduate school I knew a woman from Africa who was just like this doctor, I think she was from Uganda. She was wonderful, and she didn't get along with the African American woman in our class at all. She didn't have all those issues."

"Maybe when the African American's father was not allowed to vote because he was black, the Ugandan's father was running for parliament or studying at Oxford," Ifemelu said. Laura stared at her, made a mocking confused face.

"Wait, did I miss something?"

"I just think it's a simplistic comparison to make. You need to understand a bit more history," Ifemelu said.

Laura's lips sagged. She staggered, collected herself. "Well, I'll get my daughter and then go find some history books from the library, if I can figure out what they look like!" Laura said, and marched out. Ifemelu could almost hear Kimberly's heart beating wildly.

"I'm sorry," Ifemelu said.

Kimberly shook her head and murmured, "I know Laura can be challenging," her eyes on the salad she was mixing.

Ifemelu hurried upstairs to Laura. "I'm sorry. I was rude just now and I apologize." But she was sorry only because of Kimberly, the way she had begun to mix the salad as though to reduce it to a pulp.

"It's fine," Laura sniffed, smoothing her daughter's hair, and Ifemelu knew that for a long time afterwards, she would not unwrap from herself the pashmina of the wounded*.

Chimamanda Ngozi Adichie, *Americanah*, 2013

** she would act as if she was hurt*

Reading

Answer the following questions in English, using your own words.

a. Identify the events which are recounted by the characters in the text and the order in which they happen.

b. Identify the different points of view given by the characters in the text.

c. Comment on the following sentence:
"I just think it's a simplistic comparison to make. You need to understand a bit more history". (l. 22-23)

d. Explain the purpose of this text and the literary genre it belongs to.

Writing

Choose one of the following subjects.

Subject 1 **Imagine how Ifemelu might recount the situation in the extract to her friend.**

Subject 2 **Think about how you would have reacted to Laura's comments. Write your response and imagine the dialogue that would have followed.**

Élève : .... Classe: .... Date : ....

Listening & Writing

EN ROUTE VERS LE BAC

→ Manuel p. 169

Document **Advice from British students** EVAL 12

Niveau : A1 A2 B1 B2
Note : ...... /20

Niveau	Critères	Éléments de réponse possibles en français
Pré A1	• Le document n'est pas compris. Seuls des éléments isolés sont repérés. Pas de liens établis entre eux. • Le sujet ou le thème du document n'est pas identifié clairement. **2 pts**	
A1	• Des mots isolés, des expressions courantes sont relevés et mis en relation pour construire une amorce de compréhension du document. • Seules les idées les plus simples sont perçues. **8 pts** au premier semestre, **6 pts** ensuite	
A2	Certaines informations ont été comprises mais le relevé est incomplet, conduisant à une compréhension encore lacunaire ou partielle. **12 pts** au premier semestre, **10 pts** ensuite	• Une élève britannique. • Les élèves paniquent. • Ils ne savent pas <u>ce qu'ils veulent faire à l'université</u> / <u>quelles matières choisir aux *A-levels*</u>. *(1 élément repéré sur les 2 soulignés)* • L'élève elle-même a opté pour un choix large — mélange de matières scientifiques et littéraires. • Conseils de leurs professeurs : choisir ce qu'ils aiment.
B1	• Les informations principales ont été relevées. L'essentiel a été compris. • Compréhension satisfaisante. **18 pts** au premier semestre, **16 pts** ensuite **20 pts** si B1 niveau visé	• Point de vue d'une élève britannique. • Les élèves paniquent. • Ils ne savent pas <u>ce qu'ils veulent faire à l'université</u> / <u>quelles matières choisir aux *A-levels*</u>. *(les 2 éléments)* • L'élève elle-même a opté pour un choix large — mélange de matières scientifiques et plus littéraires (<u>mathématiques</u> / <u>chimie</u> et <u>français</u> / <u>théologie</u>). *(2 éléments sur les 4)* • Conseils de leurs professeurs : choisir ce qu'ils aiment et les matières où ils ont un bon niveau, car il y a de la concurrence.
B2	• Des détails significatifs du document ont été relevés et restitués conformément à sa logique interne. Le contenu informatif a été compris, ainsi que l'attitude du locuteur (ton, humour, point de vue, etc.) • Compréhension fine. **20 pts** si B2 niveau visé	• Point de vue d'une élève britannique sur ses choix de matières et de spécialités à l'université. • Les élèves paniquent. • Ils ne savent pas <u>ce qu'ils veulent faire à l'université</u> / <u>quelles matières choisir aux *A-levels*</u>. *(les 2 éléments)* • L'élève elle-même a opté pour un choix large — mélange de matières scientifiques et plus littéraires (<u>mathématiques</u> / <u>chimie</u> et <u>français</u> / <u>théologie</u>). *(3 éléments sur les 4)* • Bon choix car matières utiles pour étudier la psychologie à l'université. • Conseils de leurs professeurs : choisir les matières qu'ils aiment et qui leur donnent envie de participer en classe. • Il faut également choisir des matières où ils ont un bon niveau car il y a de la concurrence.

Listening & Writing

EN ROUTE VERS LE BAC

→ Manuel p. 169

Listening

- You are going to listen to a document entitled: ***Advice from British students***.
- Listen to the document three times, then report in French what you have understood.

Writing

Choose one of the following subjects (120 words minimum).

Subject 1 According to one of the students interviewed about choosing subjects for A-levels, teachers told them to *"do what you like and what you enjoy"*. How would you react to this advice?

Subject 2 Look at Christopher O'Brien's report. Imagine that you are a close friend of Christopher's. He is hesitating because he's not sure which 4 subjects to choose for A-levels.
Write an e-mail to him, saying what you would do if you were in his shoes.

King Edward Grammar School
Sheffield
School Report

Name ***Christopher O'Brien***
Age 16

Summer term 2019
Form...5A Number in form...24

Subject	Mark out of 100	Class average	Pos°	Report	Teacher
English	83	58	1st	Excellent term's work	*S. Wright*
French	67	61	7th	Quite good, especially in writing skills.	*T. Williams*
Mathematics	16	55	21st	Very little effort – poor results.	*J.K. Lawrence*
Physics	10	63	22nd	Well below average. You must try harder.	*F. Parker*
Chemistry	19	68	19th	Insufficient. Slight improvement in final exam.	*J.W. Jones*
Biology	6	59	24th	Obviously no interest in this subject.	*R. Barker-Smith*
History	74	55	4th	Good work – serious and motivated student.	*P.E.Russell*
Art & crafts	90	63	1st	Christopher has great talent & could go far.	*S. Mackie*
Religious Education	5	64	24th	Too little work. Catastrophic results.	*R.A.B. Wood*

General remarks:
Christopher has got an obvious preference for Arts subjects and seems to excel in the disciplines which he enjoys. However, he must not neglect Science subjects – they can be of great use for his future.

Form master: F. Parker
Headmaster: R.W.C. Bradley

Reading

→ Manuel p. 169

Don't know what subject to study at university? Don't panic! By Lucy Tobin

Don't worry if you don't know what to study, or what career you want to pursue, there's more than one route to a job.

There's often more than one route you can take to find a job you want. If you are confused about what you want to study at university, and are being hounded by parents or teachers claiming your whole life hinges on this decision – relax.

Very few jobs actually demand someone has a particular degree. And even those that do, such as medicine, make it possible to study other subjects and then switch into future training later on, if that's what you decide.

"If you've no idea what to study and don't have a particular career in mind, relax, it's normal," says Emily Huns, head of careers at Queen Mary, University of London. "Choose a subject that you are genuinely going to enjoy and do well at. Then, while you're studying, do some work experience each year – anything from leading a student society to helping out with a charity project or a corporate internship. Employers look for graduates who have taken the initiative to develop their skills."

Once you've got a shortlist of courses "you need to find out as much as you can about the course, the staff, the students, the facilities[1], the university, and the city," says David Fairhurst, Ucas admissions tutor at Nottingham Trent University. "Go to open days – it's OK to be the person who asks lots of questions of staff. Scratch beneath the surface. Staff may have regular office hours, but how easy is it to get help when you need it? What flexibility is there if the course turns out to be not what you expected? Don't go home with questions unasked. But if you do, follow them up by phone or email. Interrogate the students too. They will all have different experiences so speak to a few," says Fairhurst.

Other questions to ask, according to Julian Lovelock, pro vice-chancellor at the University of Buckingham, are: "Find out who will teach you, and for how long, and how much individual attention you'll get. The location of the university is important too: do you want to go to a different part of the country or stay close to home? What about the opportunities for your other hobbies and talents – music, drama, or sport, for example?"

Choose a subject to motivate you

Ian Harding is admissions tutor for Geology at the University of Southampton, where he's worked for nearly 20 years. Here are his top tips[2] for students:

"If you don't know what to study at university, my advice is to spend some time soul-searching about what it is about the subjects you are studying at A-level or GCSE that grabs[3] you. It might not be a single subject, but perhaps a combination of them. Thinking back to my own application, I had no idea what I wanted to do. But as I enjoyed chemistry and physical geography, at school, and history too, I ended up studying geology and loved it.

"The most important thing about studying for a degree is that the subject should inspire you. If a student is enthusiastic, engaged, and driven then their future is secure – so the choice of subject is of paramount importance, there must be a 'spark'[4]. Find your spark! Given you will spend three or four years of your life studying for a degree, there is no substitute for visiting during an open day, talking with current students and meeting some of the staff who may end up teaching you."

www.abc.net.au

1. facilities = equipment
2. top tips = best advice
3. to grab = to inspire
4. spark = *étincelle*

●●●

Read the article attentively, then answer the questions.

a. Fill in the chart below by indicating which person gives advice which is similar to the sentence in the first column.

b. Justify your choice, as in example n° 1, by quoting from the text :

Who says what?	Lucy Tobin	Emily Huns	David Fairhurst	Julian Lovelock	Ian Harding
1. Keep cool! Take it easy! You can change courses later.	X "relax… [it is] possible to study other subjects and then switch into future training later on" (l. 6-11)				
2. Talk to several students about their experiences.					
3. Studies are long so choose something that really motivates you.					
4. Find a subject you like and while studying do a part-time job or training course.					
5. Don't worry even if your family keeps on harassing you.					
6. Decide if you want to study close to home or far away.					
7. Check whether you can pursue the hobbies you like.					
8. You're sure to find a good job if you are passionate and motivated.					

c. What message do you think the journalist is trying to put across to undecided students? What techniques does she use to give her message more impact?

TRANSCRIPTIONS

Vous trouverez ici les transcriptions :

- de tous les documents **audio et vidéo** du manuel,
- des éventuels documents « bonus » proposés dans le CD classe et sur la banque de ressources Didier-Prof,
- des documents d'évaluation de la compréhension de l'oral annoncés dans les pages *Test your skills* du manuel.

TRANSCRIPTION DES DOCUMENTS **AUDIO**

Les numéros de pages renvoient au manuel de l'élève

1. TRAPPED IN THE TOWER OF LONDON

Trapped in the Tower (p. 12)

Today is Monday, March the 1st.

You are on a school trip with your friends. You are at the Tower of London and looking at the Crown Jewels. You hear the guard telling you to get a move on, when you suddenly realize that you don't know where your teacher is. You look around; the place seems to be deserted.

In the distance, Big Ben strikes 5 p.m. which means that the guided tour is over.

There are crows on the lawn and creaking sounds in the distance. Where is everyone? You bump into a Beefeater who solemnly tells you that there is no turning back. You've crossed the line. You are trapped. A door just closed behind you. Are you going to make it?

Meet Sir Thomas, a resident at the Tower (p. 14)

Interviewer: "So hello! Can you tell me what you're doing at the Tower of London?"
Sir Thomas: "Yes, well I'm a prisoner here at the Tower of London. I'm confined here."
Interviewer: "And can you tell me what that's like?"
Sir Thomas: "Well it's not too bad... actually. I'm a wealthy gentleman. I 'm of high standing and I have the liberty of the tower. There're two kinds of prisoners at the tower. I have the liberty of the tower which means I can wander around as much as I like. I have my own apartments. My family can come visit whenever they like. So it's just like being at home really. But I'm just not allowed to leave the grounds of the tower."
Interviewer: "OK, can you walk around?"
Sir Thomas: "As much as I want. Yes."
Interviewer: "Did you pay to have these privileges?"
Sir Thomas: "No. These privileges are afforded to me because I'm a wealthy gentleman. If I were of a lower status, I would probably be imprisoned somewhere else... Newgate Prison or Bridewell Prison and they're much more horrible. They're like dungeons."
Interviewer: "How about food, here?"
Sir Thomas: "The food is very good. It is... I have to pay for it myself. But that is no different to being... having my freedom. But it's very good. I eat meat on a regular basis at least three or four times a week. So I eat well, I eat healthily."
Interviewer: "Can you tell me about the background noises that we hear now?"
Sir Thomas: "Those noises you can hear are the ravens... So there are several ravens who live here at the tower and there is a legend that says if the ravens ever leave the tower, the Kingdom will fall.
Interviewer: "Do you think that's true?"
Sir Thomas: "I wouldn't like to test the theory, I hope it's not true. But you never know.
Interviewer: "Is there anything that you would like French students to know about this tower or your position here?"
Sir Thomas: "The one thing I would like people to know about this tower is that it's many things at once. So it is a prison but it is also a military fortress. It's also a royal palace. It's been a menagerie where animals live. It's where the jewels are kept, it's an armoury. It's many things in one. And over the centuries it has fulfilled many purposes."
Interviewer: "Can I just ask what is your first name?"
Sir Thomas: "Thomas. Sir Thomas to you."
Interviewer: "Brilliant. Thank you so much Sir Thomas!"
Sir Thomas: "You're welcome. Pleasure."

An interview with Christopher Skaife, BBC (p. 16)

Interviewer: "We're off today to the famous Tower of London on the River Thames where hundreds of years ago monarchs would lock up their most famous prisoners. Superstition has it there must always be ravens and residents at the Tower. By royal decree, there are always six at the Tower because the legend says if the Tower of London Ravens are lost or fly away, the Crown will fall and Britain with it. At the moment there are actually seven at the Tower and the man in charge with keeping them there and keeping them happy is Chris Skaife who has the excellent job title of the ravenmaster. I went to meet him."
Christopher Skaife: "I've been a ravenmaster here at the Tower of London for six years now, I've observed them and what they do and they all have different personalities. Some of them are nice and quiet. Some of them will be angry. Some of them are funny, playful, naughty. They are indeed very very intelligent animals."
Interviewer: "What makes a raven funny?"
Christopher Skaife: "They steal stuff, they chase the visitors that we have around here, sometimes trying to get hold of their sandwiches or stuff like that. But it is quite comical to watch them."
Interviewer: "Have you ever been nipped?"
Christopher Skaife: "I get nipped frequently, absolutely, yes."
Interviewer: "How much does it hurt?"
Christopher Skaife: "It hurts an awful lot. I have several scars from the ravens. Yes."

Merlina (p. 16)

Christopher Skaife: "We have one raven that actually lives on Tower Green in a completely different area. She doesn't really like these cages. She's been used to living

up there for many many years and so that's where she stays."
Interviewer: "How did she get to decide where she sleeps at night?"
Christopher Skaife: "Well ravens do their own things. They're very very naughty and they decide. I just kind of look after them but they look after themselves very well as well."
Speaker: "The raven who gets to dictate her own sleeping quarters in the Queens house no less is called Merlina. She's been living at the tower for many years now and she's very special to Chris."
Christopher Skaife: "This way. We're going to go and look for Merlina. We've been together a long time. And so as a result of being together such a long time, we have bonded together. When Merlina came to us, she was about three years old so she was well into her adulthood. But she had been brought up by humans so she had been humanised and so we can actually get quite close to her when she wants to. She's very very protective of me and for those people who get near me when I'm standing with her, watch out and certainly watch out for your fingers 'cause she will nip them if she can."
Interviewer: "Does she have a mate?"
Christopher Skaife: "No, she doesn't have a mate. Not a birdmate."
Interviewer: "What does that mean?"
Christopher Skaife: "It means if I was a bird, I'd be her fancy one. She's hiding in the bushes."
Interviewer: "What's that clicking sound you're making?"
Christopher Skaife: "It's a confidence sound that me and Merlina share to each other. So it just lets her know that I'm in the vicinity and she does the same back to me as well. So it's like saying hello."
Interviewer: "Can you say any other raven words?"
Christopher Skaife: "I can, I can but I'm not prepared to do that. No! *[laughs]* That is between me and my girl."
Interviewer: "You and Merlina?"
Christopher Skaife: "Yes, indeed."
Interviewer: "Can you say hello to me?"

The three crowns (p. 17)

The Crown Jewels

One of the main tourist attractions of the Tower of London are the Crown Jewels on display in the Jewel House. Among the jewels are valuable objects such as sceptres, bracelets, orbs and swords that we use in the different acts in the coronation ceremony. Among the extensive collection, there are ten crowns of incalculable value adorned with thousands of sets of precious stones. Three of them are of special interest.
Firstly, the Crown of Queen Elizabeth the Queen Mother, ornamented with the famous diamond called Koh-i-Noor. The diamond has a weight of 105 carats.
Secondly, you will also be able see the Crown of Saint Edward which is the one used for the coronation ceremony.
But without doubt, the special interest is in the Imperial Crown of Great Britain, which was made in 1838 for Queen Victoria. This piece is still worn today by Queen Elizabeth II in official ceremonies such as the Opening of Parliament. Crowned by an ornamented Maltese cross and decorated by more than 2000 diamonds and nearly 300 pearls, featuring on the front part two large gems: the Black Prince's Ruby and the Cullinan II diamond.

Picture dictation (p. 18)

Picture dictation

The painting is *The Murder of the Princes in the Tower*, by James Northcote painted in 1786 – and is about the two princes who were the sons of Edward IV and were held in the Tower by their uncle who was supposed to protect them, their uncle being Richard III. And it is believed that Richard III may have caused their death around 1483.
In the bottom half of the picture, the two boys are sleeping in each other's arms. They are dressed in white with their heads on a white pillow. They have a yellow blanket half covering them. On the side of the bed next to them, is an open prayer book with a necklace and a little cross. Behind their head is a long red draped curtain with a blazon on it. Above the boys, two men are preparing to asphyxiate the two little boys with a striped pillow. One man is holding an oil lamp so it is clearly dark. The other man on the right is a guard, due to his helmet and his armor. Behind the guard, in the top right-hand corner is a crucifix. The whole of the background is bathed in a dark red.

Friar Gerard's story (p. 19)

My name is Friar Gerard and I was held at the Salt Tower in 1597 for treason. I had always told my good friends that kindness was a very important quality in this world. By being nice with the guard who kept me prisoner in the Tower, I was able to write a message calling for help using invisible ink. Thus, my accomplice was able to get my message and together we escaped. I went to Rome and stayed there until I died.
What was my secret? I had given oranges to the guard and had saved a little juice for myself and used it for writing. Only the heat of a candle would reveal the message. Thank God!

The ceremony of the keys (p. 19)

Chief Yeoman Warder: "The ceremony begins at precisely 7 minutes to 10:00, when I leave the Byward Tower carrying the lantern and the Queen's keys. We proceed along Water Lane to the Bloody Tower where the escort is formed up."
Speaker: 700 years of uninterrupted history, it's the oldest military ceremony in the world. But no one has found a better way of ensuring the tower is locked and possible thieves repulsed."
Guard: "Halt!"
Chief Yeoman Warder: "Escort to the keys! Halt!"

Guard: "Who comes there?"
Chief Yeoman Warder: "The keys!"
Guard: "Whose keys?"
Chief Yeoman Warder: "Queen Elizabeth's keys!"
Guard: "Pass Queen Elizabeth keys, and all's well!"

ÉVAL 1 – Picture dictation (p. 21)

The picture is called "Arrest of Guy Fawkes in the cellars of Parliament", a 19th century wood engraving in black and white. It refers to the notorious "Gunpowder Plot" which took place in the cellars of the Houses of Parliament on the 5th of November 1605. It shows the key moment when Guy Fawkes was arrested by guards. There are walls made up of big stones, and on the top right-hand corner we can see a small window with bars like a cell in a prison. The picture is in two parts. On the left-hand side, there is a pile of gunpowder filled barrels almost up to the ceiling. On the right-hand side, we can see Guy Fawkes struggling while guards arrest him. His face is turned to the left. He has a pointy beard. He's wearing a wide brimmed hat, high boots, a dark coat with a white collar. One guard is on his knees in front of him and is tying a rope around him. There are two guards behind him, one of whom has his hands on his shoulders. Behind these four characters we can see the helmets of three or four guards who are hidden in the shadows. They've probably just arrived through a door.

2. FROM A FLOP TO THE TOP

Mark talks about failure and success (p. 25)

"I see a skater kid on the left, and he's looking at another skater kid, possibly doing a trick or something that the first skater kid can't do yet. And maybe imagining himself doing that trick. And it's that attitude of "I'll get there", and, especially with skateboarding, an important step on the way is failure. There's no way you're going to learn to skateboard and do tricks without falling. But in American culture, we always say "it's not how many times you fall, it's how many times you get back up". Even... even when I think of my hero Batman, I remember his dad asking him "why do we fall?" and it's because it's to learn how to pick ourselves back up. And that's part of the American culture. And when I look at the little image below, with the steps to getting to success, he's probably at this point – I see him right around "how do I do it, I want to do it" and eventually, he'll climb up to success. But there will always be the time when you're at "I won't do it" or «I can't do it» or "this is impossible". And one of the toughest parts is sometimes, you're at the "I'll try to do it» and then you end up falling back down to the "I can't do it" and that going back down can be discouraging. But in the American culture, dominated in movies, media, film, and the spirit in America, is this idea that if you believe it, you can do it, and that failure is just part of the experience. We have that phrase: "no pain, no gain". You have to pass through something difficult. You have to fail in order to get something. And if it was too easy, then it wasn't worthwhile to begin with. When I played sports, there was one word that was key for us in sports which was "yet". Anytime we said we couldn't do something, "I couldn't run that fast", "I couldn't score that goal", the coach would always say "yet" — "you can't do it yet" — and that was a big thing for us. And now in the professional sense, all of the big professionals that we think of – whether it's Steve Jobs, whether it's a professional sports player like Michael Jordan – in all the different regions, we know that they've passed through failures: Steve Jobs spent years in a garage tinkering with computers making zero money, living at his parents' house, eventually to become one of the most important businessmen in the world. So that idea of – on the professional level too – we know that failure is part of success."

J.K. Rowling's Harvard Commencement speech – complete (p. 30)

Beginning

"President Faust, members of the Harvard Corporation and the Board of Overseers, members of the faculty, proud parents, and, above all, graduates.
The first thing I would like to say is 'thank you'. Not only has Harvard given me an extraordinary honour, but the weeks of fear and nausea I have endured at the thought of giving this commencement address have made me lose weight. A win-win situation! Now all I have to do is take deep breaths, squint at the red banners and convince myself that I am at the world's largest Gryffindor reunion."

Part 2

"Actually, I have wracked my mind and heart for what I ought to say to you today. I have asked myself what I wish I had known at my own graduation, and what important lessons I have learned in the 21 years that have expired between that day and this.
On this wonderful day when we are gathered together to celebrate your academic success, I have decided to talk to you about the benefits of failure.
A mere seven years after my graduation day, I had failed on an epic scale. An exceptionally short-lived marriage had imploded, and I was jobless, a lone parent, and as poor as it is possible to be in modern Britain, without being homeless. The fears that my parents had had for me, and that I had had for myself, had both come to pass, and by every usual standard, I was the biggest failure I knew.
I had no idea then how far the tunnel extended and, for a long time, any light at the end of it was a hope rather than a reality.
So why do I talk about the benefits of failure? Simply because failure meant a stripping away of the inessential. I stopped pretending to myself that I was anything other than what I was and began to direct all my energy into finishing the only work that mattered to me.
Had I really succeeded at anything else, I might never

have found the determination to succeed in the one arena where I believed I truly belonged. I was set free because my greatest fear had been realized and I was still alive and I still had a daughter whom I adored and I had an old typewriter and a big idea.
And so rock bottom became the solid foundation on which I rebuilt my life.
You might never fail on the scale I did, but some failure in life is inevitable. It is impossible to live without failing at something unless you live so cautiously that you might as well not have lived at all — in which case, you fail by default.
Failure taught me things about myself that I could have learned no other way. I discovered that I had a strong will and more discipline than I had suspected. I also found out that I had friends whose value was truly above the price of rubies.
The knowledge that you have emerged wiser and stronger from setbacks means that you are ever after secure in your ability to survive. You will never truly know yourself or the strength of your relationships until both have been tested by adversity."

ÉVAL 2 – Barack Obama's back-to-school speech (p. 42)

"Whatever you resolve to do, I want you to commit to it. I want you to really work at it. I know that sometimes, you get that sense from TV that you can be rich and successful without any hard work – that your ticket to success is through rapping or basketball or being a reality TV star. Chances are, you're not going to be any of those things. But the truth is, being successful is hard. You won't love every subject that you study. You won't click with every teacher that you have. Not every homework assignment will seem completely relevant to your life right at this minute. And you won't necessarily succeed at everything the first time you try. That's OK.
Some of the most successful people in the world are the ones who've had the most failures. These people succeeded because they understand that you can't let your failures define you – you have to let your failures teach you.
You have to let them show you what to do differently the next time. And even when you're struggling, even when you're discouraged, and you feel like other people have given up on you – don't ever give up on yourself. Because when you give up on yourself, you give up on your country. The story of America isn't about people who quit when things got tough. It's about people who kept going, who tried harder, who loved their country too much to do anything less than their best."

3. BORN A CRIME

Key facts about South Africa (p. 48)

• Lu talks about apartheid and what led to it
Interviewer: "All right. So Lu, can you introduce yourself?"
Lu Chase: "Hi, my name is Lu Chase. I am a singer from South Africa and I'm now living in France."
Interviewer: "Can you tell us what apartheid was?"
Lu Chase: "So it was the segregation of all groups. Chinese people had to live with Chinese people, Indian people had to live with Indian people. Black Khosa people needed to live with black Khosa people, Zulu people needed to live with Zulu people. The Metis, which is where I'm from, it's like the Creole, it's Cape Town, it's the mixture of everyone. They needed to all stay together. So through that segregation also the straighter your hair was and the lighter your skin was would determine what kind of job you get. And also determine your level of beauty or your level of power."
Interviewer: "Can you tell us about the history of South Africa or at least what led to apartheid?"
Lu Chase: "In my humble opinion, Jan van Riebeeck, who was a... outlaw from Holland, was sent on to go and discover places. So, he entre guillemets discovered Cape Town which is a marvel. It's beautiful. It's got the oceans. It's got the mountains, it's got beautiful women walking around, half-naked you know. And he got there and he was like: 'I'll stay here, I will make this my base'. And then proceeded to steal from the Khoisan which is a very –I don't know if naive is the right word, it's just that Khoi people are really soft."
Interviewer: "What then led to apartheid?"
Lu Chase: "I think the fear of the... outlanders... the people who didn't really belong there, who were –who is a minority. The Europeans who came, they wanted to have this land. And so, their fear that we would rise up against them is what led them to segregate us. Because when we, as a nation and as a people, we're standing together, there's no way you could pull us apart. But the second you start dissecting something and people, it's much easier to control them. So, when you've got the Black people and you're telling them that they are animals and that they're no better than a pig – which I think are cute – but when you are no better than an animal and then you come and speak to a brown person and you're like 'oh a pencil can go through your hair, so you must be more intelligent' and brainwash those people to think those things, it becomes a little bit easier to rule over them. And so it's greed that created apartheid and fear."

• Lu talks about mixed relations today
Interviewer: "In the chapter that I'm interviewing you for, there's an extract from Born a crime which is Trevor Noah's autobiography where he explains how difficult it was for him to be 'born a crime'. Can you tell us about the state of relationships between people from different races in South Africa at the moment?"
Lu Chase: "Well it's more accepted now. But I had a conversation with a friend of mine about two years ago and she is metis and her boyfriend was white and she never got to meet her boyfriend's family because they wouldn't accept. And she looks Portuguese actually, because I think that that's part of her lineage. So she

doesn't look brown or anything. She's light skinned with long black straight hair and sharp nose and light eyes. And her mom –his mom and family still wouldn't accept her because they tried –South Africans now are trying to keep their races pure and it's so crazy because we are not those people, we are mixed."

Interviewer: "When you say 'South Africans'..."

Lu Chase: "Black, white, everyone."

Interviewer: "... each one of them is trying to keep their race pure?"

Lu Chase: "I won't say everyone. But I know that I've experienced with some of my exes a lot of prejudice. And with the story of my friend, there's no way you can take her home, not even to try! Because his parents are from the ancient regime, the real apartheid regime, where white people were taught that they are better than us, intellectually, physically, just morally, they were taught that they are superior. And so people who come, were born before 1970, their ideas... and I'll be frank, even in my own family... my family's still... some of the people who are not as educated... are still of the knowledge that they are better than a black person because they have a lighter skin and I'm like 'are you crazy?'. We are all just humans which I'm grateful my dad taught me, trolled this into me from the get-go he said to me: 'there is no such thing as race. Yes people look different to you, but we all have blood, we all have skin and we're all one human race.'

So that's the knowledge that I grew up with. But my mum comes from a completely different world. My dad grew up in the city of Cape Town and my mom grew up in the country. So in the countryside, those rules were more enforced then, even more enforced than in the cities which was already really enforced."

• Lu talks about the obligation to remember

Interviewer: "You referred several times to things being able to change. Do you think that speaking about it, narrating, for example the way Trevor Noah did, shedding light on these realities, do you think that it is important?"

Lu Chase: "I think it's imperative for healing. That's the only way that healing happens. The racism is a cancer that the world has. All over the world. I do think that the way Trevor Noah is doing it is important because he's making you laugh and then think. Whereas in South Africa we attack because there's so much latent anger.

I mean, a simple story: my surname according to the government is 'Skippers' which is a Dutch surname. It's not... we're not Dutch. We are... on my dad's side a mixture of Dutch, Malaysian, Khosa and Portuguese. On my dad's paternal side, we don't know his maternal side, but his mom was light skinned with blue eyes, you know. And then on my mom's side we don't know. But the more we speak about the things that are really happening, and the more we correct our elders –which is hard, I mean, the elders think that they know everything, but at the same time they were taught the wrong thing. So what they know is not necessarily right. And then they've taught their kids and their kids have taught their kids. So sometimes I still find myself, if I'm back in South Africa in conversations where there's a lot of racial slurs and I've got to be the one that goes like "guys no, what are you doing? Like you're just perpetuating the same cycle that we were born into, and that you say you want to be free of" so I think it's important to have these dialogues especially between white and black and brown people."

• Lu talks about physical discrimination

Interviewer: "You mentioned the importance of hair. Can you elaborate on that?"

Lu Chase: "Oh-oh! That is a deep deep looong subject, and I don't think your phone has got enough data! OK. So, hair. So it's the same as skin: the lighter your skin, the more beautiful you are, in inverted commas; the straighter your hair, the more beautiful you are. So, people with super coarse are considered ugly, regardless of what their facial features are. They're considered ugly because of the hair. I've got coiled and kinky hair, because I've always had my hair natural. Except for a couple of years in between 2006 and 2012 where I was wearing extensions and wigs in order to get more work. Because people trusted me more because I looked a little bit more Malaysian. Yeah I looked more... more acceptable. For Europeans the straighter you hair is, the prettier you are as well. So they drove that into our psyche and that's going to take such a long time of healing. Actually it might not take that long if everyone just get on board and teaches their kids, from the get-go. That shouldn't matter. It really doesn't matter. But, even though we are healing this situation at the moment, there's still a lot of work to be done because a lot of people, including myself sometimes I feel prettier when my hair's blown... blow-dried. But that's because I've been conditioned my whole life."

Interviewer: "Is there pressure to blow dry your hair... to get it sleek or straight?"

Lu Chase: "Yes in South Africa yes. Yeah. No. I've actually come to accept myself more in France naturally than in South Africa. Although I still find that people who see me with extensions in my hair in France still think I'm prettier when I've longer hair."

Interviewer: "I like you better this way."

Lu Chase: Thank you. 'Cause you got taste!"

• Lu's recommendation: a trip across South Africa

Interviewer: "If you were to recommend one place to travel to in South Africa to our students, which would it be?"

Lu Chase: "Hands down, Cape Town."

Interviewer: "Why?"

Lu Chase: "Because Cape Town is the melting pot of all races. That's where everything started in the history books. It's also the most beautiful city in South Africa. Johannesburg is beautiful as well but in a very different way. I'm more prone to scenes of nature. So we've got the most beautiful mountain for me in the world –for me

in my opinion in the world. We've got the two oceans: we've got the Atlantic Ocean, the Indian Ocean. We've got all the different cultures, we've got all the different food, because South African cuisine is –it's a melange of Indian, North Indian cuisine, Dutch, African, Cape Malay, and it's really tasty.
So besides the beauty and the food we also have the most incredible wines.
In fact I know exactly what you need to do. You need two weeks, OK? So you get to Cape Town. You spend four days in Cape Town. You got Table Mountain. You get there when it's full moon and you do the Lion's Head hike and during the day you go to the beaches and the forests. Then you take, you hire a van and you drive up the East Coast. So you go past Hermanus and you look at the whales. And you just keep driving along the East Coast until you get to Durban. When you get to Durban, you eat their curry which if you're French just actually don't, because it's... *c'est vraiment épicé*. And then you take a flight to Johannesburg and discover the incredible art of Johannesburg. Cape Town is the musicians place for me and Johannesburg is where the greatest artists live, and the fashion in Johannesburg is something you've never seen before. Never ever. It's... There's all the different African textiles and it's tailored in such a way. In Johannesburg, people just have a style about them.
So you go there for two days, go and listen to some great jazz, and check out the awesome markets. And then you go to the Safari, because everyone wants to do that. Do the safari and then go back to Cape Town to the end of your trip."
Interviewer: "Thank you so much."
Lu Chase: "It's a pleasure."

4. PINK AND BLUE

Annie & Mark talk about gender stereotypes (p. 53)

Mark: "So this image is... the symbol for the man, the symbol for the woman surrounded by labels that we tend to give people as gender stereotypes which is the idea that we label certain genders based on what people with maybe prejudice or just stereotypical ideas about what certain genders represent –like the man is strong and the woman is beautiful. Do you agree with some of these labels traditionally line up with different genders?"
Annie: "Definitely. Traditionally they line up man as a money maker, women are sensitive, the man is adventurous, woman is tidy etc."
Mark: "All of those things, those role models that we have as kids, unfortunately they can limit us a bit. I know that when I was growing up, the kids focused on G.I. Joe if you were a boy, and the idea of a tough guy, man's man, tough it out, boys don't cry, which is a shame when you think about it, because it really limits you from expressing yourself; and on the other side, we had the Barbie girl, the girly girl, and when you think about that too, right now, you think about the gender stereotypes that we have."
Annie: "Whenever I was a child, I don't remember having role models in film characters or TV personalities, but I do remember looking up to people in my family, so for example, I looked up to my dad a lot because I wanted to play football like he did, and I liked the music that he listened to, and I think that, I think that children do need to have role models that they can look up to, because they build their identity and they start to find out who they are partly through role models."

An interview with professor Kim Phillips (p. 58)

Interviewer: "What are the aspects of fairy tales that are concerning?"
Kim Phillips: "Well, according to this piece here... they're worried about first of all, the gender stereotypes, so, the notion that women are passive damsels that can be saved only by men, and they point out a few examples of that, such as Snow-White, Sleeping Beauty, Cinderella, so, the images in the article are all from the Disney movies that we all perhaps grew up with and remember and our children probably still watch them... so the gender stereotypes about masculinity and femininity; the idea that marriage is the ocean of reward, that so many of the stories end with the wedding, the happily ever after marriage."
Interviewer: "So should we stop telling fairy tales to our kids? Like is this the question, Kim?"
Kim Phillips: "Well, I don't want to tell parents what they should or shouldn't do with their children. Personally, I'm not going to stop telling fairy tales to my kids or letting them watch different new versions of them. I think it's quite important for parents to pay attention to the fact that all these stories, whether in their Disney versions or in their more traditional formats, that they're produced in a particular historical context, so they're not necessarily to be taken as a model of behaviour or, you know, an ideal to aspire to."

Interview with author Elena Favilli, BBC Radio (p. 60)

Journalist: "The book is called *Goodnight stories for Rebel Girls*. Elena Favilli is one half of an entrepreneurial partnership of herself and Francesca Carvallo. She works in children's media and following research into the lack of female role models in children's literature, she and co-writer Francesca decided to write a book which diverged from this stereotype. *Goodnight stories for Rebel Girls* was the result. It's 100 stories of extraordinary women all told in the form of fairy tales. So how do you choose from so many great women?"
Elena Favilli: "It took us a little over one year to put the book together. The selection definitely was a tough part of the process because of course there's many more than just 100 extraordinary women in the world, but we tried to have a nice mix of different professions and different geographies and also different races. In terms of the style,

yeah, we didn't want this book to be just a collection of short biographies. We tried to find a right angle, yeah, for children. And then we decided to launch the book with a crowdfunding campaign in 2016, and that suddenly took off. So we then went on to create and launch a physical book."

Journalist: "Why do you think that the crowdfunding campaign was so unbelievably successful? Do you think it was because you tapped into that idea that there really aren't enough role models for girls?'

Elena Favilli: "Yes absolutely, that was the main reason actually because I think that, you know, we live in a time where people want more stories with strong female characters." (...)

Journalist: "Presumably the object is to inspire, as well as to celebrate these women?"

Elena Favilli: "Absolutely."

Journalist: "And who is it for? What ages is it for?"

Elena Favilli: "You know, this was initially thought for children six to ten years old, but then what happened was that, really, this book has become such a crossover title, and we see..."

Journalist: "It's for adults too basically."

Elena Favilli: "... for all ages, yeah, even if they don't have children."

ÉVAL 4 - Should fairy tales change with the times? (p. 70)

Jeanette Winterson: "It's really important in the 21st century for kids to feel that they own the stories, the fairy stories and that they can rewrite them, imaginatively, creatively. So to get kids young at this age, and get them to look at the fairy stories and say "hold on, I don't need to be the princess locked in the tower waiting for some guy to come and rescue me, maybe I'll find a way out." and for the boys to think "actually I'd really rather have a girl who could manage things for herself, you know, earn her own money and get out of there and maybe kill the dragon". When we're thinking about gender for kids, you know it's important to balance the stories. Now we see the witch is often powerful, you know, the women who live on their own, they're not married to any men, you know, they run the life their own way, they've got their own transport, you know the broomstick, you know, they can do what they like and it's great for girls to see that actually, as a role model and you can live life in your way without having to marry the prince, so witch stories are great. And also you know there's a lot of fairy stories where the male has been transformed into an animal, sometimes a frog like the frog prince, sometimes a deer, so he's lost his human self and it's up to the girl in the story either to make friends with him, or to kiss him, and to bring him back to his human self. So that's a really powerful message for women. This is something that men need, that women can bring them back into their whole selves, their right selves, their human form again, and that's a strong story for girls; so I've been looking all the time as a parent: OK what stories can I tell? Are they giving good role models both to my daughters and to my sons?"

6. OUR HOME PLANET

Commentary (p. 81)

"In this image I see... what looks like a grandmother, holding a baby, and they're in, either a spaceship or a space station, just typical futuristic imagery, everything is grey, or silver, metallic and they look like normal people, they don't look like astronauts, and they're looking back at Earth, and... it makes me feel like, probably, Earth is no longer inhabitable, and that's something we think about all the time, what will happen when we can't live on Earth any more.

And, so the grandmother, she's looking back at the world that she knew, and probably won't see again, and maybe the baby's looking at a world that he or she will never know.

And we think about this in the United States, a lot, we think about space, as the "Final Frontier", as it was famously called in Star Trek... Because we are Frontier people, we are Pioneers, at the base of our culture. And I think we're a bit obsessed with space exploration, just because we've always been pioneers. And when you run out of things to explore you look everywhere else, and if you think about our Westward expansion, and the idea of going from the Atlantic Ocean, pushing all the way to the Pacific, and every American grows up with this idea of *Manifest Destiny*, our destiny is defined by reaching all the way to the Pacific Ocean. And then, I guess at one point, we had nowhere else to go West, so we started to go up.

Or perhaps that, especially in the United States, we see the effect we're having on the environment, and the possibility that there will be a time that Earth is no longer inhabitable, and we need to make a plan.

And so this is how we possibly re-invent ourselves, re-invent a new humanity, and start a new direction for the world."

Quiz: How much do you know about Mars? (p. 84)

Question 1: Does Mars have any moons?

Mars has two moons named Phobos and Deimos.

Question 2: How did Mars get its name?

Mars was named for the Roman god of war because of its red colour.

Question 3: Is there life on Mars?

People have asked this question for a long time. To date we have found no life on Mars or signs of life in the past. However, NASA has lots of exploring still to do and who knows what might show up in the future.

Question 4: Is Mars larger than Earth?

No. Our planet Earth is larger than Mars. Mars is only 53% the size of Earth.

Question 5: Can you live on Mars?
Mars is not suited for mankind to live on. Mars has an average temperature of minus 80 degrees Fahrenheit... far too cold for my liking. Earth has a protective global magnetic field to protect us all from intense radiation, Mars has not got this protection, so we would be exposed to high volumes of radiation and we would need space-suits at all times when venturing outdoors.
Question 6: How long does it take to get to Mars from Earth?
Currently it takes spacecraft 6 to 8 months to travel from Earth to Mars. I'm sure in time NASA will develop space-craft to cover the trip in a much shorter time.

Stephen Hawking at the Starmus Festival (p. 90)

Journalist: "The Annual Starmus Festival is underway in Norway, where renowned scientist Stephen Hawking said the human race could risk dying if we don't colonize on a new planet."
Stephen Hawking: "The Earth is becoming too small for us. Our physical resources are being drained at an alarming rate."
Journalist: "But this isn't the first time that Hawking has cautioned that a disaster happening to the planet is near. He explains that we run a chance of extinction from numerous different drives, stemming from climate change to genetically-engineered viruses. It was just last month that he warned mankind we only have 100 years left on Earth."
SH: "We have given our planet the disastrous gift of climate change. Rising temperatures, reduction of the polar icecaps, deforestation, and decimation of animal species. It is time to explore other solar systems. Spreading out may be the only thing that saves us from ourselves."

Neil deGrasse Tyson at the Starmus Festival (p. 90)

Journalist: "Renowned astro-physicist Neil deGrasse Tyson just became the first American to receive the Stephen Hawking Medal. Tyson shared his thoughts on the future."
Neil deGrasse Tyson: "So you terraform Mars, which means turn it into Earth, and then you go to Mars, and here is the problem: if you have the power of geo-engineering to turn Mars into Earth, then you have the power to turn Earth back into Earth. For no matter what you did to it... *[applause & shouts]*. So, so maybe the journey of which you speak is not a journey of distance into space, it's a journey in wisdom of how to become better shepherds of our civilisation."

An interview with George Hatcher (p. 96)

Journalist: "Mars One is a global non-profit with the goal of sending the first group of colonists to the red planet in the 2020s. Now George Hatcher is one of the final 100 candidates being considered for the first corps of astronauts heading to Mars forever. George, thanks for speaking with me."
George Hatcher: "Thanks for having me."
Journalist: "First of all, George, in your own words, just can you tell me what Mars One is?"
GH: "Mars One is a non-profit organisation that seeks to establish the first human settlement on the surface of Mars. Applications are taken from all over the world, from anyone over the age of 18, who sought to travel to Mars and spend the rest of their lives there."
Journalist: "What prompted you to apply for this?"
GH: "Astronaut opportunities are very rare. And this has been a goal of mine since about age three."
Journalist: "Now, there must have been thousands of applicants that applied for this. And you made it to one of the final rounds here. Can you tell me what you think Mars One was looking for and why they might have selected you?"
GH: The requirements for Mars One astronaut –they want people who have the psychological fortitude to permanently abandon the Earth, they want people who focus on the ability to collaborate and work in teams, they want people who are adaptable and self-sufficient, who can basically make do with adverse circumstances, and really people willing to face a... larger than normal degree of danger."
Journalist: "You have to have the mindset that you're permanently going to leave Earth. You're OK with that? You're OK with leaving the earth for good and living the rest of your life on Mars?"
GH: "It's something that I'm willing to do because of the way that I conceive of sacrifice. I see it as a sacrifice that I'm willing to do because of the way that I conceive of sacrifice. I see it as a sacrifice that I'm willing to do because of my dedication to space exploration and because part of my identity is to try to contribute to humanity and to an ever-advancing civilization."
Journalist: "If you are selected, if you do go on that mission, what are you going to miss most about home?"
GH: "I'm gonna miss everything. It's easy to say that you're willing to do something like this, it's difficult to fully comprehend just what you're leaving behind. And the very first thing that springs to mind for me is my children and my wife, my extended family, my close friends and the people that I love."
Journalist: "George Hatcher is a candidate to join the Mars One crew, which heads to the Red Planet, George, thank you so much for being with me."
GH: "Thank you."

How to – Job Interview (p. 96)

- Why would you like to be an au-pair?
- Why would you like to work with children?
- What would you do in the case of an emergency?
- How would you resolve an argument between the two children?
- What activities would you do with the kids?

• What makes you the best candidate for the au-pair position?

How to – A casual conversation (p. 97)

1. I'd love to study abroad. One of my dreams is to move to France and learn French and really submerge myself in the culture and eat some great food and that really sounds such a wonderful idea to me, I would love to do it.
2. Science was a funny one for me at school, I never really found that interesting, I mean some of the bits –like chemistry– I found quite interesting but never too useful in real life and I just absolutely hated biology, I thought it's so boring.
3. I saw Night Call recently, it was about a guy that drove cars away from robberies. It was really good. A bit dark but I like that kind of film, lots of action.
4. Hopefully I will be very well travelled as I want to spend my early 20s travelling to all different countries around the world, and I also hope that I will be a bit more grown up and organized than I am now because I'm always forgetting things.
5. I'm not a massive fan of the beach, like, it's quite cool but I prefer living in the city to be honest, like, because there's so much more to do in a city so many more shops, bars, places to go, you can go and see your friends pretty much anywhere, and I get the feeling that just going to the beach everyday would get quite boring.

How to – Reacting spontaneously (p. 97)

1. Oh, I think I could never do without a smartphone. I mean, it feels strange thinking that a few years back, all you did with a phone was give a phone call or send a text message. But today, you can do so many things! Do you think your daily life would be different if you didn't have a smartphone?
2. What is one of the most exciting jobs you can think of? Would you consider choosing it for your career?
3. I really love TV series. I think I'm more addicted to them than I am to movies. What is your favourite TV series?
4. If it was possible to live forever, I don't think I would agree to it. I mean, it is tempting, obviously, buy you must be bored after a while. Besides, there would be too many people on Earth.

ÉVAL 6 – An NPR interview with Andy Aldrin (p. 98)

Journalist: "Buzz Aldrin is obsessed with Mars. The Apollo 11 astronaut and second person to walk on the Moon is now developing a plan to send humans to live permanently on the Red Planet.
One question Buzz **has is:** what are the psychological impacts of living on Mars? Well, earlier this month social science experts met at the Kennedy Space Centre's visitor complex to answer that very question. Buzz Aldrin's son Andy Aldrin serves as the director of the Institute, and I had a chance to speak with him about the sociological challenges of living on Mars and what it was like growing up with a moonwalking dad."
Andy Aldrin: "I think it starts with what we're doing at the Institute. You know, fundamentally, what we are trying to do is develop the programs, plans, advocacy, technology... to put humans on Mars permanently. And it's a little different than anything that Nasa is doing or others, in that typically the rest of the world is talking about expeditions. And we are talking about settlements, permanent settlements on Mars, so... it's a huge research agenda. And one of the things we learned early on, and this has actually been an issue with my dad, that, he feels that one of the biggest problems – if not THE biggest problem – is psychological. And that when you talk about people moving to another planet permanently, that creates a very different set of stresses on an individual – and on our society, right? 'cause when we start talking about people on Mars permanently, you know, they're not gonna be Americans, or Chinese, or anything else, they're gonna be Martians! And they're gonna behave like Martians. And we really don't understand that."

7. FRIDAY NIGHT LIGHTS

American students talk about Friday Night Lights (p. 98)

Ali

"In the middle of the picture you will see three athletes. They are wearing helmets and jerseys that represent their high school football team. Behind them you'll see the crowd of people and above them you'll see the lights and the night sky meaning it is a night game. In the crowd, they'll probably be a lot of their teammates, families and friends as well as a lot of the other athletes from their school who are playing other sports teams.
To me, Friday Night Lights is the big football game at the end of the week. It's on a Friday night and under the lights because it is night time. When you go, there is a sense of excitement and just support for the high school players. You typically cheer for your own team and there'll be other students from the other school cheering for their high school team."

Shane

"So, this photo here represents... er, looks like a football game, a high school football game, where three captains of a team have been selected to represent their team at center field before a big night, a big game in front of their hometown which is the stands. In the stands you see your friends, family, teachers, and all of those who come out to support you. On the field there are the three captains that have been selected by their teammates as the true leaders of their team. This Friday Night Lights represents more than just a football game. It represents a rivalry between two towns, or a big championship game. The Friday Night Lights represents more sports than just football.

Personally, I'm a runner and I'm a basketball player and I've experienced big nights like these on the basketball court and I've personally been selected as the captain of the basketball team. When you walk out onto the court and see all your friends and family and students cheering you on, it makes you feel like a celebrity."

My life as a student athlete (p. 100)

"In high school, there are student athletes, athletes, and then the other kids. A high school student athlete is one who has all A's in their classes, or most classes and they run or play three seasons of sports. The athletes carry a little bit less about school and might not have very good grades, but they still are very successful in their games and in their sport. And then there's the other kids. So, they have three hours of gym, but it doesn't really makes them an athlete. They don't go to the games and they don't have practice so they're not super athletic.
For me I have practice Monday through Saturday and if I don't have practice, I'll have a competition. So I'll get up for school and I have to be there at 6:45 for a music group that happens before school because I have sports after school; and then I have school until about 2:15. And then practices right after school until about 4:15 unless I have a meet which is a competition. Sometimes for competitions, I have to leave school early, so I miss some class which then I have to make up –make up the work outside of school. So, the competitions will usually last for 4 to 5 hours and then you have to come home and do your homework, and what other things you might have.
The thing with sports is sports becomes your life. Sports is your life so what you eat, how much water you drink and who your friends are is really affected by the sports that you play. So, your friends on the team become the people that you hang out with and go to parties with outside of school."

ÉVAL 7 – Shane talks about pressure in high school (p. 107)

"Being a student athlete is a choice and a privilege. And with this privilege comes many additional pressures.
First and foremost is pressure from our coaches: they hold high expectations for each one of their players, and as the players, we know that if we want to be on the court or on the field that it matters most, we need to perform at a high level in order to impress them.
Another pressure comes from our teammates: at times when you may not be feeling well or you have a lot of homework, your team still needs you to play and if you don't, those teammates might turn against you, and you could lose friends, and teammates in the process.
Another pressure comes from our parents: our parents want us to be putting our school and academics above our sports. After a long night of practice or a long strenuous game, we still need to make sure we get our homework done, no matter what hour of the night it may be yet.
There is also pressure from our teachers: our teachers also expect us to maintain a high level of academics, while at the same time performing at a high level on the field or on the court. There is also a pressure from your community: your community is the one that comes out to support you each and every night. And when you wear your town or your team across your chest, you're representing not only yourself, but the whole community around you and you want to perform at a high level for them.
And finally most importantly, there is pressure from yourself."

8. ACROSS THE DIVIDE

Audioguide "Love thy neighbor" mural (p. 113)

"We are currently on the nationalist, predominantly Catholic side of the Peace line which separates the communities which live either side of the wall. What we are looking at now is a Peace Gate, which is an opening or passageway in the Peace line. As you can see, the gate is currently closed but at certain times it is opened to allow people to pass more easily from one side to another. Like the rest of the wall, the gate is made of corrugated iron and as you can see at the top, the whole wall has been extended upwards with bars. This is quite common as a lot of Belfast's Peace lines have actually gotten higher since the Peace Process of 1998. However, if we focus on the mural painted on the gate, it tells a very different story. We can see that the artist has tried to represent the houses on the other side of the Peace gate, as if there were no division between the two communities. The use of colourful paint is in sharp contrast to the grey corrugated iron of the Peace wall. The expression "Love thy neighbour" is a biblical reference. This is quite significant as the mural was painted by a Catholic artist and the "neighbours" referred to are from the Protestant community on the other side of the wall. It seems to be a commentary on the fact that we have two communities who are actually divided on religious and political grounds despite the fact they are both Christian. This is a very interesting example of local communities using murals to share their thoughts and feelings on the situation and indeed suggests a desire for the wall to be removed and for the communities to live in peace together."

Northern Irish love stories (p. 114)

"So, often people don't realize that, well, they don't realize all the ways in which a conflict can affect people's personal lives. So, because you have an unofficial segregation in Northern Ireland where you have Catholic neighbourhoods, Protestant neighbourhoods, and Catholic schools and Protestant schools, that does have an effect on the people that you meet and the people that you date. And there's been some kind of... there has historically been hostility towards Catholic and Protestant relationships which we call "mixed relationships" in

Northern Ireland. And there's a book that we read when we were at school, I think that we had to read it and it was a book called *Across the barricades* about a Catholic boy, Kevin who falls in love with a Catholic... er with a Protestant girl called Sadie, and there's a whole series in the book about their relationship and the challenges that they face, because they're from different communities, during the Troubles, like a Northern Ireland, Northern Ireland version of *Romeo and Juliet*. And, yes, so there have been problems in the past. I know that my cousin was in a mixed relationship and she's Catholic, was with a Protestant guy and my family didn't mind but I know that he had some problems at work. And it can be hard for mixed couples to find a neighbourhood to live in, to decide how to raise their children, etc. And I think that that is changing, but it's still not that common to date outside of your community. For example, a positive sign is that Karl Frampton who is a Protestant boxer from Belfast, he met, fell in love and now married a Catholic girl called Christine. And it was nice because there were things in the newspapers about how it's so positive, about how it's a sign of a new Belfast, or sign of a new Northern Ireland, because it's a mixed relationship which is successful.
But I also thought well how interesting, because actually this shows that we have something that's very uncommon, so uncommon that we need to put it in a newspaper as a big moment, a big turning point for Northern Ireland. So yes, the situation is changing but it's still not that common."

Basics on religion (p. 116)

"Often when people think about Northern Ireland, if they know anything about the conflict, they will think of religion, and they will think of it as a religious conflict or divide between Catholics and Protestants. And that is true. There is a religious divide, but it's a little bit more complicated because it's also about people having different cultural identities. But in terms of the religious question, Northern Ireland is predominantly a Christian country. There's technically a Protestant majority in Northern Ireland, but the term 'Protestant' would cover different religious groups like Methodists, Presbyterians, the Church of Ireland. So currently, the Protestant community, made up of all these groups, would be about 42% of the population, and Catholics are 41%, because the Catholic community has been growing. Other religions only represent less than 1%. So that shows how, you know, how predominantly Christian the country is. And something that I found quite interesting is that 17% recently said that they had no religion or that they didn't want to say what religion they were. That's a massive increase on the last 10-15 years, because before most people would identify as Catholic or Protestant.
So maybe that's a sign of progress to some extent. So I would say that religion is not the cause of the conflict, because I believe it's more political and territorial. But it does definitely play an important role in Northern Ireland, and certainly it has contributed to an unofficial segregation in the school system because children do go to – normally – they'll go to Catholic schools or Protestant schools. It's very unusual to go to what's called an 'integrated one'. So you are divided already once you go to school, and in neighbourhoods, because people tend to live in communities with people of the same faith. And probably it has an effect in other areas of life, like certainly in dating etc."

Learn more about the Troubles (p. 116)

Part 1: The Troubles

Interviewer: "Can you please tell us what people mean when they talk about "the Troubles" in Northern Ireland?
Annie: "Yes. So, the Troubles refers to a conflict which lasted from about 1968 to 1998 and it was a period of a... we wouldn't say «war» but a kind of a civil war. So there was a lot of bombings, killings. People would use the term "terrorism" as well in that context. And often when people think of the Troubles, they'll say 'oh that's a religious conflict between Catholics and Protestants. They don't like each other, in Northern Ireland'. But actually, there's a religious element, but predominantly it's a territorial political conflict."
Interviewer: "Because where are, mostly, predominantly, where are the Catholics where are the Protestants?"
Annie: "OK. So, everyone lives in the... everyone lives together, but you tend to have maybe divided neighbourhoods, so people will live in the same towns, but there will be parts of town which might be more Catholic or more Protestant. And actually, the thing with the territorial problem or political problem is that when we talk about Catholic, the Catholic community or the Protestant community, they have different cultural identities."

Part 2: The history of the Conflict

Annie: "When we talk about Catholic, the Catholic community or the Protestant community, they have different cultural identities."
Interviewer: "Because what religion was theirs, originally in Ireland for example?"
Annie: "So ok, so Ireland was originally – well I guess pagan before – but then it was a Catholic, Roman Catholic country, and the colonization process – which began around the 1200s when England began to colonize Ireland –during that period there were Protestant settlers, so people came from Scotland and England to settle Northern Ireland - oh well to settle Ireland and they went to the north. So now you have a population who would identify more as native Irish Catholic, and you also have Protestants who, they may feel Irish now, but they would also see themselves sometimes as British or Ulster Scots. Because of that historical identity. In 1921, the Southern part of Ireland became independent. But Northern Ireland –or what is now Northern Ireland– had a Protestant majority, and they wished... that majority wanted to remain in the UK. And so Northern Ireland was formed as a separate country in 1921."

Interviewer: "And they, they had a Protestant majority?"
Annie: "Yeah. And that's probably part of the -well that was part- of the problem, because then the Catholic minority increasingly felt that they were discriminated against and that they didn't have the same civil rights and that they wanted to be part of a united Ireland."

Part 3: Civil Rights and Bloody Sunday
Interviewer: "What was the reality of this difference in civil rights?"
Annie: "It had an effect on voting rights, it had an effect on housing policy. So Catholics didn't have the same access to housing as Protestants."
Interviewer: "How about voting?"
Annie: "It's quite complicated system but it was... it was not a direct ban on Catholics voting. But the system was designed in such a way that Protestant votes just because of the way the society was, that they counted for more than Catholic votes. So you actually had lots of big Catholic families, but they had one vote per household, because Catholics would live in the same house, because they couldn't have access to housing as well in the same way."
Interviewer: "All right. So that led to conflict?"
Annie: "That led to conflict, well actually that led to a civil rights movement – a peaceful civil rights movement, inspired by the African American movement which was happening at the same time, and unfortunately then part of the Troubles came about because of Bloody Sunday which was a peaceful protest for civil rights when the British army actually shot and killed unarmed protesters."
Interviewer: "In Derry?"
Annie: "In Derry, that's right. And because at that point people were trying to protest peacefully to change the situation. And I'm not trying to make an excuse but I think that then that led to a point of frustration when they said well, we're trying to achieve this by peaceful methods and actually the government who is supposed to be our government is killing its own people who are not being violent. And so, there's not a perfect situation but it did lead to more violence and to more people joining the Irish Republican Army – the IRA."
Interviewer: "Did they ultimately reach an agreement?"
Annie: "They did ultimately, yes. They reached an agreement called the Good Friday Agreement or the Peace Process in 1998 where they agreed to share power, they agreed for both communities to be represented. And it did work. It's been largely a lot better since, but you know it's a fragile – I think it's a fragile peace in some ways."

ÉVAL 8 – Annie talks about her school days in the 1990s (p. 123)

Interviewer: "Can you tell us about growing up, what was it like growing up in Northern Ireland?"
Annie: "Well, I grew up in the 1990s, so at the latter end of the conflict. I grew up in a Catholic family. And so, I went to a Catholic school. And obviously, that means that I went to school and socialized with other Catholics. Although I think my mum, she did try to make us meet people from different communities. She made that effort, but otherwise everything was... my whole world was Catholic. And so, there's, yeah there's this unofficial segregation like I said through neighbourhoods and education, and sometimes that led to problems. So, my primary school was a Catholic school in a predominantly Protestant neighbourhood, and there were some problems. A lot... OK my school got bombed like three times because there were some problems. It got attacked because it was maybe seen as a provocation, because it was in a Protestant neighbourhood.
Yeah I don't know, I mean at that time in the 90s, there were some – what we call 'integrated schools' or 'mixed schools' for kids of both faiths, and I remember even as a child being a little bit suspicious: why, what are these schools about? There was only maybe one."
Interviewer: "Are there more now?"
Annie: "There are more now, and now I really see the value of schools like that. But you know when I was younger, I found it strange."

Audio BONUS: Annie's father's story
Interviewer: "So Annie, can you tell me the story of your dad?"
Annie: "So, historically, there was a problem with Civil Rights for Catholics and that was a big part of why the Troubles happened. And then normally by the 90s, Civil Rights had been obtained. There was equality for everybody. And I say in theory, because, I think there was still insidious or unofficial kind of discrimination that was in practice –in place because my dad, for example, he went for a job – this was in Northern Ireland – he went for a job with the local council and he... yes so he applied for the job and he had a friend who was... he knew a Protestant lady who was on the commission or on the interview board. And she said, she rang him and she said: "look Pat, don't" – my dad's name is Patrick Coghlan which is a very Irish name and a very Catholic name because of that – and she said: "listen Pat, don't take this the wrong way but with a name like that, you'll never be... you'll never get this position". And that's very interesting because that was in the... I'd say mid to late 90s."
Interviewer: "And did he get the job?"
Annie: "And he didn't get the job. I mean I was too young to fully understand because my dad told me the story afterwards, but I think he... I don't know if he even applied after that, because that's the problem when someone says that to you: you don't necessarily apply for things anymore. But I'll ask him and ask him again."

9. CANADIAN MOSAIC

Marta talks about her class in Toronto (p. 125)

"Hi! My name is Marta and I am a teacher in Toronto, Canada. I teach in a really interesting school where I teach half the day in French and half the day in English. And this is a map that I create every year with my students: every student in my class makes an identity card. And what they have to include on this identity card is their cultural heritage. So that can mean several things: some students were born in another country, so that'll be the country that they put as their cultural heritage. Other students were born in Canada but their parents come from a different country, and then other students have parents who come from two different countries. And sometimes, depending on the students' heritage and background and how long their family's been in Canada, that can even sometimes stretch to connections to something like four or five different countries. And it's really interesting because many of the students really feel connected. So each identity card has to represent their country of origin or their heritage. We put them up on a map and we use ribbon to connect them to each one of their countries. So, as you can see in this map, there are identity cards that are connected to multiple different places. So sometimes this becomes a little bit tricky, because their families come from all over the map. Essentially what happens is we have this net of cultures that in one classroom of, let's say 30 students, we pretty much have every single continent represented, which I think is really, really cool. This is what most classrooms look like in Canada. I think that this cultural map is an excellent depiction of what the Canadian landscape, in terms of people, looks like. And it also shows that this is... it also shows that due to the fact that Canada has legislation that makes immigration easy or easier than in most countries – for example, it is even written in the law that the government recognizes the diversity of Canadians as regards to race, national or ethnic origin, colour or religion as a fundamental characteristic of Canadian society, I think that it makes Canada a very special country where diversity is celebrated and considered a richness."

Marta (p. 126)

Part 1

"My name is Marta and I am a Polish Canadian. I was born in Toronto but my parents are from Poland. My dad, my father fled communism in 1983 and he moved, he left Poland without telling any of his family because he couldn't, and ended up first in Greece where he stayed for about a year and a half. There he applied for refugee status to Canada and ended up moving across the Atlantic to Vancouver. At the time you couldn't choose where you wanted to go and when he got there, there wasn't a lot of work.

So he eventually made his way to Toronto. And after about three years apart, my mum joined him here. And then I was born shortly after. The rest of our extended family still lives in Poland which means my grandparents, my mum's cousins. So we don't have any family other than myself, my brother and my sister. But we were very lucky because our grandparents would come visit every year when we grew up."

Part 2

"I'm really, really proud of my diverse community and I love that in Toronto – especially Toronto – we can travel the entire world just by going to different restaurants. We literally have food from every culture on earth."

Part 3

"Most of my friends are immigrants or they are first generation Canadians which means they are the first ones in their family to be born in Canada, so their parents came here from another country. So, just as an example, my two best friends: my –one of my best friends is Croatian, she was born in Croatia and came here when she was 5, and then my other best friend was born in Canada, but her entire family, including her siblings, were born in Iran. And my brother's girlfriend is a Chinese American. So, that just goes to show that we really have people from all over the world very, very close to us."

Part 4

"Polish was my first language, so I didn't speak any English when I started school, which is very common in Canada. I was not the only one in that situation, many children at my school and many children in schools today started school without speaking any English. But they very quickly catch up and we have a lot of programs for kids in Canada to get them caught up in their language skills."

Vardhan (p. 127)

"My name is Vardhan, I'm 28 years old but when I was 10 years old, I moved to Toronto with my parents and my older sister. We moved from Southern India from a city called Hyderabad, we didn't have any family in Toronto when we moved here. But what we did find was a welcoming community of other immigrants. My parents immediately found social and emotional support from the Indian community there in Toronto. We moved to Toronto for better opportunities, for a higher quality of living, a better education system for us and healthcare.

We arrived in the summer of 2000. And my first summer in Toronto, before school started, what I remember was playing a lot of soccer, playing a lot of basketball, collecting Pokemon cards, playing with marbles, playing computer games, and a lot of these are things that I hadn't done in India, so it all felt like a new world to me. And I made a lot of friends, and none of my friends looked anything like me. So it really felt like I was in a wordly place. Later that winter was also the first time I'd seen snow which I loved.

My parents worked hard and long hours. My mom had to take language classes to be able to integrate better. And slowly they built a network of friends, but it was difficult being far away from our family that we grew up with.

To me, what it means to be a Canadian is to be inclusive and participate in a diverse community and to have respect for all the other different cultures and other countries. It also means eating lots of different food and caring about the environment. I don't live in Toronto anymore, but what I do miss when I visited are my friends and family, summertime in Toronto, Jamaican food, Tim Hortons, hockey, the Leafs."

Nathalie (p. 127)

"Hi, my name is Natalie and I'm Italian, Native Canadian, Ukrainian, Irish and Chinese.
So, my dad's side of the family is Native Canadian Ukrainian Irish and Chinese, but we mostly celebrate our native side and we are Mohawk which is a tribe apart of Six Nations. And the reason we mostly celebrate being Mohawk on my dad's side of the family is because, I feel like that's where we connect with the most because we do a lot of the traditions and whenever we have get togethers with my dad's side of the family, we're usually talking about native things and just and my uncle is a native painter and he does paintings.
So, my grandfather, so my dad's dad, grew up in Kahnawake which is a Mohawk reserve in Montreal, and also my great aunt grew up there with him. And once my grandfather met my grandmother, they moved to Brampton where my dad grew up. And he met my mom there who is Italian. Both her parents were born in Italy, but my mom was also born in Brampton, Ontario. And I feel I'm very proud of my culture because I feel like not a lot of people can say that they are so many different cultures, and I'm very proud to be Mohawk and Native Canadian because I feel like it's a culture that's getting lost today because, I feel like... Canada, there are a lot of cultures and there's a lot of different traditions, and a lot of different ways to be Canadian. But I feel that being Mohawk is just another way to really connect me to being Canadian. And I'm really proud to be Italian and Mohawk together, because they're very two different combinations and a lot of people think that it's very interesting and unique that I am those two things because it's very rare for an Italian and a Native person to get married and have a family. And I just feel really proud of who I am and where I come from."

Peter (p. 127)

"Hi, my name is Peter and I was born in Inner Mongolia China which is a Northern Chinese province bordering Mongolia. I moved to Canada when I was 6 with my family. We arrived first in Toronto and eventually moved out further west towards the suburb area of Toronto.
When we moved to Canada, most of our family stayed in China. We do have some family in the United States and in other parts of the world, but the majority of them are still there. I do visit them quite often. I try to visit at least once a year. But now with the technology that allows for video conferencing and the ability to make free long-distance calls, it makes it so much easier for me to stay in touch with my family in China.
When I first came to Canada, I did not speak any English and that was a challenge, but I did persevere and eventually just through interactions and ESL classes, I was able to learn English and become very proficient at it. I now consider this to be my natural primary language and Mandarin Chinese as my secondary language: as I stopped using it as often, it gets increasingly more difficult for me to converse and read and write in Chinese. At home, I do speak Mandarin with my parents instead of English. I think this is great because it allows me to retain my knowledge of the Chinese language.
We do celebrate most of the Chinese festivals here, usually the Moon Festival and Chinese New Year's. We typically have family and friends come over and there is always great food. My favourite Chinese food at home has to be the dumplings, especially the pork and chive dumplings. Those are my favourite and luckily my mom is able to make great dumplings. But in addition to that, we have access to great Chinese restaurants all around Toronto. A great part of being in Canada is our multiculturalism, and I think that lends itself to a very unique position to be in for a country to have so many different diverse cultural backgrounds and living together under one, you know, one state.
I think it's very unique, that you don't see often elsewhere in the world. I do enjoy being here, but I also still feel very connected to my Chinese roots. And honestly, it's great to be a Canadian."

My name is Layanne (p. 135)

"Hi, my name is Layanne. Both my parents are from Israel. One is from the Nazareth part and the other is from Bethlehem. They came to Canada for a better opportunity. My dad was... my dad came first before my mom, and he came to help my uncle with work with the new business and my mom came shortly after. But they were already married back in Israel.
All my sisters and me were born in Canada. I do speak Israeli sort of at home. It's mostly English, but my mom and dad do speak Arabic to me, and I do understand fluently, and I can speak it a bit not totally fluently. My favorite food would have to be a salad called "tabbouleh". It's parsley with tomatoes. Yeah. My mom makes it all the time. My dad doesn't really cook but recently my grandma came to Canada, she visits often and she has been helping out with the cooking which is – makes it 10 times better."

ÉVAL 9 – Siena talks about her family background (p. 138)

"Hi, my name is Siena. I'm Egyptian, Italian, German and French. My grandfather immigrated to Canada when he was 7 years old after World War II. And my grandma was born in Canada as well as both my parents. But my great grandma on my mom's side did come here when she was around the age of 18. My grandfather came because after World War II, which is the year he was born, they had a hard time because a lot of things were destroyed including their house. So they did not have a place to live. So they decided that the best place to go would be Canada.

To be Canadian is to be able to celebrate the diversity of Canada, and to be able to share your nationalities, to be able to practise your religions, to be able to be open with yourself, because Toronto and the Greater Toronto Area is one of the most multicultural places. So I just feel like, being Canadian isn't something you say, I mean... yes I feel Canadian but, I do practise a lot of the same things that we brought over from Italy. And we don't really practise any other religion other than that and we don't cook cuisine from Germany or Egypt or France but Italy, our ties stay strong to there.
So, if someone asks me, I'm not Canadian. But I do feel Canadian."

11. CLICHÉ!

French people are... (p. 147)

Interviewer: "What comes to your minds if I say 'French people are...'?"
Student 1: "I think that French people are quite stylish, because being in the school, lots of people have quite an individual style, whereas I feel like in London, people wear a lot of the same things and wear a lot of the same brands and I don't think there is the same kind of individuality, especially amongst students I think our age."
Student 2: "I think that French people like cheese, because I was in the supermarket in France and there was a whole room for cheese and in London we don't have that."
Interviewer: "We do love cheese."
Student 3: "I think there's like a stereotype, like, associated with French people as there is with everyone. But like the kind of cigarette smoking, drinking, like, wine, eating cheese, that kind of, yeah, stereotype..."
Interviewer: "And do you, based on what you've seen so far, based on the exchanges that you've met, do you think that this stereotype applies to them?"
Student 3: "Yeah, I do think, like, it is yeah applicable."
Student 2: "I think the French people have a strong café culture. So you like to go to cafés quite a lot, you eat out for like lunch and breakfast and dinner."

An extract from *Americanah* (p. 151)

Speaker: "Welcome to Fresh Air. I'd like to start with a reading from your book and since your character blogs a lot, let's start with one of her blog posts. So if you could read the title of the post and the post."
Chimamanda Ngozi Adichie: "So this post is titled: 'To my fellow non-American Blacks: in America, you are black, baby.'
'Dear non-American Black,
When you make the choice to come to America you become black. Stop arguing, stop saying "I'm Jamaican" or "I'm Ghanaian". America doesn't care. So what if you weren't black in your country? You're in America now. We all have our moments of initiation into the society of former negroes. Mine was in a class in undergrad, when I was asked to give the Black perspective, only I had no idea what that was. So I just made something up. And admit it, you say "I'm not Black" only because you know black is at the bottom of America's race ladder, and you want none of that. Don't deny now. What if being black had all the privileges of being white? Would you still say "don't call me black, I'm from Trinidad"? I didn't think so. So, you're black, baby. And here's the deal with becoming black: you must show that you are offended when such words as 'watermelon' or 'tar baby' are used in jokes. Even if you don't know what the hell is being talked about, and since you are non-American black, the chances are that you won't know. In undergrad, a white classmate asks if I like watermelon. I say yes. And another classmate says "oh my God that is so racist". And I'm confused. Wait, how? You must nod back when a black person nods at you in a heavily white area. It is called the 'Black Nod'. It is a way for black people to say: "you're not alone. I'm here too". In describing black women you admire, always use the word 'strong' because that is what black women are supposed to be in America. If you're a woman, please do not speak your mind as you're used to doing in your country. Because in America, strong-minded black women are scary. And if you're a man be hyper-mellow. Never get too excited or somebody will worry that you're about to pull a gun. When you watch television and hear that a racist slur was used, you must immediately become offended. Even though you're thinking 'but why wouldn't they tell me exactly what was said?' Even though you would like to be able to decide for yourself how offended to be or whether to be offended at all, you must nevertheless be very offended."
Speaker: "And that's a reading from Chimamanda Adichie's new book *Americanah*."

ÉVAL 11 – Respecting other cultures when travelling (p. 160)

Interviewer: "And I know that you've travelled quite a lot around the world, so I'm interested to know what you do whenever you go."
Person: "Yeah, I.. immediately comes to mind a trip to Morocco. I remember sitting in an outdoor restaurant and I sat down and there was, there were no utensils, no forks, no knives. And people were reaching into the dish of couscous with their hands. And I'd never seen that before. And of course, I was embarrassed and tempted to ask for a fork and a knife. But that's when I... that's the first time I think I adopted the idea of when you travel someplace and people are doing something that you're not used to, look around, see how they're doing it, and give it a try.
And on that same trip, I remember also people were dressed very differently than I was used to. And I was really tempted to take photos and share them online because it was something so different for me. But I also remember thinking, and it wasn't just me, this is talking with my friends and reading online about respecting

cultures, that these are people that I'm viewing that are just... live in a different way. And it's not some exhibit to be posted online for my benefit. It's something to be observed and enjoyed. And then lastly just, I'm always smiling and ready to laugh at myself."

12. GOOD JOB

How do you choose the subjects you want to study? (p. 161)

Interviewer: "So, how do you get to choose, how do you pick the subjects that you choose for your A-levels? Can you give any form of advice?"
Student 1: Towards A-level, when we're picking our 4 subjects – or 3 depending on where you are – it's very heavily influenced by university because depending on what course you want to take at that level, you have to have a different combination of subjects. So, if you want to go study Medicine, it's typical that you do all Sciences and Maths. So it's all about planning ahead and thinking very far into the future.
Student 2: "I feel like at school there are kind of two schools of thought they give us.
It's either – "become a specialist and make all your subjects very complementary" or it's kind of like, "do a little mixture and keep yourself on your toes". I mean, personally, I quite enjoy doing subjects that are really similar to each other because there are so many links between them that you actually understand what's going on and you can... it helps you understand it better because you get a much bigger picture.
I mean, I do like French, Geography, History and English, and they're like very multi-disciplinary... Books I read in one can be transferred, like the knowledge, to another one. I really like that.
But I know I have some friends who do Sciences and also English at the same time and they really like the change that gives them."
Student 3: "In my instance, the way that I chose was that – I knew that since I wanted to keep it open I would do half Sciences – and half other things. So I just picked my favourite in those two categories. And so, not only is it super-beneficial for me in the long term, but also I really enjoy my subjects.

Meet Pat Carmody (p. 163)

Interviewer: **"What advice would you give to someone unsure of what they want to do?"**
Pat Carmody: "Important to do some research, to do a bit of exploration. And there are lots and lots of brilliant websites to go and have an explore and for undergraduates as to prospects and target, both of which have tools to do your own research on. Think about what you like doing. Think about what motivates you to do a job or what makes you get up in the morning, things like that. It's really good. And talk to people. You know, people who do the job, people who have thought about that job. People love to talk about their job. So if you get talking to them is , it's really good and that doesn't have to be the scary stuff. Go and meet them. You can do amazing things with social media. People like to talk about things."
Interviewer: **"Why is it important to find the right career?"**
Pat Carmody: "It's an ideal, I would say, to do that. A lot of people don't succeed in doing that. A lot of people have to do a job that is a job that earns them money. The ideal is to have a job that earns you money and you also enjoy doing. So that you can go to work every day with a smile on your face and get satisfaction out of what you're doing."
Interviewer: **"What sort of qualities do all employers look for?"**
Pat Carmody: "There was a CBI report a couple of years ago that said that employers like people who have a can-do attitude. So whatever it is they'll give it a go. They will do their best. So they want that willingness. Another thing that a lot of employers like is flexibility, so that yes you're willing to give it a go. You're not looking at the fine details of the job description and say: «that's not in my job description, I'm not going to do it.». You're willing, helpful. The other area is skills. There are some skills that employers particularly look for: they look for good communicators, people with a... an interest in the business, I think that's something that people don't necessarily think about. They think about the skills necessary, but employers like it if you can show an interest in their business."

Meet Patrick Caldwell (p. 163)

Patrick Caldwell: "Hi, my name is Patrick Caldwell. I'm the Head of People at FundApps, and a volunteer at Inspiring the future. Inspiring the future is an association that enables schools to connect with volunteers from the world of work, in order to inspire students in their education and career choices."
Question: **What inspired you to become a volunteer at Inspiring the future?**
PC: "I think the work that many schools and colleges are doing to support career development has come a long way. I know when I was in school, I would have really valued hearing from more people about their career choices, or going through mock interviews so that I could practise. I think the opportunity to be part of that for students is exciting!
Question: **Why do you think it's important that volunteers like you go into schools and colleges to talk to young people about their careers?**
PC: "Too often students think that careers are linear or they feel pressure to make all of the correct decisions while they are at school. In reality, careers are rarely linear and often take many turns and steps as we develop as people generally.
I've had the opportunity to work in multiple countries, industries and professions and none of these were what I thought I wanted to do in school – I wanted to be a

lawyer. It's important that students know that there is no right or wrong way to go about their study and career decisions, and to focus on the things that interest them the most."

***Question:* Tell us a bit about your own personal experience as a volunteer.**

PC: "I've been involved in two activities so far with Inspiring the Future, both of which were thoroughly enjoyable, so I'm looking forward to getting stuck into many more of them!

The first was a presentation to sixth-form students about my career path to date, from my dream of being a lawyer to ending up working in a mine site in Australia to moving to the other side of the world and working in a start-up where I am now.

The second activity I was in was a series of mock interviews with computer studies students as they prepare for placements.

It was an amazing experience meeting so many humble, driven and passionate students who are about to enter the workforce, and together will probably achieve some pretty awesome things!"

***Question:* What's great about your job and how did you get there?**

PC: "I have the opportunity to work with, coach and develop an amazing group of talented people every day. It's very rewarding when you see people grow personally and professionally as we grow as a company!"

Question: What advice do you give young people regarding their future careers?

PC: "I think, find something that makes you excited when you get out of bed in the morning and focus on being great at that!"

Go for an interview with Patrick Caldwell (p. 167)

What are some of the things you feel that you do well?
What do you like to do for fun?
Now think about the reasons why you enjoy doing those things: what do they have in common? And how do they make you feel?
Who do you admire?
What's something that you've always wanted to try?
What accomplishment has made you the most proud?
What's your favourite class — and why?
What do you read about in your free time?
If you could do any job for a day, what would it be?
As a kid, what did you want to be when you grew up?
Great! Keep asking yourself questions like these and you'll make important discoveries about who you are. Stay open to the places and interests they lead to!

ÉVAL 12 – Advice from British students (p. 169)

Student 1: "I think that panic arises in students a lot of the time when they don't actually know what they want to do at Uni... and because it's instilled in us that we have to, kind of, prepare ahead, plan ahead, a lot of the time, I find that students panic when it comes to choosing A-levels on the basis that they don't know what they want to do at Uni, and I found it was the same for me, actually, and so I took the broad approach and I kind of went "half essay base and half sciences" so I did Maths and Chemistry and French and Theology. And in the end, it turned out that that was actually really great for me because for Psychology, all of those subjects are actually quite useful."

Student 2: "In essence, at the end of the day when we... our teachers were telling us, you know, or asking us what we were going to pick for A-level, the advice that we got was: 'Do what you like and what you enjoy and where you want to, like, turn up for lessons and engage in class and also do what you are good at because, at the end of the day, it is competitive...' Exams, yeah."

13. CREATE YOUR OWN

Annie & Mark imagine a story (p. 174)

Annie: "So I think there's been a murder, because I can see a knife and I can see somebody's feet lying on the floor. And I think the person in the second scene might be the killer because he seems distraught. Perhaps he regrets his decision. And he might be the owner of the house or he might live in the house. I don't know."

Mark: "Yeah he might be the killer. Uh it looks like, he... maybe he killed the man because of some sort of debt, because he might be a gambler. I mean I see some cards and some coins there on the ground."

Annie: "You think that's coins, not blood."

Mark: "Mm hmm. Could be mixed, it could be a mix. We don't know. And then in the front, do you see what might be some sort of trap door?"

Annie: "Oh yeah, I thought that was a carpet or a rug originally, but yeah it could be a trap door."

Mark: "Yeah. Could be."

Annie: "Do you think he's come up through the trap door?"

Mark: "It would be... that would be a good way out."

Annie: "I mean it would, but he seems trapped, so. What about this butler in the last picture?"

Mark: "I have a tough time with the butler, because maybe he's just heard something."

Annie: "Yeah that's what I thought as well. He looks intrigued to me or curious. But he's got quite a hard expression on his face."

Mark: "Yeah."

Annie: "What... so you think he's complicit in the murder?"

Mark: "He could be... Perhaps... perhaps he committed the murder: he would have access to the knife."

Annie: "What do you think happened here then?"

Mark: "Right. The man in the middle. He killed him. I think he's the gardener. I think he has a nice little house on the property."

Annie: "Yeah."

Mark: "And here we go. He had a gambling debt. He had some problems paying the people to whom he owed money, and he needed money."
Annie: "So he decided to break in to the property when the owner was away."
Mark: "Exactly. And he knew where to go."
Annie: "He knew where the money was."
Mark: "Right."
Annie: "He knew where the jewelry was."
Mark: "He knew everything. But he didn't know that the owner wasn't gone. He wasn't away. He was home."
Annie: "So as he was trying to leave the property with the money, he ran into the owner. And in his panic..."
Mark: "He grabbed a knife, stabbed the owner and immediately regretted his decision."
Annie: "So he dropped the knife, in his panic he ran into another room, dropped his cards, dropped his money, and..."
Mark: "Right. But what he didn't count on, was the butler hearing everything because the trap door on the ground was left open."
Annie: "Right."
Mark: "And then he hears that the jingle or he heard the jingle of ice in a glass, he realized the butler could hear him. So he decided 'I got to kill the butler'."
Annie: "To be continued!"

Listen to a new story (p. 175)

Annie: "Ok so now, this is a little bit different because we've got a bit of new information, and the cards are in a different order, and I'm quite interested in this couple, because I like a little love intrigue and I think there's a maybe an... a love triangle."
Mark: "Yeah, I agree."
Annie: "The plot thickens."
Mark: "Yeah maybe. Maybe they're romantically involved because he's got his hands going towards her."
Annie: "Yes."
Mark: "However it could be that that's not her husband."
Annie: "I think that's possible. But I cannot forget that this man with his head in his hands is a gardener. And I think that he is in love with the woman because she looks quite well-dressed. And I think the man in the picture is also quite well dressed. So they're of the same social class."
Mark: "Yeah. And maybe he's up in the room talking to himself about his love, and because the trap door is open, who can hear him? The butler."
Annie: "Oh yes."
Mark: "Maybe he can hear all of his plans to take the woman away from her husband..."
Annie: "... and to kill the love rival. Right."
Mark: "So things go wrong because it looks like, perhaps there was a third gun hanging in the middle of the... of the two guns. And yet..."
Annie: "We've got a gun on the loose."
Mark: "Right. But a knife on the floor. So, here's what I think: man in the first picture, he had his head in his hands, he was down on his luck, he had lost money gambling, and he was talking to himself, speaking a bit too loud about his intentions to take off with the woman of his dreams for whom he was the gardener. But with the trap door open, the butler overheard everything and ran off to tell the loving couple. So the gardener caught up with the nicely dressed man in the hallway. What do you think happened?"
Annie: "Okay. So I think that the gardener, in a fit of rage and jealousy, took the closest object which was a knife and he stabbed, he tried to stab his love rival, the man in the suit, because he wanted to get rid of him and to be able to live with his lover."
Mark: "I think everything would have been perfect if the butler hadn't heard him, grabbed the third gun and he was positioned perfectly to shoot down the gardener before he could kill our well-dressed man. So the feet in the last picture. Whose do you think they are?"
Annie: "They are... our man from the first picture, the gardener. He died."
Mark: "He died."

TRANSCRIPTION DES DOCUMENTS **VIDÉO**

Les numéros de pages renvoient au manuel de l'élève

3. BORN A CRIME

Trevor Noah on *The View* (p. 48)

Part 1 (00 – 1'50)

Whoopi Goldberg: "I want to talk about your book because it's amazing how far you've come, given where you started, you're literally born a crime, being a mixed-race baby when interracial relationships were still illegal in South Africa. One of the stories you tell is sort of having to get tossed out of the car while it was moving. Please explain."

Trevor Noah: "Well you know, South Africa was a country that was as you say was separated by the apartheid laws. And partheid was really perfect racism because it wasn't just about separating black and white. It was convincing that black and black were different from each other. And that's what hatred is based on: blaming other people for the ills of society. And so you know–"

Whoopi Goldberg: "It's called scapegoating."

Trevor Noah: "That's exactly what it is. And so when we were growing up one day, my mom and I were driving in a taxi in a minibus – you've seen them in South Africa. And the driver of the car was offended –and he was a black man! – and he was angry that my mother was my mother because he was like «you have been with a white man. You are a whore». And he was like «today you're going to die». And this was something that you had heard, we knew this was always around the corner in South Africa at the time. And so my mom – and I was half asleep at the time – she said to me «hey, at the next traffic light, we're going to jump out» because the guy wasn't stopping at any light. And so we're jumping out. I didn't sort of hear. And then the next thing I knew, I was out. She just opened the door, tossed me out and my baby brother... she held him, and then she jumped out... tumbled... cocooned him perfectly just like... I don't even know how they do it. They're just like super heroes without the capes. And then she tumbled and we got up and then we ran together. And that was just – it's strange to say this – but that was life you know, people were living that life at a time when South Africa was coming out of the throes of some of the most hateful period we ever lived through."

Part 2 (1'50 – 2'45)

Whoopi Goldberg: "How did living in hiding affect you?"

Trevor Noah: "You know what's strange... It didn't it didn't affect me, I won't lie. My mom and dad was so good at creating a reality for me and that's where I go. You, like, your parents are powerful. Your reality is more powerful than what the reality is, what you believe it is is more powerful. Yeah. And my mom, all she needed me to know was that I was loved. So as a kid, I was like «I love being indoors. I love reading books. They don't let me go outside because they said someone's gonna steal me. I don't know who that is. All I know is that means I'm valuable so I must stay in the doors.» You know. I didn't know it meant the police were going to take me away because my mom wasn't supposed to be my mom. I thought it just meant like I'm special so I stayed in, I saw my dad when my mom could sneak me to him. But I did not know how dangerous my world was. And that's where I credit my mom for breaking those rules and cocooning me in that you know."

4. PINK AND BLUE

Sydney Boys High School Gender Equality Project (p. 55)

Part 1

Boy 1: "Today, I was a co-presenter in an awareness-raising program we presented on gender inequality. And we're trying to show our school ways that they could decrease this issue, where women are, well, less important in society."

Teacher 1: "It started off two - three months ago now, when the boys decided they wanted to do a community action project, and they chose themselves to choose gender equality and we thought they'd have a very big impact being a boys' school tackling an issue which, traditionally, boys wouldn't be interested in."

Boy 2: "My attitude before I started looking into gender inequality was that it didn't exist, I was in denial.

Boy 3: Before I came to the program, I have to admit I didn't have much knowledge of gender equality. I thought it was sort of a thing of the past in Australia.

Boy 4: Before this, I thought, you know, gender equality was pretty much left to the feminists. I thought they were the ones to actually be campaigning for this and I thought boys didn't have a big role to play.

Boy 2: And then I saw the stats and slowly it dawned on me that there is a problem here, then I decided to become involved in it.

Boy 5: I think gender inequality is a big issue because half the world are women, so I don't think it's fair that one half of society's considered higher than the other half."

Teacher 2: "It's a lot more effective for a young man to talk about that to his own age group, rather than an older person or a woman for example, to talk about it to their age group. So it's something that actually they gonna have a lot more effect on changing this next generation of young men than anyone else could have."

Part 2: Feminism is important to me because...

"Feminism is important to me... because, despite being a fully qualified vet, a woman recently told me I would not be able to go out to her farm and pull a calf, because it

would be too hard for me. I went out there and I pulled that calf."
"Feminism is important to me because, when I was twelve, my dad told me I should be ashamed of my body and that I had thunder thighs."
"Feminism is important to me because, when I give directions at work, I'm called a bitch rather than a leader, and bossy rather than assertive."
"Feminism is important to me because my dad doesn't think I can be an engineer, and my mom doesn't think I can be an economist because that's too hard for a girl."
"Feminism is important to me because I literally cannot go for a run around the block without being cat-called."
"Feminism is important to me because millions of girls and women around the world are denied the right to education, the right to choose who they marry, the right to own land, and the right to their own safety. This is a global movement, and all of us women are in it together."
"Feminism is important to me because I want my daughter and her future daughters to have the opportunities that I never had."
"Feminism is important to the women in our lives."
"So it should be important to us too."

The history of pink and blue (p. 56)

Presenter: "Is this pink bundle of joy a girl or a boy? Well, there was a time when a red-blooded American boy would have been dressed in pink. Be careful what you think you know about what makes boys and girls look like boys and girls. Or what toys they like to play with.
Jo Paoletti is the author of *Pink and Blue*. She says the only reason we think of boys in blue and girls in pink is because of mass marketing.
In the 1920s, a common custom: babies with brown eyes wore pink; babies with blue eyes wore blue. Their gender didn't matter. Parents didn't focus on it like they do today."
Joe Paoletti: "When we talk about gender, we talk about masculinity and femininity. They didn't believe that babies had that. They believed that was something that emerged."
Presenter: "Parents dressed boys and girls the same in their younger years and it didn't seem to harm the kids. This little boy's mother put him in something that looks like a dress. He grew up to be our 32nd president, Franklin D. Roosevelt. But manufacturers began to realise if they could agree on how to separate clothing and toys by gender, they could sell more to everyone. Pink and blue could have gone the other way. There was a good bit of pink on men in the 1980s, and today even things as mundane as school supplies..."
Girl: "Does anybody have a pen?"
Presenter: "...are colour-coded for boys and girls."
Girl: Thanks!"
Presenter: "Paoleti says this might make marketers' and parents' lives easier, but it does not do much for kids."
Joe Paoletti: "It's part of a larger picture of pushing kids to grow up faster and do things earlier I think."
Presenter: And in the end, does this baby even care what colour she's wearing? Or he?"

The Ellen DeGeneres Show (p. 56)

[00 – 1'50]
"So, you know on my show what I like to do is I like to promote kindness and equal rights. And I don't like labels and I don't see color. I'm like a cocker spaniel in that way. And I don't like pointing out differences between people especially men and women. And I thought that, women, we've made a lot of progress towards equality. We're allowed to vote and I think since 1982 now, and we can wear pants, we can drive at night. All of those things have happened. And then I saw something that makes me think we still have a little bit of ways to go: it's a new product from Bic, the pen company. And they have a new line of pens called 'Bic for her'. And, this is totally real, they're pens just for ladies. I know you're thinking it's about damn time. Where have our pens been? Can you believe this? We've been using men pens all these years. Yuk! They come in both Lady colors pink and purple. And they're just like regular pens except they're pink so they cost twice as much. That is absolutely true as well. The worst part is they don't come with any instructions, so like, how do they expect us to learn how to write with them, you know? I was reading the back of the pack – well, I had a man read the back of the package, to me – and it said it's designed to fit a woman's hand. This is all true I'm not making any of this up, designed to fit a woman's hand.
What does that mean? Like, so when we're taking down dictation from our bosses, we'll feel comfortable and we'll forget we're not getting paid as much? I don't know. I mean, just think over the last 20 years, companies have spent millions of dollars making pills that grow men's hair and fix men's sex lives. And now ladies have a pen. We've come a long way baby."

5. WARRIORS OF THE PACIFIC

Sea level rise in the Pacific (p. 72)

Journalist: "Funafuti Atoll.
The capital and one of nine islands comprising the remote nation of Tuvalu. This is one of the smallest countries in the world. Its average elevation of two meters makes Tuvalu extremely vulnerable to storms and sea level rise. People the world over migrate in search of a better life. But this is a story about people on two small Pacific island nations being forced to move by the potential disappearance of their homeland underwater. People have started to leave the islands abandoning their homes.
It's a concern shared by the nearby island nation of Kiribati."
President Anote Tong: "It'll be a very sad day when there

will no longer be a country, a nation, that people call Kiribati."

Journalist: "The president says his people have the next few decades to prepare for relocation."

President: "We are preparing our people, equipping them to be able to relocate if and when necessary, with dignity. We would not wish to see our people as climate change refugees."

Journalist: "Sea level rise and unusually big waves are threatening the I-Kiribati population, about 100.000 people.

But the older generation in Kiribati is not willing to leave."

President Anote Tong: "Because if you were to ask me, and if you were to ask the elderly in Kiribati, the answer is no. They would wish to stay on, even die here. The best we can hope to have is to maintain the integrity of our culture. Whether we will be able to have our people settle all in one place, I doubt it.

What personally I would like to see happen is for us to maintain... a nation of Kiribati somehow. We have to do that. So that the new generation, or generations of I-Kiribati people in different parts of the world will have somewhere to go to. To say that this is... This is what once was our nation."

The Pacific Climate Warriors take on the Australian coal industry (p. 75)

Ariane Kassman: "We are hopeful that our journey here, as, you know, Pacific Climate Warriors, is a peaceful journey. We bring with us, you know, our culture, our tradition. We bring with us our people. And we travel to Newcastle to highlight these impacts of climate change, to share our stories with the rest of the world, and hopefully I get Australia to reconsider the commitment to expanding the fossil fuel industry because if they continue to expand the industry, it will continue to expand the destruction to the Pacific."

Man: "Climate change is impacting our livelihood, our food security, our environments, then it's important for us to tell that story. And in the hope that it will change people's minds of the way they are treating the environment. Us going to the flotilla in Newcastle is taking that message that we want a solution. We want to... we want the world to be responsible and do something about climate change."

Milan Loeak: "I chose to go to Australia, to Newcastle, because climate change is... a personal issue for me. Living on low lying atolls has been a lived reality for all of our people from the Marshall Islands, and I felt it was really important that I join in to bring that story out so people are aware of it and they can help us so they can also help us do something about it."

Woman: "It's important for us as young people in the Pacific to share our stories, to share our lives, to share our history and our culture and our traditions because this is... this is who we are. This is what makes us the people of the Pacific."

Woman: "In Newcastle... That's what we did. We brought our stories, and so many people connected with us. And it just moves people. Stories move people and connect us to one another at a deeper level. And I think that's what was so powerful about our action in Newcastle. We did it in a very pacific way in our own way. And it really motivated and touched so many people."

Woman: "It's so important that as young people we stand together, and we stand united, and we're ready to share this message with our people and with the rest of the world.

We are here as warriors to tell the world that we are not drowning. We are fighting."

6. OUR HOME PLANET

A guided tour of the ISS (p. 82)

Suni Williams: "Hello! I'm Suni Williams, I'm up here on the International Space Station.

Now, I wanna say, where we are.

So right now, we are in the Japanese laboratory. It's one laboratory out of many here on the International Space Station. It's actually on the left-hand side. If I was the International Space Station and I was flying through space like this, my left-hand would be where the Japanese laboratory is.

So now again we are on the right-hand side, all the way around the International Space Station. This is Columbus, the European module, it has science experiments all over, you could see it looks a little bit crowded, and here we do a lot of our medical experiments."

How do you sleep on board of the ISS?

Suni Williams: "This is where four out of six of us sleep. And so, people are always asking about sleeping in space. Do you lie down? Are you in a bed? Not really, 'cause it doesn't matter, you don't really have the sensation of lying down, you just sit in your sleeping bag. So, here's one sleep station right here, I'm going in right now, you can follow me if you want.

So I'm inside, it's sort of like a little phone booth, but it's pretty comfy, I've got a sleeping bag, right here, that we sleep in, so we don't... we have sort of like a little bit of a cover, we don't fly all over the place, but you know you can sleep in any orientation, I have it... sleeping feeling like I'm standing up right now, but like you saw I'm on the floor, but it doesn't matter if I turn over and I sleep upside down. I can't have... I don't have any sensation in my head that tells me that I'm upside down, so it really doesn't matter. The sleep station is also like a little office, we've got a computer in here, as you can see we've got a couple of little toys, I've got some books, I've got some clothes, and other things that make it sort of like home. I'm coming out.

And just for reference, that's one sleep station, this one's another... right here... There's one on the ceiling if you wanna call it... right here, and then there's a fourth, on the other wall, over here. So all of us sleep in a little bit of a circle."

How do you exercise on board of the ISS?

Suni Williams: "One other thing we also do is, we exercise, we have some exercise equipment on board the space station. We need to do that because we lose bone density and muscle mass while we are up here, and that's the result of not having to fight against gravity.
So, how we keep ourselves in shape? With a bike, a treadmill and a weight-lifting machine.
This is the bike. You notice the clip pedals, so all you need to do is actually clip your feet in, and then you can start pedaling. You don't need a seat, 'cause you don't sit down. Actually I haven't sat down for six months now, so... you don't need any type of seat, just make sure you're held in with your pedals. You probably see that the bike bounces around a little bit. As I move it, it's not steady and held to the wall firmly. And the reason for that is, the space station is pretty big, you saw that there are also solar arrays on the space station. If we start putting any forces into the space station, it's gonna make the solar arrays bounce around a little bit. So to prevent that, the machines bounce around a little bit, move around a little bit. And that way, we don't put any forces onto the structure of the spacecraft out to the solar arrays."

How do you feed on board of the ISS?

Suni Williams: "Here is a pretty cool place, this is sort of like, in your house, where everybody meets in the morning, after you wash your face, brush your teeth, you wanna find something for breakfast. And this is our kitchen!
You might notice there's all sorts of food here, it's like opening the refrigerator, you've got all the different stuffs that you want to have: drinks, meats, eggs, vegetables, cereals... bread, snacks, and that's a good place, that's where you find out the candy. Side dishes, and then some little power bars, just in case. So we have all these types of food, some of it is dehydrated, and so we have to hydrate it, fill it up with some water, some of it is all ready-made, and then all we have to do is heat it up. So something like this I'm pulling out: Barbecued Beef Brisket –pretty yummy!—Not only is this food made in the US, but we also have food here from Japan, we've got Russian food, as you can see all these red containers are filled with food that's from Russia... And now we get some of our specialty stuff, some things that we like, some of our favorite stuffs that your family can send up. In fact I like Fluffernutter so I get sent up some Fluff so I can make my Fluffernutter with peanut butter.
So you have a lot of food up here. No problems."

Why do you have to go out in space?

Suni Williams: "I'm here with my two buddies in the airlock. Actually these are two spacesuits, that are ready, primed up to go outside, as we call it to go do a spacewalk in case we have to do anything outside. Some of the things we do outside are just like inside: repairs. We have a lot of electrical boxes and machinery, and solar arrays, in fact, that I talked about earlier, but they are outside, and sometimes they don't work quite right. Remember: space is really cold, and really hot, and it's also the vacuum of space, with no pressure, and so some of the equipment doesn't work well all the time. So, we might have to go out and do a spacewalk. Right behind me is actually the hatch, that you go out into space, and right now we have it filled up with a couple of other spacesuits, 'cause we've got four of them up here, and some of our tools. But right behind here is the hatch in which you actually go right outside into the vacuum of space."

Spacesuits are spacecraft.

Suni Williams: "The spacesuit is pretty big, as you can see. It's like being a football player. Part of the reason it's so big and bulky is 'cause of this backside, this backpack. It's like going on a hike with the backpack – but the backpack and the suit weigh about 300 pounds. Luckily, in space, nothing really weighs anything, so you don't feel that it's so heavy. But we need to have such a big suit because that guy back there is essentially the heart of the spacecraft. This I call this actually a spacecraft. It has all the oxygen for you, it has all the carbon dioxide removal system for you, it also has a heating and cooling system to make sure it regulates our body temperature while we are outside. It also has a computer, so it tells you on a display here, if there's anything that is going wrong with the suit, if we are running out of oxygen, if we have too much carbon dioxide, or any type of electrical problem. So it's a pretty awesome little spacecraft, and actually I got to go out and use my spacecraft a couple of times, and it worked like a charm. I'm lucky that it works very nice...
You might want to see what the helmet looks like. It's pretty cool too. We don't usually go out like this, so we usually can see when the helmet's open. So you can see what it looks like inside. Somebody's little head would be inside of here. So you can see, you can turn your head all the way around while you are inside, but the helmet stays still, so that determines how far you could see... And..., it's usually pretty sunny out there, so we have to wear our sunglasses, and this is our sunglasses right here, which make you look pretty cool!"

***The Martian* trailer** (p. 85)

Every human being has a basic instinct. To help each other out. If a hiker gets lost in the mountains, people coordinate a search. If an earthquake levels the city, people all over the world send emergency supplies. This instinct is found in every culture. Without exception.
— At around 4:30 a.m. our satellite detected a storm approaching the ARES 3 mission site on Mars. The storm had escalated to severe. And we had no choice but to abort the mission. But during the evacuation, Astronaut Mark Watney was killed.
— I'm entering this log for the record. This is Mark Watney. And I'm still alive. Obviously. I have no way to contact NASA. Or my crewmates. But even if I could it

would take four years for another manned mission to reach me and I'm in a hab designed to last 31 days. So, in the face of overwhelming odds I'm left with only one option: I'm going to have to science the shit out of this.
— OK. Let's do the math. I've got to figure out how to grow four years worth of food here, on a planet where nothing grows. But if I can't figure out a way to make contact with NASA, none of this matters anyway."
— Houston be advised, we've got a video message. It's directed to the whole crew. Play it.
— My God. Mark Watney is still alive.
— In your face Neil Armstrong.
— Let's go get our boy. This is something NASA rejected. So we're talking mutiny. And if we mess up the supply rendezvous, we die. If we mess up the Earth's gravity assist, we die.
— It's space. It doesn't cooperate. I guarantee you, that at some point, everything's gonna go south on you. And you gonna say 'this is it'. This is how I am.
— Is it possible that he's still alive?

Trailer for a Netflix documentary (p. 86)

— Red leader, checking in.
— I was directly told that we cannot land on Mars before we do a med check.
— K, pressure's going down.
— Get them outta here!
— ... cabin pressure onboard the station.
— Are we dead?
— All in a day's work!
— When we look at the night sky, we say to ourselves: "Are there any planets out there that are possible homes for Humanity?
— Space camp opened the path for me to do things that I really wanted to do.
— Kids today have that same drive, that same passion that I had watching the first American launch into space.
— High-fives all around!
— High-fives all around!
— We've gotten to the moon, but it's a stepping stone to the red planet.
— It would be so amazing to see the Martian surface with my own eyes.
— Having a man –or a woman– walk on Mars is just the most badass thought in my mind. It's been over 50 years since we've done something significant like this.
— We don't really go to space anymore. People are losing touch with their human spirit.
— We have an entire generation who want to go to Mars, but all of that will fall on fallow soil if there isn't some big mission where they can apply this enthusiasm.
— Some people think it's fine to just stay on Earth forever, and some people don't.
— Let's go out there and make discoveries, let's change the world.
— Somebody from my generation will put their footprint in the Martian soil.
— I can't think of a better thing to be defined by.
— It's our duty to breathe fire into the imagination of these young people, because our true place is among the stars.

Could Alyssa Carson be first on red planet? (p. 87)

Alyssa Carson, her father, teachers, principal.
— I first got interested in the idea of going to Mars when I was 3 years old.
And liftoff! Liftoff!!
— She wants to be the first, or one of the first, to go to Mars.
— She's a regular kid, with a dream that she's willing to pursue...
— Space flight is very risky business. You have to take it serious, or you will die...
— If the option was to go to Mars, and never come back, I would still wanna go, and be a part of the mission...
— When Alyssa was younger, I remember Alyssa coming to me, and asking me, had humans ever been to Mars. And I explained to her that... you know, we had been to the Moon, but not Mars. But it would be her generation, to become the Mars Generation and go to Mars.
— This would be something really cool, I mean, going to space, and then land on other planets.
— Little did I know that I would be raising a child that I'm supporting to leave this planet.
— I do everything that every other normal kid does, except that on the side, I'm training to become an astronaut, and go to Mars!
— Kids are always told, You can do whatever you wanna do. You can be whatever you wanna be. Alyssa has heard that, but she has accepted that «I'm gonna have to work really really hard to get to where I wanna be.»
— She's the youngest to ever graduate from Advanced Space Academy; was the first person to complete all Nasa's space camps in the world; got her rocket license before getting her driver's permit...
— Currently I have my basic scuba-diving certification, and I'm working on my Advanced...
— She's doing the international baccalaureat, so she's doing College level classes –in tenth grade!–
— Multilingual education, so she's taking her classes in four languages, English, French, Spanish, Chinese...
— She's got the right mental attitude, she's doing everything that she can, physically here on Earth to prepare herself for that journey to Mars.
— I don't think there's anything specifically that, kinda, makes it easier for me, or makes it something that others can't do, it's just something that I've kind of really focused myself on what I want to accomplish.
— By the mid 2030s, I believe we can send humans to orbit Mars and return them safely to Earth.
[Playing chess.]
— Oh!
— That's checkmate! Booyah!

— There are companies that wanna send one way and colonize Mars, and then there are people like Nasa and Esa that are working together, that wanna have a return trip. So I still have to look at it, as a father, that I'll have my child for 20 more years, and then I may not ever see her again. And that's hard! But... for what she's wanting to do, I have to support her. I have to let her go, it's bigger than the two of us.

— We know that the next 20 years together is gonna be important because we know for sure that those are 20 years that we can spend together. Obviously it's not the best thing to be telling your daughter to go and go on a mission to Mars and leave the planet, but I still know that he supports me anyway.

[Playing with her friend]

— Every time Alyssa talks about having to go to space, and that she can't get married, and how she can't have kids, it makes me sad, because I'm saying 'Oh, she's gonna leave me one day!' But then I remember we might as well live now, and when the future comes, we'll be able to accept it, because we didn't waste time. It's cool.

7. FRIDAY NIGHT LIGHTS

Coaches talk sacrifice (p. 103)

Dan: "Hi I'm Dan. I teach science and I've coached basketball, soccer, and baseball.

My main sport is baseball. I've coached varsity baseball for nine years now.

James: "And I'm James. I teach physical education and I coach soccer, indoor track and lacrosse, and lacrosse is my main sport and I coach the high school varsity team.

Dan: "So James, what are some of the sacrifices your players make?

James: "So some of the big ones are the time – they have to spend at least two to three hours at practice every day – and during that time they could be doing homework, spending time with friends or spending time with family. How about you, Dan?

Dan: "Same type of deal. You know our players make a huge commitment. They're playing at least three games a week, with rain-outs, sometimes four games a week, with practicing every day in between – typically six to seven days. Those practices could run anywhere from two to four hours. They're usually here on the weekends as well. Saturday mornings, sometimes Sundays afternoons. You know they're here quite a bit. They make a huge commitment on top of having academics and families and religion, but they're usually committed and they can't wait to be here.

So James, why do you think your players make these sacrifices?

James: "I think it's because it's... they love competition, they love being on the team. They love being able to represent the school, and they love the sport. And without any of those things they wouldn't be able... they wouldn't be able to commit their time and effort towards playing on my team. How about your players?

Dan: "Same deal. I think they love being a part of... something special, being a part of this town and representing their town through baseball. Baseball is very competitive, especially on the shoreline in this conference. So I think they take a lot of pride in performing, and doing well, and working hard for each other. It's kind of like a brotherhood. And I think they enjoy wearing their jerseys into school, having their friends and their family come and support them and line up outside this field... to really get them going and get excited about them being in the conference tournaments or state tournaments and what... what comes with... with winning.

So James I know you've played sports in high school and in college. What sacrifices did you make when you were playing sports in school?

James: "So mine is just time and the effort towards the sport. I had to sacrifice my body quite a bit. And I've actually had three surgeries on my face and I have two titanium plates in my cheek from a basketball injury. And that was the biggest thing, that was very difficult to get over and continue playing after that.

Dan: "I had to put a lot of time both in season, off season... I wasn't getting home till 6:00 - 7:00 at night. Then I still had... you know: studies, academics, family, relationships to try and fit in. So that was a huge sacrifice... but was well worth it. One of my goals always was to play at the college level, at the university level, which ultimately I did end up doing. But it took a lot of that sacrifice to get there. And it was definitely worth it.

8. ACROSS THE DIVIDE

Teens from Derry, Northern Ireland, talk about their city (p. 109)

"At the heart of our city's story are its historic walls and the River Foyle.

Over the years our city's name has changed.

And grown. And grown.

It is also known as the walled city. It is famous for its walls.

But in many ways this river has become our biggest wall symbolizing the divide between our people.

Irish against British.

Catholic against Protestant.

Green against blue.

Although it is a small city many important events have taken place here.

It is a long story and it is written on the walls.

Decisive moments in our country's history, a place where people have taken a stand.

Events which still resonate today.

The history of conflict and resistance have shaped the fabric of this city and its people, leading us to where we are today."

Extract from the TV show *Derry Girls*, 2018 (p. 110)

NB : pour des questions de droits, cette vidéo sera disponible sur notre site à partir de Janvier 2020.

Part 1

Orla's voice: My name is Erin Quinn. I'm sixteen years old and I come from a place called Derry – or Londonderry, depending on your persuasion – a troubled little corner in the north-west of Ireland. It's fair to say I have a somewhat complicated relationship with my hometown. You see the thing about living in Derry is there is nowhere to hide. Everybody knows everybody, knows everything about everybody and sometimes all I really want is to be simply left alone.
Erin: Is that my diary?

Part 2

Orla: You see life isn't fair. You see, injustice is something I have become accustomed to. I am, after all, a child of the crossfire, surrounded by conflict. But I choose to rise above it. The path to peace is paved with tolerance and understanding. Violence is never the answer.
Erin: I am going to ram that so far up your arse...

Exchanging stories, changing histories (p. 111)

Part 1

We have come together to make this video. Otherwise, we probably would have never met. We come from opposite sides of the river. We go to different schools and live separate lives.
Although we are 17 years old, we have had little contact with people from the other side of the community.
We are similar in many ways. But two of us are Protestant and two of us are Catholic. In our country, that is an important difference.
Are you trying to separate us?
Guess who is who? Are you already judging us? What if we tell you our names? What about now?

Part 2

These uniforms label us as being different.
So what if we swapped? Would it be like swapping lives to walk in each other's shoes?
Oh my God, I look pure different. Oh my God! I like this. Oh, I don't suit green! Nobody suits green, it's OK. I feel like...
These uniforms label us as being different. But what if we combine them? Our generation has not seen the violence and conflict of the past with our own eyes. But we have been shaped by its legacy. We live in peace. But we live apart. Can we make sure the next generation does not grow up segregated as we have? If we had met as children, I'm sure we would be friends. It would have been good to have had the chance. Wouldn't it be better if our schools weren't divided by religion, symbolized by colour? What if all the children starting school today and our country weren't separated like we were?"

Meet Róisín, a student at Hazelwood (p. 110)

Part 1

Presenter: It's the end of June.
And it's Róisín's last day of school. But this school is different to most others in Northern Ireland. Here, Catholics and Protestants go to school together. And it seems to work.
Lots of people think this may be a solution to the division but in Northern Ireland it's still very rare. Only 7 percent of young people are in mixed schools.
There's a reason Róisín wanted to go to school here.

Part 2

Presenter: Holy Cross. After the ordeal of being attacked by Protestants on her way to primary school, Róisín made a big decision.
Róisín: I just thought, like, I don't want to judge them all for what, like, some of them had just done, like. I wanted to give, like, other people a chance, like, because not everyone is the same so...
Presenter: Why do you think there aren't more integrated schools?
Róisín: Because not everyone agrees with it. No way.
Presenter: Really? Do you think people would disagree with a mixed school?
Róisín: Yeah, definitely. The thought of their kids mixing with other people of different religions is definitely like...
Presenter: Really...
Róisín: Yeah. I know loads of people that didn't want me to be sent here. My family.
Presenter: Really?
Róisín: Yeah.
Presenter: Why?
Róisín: They disagreed with it. They didn't think it was right.
Presenter: What do you think is the best bit about integrated school?
Róisín's classmate: It doesn't teach one solid religion, like, it's open-minded to everybody. It doesn't teach you that they're different from you or you're different from them ones. It's like you're all equal so you'll all be treated as equals. Religion doesn't come into it.

Take a taxi ride through Belfast (p. 113)

Ross: "I've come to Belfast in the build up to the marching season. I'm heading into town with Norman Riley, a Protestant taxi driver. Everywhere there are flags marking out unionist and nationalist territory. And murals celebrating the paramilitaries."
Norman Riley: "This is us now heading into the Shankill road. And they say that the Shankill road is a core of loyalists."
Ross: "Well already look, look, I can see every lamp post has got a flag that says Britain to me, yeah?"

Norman Riley: "They've always flown flags in the loyalist communities and that's the way of identifying the type of neighbourhood."
Ross: "I'm surprised to find people still marking out their territory so blatantly. But I'm even more surprised by what Norman shows me next."
Norman Riley: "Now, you'll see here on my right. This is the peace line. So this is the wall."
Ross: "This wall here, yeah?"
Norman Riley: "This wall separates Protestants and Catholics.
There's actually, believe it or not in and around 40 of these walls in Belfast."
Ross: "Still?"
Norman Riley: "Yeah. There's more walls been built after the ceasefire than before it."
Ross: So, after the ceasefire, after the Good Friday Agreement, there have been more walls..."
Norman Riley: "More walls have been built after it. Because of sectarianism, they're building walls to separate communities now. This is the biggest one there is. The longest. To prevent them throwing stones over."
Ross: "Just stones?"
Norman Riley: "Well stones, maybe petrol bombs..."
Ross: "A 60-foot wall. What happens if it was taken down tomorrow?"
Norman Riley: "Take it down tomorrow there could be trouble here by that night or by the weekend.
Ross: "The wall stretches for half a mile. Norman agrees to take me to the Catholic side, accessed through a steel gate, opened by day and locked at night."
Norman Riley: "Those gates aren't as high as the fence though. No but there's camera."
There's a steel pole to the right and there's a big camera that monitors the gates all the length of the police station. So now this is a Catholic neighbourhood we're in."
Ross: "In 1969, this street was burned down by a loyalist mob and fifteen hundred Catholics lost their homes. It was one of the events that started the troubles.
Why, why, why are there now more walls since the Good Friday Agreement?"

9. CANADIAN MOSAIC

A scene from Canadian TV show *Kim's Convenience* (p. 126)

Part 1
Janet: "Oh sorry! I didn't see you come in."
Man 1: "It's okay. Just wanted to drop off my resume."
Janet: "Okay..."
Man 2: "I'm here about the job!"
Janet: "Umm... sorry. I think there's a misunderstanding. We're not looking for any help."
Mrs. Kim: "Yes we is. Hi. Hi. Good to see you both! Hmmm, okay. First question, very important for job: do you go to church?"
Janet: "Oma, you can't ask that!"
Man 1: "No, it's okay! I don't mind. Yes, I do go to church. That's where I saw your ad."
Man 2: "Me too."
Janet: "What ad?"
Mrs. Kim: "Good. Cool. Christian. Korean."
Janet: "Oh my God. I am so sorry about this."
Mrs. Kim: "Just wait. Janet? Janet! Janet!"
Janet: "What?"
Mrs. Kim: "You're not even trying. If you don't mingle, you stay single."
Janet: "Do these guys know that I'm the job?"
Mrs. Kim: "No, you should say thank you, you don't know yet but Oma doing you a big favour."
Mr. Kim: "Oh, what's happen?"
Janet: "Oh, the usual. Oma is ruining my life!"
Mr. Kim: "What you doing?"
Mrs. Kim: "Helping to find a boyfriend."
Mr. Kim: "Janet is not a baby anymore. She's now a full balloon grown woman. She doesn't need your help finding boyfriend."
Janet: "Thank you!"
Mr. Kim: "How can she have a boyfriend when she takes over store?"
Janet: "I'm not taking over the store."
Mr. Kim: "What's wrong with the store?"
Janet: "Nothing is wrong with the store but I..."
Mr. Kim: "Then take over!"
Mrs. Kim: "How can she take over store when she has a baby?"
Mr. Kim: "You have a baby?"
Janet: "What? No!"
Mrs. Kim: "After she marry she have many babies!"
Man 1: "Maybe we'll come back another time?"
Janet: "Let's be clear. I'm not taking over the store. And I'm not having many babies. Okay?"

Part 2
Man 1: "Hi!"
Mrs. Kim: "Oh sorry, no. Interview is over."
Mr. Kim: "I get this. Look, you are a cool, Christian, Korean boy, but even if Mrs. Kim likes you, even if I like you, doesn't matter. Janet has to like you. You understand?"
Man 1: "Uhhh..."
Janet: "Did you pick a restaurant?"
Man 1: "Are you okay with the Duke?"
Janet: "Love it!"
Mr. Kim: "Stop! What is the Korean Day of Independence?"
Man 1: "Umm, August 15 1945, Gwangbokjeol."
Mr. Kim: "Okay, have good time."
Janet: "I told you he'd ask!"

10. TAKING A STAND

Colin Kaepernick takes a knee for National Anthem (p. 139)

[00 to 1'10]
"Now to that protest by Colin Kaepernick. The 49ers

quarter-back knelt instead of standing during the national anthem at last night's game. He was not alone. ABC's Kayna Whitworth was there and joins us now from San Diego. Good morning, Kayna."
"Yeah George, good morning. One of Colin Kaepernick's teammates joined him in taking a knee and a Seattle Seahawks player also didn't stand for their national anthem. But this morning, Kaepernick says he's willing to make real change and plans on donating a million dollars to charities that he's been working with to help end racial inequality."
[Singer's voice: "For the la-and of the free..."]
"Overnight San Francisco 49ers quarterback Colin Kaepernick refusing to stand during the national anthem. Again.
This time he took a knee right behind hundreds of service members being honored on Military Appreciation Night. As the crowd and players stand, you can see Kaepernick kneeling on the sideline. Teammate Eric Reed joining him.
Announcer's voice: 'And he's receiving heavy boos here...'
The crowd booing every time he took a snap."

Nike campaign featuring Kaepernick (p. 140)

If people say your dreams are crazy, if they laugh at what you think you can do, good. Stay that way. Because what nonbelievers fail to understand is that calling a dream crazy is not an insult. It's a compliment.
Don't try to be the fastest runner in your school or the fastest in the world. Be the fastest ever. Don't picture yourself wearing OBJ's jersey, picture OBJ wearing yours. Don't settle for homecoming queen or line-backer. Do both. Lose a hundred and twenty pounds and become an Iron Man. After beating a brain tumor. Don't believe you have to be like anybody to be somebody.
If you're born a refugee, don't let it stop you from playing soccer. For the National team. At age 16.
Don't become the best basketball player on the planet. Be bigger than basketball. Believe in something. Even if it means sacrificing everything.
When they talk about the greatest team in the history of the sport, make sure it's your team. If you have only one hand, don't just watch football. Play, at the highest level. And if you're a girl from Compton, don't just become a tennis player. Become the greatest athlete ever. Yeah, that's more like it!
So don't ask if your dreams are crazy. Ask if they're crazy enough.

Colin Kaepernick wins Amnesty International top award (p. 141)

Presenter: "A standing ovation for the player who took a stand. When the national anthem was played before games began in 2016, Colin Kaepernick started kneeling in protest when he was quarter-back for the San Francisco 49ers."
Kaepernick: "How can you stand for the national anthem of a nation that preaches and propagates «freedom and justice for all» that is so unjust to so many of the people living there? How can you not be in a rage when you know that you're always at risk of death in the streets or enslavement in the prison system? How can you willingly be blind to the truth of systemic racialized injustice?"
Presenter: "A former team-mate was with Kaepernick as he received Amnesty International's Ambassador of Conscience Award."
Eric Reid: "It's ironic that the stand Colin and I took wasn't to stand at all, but it was to take a knee. Colin didn't kneel in protest of a song, or a symbolic piece of fabric, but he knelt to bring awareness of the human rights still being denied to people of colour. He didn't kneel because he's anti-American, but he believes that America should be held to the standard that it has written on paper — that we're all created equal."
Presenter: "Kaepernick's form of protest wasn't popular with everyone. It was viewed as «unpatriotic» by US president, Donald Trump. He urged team-owners to fire players who copied Kaepernick.
He's following in famous footsteps with this award. Previous recipients include anti-apartheid campaigner and former South African president, the late Nelson Mandela."
Salil Shetty (Amnesty Intl. Secretary General): "And just like the Ambassador of Conscience Award-winners before him, Kaepernick chose to speak out, despite the risks and expectation for him not to do that. His commitment to the movement is all the more remarkable because of the professional cost to him and alarming levels of vitriol that it has attracted from those in power."
Presenter: "30-year-old Kaepernick remains out of a job. He hasn't played in the NFL since opting out of his contract with the 49ers a year ago."
Group of children (chanting): "I know my rights! I know my rights!"
Presenter: "But he continues to be a role-model for some youngsters, inspiring a new generation such as these schoolchildren in Amsterdam to keep taking a stand."
Kevin Calvert, Al Jazeera

Ali's biography (p. 141)

When 12-year-old Cassius Clay had his bike stolen in Louisville, Kentucky, he took up the sweet science so he could "whup" whoever stole it.
Soon Clay became an outstanding amateur fighter and picked up a gold medal at the Olympic Games in Rome in 1960. He returned home to Louisville wearing his gold medal proudly around his neck. But the pride faded when he was refused service in a whites-only restaurant. The incident caused him to throw his medal into the Ohio River.
On February 25th 1964, the 22-year-old fighter took on heavily-favoured champ Sonny Liston. Clay predicted victory over the "Big Ugly Bear" to anyone who would listen. He beat Liston in the eighth round, to become the heavyweight champion.

After the fight Clay jumped around the ring proclaiming he «shook up the world». Shortly after the fight he announced his membership in the Nation of Islam. A week later, the Nation of Islam leader Elijah Mohammed gave Clay the new name Muhammad Ali. The champ embraced the name change.
Many people in press including *The New York Times* refused to refer to him by his new name.

11. CLICHÉ!

Chimamanda Ngozi Adichie, TED talk (p. 149)

[2'59 to 5'56]
"I come from a conventional, middle-class Nigerian family. My father was a professor. My mother was an administrator. And so we had, as was the norm, live-in domestic help, who would often come from nearby rural villages. So, the year I turned eight, we got a new house boy. His name was Fide. The only thing my mother told us about him was that his family was very poor. My mother sent yams and rice, and our old clothes, to his family. And when I didn't finish my dinner, my mother would say, «Finish your food! Don't you know people like Fide's family have nothing?» So I felt enormous pity for Fide's family.
Then one Saturday, we went to his village to visit, and his mother showed us a beautifully patterned basket made of dyed raffia that his brother had made. I was startled. It had not occurred to me that anybody in his family could actually make something. All I had heard about them was how poor they were, so that it had become impossible for me to see them as anything else but poor. Their poverty was my single story of them.
Years later, I thought about this when I left Nigeria to go to university in the United States. I was 19. My American roommate was shocked by me. She asked where I had learned to speak English so well, and was confused when I said that Nigeria happened to have English as its official language. She asked if she could listen to what she called my «tribal music,» and was consequently very disappointed when I produced my tape of Mariah Carey. (Laughter)
She assumed that I did not know how to use a stove.
What struck me was this: She had felt sorry for me even before she saw me. Her default position toward me, as an African, was a kind of patronizing, well-meaning pity. My roommate had a single story of Africa: a single story of catastrophe. In this single story, there was no possibility of Africans being similar to her in any way, no possibility of feelings more complex than pity, no possibility of a connection as human equals.
I must say that before I went to the U.S., I didn't consciously identify as African. But in the U.S., whenever Africa came up, people turned to me. Never mind that I knew nothing about places like Namibia. But I did come to embrace this new identity, and in many ways I think of myself now as African. Although I still get quite irritable when Africa is referred to as a country, the most recent example being my otherwise wonderful flight from Lagos two days ago, in which there was an announcement on the Virgin flight about the charity work in «India, Africa and other countries.»

Trevor Noah on the Breakfast Club (p. 154)

Angela Yee: "Do you feel like she has changed her mind or has a different perspective on anything?"
Trevor Noah: "I don't think these things happen overnight. I think it's insane to think any of these things will be changed overnight. We have a legacy and a history, I mean, you know like South Africa and the US are very different because in terms of oppression you have to acknowledge that in South Africa black people are the majority. I never claimed that they are the same, I never even claim to know the answers to these things. What I don't understand is why we don't understand that these things take time.
And one thing I've learned consistently and constantly from reading, you know, whether it's reading Martin Luther King's books or Malcolm X or Baldwin or Nelson Mandela or Steve Biko whoever it is, one thing you learn consistently is racism does not stand up well to contact and that is one thing that I've noticed continuously, anecdotally in my life and through the stories of people I've read. But when people are in contact with someone of another race you find – and consistently, I don't mean just meeting you in the street, I mean like in your life – you find that racism doesn't hold up because racism is based on race and race is a construct that has been created to oppress people and it is a fallacy at the end of the day.
So when you meet the people you start to see the people behind the thing that you've been taught like exists but it doesn't..."
Charlamagne: "It's hard to hate black people if you have black friends."
Trevor Noah: "It's extremely hard."
Charlamagne: "It's hard to hate white people if you've got white friends."
Trevor Noah: "Look at it, look at it in the U.S., look it in the U.S., look at in many countries in the world. The places where people will say, like, you know, they go, like, they go in America where do they hate Muslim people the most? Places where there are none. They'll be like, 'do you know any Muslims?' They'll be like 'no, but I don't need to know them to know that I hate them'. No, you do."

12. GOOD JOB!

The launch of Inspiring the future (p. 166)

Bishop Challoners School, East London, July 3rd 2012
Presenter: "Nick Clegg has outlined the government's latest plan to inspire youngsters. The deputy Prime Minister wants to get employers into schools to talk about their careers. The scheme is supposed to give state

school pupils access to the kind of careers advice that many private schools offer. Well, Daisy McAndrew was at the launch and joins me now. OK, Daisy, this does sound like quite a good idea but where does it come from?"

Daisy McAndrew: "Well, this is all about the idea of social mobility — the idea that children, no matter where they come from, can get very successful careers. And one of the things that people have noticed, is that, as you mentioned, the private schools, the fee-paying schools all do have schemes where successful career people will come in and talk to the children and inspire them and tell them that yeah, they did it so you can do it too. And they want to take that idea and put it in state schools. In fact, they want to get a hundred thousand people to volunteer to go to their local state school, give a talk to the kids on whatever their chosen specialist subject is — whether it's armed forces, medicine, health, journalism, whatever it might be. They think that they could then reach a million children by 2014 who will then hopefully perhaps be a bit more ambitious about what they want to do with their own lives.

Well, I went along as you mentioned, to the launch this morning. There was standing room only in the East London school — not just because the Deputy Prime Minister was there but because there were celebrities, there were very successful people — and Joanna Lumley told them what she had originally wanted to do as a schoolchild."

Joanna Lumley: "So some of us have, in fact, gone on to become actors, although actually... I wanted to be a Prime Minister... but anyway Nick, you needn't worry about that... actually, I wanted to be a Prime Minister, or a surgeon, or a teacher."

Presenter: "Very inspirational stuff. What did the kids make of it — of course, that's the most important thing."

Daisy McAndrew: "Exactly. So, after that session in the main school hall, there were break-out sessions for the different careers that you could do and I went to one where Gary Lee, who's the head chef at The Ivy, very famous celebrity haunt restaurant in London, well, he was teaching them and talking to them about being... having a career in catering. A lot of these kids are doing GCSE Catering — but he really didn't mince his words."

Gary Lee: "Honestly, you have to believe, you have to have the faith, and you have to... You know, as hard as it can get — and it can get very hard...mmm, you have to believe and just keep the faith."

Girl Student 1: "Meeting Gary, it changes your outlook on everything 'cause before I didn't know what it needed, didn't know what it was like to be in a kitchen..."

Girl Student 2: "I think it just influences me like, what I need and what things I need to know to become a chef and you know, to be like him really."

Daisy McAndrew: "It was lovely watching them, they really did light up when he was talking about what it's like... but he was saying this is seriously hard work, don't think that it's easy getting a job like mine. But they were clearly inspired by what they heard."

13. CREATE YOUR OWN...

How to create great characters (p. 176)

"Hey guys! Welcome to Storybird's Summer Writing Club. I'm Guinevere, and today I'm going to be talking with you about how to develop great characters.

Characters are super important because they are really at the center of your story. They move the action forward and they bring it all to life. And to create great characters, you need to know these people, or animals, or aliens, or whatever they are... You need to know them really, really well, way beyond what their name is, or what colour of hair they have, or what planet they're from.

So, for today's video, I'm going to walk you through kind of a questionnaire for getting to know your character. Imagine it's like the most intense first date they've ever been on. By the end, you'll know them well enough to hopefully craft a really amazing story around them. As I go through the questions, you're welcome to pause the video and jot down your thoughts. Don't overthink it, really, whatever comes to mind, write it down, get to the bottom of the questionnaire, and then see where you land.

Ready? Let's go!

Panneau : 'Character development. 1. BASICS'

Ok, first, write your character's name at the top of a new page. First name, middle name, last name, and a nickname if they've got one. Now, describe this character briefly: how old is she? What does she look like? Where does she live?

Hit pause and take a minute to just cover the basics.

Panneau : 'Character development. 2. BACKGROUND'

Ok, so now you have a character.

Now, go back in time a little bit. Where did your character grow up? Are her parents married or do they get divorced? Does she have siblings? If so, is she the youngest? The oldest? The middle child? Which family member is she closest to? Which one does she keep secrets from? Your character's background and family structure will have a huge influence on the decisions they make in your story. So map it out. You can even draw a family tree if that helps.

Panneau : 'Character development. 3. SELF-IMAGE'

All right, now let's get back to the present. Who is your character in this moment? What is her strongest personality trait? What is she proud of? And what does she wish she could change about herself? How do other people see her and is it different from how she sees herself? Get inside her brain and look at her through her own eyes.

Panneau : 'Character development. 4. DESIRES'

Still with me? Great! Now, in most stories, the main character or protagonist moves the story forward. First the character wants something, then an obstacle or a problem gets in the way, and then the character has to try and solve the problem. By the end of the story, there should be some kind of resolution. It doesn't have to be a happy ending but you do need to make sure that you tie up all the loose ends. So the last thing we need to think about today is: what does your character want? How far would she go to get what she wants? And where would she draw the line? Do you think she'd be happy if she got her heart's desire? Stop and take a minute to answer these questions.

Panneau : 'Character development. 5. SUMMARY'
Okay, we are almost done. So, read back over everything you've written about your character so far and summarize in one sentence what she wants and what obstacles stand in her way. Now, right there, you have the beginning of a great story."

The Gunfighter (p. 178)

The weary gunfighter walks slowly through the saloon. The long miles from Cheyenne had taken their toll.
"Who's saying that stuff?"
He scanned the room with a suspicious eye. Years of being on the wrong side of the law had taught him that a tough man can get out of a situation, but a smart man never gets himself into one.
"Please quit doing that, I just wanna have a shot of whisky in peace."
But the gunfighter would find no peace for the Henderson boys were waiting in the corner to kill him for the two-hundred-dollar bounty on his head.
"Is that true? You boys tryin' to kill me like this boy's just sayin'?"
"Er... No," lied the oldest Henderson boy.
"How do you know I'm lying?" the oldest Henderson boy asked to the air.
"No! I didn't ask the air, I'm asking you, you fuckin'... voice..." said the oldest Henderson boy.
"Would you please stop saying 'said the oldest Henderson boy'?!" implored Tommy... the oldest Henderson boy.
Meanwhile, the youngest Henderson's hand twitched by the cold peacemaker on his right hip. He was thinking of shouting "look out behind you!" to trick the gunfighter into turning around so he could shoot him in the back.
"No, I was not!"
"Come on, Johnny, again with the 'look behind you'?! What were you gonna say was behind him this time?"
"Er... nothin'?" Johnny lied. He was going to say 'a bear'.
"Ah! Come on!" laughing
"Bear, Johnny? In a saloon?!"
Johnny's face turned red. He began wishing he was in a safe place, at home, in bed, with his dolls.
"What?! Hey! Hey!! I ain't got no dolls!"

Edition : Claudine Varin
Responsable éditoriale : Catherine Laurent
Conception de la couverture : Nicolas Piroux
Illustration de la couverture : Mandy Norman
Conception maquette intérieure : Isabelle Aubourg
Mise en page : Danielle Mourain
Iconographie : Chloé Lecarpentier